〔清〕秦蕙田 撰
方向東 王鍔 點校

五禮通考

十三

嘉禮〔四〕

中華書局

目録

五禮通考卷一百七十

嘉禮四十三

學禮

教學之法

禮記學記：發慮憲，求善良，足以謏聞，不足以動衆；就賢體遠，足以動衆，未足以化民。君子如欲化民成俗，其必由學乎！玉不琢，不成器；人不學，不知道。是故古之王者，建國君民，教學爲先。注：謂内則設師保以教，使國子學焉；外則有大學庠序之官。兑命曰：「念終始，典于學。」其此之謂乎？

王制：司徒修六禮以節民性，明七教以興民德，齊八政以防淫，一道德以同俗，養耆老以致孝，恤孤獨以逮不足，上賢以崇德，簡不肖以絀惡。

周禮地官大司徒：以鄉三物教萬民而賓興之：一曰六德，知、仁、聖、義、忠、和；二曰六行，孝、友、睦、婣、任、恤；三曰六藝，禮、樂、射、御、書、數。注：物，猶事也。興，猶舉也。民三事教成，鄉大夫舉其賢者能者，以飲酒之禮賓客之，既則獻其書於王矣。知，明於事。仁，愛人以及物。聖，通而先識。義，能斷時宜。忠，言以中心。和，不剛不柔。善於父母爲孝。善於兄弟爲友。睦，親於九族。婣，親於外親。任，信於友道。恤，振憂貧者。禮，五禮之義。樂，六樂之歌舞。射，五射之法。御，五御之節。書，六書之品。數，九數之計。疏：物，事也。司徒主六鄉，故以鄉中三事教鄉内之萬民也。興，舉也。三物教成，行鄉飲酒之禮，尊之以爲賓客而舉之。云「民三事教成，鄉大夫舉其賢者能者，以飲酒之禮賓客之，既則獻其書於王矣」者，此並鄉大夫職。

以鄉八刑糾萬民：一曰不孝之刑，二曰不睦之刑，三曰不婣之刑，四曰不弟之刑，五曰不任之刑，六曰不恤之刑，七曰造言之刑，八曰亂民之刑。注：糾，猶割察也。不弟，不敬師長。造言，訛言惑衆。亂民，亂名改作，執左道以亂政也。疏：此不弟，即上六行友是也。上文在睦、婣之上，此變言弟，退在睦、婣之下者，上言友，專施于兄弟，此變言弟，兼施于師長。六德、六藝不設刑，獨於六行設刑者，德爲在身，不施于物，六藝亦是在身之能，不施于人，故二者不設刑。其行並是施之于人，故禁其恐有愆負，故設刑以防之也。造言亂民，民中特害，故六行之外，别加此二刑。

以五禮防萬民之僞，而教之中。以六樂防萬民之情，而教之和。注：禮，所以節止民之侈僞，使其行得中。樂所以蕩正民之情思，使其心應和也。鄭司農云：「五禮，謂吉、凶、軍、賓、嘉。六樂，謂雲門、咸池、大韶、大夏、大濩、大武。」

王氏與之曰：三物、八刑，皆言鄉者，教法始於六鄉故也。

蕙田案：大司徒所掌者，教民之法。

師氏：以三德教國子：一曰至德，以爲道本；二曰敏德，以爲行本；三曰孝德，以知逆惡。教三行：一曰孝行，以親父母；二曰友行，以尊賢良；三曰順行，以事師長。

注：德行，内外之稱，在心爲德，施之爲行。至德，中和之德，覆燾持載含容者也。孔子曰：「中庸之爲德，其至矣乎！」敏德，仁義順時者也。説命曰：「敬孫務時敏，厥修乃來。」孝德，尊祖愛親，守其所以生者也。孔子曰：「武王、周公，其達孝矣乎？夫孝者，善繼人之志，善述人之事者也。」孝在三德之下、三行之上，德有廣於孝，而行莫尊焉。國子，公卿大夫之子弟，師氏教之，而世子亦齒焉，學君臣、父子、長幼之道。疏：以此三德教國子，王太子已下至元士之適子也。云「一曰至德，以爲道本」者，至德謂至極之德，以爲行道之本也。「二曰敏德，以爲行本」者，謂敏達之德，以爲行行之本也。「三曰孝德，以知逆惡」者，善父母爲孝，以孝德之孝以事父母，則知逆惡不行也。此上三德，皆在心而行不見，故鄭云「在心爲

德」也。云「一曰孝行，以親父母」者，行善事父母之行，則能親父母。冬温夏凊，昏定晨省，盡愛敬之事也。云「二曰友行，以尊賢良」者，此行施于外人，故尊事賢人良人有德行之士也。云「三曰順行，以事師長」者，此亦施于外人，行遜順之行，事受業之師及朋友之長也。云「國子，公卿大夫之子弟」者，此經直言國子。案：禮記王制云：「春秋教以禮、樂，冬夏教以書、詩。」下文云：「王太子、王子、群后之太子、卿大夫元士之適子皆造焉。」故知國子之中有卿大夫之子也。鄭不言王太子及元士之適子者，略言之，其實皆有也。王制惟言太子、適子，不言弟，鄭知兼有弟者，大司樂及此下文皆云「教國子弟」，連弟而言，故鄭兼言弟也。云「師氏教之，而世子亦齒焉，學君臣、父子、長幼之道」者，此約文王世子文也。

掌國中失之事，以教國子弟。注：教之者，使識舊事也。中，中禮者也。失，失禮者也。故書「中」爲「得」，杜子春云：「當爲『得』，記君得失，若春秋是也。」疏：以其師氏知德行，識其善惡得失，故掌國家中禮、失禮之事，以教國之子弟。國之子弟，即上太子已下。言弟，即王庶子。以其諸侯已下，皆以適子入國學，庶子不入，故知也。云「教之使識舊事也」者，即中、失之事是也。云「中，中禮也」，又引春之義，從古書「中」爲「得」，謂得禮者，中與得俱合於義，故兩從之。**凡國之貴遊子弟學焉。**注：貴遊子弟，王公之子弟。遊，無官司者。杜子春云：「遊，當爲猶，言雖貴猶學。」疏：言「凡國之貴遊子弟」，即上國之子弟。言遊者，以其未仕而在學游暇習業。云「王公之子弟」者，此即王制云「王太子、王子、群后之太子、卿大夫元士之適子」。公即三公。群后、卿大夫元士之子略言之也。云「遊，無官司者」，官司則事繁，不得爲遊，故鄭以無官司解之。鄭既以遊爲無官司，又引子春「遊當爲猶，言雖貴猶學」者，亦義得兩通，故引之在下也。

朱子曰：或問：「師氏之官，以三德教國子：一曰至德，以爲道本；二曰敏德，以爲行本；三曰孝德，以知逆惡。何也？」曰：「至德云者，誠意正心、端本清源之事，道則天人性命之理，事物當然之則，修身齊家治國平天下之術也。敏德云者，彊志力行、畜德廣業之事，行則理之所當爲、日可見之迹也。孝德云者，尊祖愛親、不忘其所由生之事，知逆惡，則以得于己者篤實深固，有以真知彼之逆惡，而自不忍爲者也。凡此三者，雖曰各以其材品之高下、資質之所宜而教之，然亦未有專務其一而可以爲成人者也。是以列而言之，以見其相須爲用而不可偏廢之意。蓋不知至德，則敏德者散漫無統，固不免乎篤學力行而不知道之譏。然不務敏德而一于至，則又無以廣業而有空虛之弊。不知敏德，則孝德者僅爲匹夫之行而不足以通于神明。然不務孝德而一于敏，則無以立本而有悖德之累。是以兼陳備舉而無遺，此先王之教所以本末相資，精粗兩盡，而不倚于一偏也。」其又曰：「教三行：一曰孝行，以親父母；二曰友行，以尊賢良；三曰順行，以事師長。何也？」曰：「德也者，得于心而無所勉者也，行則其所行之法而已。蓋不本之以其德，則無所自得，而行不能以自修；不實之以行，則無所持循，而德不能以自進。是以既教之以三德，而必以三行繼之，則雖其至末至粗，亦無不盡，而德之修也，不自覺矣。然是三者似皆孝德之行而已，至於至德、敏德則無與焉。蓋二者之行本無常師，必協於一，然後有以獨見而自得之，固非教者所得而預言也。唯孝德則其事爲可指，故又推其類而兼爲友順之目，以詳教之，以爲學者雖或未得于心，而事亦可得而勉，使其行之不已，而得于心焉，則進乎德而無待于勉矣。況其又能即是而充之，以周于事而泝其原，則孰謂至德、敏德之不可至哉？或曰：三德之教，大學之學也；三行之教，小學之學也。鄉三物之爲教也亦然，而已詳。」

李光地周禮三德六德説：大司徒以鄉三物教萬民而賓興之：一曰六德，知、仁、聖、義、中、和；二曰六行，孝、友、睦、婣、任、恤；三曰六藝，禮、樂、射、御、書、數。至師氏以三德教國子，則一曰至德，以爲道本；二曰敏德，以爲行本；三曰孝德，以知逆惡。教三行，則一曰孝行〔一〕，以親父母；二曰友行，以尊賢良；三曰順

〔一〕「一」，原脱，據光緒本、榕村集卷一六補。

行，以事師長。保氏則養國子以道，而教之六藝。又大司樂以樂德教國子，曰中、和、祗、庸、孝、友。夫其名之若是，其不全何也？曰：此正成周之盛，育才造士之方，小大有品，而先後有倫，不可不察也。夫鄉三物之教者，鄉學也，所謂小學也；師氏、保氏之教國子者，國學也，所謂大學也。若夫大司樂掌成均之法而合國之子弟，則正典樂教胄之司，皆所謂大學也。小學之教則先行而後文，孔子謂「行有餘力，則以學文」是也；大學之教則先知而後行，孔子所謂「博學于文，約之以禮」是也。然皆以身心、性情爲之本，故又有養之于文、行之先者，所謂德也，此則不以學之小大而有殊也。鄉三物之教，先之以德，次之以行，次之以道藝，其序明矣。若師氏之教、大司樂之教，則不離乎三物而有深于是者。其曰至德，即修其知、仁、聖、義、中、和之謂也，德修則有以進乎道藝矣，故曰以爲道本。其曰敏德，即勤于禮、樂、射、御、書、數之謂也，學明則有以措諸躬行矣，故曰以爲行本。其曰孝德，即篤于六行之謂。但自民間言之，則有睦、婣、任、恤之事；自國子言之，則以取友、親師爲要。故彼六行與此三行爲不全也。行篤則有以治人之悖亂，故曰以知逆惡。然則三德即三物之事也，以其皆欲得之于心，故皆貫之以德，以其欲修德明道而不徒爲匹夫之行也，故先道于行也。凡經言道者，即謂六藝，故每以德行道藝並稱。而保氏教之藝者，即其養之道之實也。至于大司樂之六德，則正與師氏相表裏，蓋知、仁、聖、義必以中、和爲極，故中、和即至德也。六藝之業，在敬而有常，故祗、庸即敏德。六行、三行皆以孝友爲先，故孝友即孝德也。由此言之，名雖有異，豈不仝條而共貫哉？孔門之教文、行、忠、信，文即六藝也，行即六行也，忠、信即中、和，而所謂至德者是也。異日又曰：「德之不修，學之不講，聞義不能徙，不善不能改，是吾憂也。」又曰：「君子不重則不威，學則不固。主忠信。毋友不如己者。過則勿憚改。」是皆以德爲道本，而以學爲行地。周公、孔子之道，其揆一而已矣。

保氏：養國子以道，乃教之六藝：一曰五禮，二曰六樂，三曰五射，四曰五馭，五曰六書，六曰九數；乃教之六儀：一曰祭祀之容，二曰賓客之容，三曰朝廷之容，四曰喪紀之容，五曰軍旅之容，六曰車馬之容。注：養國子以道者，以師氏之德行審諭之，而後教之以藝儀也。五禮，吉、凶、賓、軍、嘉也。六樂，雲門、大咸、大韶、大夏、大濩、大武也。鄭司農云：「五射，白矢、參連、剡注、襄尺、井儀也。五馭，鳴和鸞、逐水曲、過君表、舞交衢、逐禽左。六書，象形、會意、轉注、處事、假借、諧聲也。九數，方田、粟米、差分、少廣、商功、均輸、方程、贏不足、旁要。今有重差、夕桀、句股也。祭祀之容，穆穆皇皇。賓客之容，嚴恪矜莊。朝廷之容，濟濟蹌蹌。喪紀之容，涕涕翔翔。軍旅之容，闞闞仰仰。車馬之容，顛顛堂堂。」玄謂祭祀之容，齊齊皇皇。朝廷之容，濟濟翔翔。喪紀之容，纍纍顛顛。軍旅之容，暨暨詻詻。車馬之容，匪匪翼翼。疏：此道即上師氏三德、三行，故鄭云「以師氏之德行審諭之」。「乃教之六藝」已下，此乃保氏所專教也。

蕙田案：師氏、保氏所掌教國子之法，於門闈小學教之。

春官大司樂：掌成均之灋，以治建國之學政，而合國之子弟焉。注：鄭司農云：「均，調也。樂師主調其音，大司樂主受此成事已調之樂。」玄謂董仲舒云：「成均，五帝之學。」成均之灋者，其遺禮可灋者。國之子弟，當學者謂之國子。疏：成均，五帝學名。建，立也。周人以成均學之舊灋式，以立國之學内政教也。大司樂合聚國子弟，將此以教之。先鄭云「均，調也。樂師主調其音，大司樂主受此成事已調之樂」者，案樂師惟教國子小舞，大司樂教國之大舞，其職有異，彼樂師又無調樂音之事。而先鄭云「樂師主受其成事」，義理不可，且董仲舒以成均爲五帝學，故依而用之。玄謂董仲舒云「成均，五帝之學」者，前漢董仲舒作春秋繁露，云「成均，五帝學也」。云「成均之灋者，其遺禮可灋」者，鄭見經「掌成均之灋」，即是有遺禮可灋效，乃可掌之，故知有遺禮也。云「國之子弟，公卿大夫之子弟，當學者謂之國子」者，案王制云：「王太子、王子、公卿大夫元士之適子、國之俊選皆造焉。」此不言王太子、王子與元士之子及俊選者，引文不具。此云弟者，則王子是也。自公以下，皆適子乃得入也。

方氏慤曰：成均之名學也，成其虧，均其過不及。

陸氏佃曰：大學，五帝謂之成均，三王爲辟雍。蓋人均有是性也，吾成之而已。此五帝之事也。

若禮以辟之，樂以廱之，則致詳焉。

凡有道者有德者，使教焉，死則以爲樂祖，祭於瞽宗。 注：道，多才藝者。德，能躬行者。若舜命夔典樂教胄子是也。死則以爲樂之祖，神而祭之。鄭司農云：「瞽，樂人，樂人所共宗也。或曰：祭于瞽宗，祭于廟中。明堂位曰：『瞽宗，殷學也。泮宮，周學也。』以此觀之，祭於學宫中。」 疏：經直言道，鄭知是多才藝者，以其云「道，通物之名」，是已有才藝，通教於學子，故知此人多才藝耳。但才藝與六藝少别，知者，見雍也云「求也藝」，鄭云：「藝，多才藝。」又憲問云：「冉求之藝，文之以禮樂。」禮樂既是六藝，明上云藝非六藝也，此教樂之官，不得以六藝解之。故鄭云「道，多才藝」也。云「德，能躬行」者，案：師氏注：「德行，外内之稱，在心爲德，施之爲行。」彼釋三德、三行爲外内，此云「德能躬行」，則身内有德，又能身行。尚書傳説云：「非知之艱，行之惟艱。」則此人非直能知，亦能身行，故二者皆使教焉。「死則以爲樂之祖，神而祭之」，先鄭云「瞽，樂人」者，序官上瞽、中瞽、下瞽，皆是瞽矇，掌樂事，故云「瞽，樂人，樂人所共宗也」。云「或曰：祭於瞽宗，祭於廟中」者，此説非，故引明堂位爲證，是殷學也。祭樂祖必於瞽宗者，案文王世子云：「春誦夏絃，大師詔之瞽宗。」故祭樂祖還在瞽宗。彼雖有學干戈在東序，以誦弦爲正。文王世子云：「禮在瞽宗，書在上庠。」鄭注云：「學禮、樂於殷之學，功成治定與己同。」則學禮、樂在瞽宗，祭禮先師亦在瞽宗矣。若然，則書在上庠，書之先師亦祭於上庠。其詩則春誦夏弦在東序，則祭亦在東序也。故鄭注文王世子云：「禮有高堂生，樂有制氏，詩有毛公，書有伏生，億可以爲之也。」是皆有先師當祭可知也。祭義云：「祀先賢於西學，所以教諸侯之德。」是天子親祭之，不見祭先聖者，文不備，祭可知。

蕙田案：瞽宗在辟廱之西，記云「祀先賢于西學」，則凡先聖先師並祀於瞽宗也。賈疏以書之先師祭于上庠，詩之先師祭于東序，疑非。

以樂德教國子：中、和、祗、庸、孝、友。注：中，猶忠也。和，剛柔適也。祗，敬。庸，有常也。善父母曰孝，善兄弟曰友。疏：此必使有道有德者教之。此是樂中之六德，與教萬民者少別。此六德，其中、和二德，取大司徒六德之下，孝、友二德，取大司徒六行之上，其祗、庸二德與彼異，自是樂德所加也。

以樂語教國子：興、道、諷、誦、言、語。注：興者，以善物喻善事。道，讀曰導。導者，言古以剴今也。倍文曰諷，以聲節之曰誦，發端曰言，答述曰語。疏：此亦使有道有德教之。云「倍文曰諷，以聲節之曰誦」者，諷是直言之，無吟咏，誦則非直背文，又爲吟咏，以聲節之爲異。文王世子「春誦」注誦爲歌樂，即詩也。以配樂而歌，故云歌樂，亦是以聲節之。襄二十九年，季札請觀周樂，而云「爲之歌齊」、「爲之歌鄭」之等，亦是不依琴瑟而云歌，此皆是徒歌曰謡，亦得謂之歌。若依琴瑟謂之歌，即毛云

「曲合樂曰歌」是也。云「發端曰言，答述曰語」者，詩公劉云：「于時言言，于時語語。」毛云：「直言曰言，答述曰語。」許氏說文云：「直言曰論，答難曰語。」論者，語中之別，與言不同，故鄭注雜記云：「言，言己事。爲人說爲語。」

以樂舞教國子：舞雲門、大卷、大咸、大磬、大夏、大濩、大武。注：此周所存六代之樂，黄帝曰雲門、大卷，黄帝能成名，萬物以明，民共財，言其德如雲之所出，民得以有族類。大咸、咸池，堯樂也。堯能殫均刑灋以儀民，言其德無所不施。大磬，舜樂也。言其德能紹堯之道也。大夏，禹樂也。禹治水傅土，言其德能大中國也。大濩，湯樂也。湯以寬治民而除其邪，言其德能使天下得其所也。大武，武王樂也。武王伐紂以除其害，言其德能成武功。疏：此大司樂所教是大舞，樂師所教者是小舞。案内則云「十三舞勺，成童舞象」，舞象謂戈，皆小舞。又云「二十舞大夏」，即此大舞也。特云大夏者，鄭云：「樂之文武中。」其實六舞皆學也。保氏云「教之六樂」，二官共教者，彼教以書，此教以舞，故共其職也。樂記云：「大章，章之也。」注云：「堯樂名也。周禮闕之，或作大卷。」又云「咸池，備矣」，注云：「黄帝所作樂名也。堯增修而用之。周禮曰大咸。」與此經注樂名不同者，本黄帝樂名曰咸池，以五帝殊時，不相沿樂，堯若增修黄帝樂體者，存其本名，猶曰咸池，則此大咸也。若樂體依舊，不增修者，則改本名，名曰大章。故云大章，堯樂也。周公作樂，更作大卷，大卷則大章，大章名雖堯樂，其體是黄帝樂，故此大卷亦爲黄帝樂也。周公以堯時存黄帝咸池爲堯樂名，則更與黄帝樂名立名，名曰雲門，與大卷爲一名，故下文分樂而序之，更不序大卷也。必知有改樂名之灋者，案修牒論云「班固作漢書，高帝四年，作武德之樂」，又云「高帝廟中奏武德、文始」，注云：「舜之韶舞名。」秦始皇二十六年改名五行舞，注云：「五行，本周舞，高帝六年，改名文始、五行之舞。」案此知有改樂之灋也。案孝經緯云：「伏犧之樂曰立基，神農之樂曰下謀，祝融之樂曰屬續。」又樂緯云：「顓頊之樂曰五莖，帝嚳之樂曰六英。」注云：「能爲五行之道立根莖。六英者，六合之英。」皇甫謐曰：「少昊之樂曰九淵。」則伏犧以下皆有樂。今此惟存黄帝、堯、舜、禹、湯者，案易繫辭云：「黄帝、堯、舜垂衣裳。」鄭注云：「金天、高陽、高辛遵黄帝之道，無所改作，故不述焉。」則此不存者，義亦然也。然鄭惟據五帝之中而言，則三皇之樂不存者，以質故也。

樂師：掌國學之政，以教國子小舞。注：謂以年幼少時教之舞。内則曰：「十三舞勺，成童舞象，二十舞大夏。」疏：小舞，即下文帗舞已下。大司樂教雲門已下爲大舞也。「十三舞勺」，勺即周頌酌也。「成童舞象」，即周頌序云「維清，奏象舞」也。此皆詩，詩爲樂章，與舞人爲節，故以詩爲舞也。此勺與象皆小舞所用，幼少時學之也。「二十舞大夏」，大夏，夏禹之舞。雖舉大夏，其實雲門已下六舞皆學。以其自夏已上，揖讓而得天下，自夏以下，征伐而得天下，夏爲文武中，故特舉之，可以兼前後也。

大胥：掌學士之版，以待致諸子。注：鄭司農云：「學士，謂卿大夫諸子學舞者。版，籍也，今時鄉户籍，世謂之户版。大胥主此籍，以待當召聚學舞者卿大夫之諸子，則案此籍而召之。」

籥師：掌教國子舞羽歈籥。注：文舞有持羽歈籥者，所謂籥舞也。文王世子曰：「秋冬學羽籥。」詩云：「左手執籥，右手秉翟。」疏：此籥師掌文舞，故教羽籥。若武舞，則教干戚也。此官所教，當樂師教小舞，互相足。故文王世子云：「小樂正學干，大胥贊之。籥師學戈，籥師丞贊之。」注云：「四人皆樂官之屬也，通職，秋冬亦學以羽籥。小樂正，樂師也。」

蕙田案：大司樂以下所掌教國子之法，於成均教之。

禮記王制：樂正崇四術，立四教。注：樂正，樂官之長，掌國子之教。虞書曰：「夔，命汝典樂，教胄子。」崇，高也。高尚其術，以作教也。幼者教之於小學，長者教之於大學。尚書傳曰：「年十五始入小學，十八入大學。」疏：崇四術，謂敷暢義理，贊明旨趣，使學者知之。順先王詩、書、禮、樂以造士。注：順此四術，而教以成是士也。春秋教以禮、樂，冬夏教以詩、書。注：春夏，陽也。詩、樂者聲，聲亦陽也。秋冬，陰也。書、禮者事，事亦陰也。互言之者，皆以其術相成。疏：鄭意以爲秋教禮，春教樂，冬教書，夏教詩也。所以詩得爲聲者，詩是樂章，詩之文義，以樂聲播之，故爲聲。若以聲對舞，則聲爲安靜，舞爲鼓動，舞爲陽，聲爲陰，故大胥云「春，釋菜，合舞；秋，頒學，合聲」是也。就舞之中，奮動甚者屬陽，奮動靜者屬陰，故記云「春夏學干戈，秋冬學羽籥」是也。書者言事之經，禮者行事之法，事爲安靜，故云「書、禮者事，事亦陰也」。文王世子云：「秋學禮，冬讀書。」與此同也。若不互言，當云春夏教以樂、詩〔一〕，

〔一〕「當」，諸本作「而但」，據禮記正義卷一三改。

秋冬教禮、書，則是春夏但教以樂、詩，不教禮、書，秋冬但教以禮、書，不教以樂、詩也。必互言者，以此四術不可暫時而闕，故今交互言之，云春教樂，明兼有禮，秋教禮，明兼有樂，夏教詩，兼有書，冬教書，兼有詩，故云「皆以其術相成」，但逐其陰陽以爲偏主耳。

蕙田案：樂正即周官大司樂之職，其所教四術，詩則樂語是也，樂則樂舞是也，書與禮則大司樂未及焉。大司樂主于論樂，王制主于論教也，二文相兼乃備。

王太子、王子、群后之太子，卿大夫、元士之適子，國之俊選，皆造焉。注：皆以四術成之。王子，王之庶子也。群后，公及諸侯。**凡入學以齒。**注：皆以長幼受學，不用尊卑。

文王世子：凡學世子及學士，必時，注：四時各有所宜。學士，謂司徒論俊選所升於學者。**春夏學干戈，秋冬學羽籥，皆於東序。**注：干，盾也。戈，句孑戟也。干戈，萬舞，象武也，用動作之時學之。羽籥，籥舞，象文也，用安靜之時學之。詩云：「左手執籥，右手秉翟。」疏：案考工記：「戈廣二寸，内倍之，胡三之，援四之，以其形句曲有孑刃。」鄭云：「若今鷄鳴戟也。」公羊傳：「萬者何？干舞也。」以其用干，故知象武也。若大武，則以干配戚，則明堂位云：「朱干玉戚，冕而舞大武。」若其小舞，則以干配戈，周禮樂師教小舞，干舞是也。羽，翟羽也。籥，笛也。公羊傳云：「籥者何？籥舞也。」以其不用兵器，故象文也。**小樂正學干，大胥贊之。籥師學戈，籥師丞贊之。**注：四人皆樂官之屬也，通職，秋冬亦學以羽籥。小樂正，樂師也。周禮樂師「掌國學之政，教國子小舞」，大胥「掌學士之版，以待致諸子。春入學，舍菜，合舞，秋頒學，合聲」，籥師「掌教國子舞羽吹籥」。疏：此籥師云教戈，周禮籥師「掌教國子舞羽龡籥」，是籥師既教戈，又教籥。此小樂正教干，周禮樂師教小舞，則六舞皆教，故知通職，至秋冬之時，亦教羽籥也。此有大樂正及小樂正，周禮有大司樂及樂師，知小樂正當樂師也。此經雜，多有諸侯之禮，故謂之大樂正、小樂正也。小舞者，謂年幼小時教之舞，其舞即帗舞、羽舞、皇舞、旄舞、干舞、人舞也。周禮唯有籥師，此云籥師丞者，或諸侯之禮，或異代之法。胥鼓南。注：南，南夷之樂也。胥掌以六樂之會，正舞位。旄人教夷樂，則以鼓節之。詩云：「以雅以南，以籥不僭。」疏：胥，謂大胥。「東夷之樂曰昧，南夷之樂曰南，西夷之樂曰朱離，北夷之樂曰禁。南，一名任。」記云：「任，南蠻之樂也。」

陳氏樂書：干戈、羽籥，樂之器，而樂豈器哉？凡學世子及學士，必以是者，欲其因器以達意故也。王制之教造士，春秋以禮、樂，冬夏以詩、書，文王世子之學世子，春夏以干戈，秋冬以羽籥者。升於學之造士，則其才嚮於有成，其教之也易，故先其難者，而以詩、書後於禮、樂；貴驕之世子，則其性誘於外物，其教之也難，故先其易者，而以干戈、羽籥先於禮、樂、詩、書。周官師氏教國子在司徒教民之後，記言教國之子弟在鄉、遂之後，其教之難易，蓋可見矣。雖然，王制主於教造士，而王太子、王子、群后之太子，卿大夫、元士之適子亦預焉；文王世子主於教世子，而國於學士亦及焉。特其所主者異，教之所施，有先後爾。書云：「比爾干，稱爾戈。」干則直兵，而其形欲立；戈則句兵，而其形欲倒。皆自衛之兵，非伐人之器也。古之教舞者，朱其干，玉其戚，則尚道不尚事，尚德不尚威。是以學干在小樂正，而以大胥贊之；學戈在籥師，而以籥師丞贊之。干戈之事，寓之於樂如此，則武不可黷之意覩矣。周官大胥以六樂之會正舞位，凡祭祀之用樂者，以鼓徵學士；小胥掌學士之徵令。兩胥以鼓徵學士而令之者，不過六代之樂，所謂象箾、南籥而已，非鄭康成所謂南夷之樂也。鞮鞻氏掌四夷之樂，旄人教舞夷樂，則夷樂固鞮鞻氏所掌，旄人所教，非大胥、小胥之職也。上言小樂正學干，大胥贊之，則所謂「胥鼓南」之胥，豈小胥哉？周之化自北而南，則象箾所奏，亦不是過也。

陸氏佃曰：先王之制舞也，文必以羽籥，武必以干戚者，蓋籥，聲也，羽，容也。聲音以記之，文物以昭之者，文也，故於文舞用之；干以扞其内，戚以誅其外者，武也，故於武舞用之。大舞則干與戚兼陳，羽與籥並用，簡兮所謂「左手執籥，右手秉翟」，明堂位所謂「朱干玉戚，冕而舞大武」是也。蓋文不足乎武，非所以爲文德之盛；武不足乎文，非所以爲武業之大。故文雖用羽籥，而干在焉；武雖用干戚，而羽在焉。或言：朱干玉戚，執而舞武樂矣，又曰有羽焉，左籥右翟，執而舞文樂矣，又曰有干焉，則授舞者，其何能執？曰：是不然也。蓋武舞，干之上覆以羽；文舞，羽之下載以干。干、羽雖異，其器則一爾。若周官羽舞所以無籥者，象文德之小者，以爲儀而已；干舞所以無戚者，象武事之小者，以爲扞而已。小曰羽舞，而大舞謂之籥；小曰干舞，而大舞謂之萬。鄭玄、孫毓、孔穎達等以爲萬舞唯干無羽也，籥舞唯羽無干也，是不知先王之制，舞文必有武備，武必有文輔之意也。干戚，一舞也，故以一官教之，下「大樂正學舞干戚」是也。干、戈，兩舞也，故各以其官教之，此小樂正學干、籥師學戈是也。干戚，大舞也，故先王教之以大樂正。干舞，小舞也，故先王教之以小樂正。戈舞，則又其小者，故先王以籥師教之。然所謂戈舞者，自爲一舞，經、傳獨無所見，何也？曰：月令云「執干戚歌羽」，而周官有干舞，又有兵舞，所謂兵舞，即戈舞也。先儒乃以兵舞合爲干舞，誤矣。蓋司兵云「五兵五盾」，鄭云：「五盾，干櫓之屬，而五兵一曰戈，兵始於戈。」故戈舞謂之兵舞，此一證也。戈，兵也。干，盾也。兵有戈，盾非兵，則戈可以謂之兵舞，而兵舞不得謂之干舞，此又一證也。司兵及司戈盾皆云「祭祀，授舞者兵」，司干云「祭祀，舞者既陳，則授舞器」。先儒以爲羽籥之屬，司干所授也；朱干玉戚之屬，司兵所授也；若戈，則司戈盾授之。穎達疏云「司干授舞者器，授干與羽籥也。司戈盾授舞者兵，謂戈而已，其干則司干授之」是也。夫司干授干，而小樂正教之，司戈授戈，而籥師教之，則干自干舞，戈自戈舞，可知矣。此又一證也。周官籥師言「舞羽吹籥」，而未嘗及戈，何也？曰：事固有互發者，蓋司干主干而已，而所授有兼羽籥，則籥師雖主舞羽吹籥，不害其兼學戈也。教舞容者，以文爲主，故先王以籥名官，而戈在焉；教舞器者，以武爲主，故先王以干名官，而羽在焉。此亦制作之方也。

張氏曰：南，二南也，以鼓節之曰鼓南。

程氏迥曰：詩「以雅以南」，左傳「象箾、南籥」，杜預釋左云：「南籥當爲文樂。」劉炫釋詩云：「當時周南未敢正指爲二南也。夫周備六代之樂，韶、夏、濩、武並列，何獨取夷樂以配文王之象舞？且四夷獨取其一，與箾之舞象，籥之奏南，明是文王之詩矣。

蕙田案：武舞，大者用干戚，小者用干戈。陸佃分干戈爲二舞，非也。至云干上覆羽，羽下戴干，則混文武二舞爲一，尤謬。「胥鼓南」，當從陳氏、張氏，程氏以爲二南，注、疏指南夷樂者，非。

春誦夏絃，大師詔之瞽宗。秋學禮，執禮者詔之。冬讀書，典書者詔之。禮在瞽宗，書在上庠。注：誦，謂歌樂也。絃，謂以絲播詩。陽用事，則學之以聲。陰用事，則學之以事。因時順氣，於功易成也。疏：春、夏是陽，陽主清輕，故學聲。秋、冬屬陰，陰主體質，故學事。

陳氏樂書：樂語有六，誦居一焉。樂音有八，絃居一焉。誦則詩誦，人聲也，絃則琴瑟，樂聲也。温柔敦厚，詩教也。以春誦之，春温故也。鼓鼙，北方革音，而其聲讙，主陽生而言也。琴瑟，南方絲音，而其聲哀，主陰生而言也。夏絃之義，有見於此。殷人尚聲，名學以瞽宗，是瞽宗主以樂教，衆瞽之所宗也。春教以樂語，夏教以樂音，其義爲難知，非大師詔之瞽宗，孰知其所以然哉？周官大司樂「死以爲樂祖，而祭之瞽宗」。則春誦夏絃，大學之教，非小學之教也。詔樂於瞽宗，又言「禮在瞽宗」者，古之教人，興於詩者，必使之立於禮，立於禮者，必使之成於樂。故周之辟廱，亦不過辟之以禮，廱之以樂，使之樂且有儀，而瞽宗雖主以樂教，禮在其中矣。周官禮樂同掌於春官，禮記禮樂同詔之瞽宗，其義一也。學舞於東序而別之以射，學禮樂於瞽宗而詔之以儀，君子之深教也。此言「春誦夏絃，秋學禮，冬讀書」，王制言「春秋教以禮、樂，冬夏教以詩、書」者，言書、禮則知誦之爲詩，絃之爲樂，言絃、誦則知禮之爲行、書之爲事也。蓋春秋，陰陽之中，而禮樂皆欲其中，故以二中之時教之，凡此，合而教之也。分而教之，則誦詩以春，絃樂以夏，學禮以秋，讀書以冬，學記曰「大學之教也時」，以此。

凡祭與養老乞言、合語之禮，皆小樂正詔之於東序。注：學以三者之威儀也。養老人之賢者，因從乞善言可行者也。合語，謂鄉射、鄉飲酒、大射、燕射之屬也。鄉射記曰：「古者於旅也語。」疏：經先云「祭與養老乞言」，别云「合語」，則合語非祭與養老也。故知是鄉射、鄉飲酒及大射、燕射旅酬之時，皆合語也。其實祭末及養老，亦皆合語也。故詩楚茨論祭祀之事，云「笑語卒獲」，箋云：「古者於旅也語。」是祭有合語也。養老既乞言，自然合語也。合語者，謂合會義理而語説也。

大樂正學舞干戚，語説，命乞言，皆大樂正授數。注：學以三者之義也。戚，斧也。語説，合語之説也。數，篇數。疏：舞干戚，即前經祭祀也。不云祭祀，云舞干戚者，容祭祀之外，餘干戚皆教之。語説，謂合語之説，即前經合語也。命乞言，即前經養老也。授數者，謂干戚、語説、乞言三者，皆大樂正之官授世子及學士等篇章之數，爲之講説，使知義理。

陳氏樂書：周官大司樂教國子，始之以樂德，中之以樂語，卒之以樂舞。故凡祭與養老之禮乞言、語説，古之樂舞也。德爲樂之實，樂爲德之華，則樂語，德言也，樂舞，德容也。經曰：「天子視學適東序，釋奠于先老，遂設三老、五更、群老之席位焉。登歌清廟，既歌而語，以成之也。言父子、君臣、長幼之道，合德音之致，禮之大者也。下管象，舞大武，大合衆以事。」由是觀之，凡祭豈釋奠之禮與？凡養老豈老更群老與？合語之禮，豈德音之致與？學舞干戚，豈舞大武之舞與？言舞則歌可知矣。

大司成論説在東序。注：論説，課其義之深淺、才能優劣。此云「樂正司業，父師司成」，則大司成，司徒之屬師氏也。師氏掌以媺詔王，教國子以三德三行，及國中失之事也。

凡侍坐於大司成者，遠近間三席，可以問。注：間，猶容也。容三席，則得指畫相分別也。席之制，廣三尺三寸三分，則是所謂「函丈」也。終則負牆，注：卻就後席相避。列事未盡不問。注：錯尊者之語，不敬也。疏：此一節論國子侍坐于大司成之儀。

王氏炎曰：大司成，即大司樂也，不謂之大司樂而謂之大司成者，以世子及國子之德業，大司樂教之使成也。其所論説者，即舞干戚、語説、乞言之數，爲講論而詳説之也。

蕙田案：周禮無大司成一官，鄭以記有「父師司成」之語，因以師氏當之，其説良是。蓋大司樂者，春官之屬，師氏者，地官之屬，其秩則皆中大夫，其職則皆主于教國子者也。或曰：師氏所掌者，虎門之小學耳，其得論説于大學之東序何也？曰：師氏掌以媺詔王，爲王親近之臣，王舉則從，未嘗離左右。惟虎門之左，其地既近，而世子與貴游子弟，人數又少，故得教之。至于太學，則地距王宫稍遠，而國子俊造咸在，人數衆多，故特設大司樂使教之，而仍令師氏兼之焉。大學之教，小學正詔其儀，大樂正授其數，然後師氏論説其義理之深淺、才能之優劣。謂之大司成者，總其大成耳，非如樂正之朝夕授業也，記云「樂正司業，父師司成」，蓋謂此。王氏以大司成即大司樂，誤矣。

觀承案：以師氏爲大司成，據「父師司成」一語，最爲確當。其實即在康成舊注中，人自忽焉不察耳。三禮注疏之可貴如此。

學記：大學始教，皮弁祭菜，示敬道也。注：皮弁，天子之朝朝服也。祭菜，禮先聖先師。菜，謂芹藻之屬。宵雅肄三，官其始也。注：宵之言小也。肄，習也。習小雅之三，謂鹿鳴、四牡、皇皇者華也。此皆君臣宴樂相勞苦之詩，爲始學者習之，所以勸之以官，且取上下相和厚。入學鼓篋，孫其業也。注：鼓篋，擊鼓警衆〔一〕，乃發篋，出所治經業也。孫，猶恭順也。夏、楚二物，收其威也。注：夏，槄也。楚，荆也。二者所以扑撻犯禮者。收，謂收斂整齊之。威，威儀也。未卜禘，不視學，游其志也。注：游暇學者之志意。時觀而弗語，存其心也。注：使之悱悱憤憤，然後啓發也。幼者聽而弗問，學不躐等也。注：學，教也，教之長穉。此七者，教之大倫也。注：倫，理也。自「大學始教」至此，其義七也。記曰：「凡學，官先事，士先志。」其此之謂乎！注：官，居官者也。士，學士也。疏：熊氏云：「始教謂始立學教。」「皮弁祭菜」者，天子使有司服皮弁，祭先聖先師以蘋藻之菜也。若學士，春始入學，唯得祭先師，不祭先聖。皇氏以爲「始教謂春時學士始入學也」，其義恐非。「入學鼓篋」者，謂學士入學之時，大胥之官先擊鼓以召之。學者既至，發其筐篋，以出其書也。「未卜禘，不視學」，皇氏云：「禘，大祭，在於夏。天子諸侯視學之時，必在禘祭之後。禘是大祭，必先卜，故連言之。」「時觀而弗語」，謂教者時時觀之，而不丁寧告語，欲使學者存其心也。「幼者聽而弗問」者，教學之法，若有疑滯未曉，必須問師，則幼者但聽長者解説，不得輒問。推長者諮問，幼者但聽之耳。

大學之教也時。教必有正業，退息必有居。注：有居，有常居也。學，不學操縵，不能安絃。注：操縵，雜弄。不學博依，不能安詩。注：博依，廣譬喻也。依，或爲「衣」。不學雜

〔一〕「擊」，原作「聲」，據光緒本、禮記正義卷三六改。

服，不能安禮。注：雜服，冕服、皮弁之屬。雜，或爲「雅」。不興其藝，不能樂學。注：興之言喜也，歆也。藝，謂禮、樂、射、御、書、數。故君子之于學也，藏焉，修焉，息焉，遊焉。注：藏，謂懷抱之。修，習也。息，謂作勞休止謂之息。遊，謂閒暇無事謂之遊。夫然，故安其學而親其師，樂其友而信其道。是以雖離師輔而不反也〔一〕。兑命曰：「敬孫務時敏，厥修乃來。」其此之謂乎？注：敬孫，敬道孫業也。敏，疾也。疏：弦，琴瑟之屬。學之須漸，言人將學琴瑟，若不先學調弦雜弄，則手指不便，不能安正其弦也。欲學詩，先依倚廣博譬喻，若不學廣博譬喻，則不能安善其詩也。禮經正體，在于服章，以表貴賤。若欲學禮，而不能明雜衣服，則心不能安善于禮也。「不興其藝，不能樂學」者，總結上三事，並先從小起義也。

張子曰：服，事也。雜服、灑埽、應對、投壺、沃盥細碎之事。

又曰：道本至樂，古之教人，必使有以樂之者，如操縵、博依、雜服，如此已心樂，樂則道義生。今無此以致樂，專義理自得以爲樂。然學者太苦，思不從容，第恐進鋭退速，苦其難而不知其益，莫能安樂也。禮、樂之文，如琴瑟笙磬，古人皆能

〔一〕「輔」，原作「傅」，據光緒本、禮記正義卷三六改。

之，以中制節。射、御亦必合於禮樂之文，如「不失其馳，舍矢如破」，騶虞和鸞，動必相應也。書、數，其用雖小，但施於簡策，然莫不出于學，故人有倦時，又用此以游其志，所以使之樂學也。

朱子曰：注疏讀「時」字、「居」字句絶，而「學」字自爲一句，恐非文意。當以「也」字、「學」字爲句絶。時教，如春夏禮、樂，秋冬詩、書之類。居學，謂居其所學，如易之言居業，蓋常時所習，如下文操縵、博依、興藝、藏修、息遊之類，所以學者能安其學而信其道。

今之教者，呻其佔畢，多其訊。注：呻，吟也。佔，視也。簡謂之畢。訊，問也。言今之師自不曉經之義，但吟誦其所視簡之文，多其難問也。言及于數，注：其發言出說，不首其義，動云「有所法象」而已。進而不顧其安，注：務其所誦多，不惟其未曉。使人不由其誠，注：使學者誦之而爲之說，不用其誠。教人不盡其材，注：材，道也，謂師有所隱也。其施之也悖，其求之也佛。注：教者言非，則學者失問。夫然，故隱其學而疾其師，苦其難而不知其益也。注：隱，不稱揚也。不知其益，若無益然。雖終其業，其去之必速。注：學不心解，則忘之易。教之不刑，其此之由乎？注：刑，猶成也。

朱子曰：數，謂刑名度數。「言及于數」，欲以窮學者之未知，非求其本也。「隱其學」，謂以其學爲幽隱而難知。

大學之法，禁於未發之謂豫，注：未發，情欲未生，謂年十五時。當其可之謂時，注：可，謂年二十，成人時。不陵節而施之謂孫，注：不陵節，謂不教長者、才者以小，教幼者、鈍者以大也。施，猶教也。孫，順也。相觀而善之謂摩。注：不並問，則教者思專也。摩，相切磋也。此四者，教之所由興也。

朱子曰：預爲之防，其事不一，不必皆謂十五時也。當其可，謂適當其可告之時，事亦不一，不當以年爲斷。觀人之能而於己有益，如以兩物相摩而各得其助也。

發然後禁，則扞格而不勝。注：教不能勝其情慾。格讀如「凍洛」之「洛」。扞，堅不可入之貌。時過然後學，則勤苦而難成。注：時過則思放也。雜施而不孫，則壞亂而不修。注：小者不達，大者難識，學者所惑也。獨學而無友，則孤陋而寡聞。注：不相觀也。燕朋逆其師，注：燕，猶褻也。褻其朋友。燕辟廢其學。注：褻師之譬喻。此六者，教之所由廢也。注：廢，弛。

朱子曰：燕朋是私褻之友，所謂「損者三友」之類。燕辟謂私褻之談，無益於學，而反有所害也。

君子既知教之所由興，又知教之所由廢，然後可以爲人師也。故君子之教喻也，道而弗牽，强而弗抑，開而弗達。道而弗牽則和，强而弗抑則易，開而弗達則思。和易以思，可謂善喻矣。疏：此一節明君子教人方便善誘之事。學者有四失，教者必知之。人之學也，或失則多，或失則寡，或失則易，或失則止。此四者，心之莫同也。注：失于多，謂才少者。失于寡，謂才多者。失于易，謂好問不識者。失于止，謂好思不問者。知其心，然後能救其失也。注：救其失者，多與易則抑之，寡與止則進之。教也者，長善而救其失者也。

朱子曰：爲人則多，好高則寡，不察則易，苦難則止。

善歌者使人繼其聲，善教者使人繼其志。注：言爲之善者，則後人樂放傚。其言也約而達，微而臧，罕譬而喻，可謂繼志矣。注：師説之明，則弟子好述之，其言少而解。臧，善也。

朱子曰：繼聲、繼志，皆謂微發其端而不究其説，使人有所玩索而自得之也。

君子知至學之難易，而知其美惡，然後能博喻；能博喻然後能爲師；能爲師然後能爲長；能爲長然後能爲君。注：美惡，説之是非也。長，達官之長。故師也者，所以學爲君也，注：弟子學于師，學爲君。是故擇師不可不慎也。注：師善則善。記曰：「三王、四代惟其師。」此之謂乎？注：四代，虞、夏、殷、周。

凡學之道，嚴師爲難。注：嚴，尊敬也。師嚴然後道尊，道尊然後民知敬學。是故君之所不臣于其臣者二：當其爲尸，則弗臣也；當其爲師，則弗臣也。注：尸，主也，爲祭主也。大學之禮，雖詔于天子，無北面，所以尊師也。注：尊師重道焉，不使處臣位也。

善學者，師逸而功倍，又從而庸之。不善學者，師勤而功半，又從而怨之。注：庸，功也。善問者，如攻堅木，先其易者，後其節目，及其久也，相説以解。不善問者反此。注：言先易後難，以漸入。善待問者如撞鐘，叩之以小者則小鳴，叩之以大者則大鳴，待其從容，然後盡其聲。不善答問者反此。注：從，讀如「富父舂戈」之「舂」。舂容，謂重撞擊也，始者一聲而已，學者既開其端意，進而復問，乃極説之，如撞鐘之成聲矣。此皆進學之道也。注：此皆善問善答也。

朱子曰：從容，正謂聲之餘韻從容而將盡者也，言必答盡所問之意然後止也。

記問之學，不足以爲人師，注：記問，謂豫誦雜難、雜説，至講時爲學者論之。此或時師不心解，或學者所未能問。必也其聽語乎？注：必待其問乃説之。力不能問，然後語之。語之而不知，雖舍之可也。

良冶之子，必學爲裘。注：仍見其家錮補穿鑿之器也。補器者，其金柔乃合，有似于爲裘。良弓之子，必學爲箕。注：仍見其家撓角幹也。撓角幹者，其材宜調，調乃三體相稱，有似於爲楊柳之箕。始駕馬者反之，車在馬前。注：以言仍見則貫，即事易也。疏：始駕者，謂馬子始學駕車之時。駕馬之法，本在車前，今將馬子繫隨車後而行，使此駒日日見車之行，慣習而後駕之，不復驚也。君子察於此三者，可以有志于學矣。注：仍讀先王之道，則爲來事不惑。

古之學者，比物醜類。注：以事相況而爲之。醜，猶比也。鼓無當於五聲，五聲弗得不和。水無當於五色，五色弗得不章。學無當於五官，五官弗得不治。師無當於五服，五服弗得不親。注：當，猶主也。五服，斬衰至緦麻之親。

君子曰：「大德不官，注：謂君也。大道不器。注：謂聖人之道，不如器施于一物。大信不約，注：謂若「胥命于蒲」，無盟約。大時不齊。注：或時以生，或時以死。察于此四者，可以有志於本矣。」注：本立而道生。言以學爲本，則其德於民無不化，於俗無不成。三王之祭川也，皆先河而後海，或源也，或委也。此之謂務本。注：源，泉所出也〔一〕。委，流所聚也。始出一

〔一〕「出」，諸本作「來」，據禮記正義卷三六改。

勺，卒成不測。疏：源則河也，委則海也，申明先河而後海。

右教學之法

入學

大戴禮保傅篇：古者，王子年八歲而出就外舍，學小藝焉，履小節焉。束髮而就大學，學大藝焉，履大節焉。居則習禮文，行則鳴佩玉，升車則聞和鸞之聲，是以非辟之心無自入也。注：小學，謂虎闈師保之學也。大學，王宮之東者。束髮，謂成童。白虎通曰「八歲入小學，十五入大學」是也。此太子之禮。尚書大傳曰：公卿之太子、大夫元士嫡子，年十三始入小學，年二十入大學。此王子入學之期也。又曰「十五年入小學，十八入大學」者，謂諸子姓既成者，至十五年入小學，其早成者，十八入大學。內則曰「十年出就外傅，居宿于外，學書計」者，謂公卿以下教子于家也。

朱子曰：案「虎闈」，見周禮，一作「庠門」者，非是。「既」，或恐當作「晚」。

尚書大傳：古之帝王，必立大學、小學，使公卿之大子、元士大夫之子，十有三年始入小學，見小節焉，踐小義焉，二十入大學，見大節焉，踐大義焉。故小師取小學之賢者登之大學，大師取大學之賢者登之天子。

程子曰：古者八歲入小學，十五入大學，擇其才可教者聚之，不肖者復之農畝。蓋士、農不易業，既入學則不治農，然後士、農判。古之士者，自十五入學，至四十方仕，中間自有二十五年，學又無利可趨，則所志可知，須去趨善，便自此成德。後之人，自童稚間已有汲汲趨利之意，何由得向善？其古人，必使四十而仕，然後志定。只營衣食却無害，惟利禄之誘最害人。

漢書食貨志：八歲入小學，學六甲、五方、書計之事，始知室家長幼之節。十五入大學，學先聖禮樂，而知朝廷君臣之禮。

右入學

考校

禮記學記：古之教者，比年入學，注：學者每歲來入也。中年考校。注：中，猶間也。鄉遂大夫間歲則考學者之德行道藝。周禮三歲大比，乃考焉。一年視離經辨志，三年視敬業樂群，五年視博習親師，七年視論學取友，謂之小成。九年知類通達，强立而不反，謂之大成。注：離經，斷句絶也。辨志，謂别其心意所趣向也。知類，知事義之類也。强立，臨事不惑也。不反，不違失師道。夫然後足以化民易俗，近者悦服，而遠者懷之。此大學之道也。注：懷，來也，安也。記曰：「蛾子時術之。」其此之謂乎？注：蛾，蚍蜉也。蚍蜉之子，微虫耳，時術蚍蜉之所爲，其功乃復成大垤。疏：「中年考校」，謂每間一歲，鄉遂大夫考校其藝也。「一年視離經辨志」，謂學者初入學一年，鄉遂大夫於年終之時，考視其業。離經，謂離析經理，使章句斷絶也。辨志，謂辨其志意趨向，習學何經矣。「三年視敬業樂群」，謂入學三年，考校之時，視此學者敬業，謂藝業，長者敬而視之；樂群，謂群居朋友，善者願而樂之。「五年視博習親師」，言五年考校之時，視此學者博習，謂廣博學習；親師，謂親愛其師。「七年視論學取友」，言七年考校之時，視此學者論學，謂學問嚮成，論説學之是非；取友，謂選擇好人，取之爲友。「謂之小成」者，比六年以前，其業稍成。比九年之學，其業小。「九年知類通達，强立而不反」，謂九年考校之時，視此學者知義理事類，通達無疑；强立，謂專强獨立，不有疑滯；不反，謂不違失師之道，謂之大成。「此大學之道」者，言此所論，是大學聖賢之道理，非小學技藝耳。鄭引周禮「大比考校」，則此「中年考校」非周禮。皇氏云「此中年考校亦周法」，非也。皇氏又以「中年考校」謂鄉遂學，「一年視離經辨志」以下，皆爲國學，亦非也。但應入大學者，自國家考校之耳。其未入大學者，鄉遂大夫考校也。

張子曰：離經，離析經之章句也。事師而至於親敬，則學之篤而信其道也。論學取友，能講論其學而取友必端也。知類通達，比物醜類是也。九年者，言其大略，人性有遲敏，氣有昏明，豈可齊也？强立而不反，可與立也，學至於立，則自能不息以至於聖人，而教者可以無恨矣。

朱子曰：案鄭注、張説皆是也。辨志者，自能分別其心所趨向，如爲善、爲利、爲君子、爲小人也。敬業者，專心致志以事其業也。樂群者，樂於取益，以輔其仁也。博習者，積累精專，次第該徧也。親師者，道同德合，愛敬兼盡也。論學者，知言而能論學之是非。取友者，知人而能識人之賢否也。知類通達，聞一知十而觸類貫通也。强立不反，知止有定而物不能移也。蓋考校之法，逐節之中，先觀其學業之淺深，徐察其志行之虚實，讀者宜深味之，乃見進學之驗。

周禮春官大胥：掌學士之版。春入學，舍采，合舞；注：春始以學士入學宫而學之。合舞，等其進退，使應節奏。秋頒學，合聲。注：春使之學，秋頒其才藝所爲。合聲，亦等其曲折，使應節奏。疏：春，物生之時，學子入學。秋，物成之時，分其才藝高下。

夏官諸子：凡國之政事，諸子存遊倅，使之修德學道，春合諸學，秋合諸射，以考其藝而進退之。注：遊倅，倅之未仕者。學，太學也。射，射宫也。王制曰：「春秋教以禮、樂，冬夏教以詩、書，王太子、王子、群后之太子、卿大夫元士之適子、國之俊選皆造焉。」疏：「考其藝」者，考校材藝長短。「進退之」者，才藝長者，進與官爵，材藝短者，退之使更服膺受業也。射義云：「已射於澤，然後射於射宮。」即國之小學在西郊，則虞庠是也。

蕙田案：合射亦於太學。孟子稱「序者，射也」，則東序爲習射之所矣。疏以射宮爲小學，疑非。

觀承案：校者，教也。據周禮鄉大夫受教法於司徒，頒之鄉吏，使各以教其所治，則以校爲鄉學之名者，尤可信矣。又孟子以庠、序、校皆小學名，惟學則三代共之，則「序者，射也」，故疏以射宮爲小學耳。然鄉學各取其一，而太學兼之，則小學有射，太學固兼有射。若專以射宮爲小學，則未爲分曉耳。考禮者詳之。

陳氏禮書：一年視離經辨志，三年視敬業樂群，五年視博習親師，七年視論學取友，謂之小成，九年知類通達，强立而不反，謂之大成，此中年考校之法也。大胥掌國學士之版，春合舞，秋合聲。於其合聲，則頒次其所學而辨異之。諸子掌國子之倅，春合諸學，秋合諸射，以考其藝而進退之，此比年考校之法也。

蕙田案：以上入學考校之法。

地官鄉大夫之職：各掌其鄉之政教禁令。正月之吉，受教灋于司徒，退而頒之于其鄉吏，使各以教其所治，以考其德行，察其道藝。注：其鄉吏，州長以下。疏：言「正月之吉」者，謂建子之月，月朔之日。云「受法于司徒」者，謂若大司徒職十二教已下，其法皆受於司徒而來。云「退而頒之于其鄉吏」者，謂已於司徒受得教灋，遂分與州長已下至比長。云「使各以教其所治」者，亦謂州長已下至比長，各教所治也。云「考其德行」者，謂鄉大夫以鄉三物教萬民，遂考校其萬民有六德、六行之賢者。云「察其道藝」者，謂萬民之中有六藝者，並擬賓之。比長以上至州長，皆屬鄉大夫。

州長：各掌其州之教治政令之法。正月之吉，各屬其州之民而讀法，以考其德行道藝而勸之，以糾其過惡而戒之。注：屬，猶合也，聚也。因聚衆而勸戒之者，欲其善。疏：謂建子之月一日也。「各屬其州之民」者，謂合聚一州之民也。「而讀法」者，謂對衆讀一年政令及十二教之法，使知之。云「以考其德行道藝而勸之」者，謂考量民之六德、六行及六藝之道藝而勸勉之，使之勤修。云「以糾其過惡而戒之」者，民有過惡，糾察與之罪而懲戒之。言「因聚衆而勸戒之」者，謂欲勸戒之，必須聚衆，故言「因聚衆而勸戒之，欲其善」也。

若以歲時祭祀州社，則屬其民而讀法，亦如之。春秋以禮會民而射于州序。注：序，州黨之學也。會民而射，所以正其志也。

歲終，則會其州之政令。正歲，則讀教法如初。注：雖以正月讀之，至正歲猶復讀之，因此四時之正重申之。疏：周禮之内，直言歲終者，皆是周之歲終也。正歲，建寅之月，得四時之正，於教令審，故又讀教法。言「如初」者，亦當屬民讀之也。

黨正：各掌其黨之政令教治。及四時之孟月吉日，則屬民而讀邦法以糾戒之。

注：以四孟之月朔日讀法者，彌親民者，於教亦彌數。疏：及，至也。黨正四時孟月吉日則屬民而讀邦法者，因糾戒之，如州長之爲也。上文州長唯有建子建寅及春秋祭社四度讀法。此黨正四孟及下文春秋祭禜并正歲一年七度讀法者，以其鄉大夫管五州，去民遠，不讀法，州長管五黨，去民漸親，故四讀法，黨正去民彌親〔一〕，故七讀法。下族師十四度讀法，彌多於此，故鄭總釋云「彌親民者，於教亦彌數」也。

春秋祭禜，亦如之。

正歲，屬民讀法而書其德行道藝。注：書，記之。疏：黨正於正歲建寅朔日聚衆庶讀法，因即書其德行道藝。鄭解書「書，記之」者，以其三年乃一貢，今每年正歲皆書記勸勉之，三年即貢之也。

族師：各掌其族之戒令政事。月吉，則屬民而讀邦法，書其孝弟睦婣有學者。

注：月吉，每月朔日也。疏：此族師亦聚衆庶而讀法，因書其孝弟睦婣有學者。黨正直書，德行道藝具言，此云孝弟睦婣，惟據六行之四事。有學，即六藝也。計族師所書，亦應不異黨正。但文有詳略，故所言有異。但族師親民，故析别而言耳。云「月吉，每月朔日也」者，以其彌親民，教亦彌數，故十二月朔皆

〔一〕「民」，原脱，據味經窩本、乾隆本、光緒本、周禮注疏卷一二補。

讀之。

春秋祭酺，亦如之。

閭胥：各掌其閭之徵令。凡春秋之祭祀、役政、喪紀之數，聚衆庶；既比，則讀法，書其敬敏任恤者。注：祭祀，謂州社、黨禜、族酺也。役，田役也。政，若州射、黨飲酒也。喪紀，大喪之事也。四者及比，皆會聚衆民，因以讀法以敕戒之。　疏：云「凡春秋之祭祀、役政、喪紀之數，聚衆庶」者，謂州長、黨正、族師祭祀及役政與王家喪紀，閭胥皆爲之聚衆庶，以待驅使也。云「既比，則讀法」者，上族師已上官尊，讀法雖稀稠不同，皆有時節，閭胥官卑，而於民爲近，讀法無有時節，但是聚衆庶比之時節讀法，故云「既比，則讀法」。云「書其敬敏任恤者」，以上書其德行道藝，今此閭胥親民更近，故除任恤六行之外，兼記敬敏者也。

司諫：掌糾萬民之德而勸之朋友，正其行而强之道藝，巡問而觀察之，以時書其德行道藝，辨其能而可任於國事者。注：朋友，相切磋以善道也。强，猶勸也。學記曰：「强而弗抑則易。」巡問，行問民間也。可任於國事，任吏職。　疏：「以時書其德行道藝」者，此萬民時所習，即大司徒所云「以鄉三物教萬民，一曰六德，二曰六行」，此德行也，「三曰六藝」，即此道藝也。云「辨其能而可任于國事」者，案鄉大夫職云「興賢者能者」，賢謂德行，能謂道藝。彼則賢能俱興，此直云辨其能，不言賢者，既辨其能，則賢者自然亦辨而舉之可知也。任吏職者謂使爲比長、閭胥、族師之類是也。

陳氏禮書：閭胥聚民無常時，族師屬民有常月。族師歲屬以月吉與春秋，黨正歲屬以孟吉與正歲，州長歲屬以正月之吉與春秋，然後鄉大夫三年大比之。以卑者其職煩，尊者其事簡也。由黨正而下，有所讀，有所書；州長則有所讀，無所書而有所考；鄉大夫則考而興之，無所讀。敬敏任恤，易知者也，故閭師書之。孝弟睦婣有學，難知者也，故族師書之。德行則非特孝悌也，道藝則非特有學也，故黨正書之。書之者易，考之、興之者難，故書之上於黨正，考之在州長，興之在鄉大夫，以卑者其責輕，尊者其任重也。凡此皆教之有其術，養之有其漸也。

李氏景齊曰：古者人才之盛，雖得之鄉舉里選之公，亦其所以長養成就之者自有道也。蓋以五家之比，已有下士一人爲之長，而有以禁其奇衺之心。至於教法之所示，則閭胥於聚衆庶之時，族師於每月之吉，黨正以孟月之吉，州長以正月之吉，皆屬民而讀法，無非導民之知所從，而使之不戾吾教，所以漸摩誘掖之者，詳且至矣。猶未也，人才不以漸而進，則真賢碩能何以責備於一旦卒然賓興之日？故自比長有以禁其奇衺之心，而敬敏任恤則閭胥書之，孝悌睦婣有學則族師書之，德行道藝則黨正書之。夫所書至於黨正，則是才之已成矣，猶恐其或濫也，州長又有以考其德行道藝而勸之，糾其過惡而戒之。夫然後鄉大夫於三年大比而賓興之，則其賢書之獻，悉有以公天下之心。先王之於人才，其教之不苟而進之有漸如此。後世取人，類薄其所以長養成就之者，而一旦旁求博取務得真才，亦疏矣。

王氏詳說：周家作成人材之法，何其詳且悉耶？五家之比，比有長，初未有可書之事，不過防其奇衺而已。五比之閭，則書其敬敏任恤，是於六行之中可書者二。四閭之族，則書其孝悌睦婣，是於六行之中可書者四，其於德行道藝，有所未備矣。五族之黨書其德行道藝。然書之而未能考之，五黨之州又從而考之。考之而未能賓興之，五州之鄉於是而賓興之。以見其人材之成也。

蕙田案：以上鄉官書考之法。

國語齊語：正月之朝，鄉長復事。君親問焉，曰：「於子之鄉，有居處好學、慈孝於父母、聰慧質仁、發聞於鄉里者，有則以告。有而不以告，謂之蔽明，其罪五。」有司已於事而竣。公又問焉，曰：「於子之鄉，有拳勇股肱之力秀出於衆者，有則以告。有而不以告，謂之蔽賢，其罪五。」有司已於事而竣。公又問焉，曰：「於子之鄉，有不慈孝於父母、不長弟於鄉里、驕躁淫暴、不用上令者，有則以告。有而不以告者，謂之下比，其罪五。」有司已於事而竣。是故鄉長退而修德進賢，公親見之，遂使役官。及五屬大夫復事，公問之如初。五屬大夫於是退而修屬。屬退而修縣，縣退而修鄉，鄉退而修卒，卒退而修邑，邑退而修家，是故匹夫有善可得而舉也，匹夫有不善可得而誅也。

蕙田案：此即周禮鄉舉之遺意。諸侯之制已亡，惟此猶見其略。

右考校

簡不率教

禮記王制：命鄉簡不帥教者以告。注：帥，循也。不循教，謂敖狠不孝弟者。司徒使鄉簡擇以告者，鄉屬司徒。疏：周禮六鄉大夫，皆司徒統領。耆老皆朝于庠，元日習射上功，習鄉上齒。大司徒帥國之俊士與執事焉。注：將習禮以化之，使之觀焉。朝，猶會也。此庠，謂鄉學也。鄉，謂飲酒也。鄉禮，春秋射，國蜡而飲酒養老。疏：初時耆老聚會於庠學，乃擇元日，就州學習射，就黨學上齒，習射習鄉，各在一處，不得同日。州長職云「春秋射于州序」。然則射在州序，而云鄉射禮者，州屬於鄉，雖在州序，亦得謂之鄉。或可鄉居此州，更不立州學。若州有事，則就鄉學也。周之十二月，國家蜡祭之時，黨正飲酒而養老，以正齒位。若正月鄉學飲酒，則無正齒位之事。黨正飲酒，謂之鄉者，黨，鄉之屬，故云鄉也。或鄉之所居之黨，不別立黨學，黨之正齒位，就鄉學爲之。**不變，命國之右鄉簡不帥教者移之左，命國之左鄉簡不帥教者移之右，如初禮。**注：中年考校而又不變，使轉徙其居，覬其見新人，有所化也。亦復習禮於鄉學，使之觀焉。　疏：中，猶間也，謂間一年而考校之時。下云「不變，移之郊」者，謂五年之時，間四年之下一年也。下云「不變，移之遂」者，謂七年之時，間六年之下一年也。下云「不變，屏之遠方」者，謂九年之時。注不云間年者，以九年限極，不須云間年也。**不變，移之郊，如初禮。**注：郊，鄉界之外者也。稍出遠之，後中年又爲之習禮於郊學。　疏：郊，謂近郊也。以遠郊之内，六鄉居之。若鄉民近國城，及國内之人，其學在國中，或在公宫之右，或在公宫之左，故前云右鄉、左鄉。若鄉人遠國城，在近郊之外者，則學在近郊，其習禮亦鄉大夫臨之。**不變，移之遂，如初禮。**注：遠郊之外曰遂，遂大夫掌之。又中年復移之使居遂，又爲習禮於遂之學。疏：案司馬法曰：「百里郊，二百里野。」遂人云：「掌邦之野。」既二百里爲野，遂之所居，故知遠郊之外。但六鄉州學主射，黨學主正齒位，遂則縣與州同，鄙與黨同。未知縣正主射、鄙師主正齒位以否，亦應與鄉不異，但周禮不備耳。但縣鄙皆屬於遂，雖各立學，總曰遂學。或遂之所居縣鄙，不立縣鄙之學，有事則在遂學，與鄉同。**不變，屏之遠方，終身不齒。**注：遠方，九州之外。齒，猶録也。　疏：九州之外，於周，則夷、鎮、蕃也。蓋隨罪之輕重，而爲遠近之差。若王子、公卿之子，雖屏夷狄，但居夷狄之内地。

蕙田案：此鄉學簡不肖之法。

將出學，小胥、大胥、小樂正簡不帥教者以告于大樂正，大樂正以告于王。注：出學，謂九年大成而出也。此所簡者，謂王太子、王子、群后之太子，卿大夫、元士之適子也。大胥、小胥，皆樂官屬也。王命三公、九卿、大夫、元士皆入學。不變，王親視學。注：亦謂使習禮以化之。不變，王又親爲之臨視，重棄賢者子孫。此習禮皆於大學也。不變，王三日不舉。注：去食樂，重棄人。屏之遠方，西方曰棘，東方曰寄，終身不齒。注：棘當爲僰。僰之言偪，使之偪寄於夷戎。不屏於南北，爲其大遠。疏：案：漢書云西南有僰夷，又云「南北萬三千里，東西九千里」。

陳氏禮書：鄉簡不帥教者至于四不變，然後屏之。小樂正簡國子之不帥教至于二不變，則屏之者，先王以匹庶之家爲易治，膏粱之性爲難化。以其易治，故鄉遂之所考，常在三年大比之時；以其難化，故國子之出學當在九年大成之後。三年而考，故必在於四不變，然後屏之；九年而簡焉，則雖二不變，屏之可也。古之學政，其輕者有觵撻，其重者不過屏斥而已。若夫萬民之不服，教其附于刑者歸于士。

周氏諝曰：棘，急也，示其雖屏之，欲急于悔過。寄者，寓也，示其雖屏，特寓于此耳。

蕙田案：此國學簡不肖之法。

右簡不率教

五禮通考卷一百七十一

嘉禮四十四

學禮

西漢國學

漢書武帝紀：孝武初立，卓然罷黜百家，表章六經，興太學。

三輔黄圖：太學在長安西北七里，有市有獄。

董仲舒傳：仲舒對策曰：「養士之大者，莫大乎太學；太學者，賢士之所關也，教化之本原也。臣願天子興太學，置明師，以養天下之士，數考問以盡其材，則英俊宜可得矣。」後武帝立學校之官，皆仲舒發之。

儒林傳：公孫弘爲學官，悼道之鬱滯，迺請曰：「丞相、御史言：制曰『蓋聞導民以禮，風之以樂。婚姻者，居室之大倫也。今禮廢樂崩，朕甚愍焉，故詳延天下方聞之士，咸登諸朝。其令禮官勸學，講義洽聞，舉遺興禮，以爲天下先。太常議，與博士弟子，崇鄉里之化，以厲賢材焉。』謹與太常臧、博士平等議，曰：聞三代之道，鄉里有教，夏曰校，殷曰庠，周曰序。其勸善也，顯之朝廷；其懲惡也，加之刑罰。故教化之行也，建首善自京師始，繇内及外。今陛下昭至德，開大明，配天地，本人倫，勸學興禮，崇化厲賢，以風四方，太平之原也。古者政教未洽，不備其禮，請因舊官而興焉。爲博士官置弟子五十人，復其身。太常擇民年十八以上、儀狀端正者，補博士弟子。郡國縣官有好文學、敬長上、肅政教、順鄉里、出入不悖，所聞，令、相、長、丞上屬所二千石。二千石謹察可者，常與計偕，詣太常，得受業如弟子。一歲皆輒課，能通一藝以上，補文學掌故缺；其高第可以爲郎中，太常籍奏，即有秀才異等，輒以名聞。其不事學若下材，及不能通一藝，輒罷之，而請諸能稱者。臣謹案詔書律令下者，明天人分際，通古今之誼，文章爾雅，訓辭深厚，恩施甚美。小吏淺聞，弗能究宣，亡以明布諭下。以治禮掌故以文學禮義爲官，遷留滯。請選擇其秩比二百石以上及吏百石通一藝以上補左右内史、大行卒史，比百石以下補郡太守卒史，皆各二人，邊郡一人。先用誦多者，不足，擇掌故以補中二千石屬，文學掌故補郡屬，備員。請著功令。它如律令。」制曰：「可。」自此以來，公卿大夫士吏彬彬多文學之士矣。

蕙田案：武帝紀事在元朔五年。馬端臨云：前此，博士雖各以經授徒，而無考察試用之法，至是，官始爲置弟子員，所謂興太學也。

昭帝時，增博士弟子員滿百人，宣帝末增倍之。元帝好儒，能通一經者皆復。數年，以用度不足，更爲設員千人。成帝末，或言孔子布衣養徒三千人，今天子太學弟子少，於是增弟子員三千人。歲餘，復如故。平帝時王莽秉政，增元士之子得受業如弟子，勿以爲員，歲課甲科四十人爲郎中，乙科二十人爲太子舍人，丙科四十人補文學掌故云。

班氏固曰：自武帝立五經博士，開弟子員，設科射策，勸以官禄，訖於元始，百有餘年，傳業者寖盛，枝葉蕃滋。一經説至百餘萬言，大師衆至千餘人，蓋禄利之路然也。

馬氏廷鸞曰：西漢博士隸太常，有周成均隸宗伯之意。州有博士，郡有文學掾，五經之師、儒宫之官，長吏辟置，布列郡國，亦有黨庠、遂序之意。然有二失，鄉里學校人不升於太學，而補弟子員者自一項人；公卿弟子不養于太學，而任子盡隸光禄勳。自有四科考試，殊塗異方，下之心術分裂不一，上之考察馳騖不精。

右西漢國學

後漢國學

後漢書儒林傳：光武中興，先訪儒雅，四方學士，雲會京師。於是立五經博士，各以其家法教授。凡十四博士，太常差次總領焉。

建武五年，乃修起太學，稽式古典，籩豆干戚之容，備之於列；服方領習矩步者，委它乎其中。

陸機雒陽記：太學在雒陽城故開陽門外，去宫八里。講堂長十丈，廣三丈。

中元二年，初建三雍。

漢官儀：辟雍去明堂三百步，車駕臨辟雍，從北門入。三月、九月皆於中行鄉射禮。辟雍，以水周其外，以節觀者。

蕙田案：漢書：「河間獻王來朝，對三雍宫。」注以三雍爲明堂、辟雍、靈臺。兒寬亦云：「陛下發憤，祖立明堂、辟雍。」則西京已有之。

馬氏端臨曰：東漢時，辟雍爲天子養老、大射行禮之所，太學爲博士弟子受業之所，析爲二處，與古異。夫太學、辟雍，固不可析爲二處，養老大射，傳道受業，又豈可分爲二事哉？

明帝本紀：永平九年，爲四姓小侯開立學校，置五經師。

順帝本紀：永建六年九月，繕起太學。

翟酺傳：酺上言：「孝文皇帝始置一經博士，武帝大合天下之書，而孝宣論六經於石渠，學者滋盛，弟子萬數。光武初興，愍其荒廢，起太學博士舍、内外講堂，諸生横巷，爲海内所集。明帝時，辟廱始成，欲毁太學，太尉趙憙以爲太學、辟廱皆宜兼存〔一〕，故並傳至今。而頃者頽廢，至爲園採芻牧之處。宜更修繕，誘進後學。」帝從之。學者爲酺立碑銘於學。

〔一〕「趙憙」，諸本作「趙熹」，據後漢書翟酺傳改。

儒林傳：安帝覽政，薄於藝文，博士倚席不講，學舍頽敝，鞠爲園蔬，牧兒蕘豎，至於薪刈其下。順帝感翟酺之言，乃更修黌宇，凡所造構二百四十房，千八百五十室。試明經下第補弟子〔一〕，增甲乙之科員各十人。

順帝本紀：陽嘉元年七月，以太學新成，試明經下第者補弟子，增甲乙科員各十人。除郡國耆儒九十人補郎、舍人。

左雄傳：雄又奏召海内名儒爲博士，使公卿子弟爲諸生。有志操者，加其俸禄。及汝南謝廉、河南趙建，年始十二，各能通經，雄並奏拜童子郎。於是負書來學，雲集京師。

質帝本紀：本初元年四月，令郡國舉明經，年五十以上、七十以下詣太學。自大將軍至六百石，皆遣子受業。歲滿課試，以高第五人補郎中，次五人太子舍人。又千石、六百石、四府掾屬、三署郎、四姓小侯先能通經者，各令隨家法，其高第者上名牒，以次賞進。

〔一〕「經下第補」，原脱，據光緒本、後漢書儒林傳補。

儒林傳：本初元年，梁太后詔曰：「大將軍下至六百石，悉遣子就學。每歲輒於鄉射月一饗會之，以此爲常。」自是遊學增盛，至三萬餘生。然章句漸疏，而多以浮華相尚，儒者之風蓋衰矣。

續漢書五行志：桓帝延熹五年，太學門無故自壞。襄楷以爲太學前疑所居，其門自壞，文德將喪，教化廢也。

後漢書黨錮傳：桓帝時，太學諸生三萬餘人，郭林宗、賈偉節爲之冠，與李膺、陳蕃、王暢更相褒重。自公卿以下，莫不畏其貶議，屣履到門。牢修乃上書誣告膺等養太學遊士，交結諸郡生徒，更相驅馳，共爲朋黨，誹訕朝廷，疑亂風俗。天子震怒，命郡國捕黨人，收執膺等。辭所連及，陳寔之徒二百餘人。

文獻通考：建和初，詔：「諸學生年十六以上，比郡國明經試，次第上名。高第十五人、上第十六人爲郎，中第十七人爲太子舍人，下第十七人爲王家郎。」永壽二年，詔復課試諸生，補郎、舍人。其後復制：「學生滿二歲，試通二經者，補文學掌故；其不能通二經者，須後試復隨輩試之，通二經者，亦得爲文學掌故。其已爲文學掌故者，滿二歲，試能通三經者，擢其高第爲太子舍人；其不得第者，後試復隨輩試，第復高者亦得爲太子舍人。已爲太子舍人，滿二歲，試能通四經者，推其高第爲郎中；其不得第者，後試復隨輩試，第復高者亦得爲郎中。滿二歲，試能通五經者，推其高第補吏，隨才而用；其不得第者，後試復隨輩試，第後高者亦得補吏。」

靈帝熹平五年，試太學生年六十以上百餘人，除郎中、太子舍人至王家郎、郡國文學吏。

後漢書靈帝本紀：光和元年二月，始置鴻都門學生。注：鴻都，門名也，於内置學。

蔡邕傳：初，帝好學，自造皇羲篇五十章，因引諸生能爲文賦者。本頗以經學相招〔一〕，後諸爲尺牘及工書鳥篆者，皆加引召，遂至數十人。侍中祭酒樂松、賈護，多引無行趣埶之徒，並待制鴻都門下，喜陳方俗、閭里小事，帝甚悦之，待以不次之位。邕上封事曰：「古者取士，必使諸侯歲貢。孝武之世，郡舉孝廉，又有賢良、文學之選，於是名臣輩出，文武並興。漢之得人，數路而已。夫書畫辭賦，才之小者，匡國理政，未有其能。陛下即位之初，先涉經術，聽政餘日，觀省篇章，聊以游意，

〔一〕「學」，諸本作「術」，據後漢書蔡邕傳改。

當代博奕，非以教化取士之本。而諸生競利，作者鼎沸。其高者頗引經訓風喻之言；下則連偶俗語，有類俳優；或竊成文，虚冒名氏。臣每受詔於盛化門，差次録第，其未及者，亦復隨輩皆見拜擢。既加之恩，難復收改，但守奉禄，於義已弘，不可復使理人及仕州郡。昔孝宣會諸儒於石渠，章帝集學士於白虎，通經釋義，其事優大，文武之道，所宜從之。若乃小能小善，雖有可觀，孔子以爲『致遠則泥』，君子故當志其大者。」光和元年，遂置鴻都門學，畫孔子及七十二弟子象。其諸生皆敕州郡三公舉用辟召，或出爲刺史、太守，入爲尚書、侍中，乃有封侯賜爵者，士君子皆恥與爲列焉。

馬氏廷鸞曰：鴻都門，漢宫門也。太子保之廢，來歷與九卿朝臣俱詣鴻都門，證太子無過，即其所也。太學，公學也。鴻都學，私學也。學乃天下公，而以爲人主私，可乎？是以士君子之欲與爲列者，則以爲恥。公卿州郡之舉辟也，必敕書强之，人心之公，豈可誣也？

馬氏端臨曰：靈帝之鴻都門學，即西都孝武時待詔金馬門之比也。然武帝時，雖文學如司馬遷、相如、枚皋、東方朔輩，亦俱以俳優畜之，固未嘗任以要職。而靈帝時，鴻都門學之士，至有封侯賜爵者，士君子皆恥與爲列，則其人品可知。然當時太學諸生三萬餘人，其持危言覈論，以激濁揚清自負者，誅戮禁錮，殆靡孑遺，而其在學授業者，至爭第，更相告訐，無復廉恥。且當時在仕路者，上自公卿，下至孝廉、茂才，皆西園諧價，獻修宫錢之人矣，於鴻都學士乎何誅！

獻帝本紀：初平四年九月，試儒生四十餘人，上第賜位郎中，次太子舍人，下第者罷之。詔曰：「孔子歎『學之不講』，不講則所識日忘。今耆儒年踰六十，去離本土，營求糧資，不得專業〔一〕。結童入學，白首空歸，長委農野，永絶榮望，朕甚愍焉。其依科罷者，聽爲太子舍人。」

右後漢國學

三國國學

魏志文帝紀：黄初五年四月，立太學，制五經課試之法。

魚豢魏略：黄初元年之後，新主乃掃除太學之灰炭，補舊石碑之缺壞，備學士之員録，依漢甲乙以考課。申告州郡，有欲學者，皆遣詣太學。太學始開，有弟子數百人。至太和中，中外多事，人懷避就，雖性非解學，多求詣太學。太學諸生有千數，而

〔一〕「專」，諸本作「事」，據後漢書獻帝本紀改。

諸博士率皆麤疏，無以教弟子。弟子本亦避役，竟無能習學。冬來春去，歲歲如是。有成者。

魏志劉馥傳：馥子靖上疏，陳儒訓之本曰：「自黄初以來，崇立太學二十餘年，而寡有成者。蓋由博士選輕，諸生避役，高門弟子，恥非其倫，故夫學者，雖有其名，而無其人，雖設其教，而無其功。宜高選博士，取行爲人表、經任人師者，掌教國子。依遵古法，使二千石以上子孫，年從十五，皆入太學。明制黜陟榮辱之路，其經明行修者，則進之以崇德；荒教廢業者，則退之以懲惡；舉善而教，不能則勸，浮華交遊，不禁自息矣。」

蕙田案：宋書禮志以爲馥所上疏，與三國志不同。考馥以建安十三年卒，而此疏乃在齊王正始中，則宋志誤也。文獻通考亦承其誤。

宋書禮志：孫休永安元年，詔置學官。立五經博士，覈取應選，加其寵禄。科見吏之中及將吏子弟有志好者〔一〕，各令就業。一歲課試，差其品第，加以位賞。

右三國國學

〔一〕「科見吏」，諸本作「科見史」，據宋書禮志一改。

晉國學

宋書禮志：晉武帝太始八年，有司奏：「太學生七千餘人，才任四品，聽留。」詔：「已試經者留之，其餘遣還郡國。大臣子弟堪受教者，令入學。」

咸寧二年，起國子學，蓋周禮國之貴游子弟。所謂國子，受教於師氏者也。

晉書職官志：咸寧四年，武帝初立國子學，定置國子祭酒、博士各一人，助教十五人，以教生徒。博士皆取履行清淳、通明典義者，若散騎常侍、中書侍郎、太子中庶子以上，乃得召試。

蕙田案：國子學之名始於此。東漢立五經博士十四人，以聰明有威重者一人爲祭酒。祭酒者，衆所尊之稱。陳元爲司空南閣祭酒，則公府亦有祭酒矣。晉時公府掾屬設東閤祭酒、西閤祭酒、軍諮祭酒，而國子學亦設之。唐以後，惟國子監有祭酒，而諸曹並不設是官矣。晉立國子學，宋志在咸寧二年，晉志在四年，必有一誤。

宋書禮志：太康五年，修作明堂、辟廱、靈臺。

文獻通考：成帝咸康三年，國子祭酒袁瓌、太常馮懷以江左浸安，請興學校，帝從之。乃立太學，徵生徒。而士大夫習尚老、莊，儒術終不振。宋書禮志：孝武太元初，於中堂立行太學。於時無復國子生，置太學生六十人，國子生權銓大臣子孫六十人，事訖罷。太元九年，尚書謝石請興復國學，以訓胄子，頒下州郡，普修鄉校。烈宗納其言。其年，選公卿二千石子弟爲生，增造廟房屋百五十五間。而品課無章，君子恥與其列。國子祭酒殷茂言：「臣聞舊制，國子生皆冠族華胄〔一〕，比列皇儲。而中者混雜蘭艾，遂令人情恥之。」詔褒納，竟不施行。

右晉國學

南北朝國學

宋書禮志：宋高祖受命，詔有司立學，未就而崩。太祖元嘉二十年，復立國子學，二十七年廢。

〔一〕「子」，諸本作「學」，據宋書禮志一改。

通鑑：帝雅好藝文，使丹陽尹廬江何尚之立玄學，太子率更令何承天立史學，司徒參軍謝元立文學，散騎常侍雷次宗立儒學，爲四學。

司馬氏光曰：君子多識前言往行，以畜其德。孔子曰「辭達而已矣」。然則史者，儒之一端，文者，儒之餘事，至於老、莊虛無，固非所以爲教也。夫學者，所以求道，天下無二道，安有四學哉？

南齊書禮志：建元四年正月，詔立國學，置學生百五十人。其有位樂入者五十人。生年十五以上，二十以還，取王公已下子孫。悉取家去都二千里爲限。太祖崩，乃止。

張緒傳：初立國學，以緒爲太常卿，領國子祭酒。

馬氏廷鸞曰：齊高即位之初，求直言。崔祖思以爲：「人不學則不知道，此逆亂之所由生，宜開文、武二學，使人依方習業，優殊者待以不次。」此國學之所以置歟？張緒見謂風流清簡寡欲之目，以爲有正始之風，善清言而已，師道不止於清言，然當時以爲極選矣。是春置學，秋以國哀罷，曾不及歲。江左之學校如此。

禮志：永明三年正月，詔立學，創立堂宇，召公卿子弟，下及員外郎之嗣，凡置生二百二十人〔一〕。其年秋中悉集。

王儉傳：永明三年，領國子祭酒。省總明觀，於儉宅開學士館，悉以四部書充儉家，詔儉以家爲府。十日一還學，監試諸生，巾卷在庭，劍衛令史，儀容甚盛。

禮志：建武四年正月，詔立學。

永泰元年，東昏侯即位，尚書符依永明舊事廢學。領國子助教曹思文上表曰：「今制書始下〔二〕，而廢學先聞，將恐觀國之光者，有以擬議也。若以國諱宜廢，昔漢成立學，爰洎元始，百餘年中，未嘗暫廢，其間有國諱也。且晉武之崩，其學猶存，斯皆先代不以國諱而廢學之明文也。永明以無太子故廢，斯非古典。今之國學，即古之太學。天子入國學，以行禮也；太子入國學，以齒讓也。太學之與國學，斯是晉世殊其士庶，異其貴賤耳。然貴賤士庶，皆須教成，故國學太學兩存之也，非有太子故立也。今學非惟不宜廢而已，乃宜更崇尚其道，使郡縣有學，鄉閭立教。請付尚書及二

〔一〕「二百二十人」，南齊書禮志上作「二百人」。
〔二〕「始」，南齊書禮志上作「既」。

學詳議。」有司奏。從之。學竟不立。

隋書百官志：梁國學有祭酒一人，博士二人，助教十人，太學博士八人。天監四年，置五經博士各一人。舊國子學生，限以貴賤，帝欲招來後進，五館生皆引寒門儁才，不限人數。

胡氏寅曰：史稱武帝雅好儒術，至是置五經博士，開館宇，招後進，四館所養士踰千人，射策通明者除吏。又修孔子廟，以示尊師。他日，又幸國子監，親臨講肄，且令皇太子及王侯之子年可從師者皆入學，可謂勤矣。然儒風不振，人才不出，何也？帝心尚佛，自天監改元，即不肉食，此躬行也，故特以美行興學養士，故人不從其令而從其意，意乃身率，令乃文具。其後綱維不立，人紀胥廢，國破身隕，爲萬世笑，蓋始於此。人主心術所尚，可不慎哉？

陳書儒林傳：高祖創業，日不暇給，弗遑勸課。世祖以降，稍置學官，雖博延生徒，成業蓋寡。

魏書儒林傳：太祖初定中原，始建都邑，立太學，置五經博士，生員千有餘人。天興二年，增國子太學生員至三千。

太宗時，改國子爲中書學，立教授博士。

世祖始光三年春，别立太學於城東〔一〕。

高祖太和中，改中書學爲國子學，建明堂辟雝，又開皇子之學。及遷都洛陽，立國子太學、四門小學。

蕙田案：四門小學始於此。

世宗時，復詔營國學，樹小學於四門，大選儒生，以爲小學博士，員四十人。雖黌宇未立，而經術彌顯。時天下承平，學業大盛。故燕、齊、趙、魏之間，横經著録，不可勝數。大者千餘人，小者猶數百。

正光二年，始置國子生三十六人。

隋書百官志：後齊國子寺，掌訓教胄子。祭酒一人，領博士五人，助教十人，學生七十二人。太學博士十人，助教二十人，太學生二百人。四門學博士二十人，助教二十人，學生三百人。

〔一〕「立」，魏書儒林傳作「起」。

北齊書儒林傳：齊氏國學博士〔二〕，徒有虛名，唯國子一學，生徒數十人耳。胄子以通經進仕者，唯博陵崔子發、廣平宋游卿而已。

周書武帝紀：天和元年七月，詔：「諸胄子入學，但束脩於師，不勞釋奠。釋奠者，學成之祭，自今永以爲式。」

右南北朝國學

隋國學

隋書百官志：隋國子寺祭酒一人，統國子、太學、四門、書、算學，各置博士，國子、太學、四門各五人，書、算各二人。助教，國子、太學、四門各五人，書、算各二人。學生，國子一百四十人，太學、四門各三百六十人，書四十人，算八十人。

蕙田案：國子寺不隸太常，自隋始。

仁壽元年，罷國子學，唯立太學一所，置博士五人，學生七十二人。

〔二〕「國學」，諸本作「太學」，據北齊書儒林傳改。

高祖本紀：仁壽元年六月，詔：國子學惟留學生七十人，太學、四門及州縣學並廢。七月，改國子爲太學。

儒林傳：開皇二十年，廢國子、四門及州縣學，惟置太學博士二人，學生七十二人〔一〕。劉炫上表言學校不宜廢，情理甚切，高祖不納。

蕙田案：本紀及百官志俱云仁壽元年，此傳稱開皇二十年，疑誤。

百官志：煬帝即位，國子監依舊置祭酒，加置司業一人，丞三人。國子學置博士、助教各一人，學生無常員。太學博士、助教各二人，學生五百人。

蕙田案：國子學置司業始於此。

右隋國學

唐國學

唐書選舉志：唐制，凡學六，皆隸於國子監：國子學，生三百人，以文武三品以上

〔一〕「七十二人」，原作「二十七人」，據光緒本、隋書儒林傳改。

子孫若從二品以上曾孫及勳官二品、縣公、京官四品帶三品勳封之子爲之；太學，生五百人，以五品以上子孫、職事官五品期親若三品曾孫及勳官三品以上有封之子爲之；四門學，生千三百人，其五百人以勳官三品以上無封、四品有封及文武七品以上子爲之，八百人以庶人之俊異者爲之；律學，生五十人，書學，生三十人，算學，生三十人，以八品以下子及庶人之通其學者爲之。國子監生，尚書省補，祭酒統焉。凡館二：門下省有弘文館，生三十人；東宮有崇文館，生二十人。以皇緦麻以上親，皇太后、皇后大功以上親，宰相及散官一品、功臣身食實封者、京官職事從三品、中書黄門侍郎之子爲之。凡博士、助教，分經授諸生，未終經者無易業。凡生，限年十四以上，十九以下；律學十八以上，二十五以下。凡禮記、春秋左氏傳爲大經，詩、周禮、儀禮爲中經，易、尚書、春秋公羊傳、穀梁傳爲小經。通二經者，大經、小經各一，若中經二。通三經者，大經、中經、小經各一。通五經者，大經皆通，餘經各一，孝經、論語皆兼通之。凡治孝經、論語，共限一歲，尚書、公羊傳、穀梁傳各一歲半，易、詩、周禮、儀禮各二歲，禮記、左氏傳各三歲。學書，日紙一幅，閒習時務策，讀國語、説文、字林、三蒼、爾雅。旬給假一日。前假，博士考試，讀者千言試一帖，帖三言，講者二千言問大義一條，總三條，通二爲第，不及者有罰。歲終，通一年之業，口問大義十條，通八爲上，六爲中，五爲下。併三下與在學九歲、不堪貢者罷歸。諸學生通二經，俊士通三經已及第而願留者，四門學生補太學，太學生補國子學。每歲五月有田假，九月有授衣假，二百里外給程。其不帥教及歲中違程滿三十日，事故百日，緣親病二百日，皆罷歸。既罷，條其狀下之屬所，五品以上子孫送兵部，准蔭配色。

高祖即位，詔秘書外省别立小學，以教宗室子孫及功臣子弟。

太宗即位，於門下别置弘文館，東宫置崇文館。增創學舍至千二百區，雖七營飛騎，亦置生，遣博士爲授經。四夷若高麗、百濟、新羅、高昌、吐蕃，相繼遣弟子入學，遂至八千餘人。

高宗龍朔二年，東都置國子監，明年，以書學隸蘭臺，算學隸秘閣，律學隸詳刑。

上元二年，國子監置大成二十人，取已及第而聰明者爲之。試書日誦千言，并日試策，所業十通七，然後補其禄俸，同直官。通四經業成，上於尚書，吏部試之，登第加一階放選。其不第則習業如初，三歲而又試，三試而不中第，從常調。

文獻通考：中宗神龍二年，敕學生在學，各以長幼爲序。初入學，皆行束脩之禮禮於師，國子、太學各絹三匹，四門學絹二匹，俊士及律、書、算學，州縣各絹一匹，皆有酒脯。其束脩三分入博士，二分助教。又每言國子監所管學生國子監試，州縣學生當州試，並選藝業優長者爲試官監試。

洪氏容齋隨筆：唐六典：「國子生初入，置束帛一篚、酒一壺、脩一案，爲束脩之禮。太學、四門、律學、書學、算學皆如國子之法。其習經有暇者，命習隸書，并國語、説文、字林、三蒼、爾雅，每旬前一日，則試其所習業。」乃知唐世士人多工書，蓋在六館時，以爲常習。其説文、字林、蒼、雅諸書，亦欲責以結字合於古義，不特銓選之時，方取楷書遒美者也。束脩之禮，乃於此見之。開元禮載：「皇子束脩：束帛一篚五匹，酒一壺二斗，脩一案三脡。皇子服學生之服，至學門外，陳三物於西南，少進曰：『某方受業於先生，敢請見。』執篚者以篚授皇子，皇子跪，奠篚，再拜，博士答再拜，皇子還避，遂進跪取篚，博士受幣，皇子拜訖，乃出。」其儀如此，州縣學生亦然。

唐書選舉志：中宗即位，詔宗室三等以下、五等以上未出身，願宿衛及任國子生，聽之。其學業成而堪貴者，宗正寺試，送監舉如常法。三衛番下日，願入學者聽，附國子學、太學及律館習業。蕃王及可汗子孫願入學者，附國子學讀書。

蕙田案：附學生之名始於此。

開元七年，令弘文、崇文國子生季一朝參。又敕州縣學生年二十五以下、八品子若庶人二十一以下，通一經及未通經而聰悟有文詞、史學者，入四門學爲俊士。即諸州貢舉，省試不第，願入學者聽。

天寶十二載，敕天下罷鄉貢，舉人不由國子及郡、縣學者，勿舉選。十四載，復鄉貢。

代宗廣德二年，詔曰：「古者設太學，教胄子，雖年穀不登，兵革或動，而俎豆之事不廢。頃年戎車屢駕，諸生輟講，宜追學生在館習業，度支給厨米。」

歸崇敬傳：大曆初，授國子司業。皇太子欲臨國學行齒胄禮，崇敬以學與官名皆不正，乃建議：「古天子學曰辟廱。以制言之，壅水環繚如璧然；以誼言之，以禮樂明和天下云爾。在禮爲澤宫，故前世或曰璧池，或曰璧沼，亦言學省。漢光武立明堂、辟廱、靈臺，號『三廱宫』。晉武帝臨辟廱，行鄉飲酒禮，别立國子學，以殊士庶。永嘉南遷，惟有國子學。隋大業中，更名國子監。今聲名之盛，辟廱獨闕，請以國子監爲辟廱省。祭酒、司業之名，非學官所宜。業者，栒簴大板，今學不教樂，於義無當。請以祭酒爲太師氏，位三品；司業爲左師、右師，位四品。近世明經，不課其義，先取帖經，頗門廢業，傳授義絶。請以禮記、左氏春秋爲大經，周官、儀禮、毛詩爲中經，尚書、周易爲小經，各置博士一員。公羊、穀梁春秋共准一中經，通置博士一員。博士兼通孝經、論語，依章疏講解。德行淳潔、文詞雅正、形容莊重可爲師表者，委四品以上各舉所知，在外給傳，七十者安車蒲輪敦遣。國子、太學、四門三館，各立五經博士，品秩、生徒有差。舊博士、助教、直講、經直、律館算館助教，請皆罷。教授法。學生謁師，贄用腶脩一束，酒一壺，衫布一裁，色如師所服。師出中門，延入與坐，割脩𧟄酒，三爵止。乃發篋出經，摳衣前請，師爲説經大略，然後就室，朝晡請益。師二時堂上訓授道義，示以文行忠信、孝悌睦友。旬省、月試、時考、歲貢，眡生徒及第多少，爲博士考課上下。有不率教者，檟楚之，國子移禮部，爲太學生；太學又不變，徙之四門；四門不變，徙本州之學；復不變，繇役如初，終身不齒。雖率教，九年學不成者，亦歸之本州。禮部考試法。請罷帖經。於所習經問大義二十而得十八，論語、孝經十得八，爲通；策三道，以本經對，通二爲及第。其孝行聞鄉里者，舉解具言，試日義闕一二，許兼收焉。天下鄉貢如之。習業考試，並以明經爲名，得第授官，與進士同。有詔尚書省集百官議，皆以習俗久，制度難分明，省禁非外司所宜名，周官世職者稱氏，國學非世官，不得名辟廱省、大師氏。大抵憚改作，故無施行者。

選舉志：元和二年，置東都監生一百員。自天寶後，學校益廢，生徒流散。永泰中，雖置西監生，而館無定員。於是始定生員：西京國子館生八十人，太學七十人，四門三百人，廣文六十人，律館二十人，書、算館各十人；東都國子館十人，太學十五人，四門五十人，廣文十人，律館十人，書館三人，算館二人。

韓氏愈請復國子監生徒疏：國家典章，崇重庠序。近日趨競，未復本原。至使公卿子弟，恥遊太學；工商凡冗，或取上庠。今聖道大明，儒風復振，恐須革正，以贊鴻猷。今請國子館並依六典，其太學館量許取常參官八品已上子弟充，其四門官亦量許取無資蔭有才業人充〔一〕，如有資蔭不補學生應舉者，請禮部不在收試限，其新補人有冒蔭者〔二〕，請牒送法司科罪。緣今年舉期已近，伏請去上都五百里内，特賜非時收補；其五百里外，且任鄉貢，至來年春，一時收補。其厨糧度支，先給二百七十四人，請准新補人數，量加支給。又論新注學官牒：准今年赦文，

〔一〕「常參官八品已上子弟充其四門官亦量許取」十八字，諸本脱，據韓愈文集彙校箋注卷二七補。
〔二〕「其新補人有冒蔭者」八字，諸本脱，據韓愈文集彙校箋注卷二七補。

委國子祭酒選擇有經藝、堪訓導生徒者，以充學官。近年吏部所注，多循資叙，不考藝能，至令生徒不自勸勵。伏請非專通經傳、博涉墳史，及進士、五經諸色登科人，不以比擬。其新授官，上日必加研試，然後放上，以副聖朝崇儒尚學之意。

文獻通考：文宗太和七年赦節文：「應公卿士族子弟，取來年正月已後，不先入國學習業者，不在應明經進士之限。」

武帝會昌五年制：「公卿百官子弟，及京畿内士人寄客修明經、進士業者，並隸名太學。外州寄士人，並隸名所在官學。」

右唐國學

後唐國學

文獻通考：後唐天成三年正月，中書門下奏：「伏以祭酒之資，歷朝所貴，爰從近代，不重此官。况屬聖朝，方勤庶政，須弘雅道，以振時風。望令宰相臣一員兼判國子祭酒。」敕：「宜令宰臣崔協兼判。」其年八月十一日，宰臣兼判國子祭酒崔協奏：

「請國子監每年祗置監生二百員，候解送至十月三十日滿數爲定。太學書生，不得因此便取公牒，輒免本户差役。又每年於二百人數内，不繫時節，有投名者，先令學官考試，校其學業深淺，方議收補姓名。」敕：「宜依。」

五年正月五日，國子監奏：「當監舊例，初補監生，有束脩錢二千，及第後，光學錢一千。竊緣當監諸色舉人及第後，多不於監司出給光學文抄，及不納光學錢，祗守選限，年滿便赴南曹參選。南曹近年磨勘選人，並不收竪監司光學文抄爲憑。請自今後欲准往例，應諸色舉人及第後〔一〕，並先於監司出給光學文抄，并納光學錢，等各自所業等第，以備當監逐年公使。」奉敕：「宜准往例，自今後凡補監生，須令情願於監中修學，則得給牒收補，仍據所業次第，逐季考試申奏。如收補年深，未聞藝業，虚沾補牒，不赴試期，亦委監司具姓名申奏。」

馬氏端臨曰：五代弊法，凡官府公使錢，多令居官者自出其費，宰相則有光省錢，御史則有光臺錢，至於監生亦令其出光學錢，則貧士何所從出？既徵其錢，復不蠲其役，待士之意，亦太薄矣。然史

〔一〕「諸」，諸本脱，據文獻通考卷四一校勘記補。

所言，多有未曾授業輒取解送者〔一〕，往往亂離之際，其居學亦得苟賤冒濫之士耳。

右後唐國學

宋國學

宋史選舉志：凡學皆隸國子監。國子生以京朝七品以上子孫爲之。初無定員，後以二百人爲額。太學生以八品以下子弟若庶人之俊異者爲之。

初，國子監因周舊制，頗增學舍，以應蔭子孫隸學受業。開寶八年，國子監上言：「生徒舊數七十人，奉詔分習五經，然繫籍者或久不至，而在京進士、諸科，常赴講席肄業，請以補監生之闕。」上從之。

景德間，許文武升朝官嫡親附國學取解，而遠鄉久寓京師，其文藝可稱，有本鄉命官保任，監官驗之，亦聽附學充貢。

慶曆四年，天章閣侍講王洙言：「國子監每科場詔下，許品官子弟投狀試藝，給牒

〔一〕「未」，原脱，據光緒本、文獻通考卷四一補。

充廣文、太學、律學三館學生，多致千餘。就試試已，則生徒散歸，講官倚席，但爲游寓之所，殊無肄習之法。居常聽講者，一二十人爾。」迺限在學滿五百日，舊已嘗充貢者止百日。本授官會其實，京朝官保任，始預秋試，每十人與解三人〔一〕。凡入學授業，月旦即親書到曆。如遇私故或疾告、歸寧，皆給假，違程及期月不來參者，去其籍。後諫官余靖極言非便，遂罷聽讀日限。

馬氏端臨曰：古人所謂中年考校、九年大成者，進德修業之事也。至漢人之補博士弟子員，則止限以通一經而後授之官。唐人之法，尚彷彿如此。至宋熙、豐後，立三舍之法，則不過試之以浮靡之文，而誘之以利禄之塗。然明經而必至於通一藝，試文而必至於歷三舍，皆非旦暮可就。故國家雖未嘗嚴其法制，稽其去留，而爲士者，内恥於習業之未精，外誘於榮華之可慕，其坐學之日，自不容不久。今慶曆之法，所謂習業者，雖有講肄聽讀，而未嘗限以通經之歲月；所謂榮塗者，止於拔解赴省，而未有優異之捷徑。所以科場罷日，則生徒散歸，雖限以日月，而不能强其久留，反以淹滯爲困，故不久而遂廢也。

蕙田案：文獻通考王洙上言在慶曆二年，余靖言在四年，宋史併爲一年事，誤。

〔一〕「三人」，諸本脱，據宋史選舉志三補。

文獻通考：皇祐末，以胡瑗爲國子監講書，專管勾太學。數年，進天章閣侍講，猶兼學正。其初，人未甚信服，謗議蜂起。瑗不顧，强力不倦，以卒有立。瑗在學時，每公私試罷，掌儀率諸生會於首善，令雅樂歌詩，一夜乃散。諸齋亦自歌詩，奏琴瑟之聲徹於外。瑗在湖學，教法最備。始建太學，有司請下湖學，取瑗之法以爲太學法，至今爲著令。

神宗熙寧元年，增太學生員。慶曆中，嘗置上舍生二百人。至是，又增置一百，尋詔以九百人爲額。

宋史選舉志：熙寧四年，盡以錫慶院及朝集院西廡建講書堂四，諸生齋舍、掌事者直廬，始僅足用。自主判官外，增置直講爲十員，率二員共講一經〔一〕，令中書遴選，或主判官奏舉。生員釐爲三等：始入學爲外舍，初不限員，後定額七百人；外舍升内舍，員二百；内舍升上舍，員百。各執一經，從所講官受學，月考試其業，優等上之中書。其正、録、學諭，以上舍生爲之，經各二員；學行卓異者，主判、直講復薦之中書，

〔一〕「二員」，諸本作「一員」，據宋史選舉志三改。

奏除官。

八年，頒王安石書、詩、周禮義於學官，是名三經新義。

蕙田案：神宗立三舍法，專以學校取士，其意非不善，顧乃棄漢、唐專門注疏之學，而以安石新説頒之學官，遂使學者厭故而喜新，是今而非古。欲以一道德、成風俗，豈不難乎？

文獻通考：元豐二年，頒學令：太學置八十齋，齋各五楹，容三十人。外舍生二千人，内舍生三百人，上舍生百人。月一私試，歲一公試，補内舍生；間歲一舍試，補上舍生。彌封、謄録，如貢舉法。而上舍試則學官不預考校。公試，外舍生入第一、第二等，參以所書行藝與籍者，升内舍；内舍試入優、平二等，參以行藝，升上舍。上舍分三等：俱優爲上，一優一平爲中，俱平若一優一否爲下。上等命以官，中等免禮部試，下等免解。學正增爲五人，學録增爲十人，學録參以學生爲之。歲賜緡錢至二萬五千。又益郡縣田租、屋課、息錢之類，以爲學費。學制所言，國子監以國子名，而實未嘗教養國子。乃詔許清要官親戚入監爲國子生聽讀，額二百人。仍盡以開封府解額歸太學，其國子生解額，以太學分數取之，毋過四十人。

哲宗元祐七年，置廣文館解額。先是，開封解額稍優，四方士子多冒畿縣户以試。又有隸太學不及一年，不該解試者，亦往往冒户。禮部按舊制，凡試國子監者，先補中廣文館生，乃得以牒求試。遂依倣其法，立廣文館生二千四百員。除開封府元解百人，則許自試。其嘗撥取諸科二百，國子額四十，通二百四十人，今皆以爲本館解額。遇科場年，試補館生，中者執牒詣國子監驗試。凡試者，十人取一。開封考取，亦如其數。試者不及千人，即以率減取，仍嚴禁重試。

紹聖元年，國子監奏罷廣文館發解，其額本取之開封府、諸科及國子，悉復還之。

凡學生自外路參假及新補中未該撥填入學者，權附國子監別號，試取一次。

蕙田案：宋時士子冒畿縣户應試，猶今之冒順天府籍入場也。元祐置廣文館生以待四方游士試京師者，額二千四百人，其解額則二百四人，所謂十人取一也。如是，既無冒户之弊，而四方士子在京者仍得升進之路，似亦可行也。

宋史選舉志：元祐新令，罷推恩之制。紹聖初，監察御史郭知章言：「先帝立三舍法，以歲月稽其行實，故入上舍而中上等者，得不經禮部試，特命以官。責備而持久，故其得也難，誘掖激勸，莫善於此。宜復元豐法，以廣樂育之德。」又請三學補外舍生，依元豐令，一歲四試。於是詔：「太學生悉用元豐制，推恩上等即注官者，歲毋過二人；免禮部試者，每舉五人而止；免解試者二十人而止。仍計數對除省試發解額，其元祐法勿用。諸三舍升補等法，悉推行舊制。」

崇寧三年，詔取士悉由學校升貢，其州郡發解及試禮部並罷。自是，歲試上舍，悉差知舉，如禮部試。

五年，著令：太學試上舍生，本慮與科舉相并，試以間歲。今既罷科舉，又諸州歲貢士，其改用歲試。每春季，太學、辟廱生悉公試，同院混取，總五百七十四人。以四十七人爲上等，即推恩釋褐；一百四十人爲中等，遇親策士許入試；一百八十七人爲下等，補内舍生。凡上等上舍生暨特舉孝弟行能之士，不待廷試推恩者，許即引見釋褐。上舍仍先以試文卷進入，得可乃引賜。若上舍已該釋褐恩，而貢入在廷試前一年者，須在學又及半年，不犯上二等罰，乃得注官。

徽宗本紀：重和元年，詔太學、辟雍各置内經、道德經、莊子、列子博士二員。

選舉志：宣和三年，詔：「罷天下州縣學三舍法，惟太學用之課試。開封府及諸路，並以科舉取士。」

七年，詔：「政和中嘗命學校分治黄、老、莊、列之書，實失專經之旨，其内經等書，並罷治。」

建炎初，即行在置國子監，立博士二員，以隨幸之士三十六人爲監生。

紹興十三年，始建太學，置祭酒、司業各一員，博士三員，正、録各一員，養士七百人：上舍生三十員，内舍生百員，外舍生五百七十員。凡諸道住本州學滿一年，三試中選，不犯第三等以上罰，或不住學而曾兩預釋奠及齒於鄉飲酒者，聽充弟子員。每歲春秋兩試之，旋命一歲一補，於是多士雲集，至分場試之。俄又詔三年一試，增至千員，中選者皆給綾紙贊詞以寵之。每科場四取其一。自外舍有月校，而公試入等曰内舍；自内舍有月校，而舍試入等曰上舍；凡升上舍者，皆直赴廷對。

二十七年，立定制：春季放補，遇省試年，改用孟夏。舊，太學遇覃恩無免解法，孝宗始創行之。在朝清要官，許牒期親子弟作待補國子〔二〕，别號考校。如太學生遇有期親任清要官，更爲國子生，不預校定、升補及差職事，惟得赴公、私試，科舉則混

〔二〕「許牒期親」，諸本作「期親許牒」，據宋史選舉志三乙正。

試焉。自中興以來，四方之士，有本貫在學公據，皆得就補。帝始加限節，命諸路州軍以解試終場人數爲準，其薦貢不盡者，令百取六人赴太學，謂之「待補生」；其住本學及游學之類，一切禁止。元豐舊制，内舍生校定，分優、平二等。優等再赴舍試，又入優，則謂之兩優釋褐，中選者即命以京秩，除學官。至是，始令先注職官，代還，注職事官，恩例視進士第二人。舊校定歲額五六分爲優選者〔一〕，增爲十分矣。

寧宗慶元、嘉定中，始兩行混補。於是增外舍生爲千四百員，内舍校定，不係上舍試年分，以八分爲優等。又以國子生員多僞濫，命行在職事官期親、釐務官子孫乃得試補。

嘉定十四年，詔：自今待補百人取三人。舊法，自外舍升内舍，雖有校試，必公試合格，乃許升補。蓋私試皆學官自考，而公試則降敕差官。至是，歲終許取外舍生校最優者一人升内舍。

〔一〕「五」，原脱，據光緒本、宋史選舉志三補。

度宗咸淳二年正月〔一〕，幸太學，謁先聖，禮成，推恩三學：前廊與免省試，内舍及已免省試者與升甲；起居學生與泛免一次，内該曾經兩幸人與補上州文學，如願在學者聽。其在籍諸生，地遠不及趁赴起居者，三學申請乞併行泛免一次，命特從之。凡諸生升舍在幸學之前者，方許陳乞恩例。七年正月，以壽和聖福皇太后兩上尊號，推恩三學，在齋生員並特與免解赴省一次。

朱子學校貢舉私議：學校必選實有道德之人使爲學官，以來實學之士；裁減解額、舍選謬濫之恩，以塞利誘之塗。蓋古之太學，主於教人，而因以取士，故士之來者，爲義而不爲利。且以本朝之事言之，如李廌所記元祐侍講吕希哲之言曰：「仁宗之時，太學之法寬簡，國子先生必求天下賢士真可爲人師者就其中，又擇其尤賢者，如胡翼之之徒，使專教導規矩之事。故當是時，天下之士不遠萬里來就師之。其游太學者，端爲道藝，稱弟子者，中心悦而誠服之。」蓋猶有古法之遺意也。熙寧以來，此法浸壞，所謂太學者，但爲聲利之場，而掌其教事者，不過取其善爲科

〔一〕「二年」，諸本作「三年」，據宋史選舉志三改。

舉之文，而嘗得雋於場屋者耳。士之有志於義理者，既無求於學，其奔趨輻輳而來者，不過爲解額之濫、舍選之私而已。師生相視，漠然如行路之人。間相與言，亦未嘗開之以德行道藝之實。而月書季考者，又祇以促其嗜利苟得、冒昧無恥之心，殊非國家之所以立學教人之本意也。欲革其弊，莫若一遵仁皇之制，擇士之有道德可爲人師者以爲學官，而久其任，使之講明道藝，以教訓其學者。而又痛減解額之濫，以還諸州，罷去舍選之法，而使爲之師者，考察諸州所解德行之士與諸生之賢者，而特命以官。則太學之教，不爲虚設，而彼懷利干進之流，自無所爲而至矣。如此，則待補之法固可罷去，而混補者又必使與諸州科舉同日引試，則彼有鄉舉之可望者自不復來，而不患其紛冗矣。至於取士之數，則又嚴爲之額，而許其補中之人從上幾分，特赴省試，則其舍鄉舉而來赴補者，亦不爲甚失職矣。其計會監試、漕試、附試之類，亦當痛減分數，嚴立告賞，以絶其冒濫。其諸州教官，亦以德行人充，而責以教導之實，則州縣之學，亦稍知義理之教，而不但爲科舉之學矣。

蕙田案：以上宋太學。

文獻通考：慶曆三年，立四門學，以士庶子弟爲生員。

宋史選舉志：初立四門學，自八品至庶人子弟充學生，歲一試補。差學官鎖宿、彌封校其藝，疏名上聞而後給牒，不中式者仍聽讀。若三試不中，則出之。未幾，學廢。

蕙田案：以上宋四門學。

哲宗時，初置在京小學，曰「就傅」、「初筮」，凡兩齋。

政和四年，小學生近一千人，分十齋以處之，自八歲至十二歲，率以誦經書字多少，差次補内舍。若能文，從博士試本經、小經義各一道，稍通補内舍，優補上舍。

蕙田案：以上宋小學。

崇寧三年，命將作少監李誡即城南門外相地營建外學，是爲辟雍。蔡京又奏：「古者國内外皆有學，周成均蓋在邦中，而黨庠、遂序則在國外。臣親承聖詔，天下皆興學貢士，即國南郊建外學以受之，俟其行藝中率，然後升諸太學。凡此聖意，悉與古合。今上其所當行者：太學專處上舍、内舍生，而外學則處外舍生。今貢士盛集，欲增太學上舍至二百人，内舍六百人，外舍三千人。外學爲四講堂、百齋，齋列五楹，一齋可容三十人。士初貢至，皆入外學，經試補入上舍、内舍，始得進處太學。太學外舍，亦令出居外學。其敕、令、格、式，悉用太學見制。國子祭酒總治學事，外學官屬，司業、丞各一人，稍減太學博士、正、録員歸外學，仍增博士爲十員，正、録爲五員，學生充學諭者十人，直學二人。」三舍生皆繇升貢，遂罷國子監補試。

蕙田案：文獻通考及徽宗本紀建外學在崇寧元年，與志不同。

五年，著令：凡州學上舍生升舍，以其秋即貢入辟雍，長吏集屬郡官及提學官，具宴設以禮敦遣，限歲終悉集闕下。凡貢士入辟雍外舍，三經試不與升補，兩經試不入等，仍犯上三等罰者，削籍再赴本州歲升試，是名「退送」。即内舍已降舍，而又一試不與，或兩犯上四等罰者，亦如外舍法退送。太學外舍生已預考察者，許再經一試，以中否爲留遣，餘升降、退送，悉如辟雍法。

宣和三年，詔：「太學官吏及州縣嘗置學官，凡元豐舊制所有者皆如故，其辟雍官屬及宗學并諸路提舉學事官屬並罷，内外學悉遵元豐成憲。」

蕙田案：以上宋辟雍學。

右宋國學

金國學

金史選舉志：凡養士之地曰國子監，始置於天德三年，後定制，詞賦、經義生百人，小學生百人，以宗室及外戚皇后大功以上親、諸功臣及三品以上官兄弟子孫，年十五以上者入學，不及十五者入小學。

大定六年，始置太學，初養士百六十人，後定五品以上官兄弟子孫百五十人，曾得府薦及終場人二百五十人，凡四百人。凡試補太學生，禮部主之，曾得府薦及終場舉人皆免試。凡學生會課，三日作策論一道，又三日作賦及詩各一篇。三月一私試，以季月初先試賦，間一日試策論，中選者以上五名申部〔一〕。遇旬休、節辰皆有假，病則給假，省親遠行則給程〔二〕。犯學規者罰，不率教者黜。凡國子監生，三年不能充貢，欲就諸局承應者，學官試，能粗通大小各一經者聽。

蕙田案：金制，國子學之外，又有女真國子學，以習本國語言。

右金國學

〔一〕「名」，原脱，據光緒本、金史選舉志一補。
〔二〕「省親」，諸本作「省試」，據金史選舉志一改。

元國學

元史選舉志：太宗六年，以馮志常爲國子學總教，命侍臣子弟十八人入學。世祖至元七年，命侍臣子弟十有一人入學，以長者四人從許衡，童子七人從王恂。

二十四年，立國子學而定其制。設博士，通掌學事，分教三齋生員，講授經旨，究正音訓，上嚴教導之術，下考肄習之業。復設助教，同掌學事，而專守一齋；正、録申明規矩，督習課業。凡讀書，必先孝經、小學、論語、孟子、大學、中庸，次及詩、書、禮記、周禮、春秋、易。博士、助教親授句讀、音訓，正、録伴讀，以其次傳習之。次日，抽籤，令諸生復説其功課，對屬、詩章、經解、史評，則博士出題，生員呈稿，先呈助教，俟博士既定，始録附課簿，以憑考校。其生員之數，定二百人。許衡又著諸生入學禮儀及日用節目。

成宗大德八年十二月，始定國子生，蒙古、色目、漢人三年各貢一人。

十年閏十月，國子學定蒙古、色目、漢人生員一百人〔一〕，三年各貢二人。

〔一〕「一百人」，光緒本、元史選舉志一作「二百人」。

武宗至大四年閏七月，定生員額二百人〔一〕。十二月，復立國子學試貢法，蒙古授官六品，色目正七品，漢人從七品。

仁宗延祐二年八月，增置生員百人，陪堂生二十人，用集賢學士趙孟頫、禮部尚書元明善等所議國子學貢試之法更定之。一曰陞齋等第。六齋東西相向，下兩齋左曰游藝，右曰依仁，凡誦書講説、小學屬對者隸焉。中兩齋左曰據德，右曰志道，講説四書、課肄詩律者隸焉。上兩齋左曰時習，右曰日新，講説易、詩、書、春秋科，習明經義等程文者隸焉。每季考其所習，以次遞陞。二曰私試規矩，漢人驗日新、時習兩齋，蒙古、色目驗志道、據德兩齋，本學舉實歷坐齋二周歲以上，未嘗犯過者，許令充試。限實歷坐齋三周歲以上，許充貢舉。漢人私試，孟月試經疑一道，仲月試經義一道，季月試策問、表章、詔誥内科一道。蒙古、色目人孟、仲月各試明經一道，季月試策問一道〔二〕。辭理俱優爲上等，準一分；理優詞平者爲中等，準半分。每歲終，通計

〔一〕「二百人」，元史選舉志一作「三百人」。
〔二〕「蒙古色目人孟仲月各試明經一道季月試策問一道」二十一字，原脱，據光緒本、元史選舉志一補。

其年積分，至八分以上者，陞充高等生員，以四十名爲額，内蒙古、色目各十名，漢人二十名。歲終試貢〔一〕，員不必備，惟取實才。有分同闕少者，以坐齋月日先後多少爲定。三曰黜罰科條。應私試分生員，其有不事課業及一切違戾規矩者，初犯罰一分，再犯罰二分，三犯除名。應已補高等生員，其有違戾規矩者，初犯殿試一年，再犯除名，從學正、録糾舉之。應在學生員，除蒙古、色目别議外，其餘漢人生員三年不能通一經及不肯勤學者，勒令出學。

蕙田案：明代六堂積分之法，蓋取於此。然其法實始於宋。宋史選舉志嘉定十四年詔：「歲終取外舍生，校最優者一人升内舍。」而咸淳中，外舍生晏泰亨以七分三釐乞理爲第三優，朝命不許，遂申嚴學法，今後及八分者，方許歲校三名，即所謂積分也。

泰定三年六月，更積分而爲貢舉，並依世祖舊制。其貢試之法，從監學所擬，大概與前法略同，而防閑稍加嚴密焉。

〔一〕「終」，原作「貢」，據光緒本、元史選舉志一改。

蕙田案：元時國子學之外，有蒙古國子學，回回國子學，置助教、學正以教公卿百官之子弟，今俱不載，而附見其目於此。

右元國學

明國學

明史選舉志：學校有二：曰國學，曰府、州、縣學。入國學者，通謂之監生。舉人曰舉監，生員曰貢監，品官子弟曰廕監，損貲曰例監。同一貢監也，有歲貢，有選貢，有恩貢，有納貢。同一廕監也，有官生，有恩生。國子學之設自明初乙巳始。洪武元年，令品官子弟及民俊秀通文義者，並充學生。天下既定，詔擇府、州、縣學諸生入國子學。又擇年少舉人趙惟一等及貢生董昶等入學讀書，賜以衣帳，命於諸司先習吏事，謂之歷事監生。取其中尤英敏者李擴等入文華、武英堂説書，謂之小秀才。其才學優贍、聰明俊偉之士，使之博極群書，講明道德經濟之學，以期大用，謂之老秀才。初，改應天府學爲國子學，後改建於雞鳴山下。既而改學爲監，設祭酒、司業及監丞、博士、助教、學正、學録、典籍、掌饌、典簿等官。分六堂以館諸生，曰率性、修道、誠心、正義、崇志、廣業。學旁以宿諸生，謂之號房。厚給廪餼，歲時賜布帛文綺、襲衣巾韡。正旦、元宵諸令節，俱賞節錢。而其教之之法，每旦，祭酒、司業坐堂上，屬官自監丞以下，首領則典簿，以次序立。諸生揖畢，質問經史，拱立聽命。惟朔望給假，餘日升堂會饌，乃會講、復講、背書，輪課以爲常〔一〕。所習自四子本經外，兼及劉向説苑及律令、書、數、御製大誥。每月試經、書義各一道，詔、誥、表、策、論、判、内科二道。每日習書二百餘字，以二王、智永、歐、虞、顔、柳諸帖爲法。每班選一人充齋長，督諸生工課。衣冠、步履、飲食，必嚴飭中節。夜必宿監，有故而出必告本班教官，令齋長帥之以白祭酒。監丞置集愆簿，有不遵者書之，再三犯者決責，四犯者至發遣安置。司教之官，必選耆宿。宋訥、吴顒等由儒士擢祭酒，訥尤推名師。歷科進士多出太學，而戊辰任亨泰廷對第一，太祖召訥褒賞，撰題名記，立石監門。辛未，許觀亦如之。進士題名碑，由此相繼不絶。中都之置國學也，自洪武八年。至二十六年，乃革，以其師生併入京師。永樂元年始設北京國子監。十八年遷都，乃以京師國子監

〔一〕「爲」，原脱，據光緒本、明史選舉志一補。

爲南京國子監，而太學生有南北監之分矣。

六堂諸生有積分之法，司業二員分爲左右，各提調三堂。凡通四書未通經者，居正義、崇志、廣業。一年半以上，文理條暢者，升修道、誠心。又一年半，經史兼通、文理俱優者，乃升率性。升至率性，乃積分。其法，孟月試本經義一道，仲月試論一道，詔、誥、表、内科一道，季月試經史策一道，判語二條。每試，文理俱優者與一分，理優文劣者與半分，紕繆者無分。歲内積八分者爲及格，與出身。不及者，仍坐堂肄業。如有才學超異者，奏請上裁。

太祖雖間行科舉，而監生與薦舉人才參用者居多，故其時布列中外者，太學最盛。一再傳之，後進士日益重，薦舉遂廢，而舉、貢日益輕。雖積分歷事，不改初法，南北祭酒陳敬宗、李時勉等加意振飭，已漸不如其始。衆情所趨向，專在甲科。宦途升沉，定於謁選之日。監生不獲上第，即奮自鏃礪，不能有成，積重之勢然也。迨開納粟之例，則流品漸淆，且庶民亦得援生員之例以入監，謂之民生，亦謂之俊秀，而監生益輕。於是同處太學，而舉、貢得爲府佐貳及州縣正官，官、恩生得選部、院、府、衛、司、寺小京職，尚爲正途。而援例監生，僅得選州縣佐貳及府首領官；其授京職者，乃光禄寺、上林苑之屬；其願就遠方者，則以雲、貴、廣西及各邊省軍衛有司首領，及衛學、王府教授之缺用，而終身爲異途矣。

太祖慮武臣子弟但習武事，鮮知問學，命大都督府選入國學，其在鳳陽者即肄業於中都。命韓國公李善長等考定教官、生員高下，分列班次，曹國公李文忠領監事以繩核之。嗣後勳臣子弟多入監讀書。嘉靖元年令公、侯、伯未經任事、年三十以下者，送監讀書，尋令已任者亦送監，而年少勳戚爭以入學爲榮矣。

舉人入監，始於永樂中。會試下第，輒令翰林院録其優者，俾入學以俟後科，給以教諭之俸。是時，會試有副榜，大抵署教官，故令入監者亦食其禄也。宣德八年，嘗命禮部尚書胡濙與大學士楊士奇、楊榮選副榜舉人龍文等二十四人，送監進學。翰林院三月一考其文，與庶吉士同，頗示優異。後不復另試，則取副榜年二十五以上者授教職，年未及者，或依親，或入監讀書。既而不拘年齒，依親、入監者皆聽。依親者，回籍讀書，依親肄業也。又有丁憂、成昏、省親、送幼子，皆仿依親例，限年復班。正統中，天下教官多缺，而舉人厭其卑冷，多不願就。十三年，御史萬節請敕禮部多取副榜，以就教職，部臣以舉人願依親入監者十之七，願就教職者僅十之三，但宜各隨所欲，却其請不行。至成化十三年，御史胡璘言：「天下教官，率多歲貢，言行文章，不足爲人師範，請多取舉人選用，而罷貢生勿選。」部議歲貢如其舊，而舉人教官，仍許會試。自後就教者，亦漸多矣。嘉靖中，南北國學皆空虚，議盡發下第舉人入監，且立限期以趣之。然舉人不願入監者，卒不可立强。於是生員歲貢之外，不得不頻舉選貢以充國學矣。

貢生入監，初由生員選擇，既令各學歲貢一人，故謂之歲貢。其例亦屢更。洪武二十一年，定府、州、縣學以一、二、三年爲差。二十五年，定府學歲二人，州學二歲三人，縣學歲一人。永樂八年，定州、縣户不及五里者，州歲一人，縣間歲一人。十九年，令歲貢照洪武二十一年例。宣德七年，復照洪武二十五年例。正統六年，更定府學歲一人，州學三歲二人，縣學間歲一人。弘治、嘉靖間，仍定府學歲二人，州學二歲三人，縣學歲一人，遂爲永制。後孔、顔、孟三氏，及京學、衛學、都司、土官，川、雲、貴諸遠省，其按年充貢之法，亦間有增減云。歲貢之始，必考學行端莊、文理優長者以充之。其後但取食廪年深者。弘治中，南京祭酒章懋言：「洪、永間，國子生以數千計，今在監科貢共止六百餘人，歲貢挨次而升，衰遲不振者十常八九。舉人坐監，又每後時〔一〕。差撥不敷，教養罕效。近年有增貢之舉，而所拔亦挨次之人，資格所拘，英才多滯。乞於常貢外令提學行選貢之法，不分廩膳、增廣生員，通行考選，務求學行兼優、年富力强、累試優等者，乃以充貢。通計天下之廣，約取五六百人。以後三、五年一行，則人材可漸及往年矣。」乃下部議行之。此選貢所由始也。選貢多英才，入監課試，輒居上等，撥歷諸司，亦有幹局。歲貢頹老，其勢日絀，則惟願就教，而不願入監。嘉靖二十七年，祭酒程文德請將廷試歲貢惟留即選者於部，而其餘盡使入監。報可。歲貢諸生合疏言，家貧親老，不願入監。禮部復請從其所願，而盡使舉人入監。又從之。歲貢舉人入監不能如期，南京祭酒潘晟至請設重罰以趣其必赴。於是舉人、選貢、歲貢三者，迭爲盛衰，而國學之盈虛，亦靡有定也。神宗時，工科郭如心言：「選貢非祖制，其始欲補歲貢之乏，其後遂妨歲貢之途，請停其選。」神宗以爲然。至崇禎時，又嘗行之。恩貢者，國家有慶典或登極詔書，以當貢者充之。而其次即爲歲貢。納貢視例

〔一〕「後」，諸本作「多」，據明史選舉志一校勘記改。

監稍優，其實相仿也。

廕生入監，明初因前代任子之制，文官一品至七品，皆得廕一子以世其禄。後乃漸爲限制，在京三品以上方得請廕，謂之官生。出自特恩者，不限官品，謂之恩生。或即與職事，或送監讀書。官生必三品京官，成化三年從助教李伸言也〔一〕。時給事中李森不可。帝諭，責其刻薄；第令非歷任年久、政績顯著者，毋得濫叙而已。既得廕叙，由提學官考送部試，如貢生例，送入監中。時内閣呂原子㦂由廕監補中書舍人，七年辛卯乞應順天鄉試，部請從之。給事中芮畿不可。帝允㦂所請，不爲例。然其後以廕授舍人者，俱得應舉矣。

恩生之始，建文元年録吴雲子黼爲國子生，以雲死節雲南也。正德十六年定例，凡文武官死於忠諫者，一子入監。其後守土官死節，亦皆得廕子矣。又弘治十八年定例，東宫侍從官，講讀年久輔道有功者，没後，子孫乞恩，禮部奏請上裁。正德元年復定，其祖父年勞已及三年者，一子即授試中書舍人習字；未及三年者，一子送監讀

〔一〕「李伸」，原作「李坤」，據光緒本、明史選舉志一改。

書。八年復定，東宮侍班官三年者，一子入監。又神宗十二年定例，三品日講官，雖未考滿，一子入監。

例監始於景泰元年，以邊事孔棘，令天下納粟納馬者，入監讀書，限千人止。行四年而罷。成化二年，南京大饑，守臣建議，欲令官員軍民子孫納粟送監。禮部尚書姚夔言：「太學，育才之地，近者直省起送四十歲生員，及納草納馬者動以萬計，不勝其濫。且使天下以貨爲賢，士風日陋。」帝以爲然，爲却守臣之議。然其後或遇歲荒，或因邊警，或大興工作，率援往例行之，訖不能止。

日知録：景泰四年四月，右少監武艮、禮部右侍郎兼左春坊左庶子鄒幹等奏：「臨清縣學生員伍銘等願納米八百石，乞入監讀書。今山東等處正缺糧儲，宜允其請。」從之，并詔各布政司及直隸府、州、縣學生員能出米八百石於臨清、東昌、徐州三處賑濟，願入監讀書者聽。

蕙田案：例監始於景泰元年，顧氏考之蓋未詳。

監生歷事，始於洪武五年。建文時，定考覈法上、中、下三等。上等選用，中、下等仍歷一年再考。上等者依上等用，中等者不拘品級，隨才任用，下等者回監讀書。

永樂五年，選監生三十八人隸翰林院，習四夷譯書。九年辛卯，鍾英等五人成進士，俱改庶吉士。壬辰、乙未以後，譯書中會試者甚多，皆改庶吉士以爲常。歷事生成名，其蒙恩遇如此。仁宗初政，中軍都督府奏監生七人吏事勤慎〔一〕，請注選授官。帝不許，仍令入學，由科舉以進。他歷事者，多不願還監。於是通政司引奏，六科辦事監生二十人滿日，例應還監，仍願就科辦事。帝復召二十人者，諭令進學。蓋是時，六科給事中多缺，諸生覬得之。帝察知其意，故不授官也。宣宗以教官多缺，選用監生三百八十人，而程富等以都御史顧佐之薦，使於各道歷政三月，選擇任之，所謂試御史也。初令監生由廣業升率性，始得積分出身。天順以前，在監十餘年，然後撥歷諸司，歷事三月，仍留一年，送吏部銓選〔二〕。其兵部清黄及隨御史出巡者，則以三年爲率。其後，以監生積滯者多，頻減撥歷歲月以疏通之。每歲揀選，優者輒與撥歷，有未及一年者。弘治八年，監生在監者少，而吏部聽選至萬餘人，有十餘年不得官

〔一〕「吏」，諸本作「隸」，據明史選舉志一改。
〔二〕「吏」，原脱，據明史選舉志一補。

者。祭酒林瀚以坐班人少，不敷撥歷，請開科貢。禮部尚書倪岳覆奏，科舉已有定額，不可再增，惟請增歲貢人數，而定諸司歷事，必須日月滿後，方與更替，使諸生坐監稍久，選人亦無壅滯。及至嘉靖十年，監生在監者不及四百人，諸司歷事歲額以千計。禮部尚書李時引岳前議言：「岳權宜二法，一增歲額以足坐班生徒，一議差歷以久坐班歲月。於是府、州、縣學以歲二貢、二歲三貢、一歲一貢爲差，行之四歲而止。其諸司歷事，三月考勤之後，仍歷一年，其餘寫本一年，清黄、寫誥、清軍、清匠三年，以至出巡等項，俱如舊例日月。今國學缺人，視弘治間更甚，請將前件事例，參酌舉行。」並從之，獨不增貢額。未幾，復以祭酒許誥、提學御史胡時善之請，詔增貢額，如岳、時前議。隆、萬以後，學校積弛，一切循故事而已。崇禎二年，從司業倪嘉善言，復行積分法。八年，從祭酒倪元璐言，以貢選爲正流，援納爲閏流。貢選不限撥期，以積分歲滿爲率，援納則依原定撥歷爲率。而歷事不分正雜，惟以考定等第爲歷期多寡。諸司教之政事，勿與猥雜差遣。滿日，校其勤惰，開報吏部。不率者，回監教習。時監規頹廢已久，不能振作也。

右明國學

歷代郡縣學

漢書循吏傳：文翁爲蜀郡守，修起學官於成都市中，招下縣子弟以爲學官弟子，爲除更繇，高者以補郡縣吏，次爲孝弟力田。常選學官僮子，使在便坐受事。每出行縣，益從學官諸生明經飭行者與俱，使傳教令，出入閨閤。縣邑吏民見而榮之，數年，爭欲爲學官弟子，富人至出錢以求之。繇是大化，蜀地學於京師者比齊魯焉。至武帝時，乃令天下郡國皆立學校官，自文翁爲之始云。師古曰：文翁學堂今在益州城内。

儒林傳：元帝時，郡國置五經百石卒史。

平帝紀：元始三年，立學官。郡國曰學，縣、道、邑、侯國曰校。校、學置經師一人。鄉曰庠，聚曰序。序、庠置孝經師一人。

何武傳：武爲刺史。行部，必先即學宫見諸生，試其誦論，問以得失。

後漢書寇恂傳：建武三年爲汝南太守，修學校，教生徒，聘能爲左氏春秋者，親受學焉。

循吏傳：衛颯爲桂陽太守，下車，修庠序之儀。

任延爲武威太守，造立校官，自掾吏子孫，皆令詣學受業，復其徭役。章句既通，悉顯拔榮進之。郡遂有儒雅之士。

李忠傳：建武六年，遷丹陽太守。忠以丹陽越俗，不好學，乃爲起學校，習禮容，春秋鄉飲，選用明經，郡中向慕之。

明帝本紀：永平十年，幸南陽，召校官弟子作雅樂，奏鹿鳴。帝自御塤篪和之，以娱嘉賓。

宋均傳：調辰陽長，爲立學校。

循吏傳：秦彭建初元年，遷山陽太守。崇好儒雅，修明庠序。每春秋饗射，輒修升降揖讓之儀。

鮑永傳：昱子德爲南陽太守。時郡學久廢，德乃修起横舍，備俎豆黼冕，行禮奏樂。又尊饗國老，宴會諸儒。百姓觀者，莫不勸服。

魯恭傳：弟丕，元和元年徵，再遷，拜趙相。趙王商嘗欲避疾，便時移住學官，學官，學舍也。丕奏曰：「學官傳五帝之道，修先王禮樂教化之處，王欲廢塞，以廣游讌，事不可聽。」詔從丕言。

魏志高柔傳：明帝即位，高柔上疏曰：「昔漢末陵遲，禮樂崩壞，太祖初興，愍其如此，在於撥亂之際，並使郡縣立教學之官。高祖即位，遂闡其業，興復辟雍，州立課試，於是天下之士，復聞庠序之教，親俎豆之禮焉。」

晉書虞溥傳：太康時，爲鄱陽内史，大修庠序，廣招學徒，移告屬縣，具爲條制，於是至者七百餘人。溥乃作誥以獎諭之，曰：「文學諸生皆冠帶之流，年盛志美，始涉學庭，講修典訓，此大成之業，立德之基也。夫聖人之道，淡而寡味，故始學者不好也。及至期月，所觀彌博，所習彌多，日聞所不聞，日見所不見，然後心開意朗，敬業樂群，忽然不覺大化之陶己，至道之入神也。故學之染人，甚於丹青。丹青，吾見其久而渝矣，未見久學而渝者也。夫工人之染，先修其質，後事其色，質修色積，而染工畢矣。學亦有質，孝弟忠信是也。君子内正其心，外修其行，行有餘力，則以學文，文質彬彬，然後爲德。夫學者不患才不及，而患志不立，故曰希驥之馬，亦驥之乘，希顏之徒，亦顏之倫。又曰：『剸而舍之，朽木不知；剸而不舍，金石可虧。』斯非其效乎？」時祭酒求更起屋行禮，溥曰：「君子行禮，無常處也，故孔子射於矍相之圃，而行禮於大樹之下，況今學庭庠序，高堂顯敞乎？」

宋書禮志：晉穆帝永和中，征西將軍庾亮在武昌開置學官。教曰：「洙、泗邈遠，風、雅彌替，後生放任，不復憲章典謨。宜處分安學校處所，籌量起立講舍。參佐大將子弟，悉令入學，吾家子弟，亦令受業。四府博學識義、通涉文學經綸者，建儒林祭酒，使班同三署，厚其供給，皆妙選邦彥，必有其宜者，以充此舉。近臨川、臨賀二郡，並求修復學校。若非束脩之流，禮教所不及，而欲階緣免役者，不得爲生。明爲條制，令法清而人貴。又繕造禮器俎豆之屬。」

梁書儒林傳：武帝選學生，遣就會稽雲門山，受業於廬江何胤。分遣博士祭酒，到州郡立學。

魏書儒林傳：顯祖天安初，立鄉學，郡置博士二人，助教二人，學生六十人。後令：大郡立博士二人，助教四人，學生百人；次郡立博士二人，助教四人，學生八十人；中郡博士一人，助教二人，學生六十人；下郡立博士一人，助教一人，學生四十人。郡縣學始乎此矣。

北齊書儒林傳：齊制：諸郡並立學，置博士、助教授經，學生俱被差逼充員，士流及豪富之家皆不從調。備員既非所好，墳籍固不關懷，又多被州郡官人驅使。縱有游惰，亦不檢察，皆由上非所好之所致也。諸郡俱得察孝廉，其博士、助教及游學之徒通經者，推擇充舉。射策十條，通八以上，聽九品出身，其尤異者亦蒙抽擢。

隋書高祖本紀：仁壽元年，詔太學、四門及州縣學並廢。

唐書選舉志：唐制，京都學生八十人，大都督、中都督府、上州各六十人，下都督府、中州各五十人，下州四十人，京縣五十人，上縣四十人，中縣、中下縣各三十五人，下縣二十人。州縣學生，州縣長官補，長史主焉。每歲仲冬，州、縣、館、監舉其成者送至尚書省。

文獻通考：武德七年，詔諸州縣及鄉並令置學，有明一經以上者，有司試册加階。

唐書選舉志：玄宗開元中，敕州縣學生年二十五以下、八品九品子若庶人二十已下，通一經及未通經而聰悟有文詞、史學者，入四門學爲俊士。即諸州貢舉，省試不第，願入學者亦聽。

文獻通考：開元二十六年正月十九日，敕：「古者鄉有序，黨有塾，將以弘長儒教，誘進學徒，化人成俗，率由於是。其天下州縣，每鄉之内，里别各置一學，仍擇師資，令其教授。」

貞元三年正月，右補闕宇文炫上言，請京畿諸縣鄉村廢寺，並爲縣學。并上制書事二十餘件。疏奏不報。

後唐天成三年，宰臣兼判國子祭酒崔協奏：「請頒下諸道、州、府，各置官學，如有鄉黨備諳、文行可舉者，録其事實申監司，方與解送。但一身就業，不得影庇門户。」

宋太宗皇帝太平興國二年，知江州周述言：廬山白鹿洞學徒常數千百人，乞賜九經肄習。詔國子監給本，仍傳送之。先時南唐升元中，白鹿洞建學館，以李道爲洞主，掌其教授。

又賜石鼓書院敕額。書院唐元和間衡州李寬所建，國初賜額。

真宗大中祥符二年，應天府民曹誠，即楚丘戚同文舊居，造舍百五十間，聚書數千卷，博延生徒，講習甚盛。府奏其事，詔賜額曰應天府書院，命奉禮郎戚舜賓主之，仍令本府幕職官提舉，以誠爲府助教。

八年，賜潭州嶽麓書院額。始，開寶中，郡守朱洞首度基創宇，以待四方學者。李允則來爲州，請於朝，乞以書藏。方是時，山長周式以行義著，八年，召見便殿，拜國子學主簿，使歸教授。詔賜書院名，增賜中秘書。

馬氏端臨曰：右宋初四書院建置之本末如此。此外則又有西京嵩陽書院，賜額於至道二年；江寧府茅山書院，賜田於天聖二年。嵩陽、茅山，後來無聞，獨四書院之名著。是時未有州縣之學，先有鄉黨之學。蓋州縣之學，有司奉詔旨所建也，故或作或輟，不免具文；鄉黨之學，賢士大夫留意斯文者所建也，故前規後隨，皆務興起。後來所至，書院尤多，而其田土之錫、教養之規，往往過於州縣學，蓋皆欲倣四書院云。

蕙田案：書院之設，於古未聞。宋初始有白鹿洞、石鼓、應天、嶽麓四書院，有司以上聞，輒爲賜額、賜書，以優異之。逮於南宋之季，及元代諸路，所立書院尤多，固理學昌明之效，而太宗、真宗風厲儒術，以開一代文明之治，其功顧不多哉？

觀承案：州縣之學，國家所建也；書院之設，乃起於士大夫培植人材之意。文翁時，官未立學，特修起學官於成都市中，雖無書院之名，要即書院之義。至宋時四大書院，而理學昌明，真儒輩出，爲極盛矣。元、明以來，亦相延勿替，是固當與學校相輔而行者也。又周禮「以本俗安萬民，四曰聯師儒」，疏「謂致仕賢者，使教鄉閭子弟」。今書院延師，猶存此義。

宋史選舉志：仁宗即位初，命藩輔皆得立學。慶曆四年，詔曰：「儒者通天、地、人之理，明古今治亂之原，可謂博矣。然學者不得騁其説，而有司務先聲病章句以拘牽之，則吾豪儁奇偉之士，何以奮焉？士以純明朴茂之美，而無敎學養成之法，使與不肖並進，則夫懿德敏行，何以見焉？此取士之甚敝，而學者自以爲患。夫遇人以薄者，不可責其厚也。今朕建學興善，以尊子大夫之行；更制革敝，以盡學者之才。有司其務嚴訓導、精察舉，以稱朕意。學者其進德修業，無失其時。其令州若縣皆立學，本道使者選部屬官爲教授，員不足，取於鄉里宿學有道業者。」由是州郡奉詔興學，而士有所勸矣。

文獻通考：安定先生胡瑗，自慶曆中教學於蘇、湖間，二十餘年，束脩弟子前後以數千計。是時方尚辭賦，獨湖學以經義及時務，學中故有經義齋、治事齋。經義齋者，擇疏通有器局者居之；治事齋者，人各治一事，又兼一事，如邊防、水利之類。故天下謂湖學多秀彦，其出而筮仕，往往取高第，及爲政，多適於世用，若老於吏事者，由講習有素也。慶曆四年，詔州縣皆立學，於是建大學於京師，而有司請下湖州，取先生之法以爲大學法。

神宗熙寧四年，詔置京東西、河東北、陝西五路學，以陸佃等爲諸州學官。仍令中書采訪逐路有經術行誼者各三五人，雖未仕，亦給簿尉俸，使權教授。他路、州、軍，命近日選薦京朝官有學行可爲人師者，堂除逐路官，令兼所任州教授。州給田十頃爲學糧。仍置小學教授。

八年秋，詔諸州學官先赴學士院，試大義五道，取優通者選差。

元豐元年，詔諸路州府學官共五十三員。京東路兖、徐、曹、鄆、青、密州、應天府各一員，京西路西京國子監、許、陳、襄、鄧州各一員，河北路北京國子監、定、相、滄、衛、棣、瀛州、真定府各一員，陝府西路陝、華、耀、豳、秦、燕州、永興軍、鳳翔、河中府各一員〔一〕，河東路潞、晉、代州、太原府各一員，淮南路揚州、亳州各一員，兩浙路杭、越、蘇三州各一員，江南東路饒州、江寧府各一員，江南西路洪州、吉州各一員，荆湖南路潭州一員，荆湖北路江陵府一員，福建路建州一員，成都府路眉州、成都府各一員，梓州路梓州、普州各一員，利州路利州一員，夔州路夔州一員，廣南東路廣州一

〔一〕「秦」，原作「泰」，據光緒本、文獻通考卷四六改。

員，廣南西路桂州一員。

馬氏端臨曰：是時大興學校，而天下之有教授者，只五十三員。蓋重師儒之官，不肯輕授濫設故也。觀其所用者，既是有出身人，然又必試中而後授，則與入館閣、翰苑者同科，其遴選至矣。哲宗元祐初，齊、廬、宿、常、虔、潁、同、懷、澶、河陽等州始相繼置教授，三舍法行，而員額愈多。至大觀時，吉州、建州皆以養士數多，置教授三員。宣和時，罷州縣學三舍法，始令諸州教授若係未行三舍已前置者依舊，餘並減罷；如贍學田産、房廊等係行三舍後添給者，亦復拘收云。

哲宗元祐元年，詔近臣擇經明行修、堪内外學官者，人舉二員，遂罷試補法。

二年，中丞胡宗愈言：「學者初登科，遂顓師席，非是。」詔内外學官經任，年至三十，方得在選。　四年，以舉薦頗衆，詔須命舉，乃得奏上。

紹聖元年，三省立格：「侍從、臺諫、國子長貳，歲舉堪任諸州學官一員，須嘗中進士或制科〔一〕，年及三十者。若制科、進士第在上五人，禮部奏名在上三人，府、監、廣

〔一〕「嘗」，諸本作「常」，據文獻通考卷四六改。

文館第一人，太學上舍得第，即皆不試而用，餘並召附吏部春秋試。凡試，兩經大義各一道，以通經、善作文爲合格。已經舉試，中書籍其姓名，俟有闕則選授焉。」於是内外見學官，非制科、進士出身及由上舍生入官者，並罷。時學官已立試法，潭、廣已下十一州教授本付吏部擬注者，令三省選差。

宋史選舉志：元符二年，初令諸州行三舍法，考選、升補，悉如太學。州許補上舍一人，内舍二人，歲貢之。其上舍附太學，外舍試中補内舍生。三試不升舍，遣還其州。其内舍免試，至則補爲外舍生。諸路選監司一員提舉學校，守貳董幹其事。遇補試上、内舍生，選有出身官一人，同教授考選，須彌封、謄録。

崇寧元年，辛臣請：「天下州縣並置學，州置教授二員，縣亦置小學。縣學生選考升諸州學，州學生每三年貢太學。至則附試，别立號。考分三等：入上等，補上舍；入中等，補下等上舍；入下等，補内舍；餘居外舍。諸州軍解額，各以三分之一充貢士。開封府留五十五額，解士人之不入學者，餘盡均給諸州，以爲貢額。外官子弟親戚，許入學一年，給牒至太學，用國子生額解試。州給常平或係省田宅充養士費，縣用地利所出及非係省錢。」

文獻通考：崇寧三年，令州縣學用三舍法陞太學，罷科舉。每上舍生升舍已，其秋即貢入辟廱，長吏集闔郡官、提舉司官，即本所燕設，以禮津遣，限歲終悉集闕下。選士入貢，其自今年始。如有孝、弟、婣、睦、任、恤、忠、和，若行能尤異，爲鄉里所推，縣上之州，免試入學。教授知通詢審無謬，即保任入貢，仍具實以聞，不實者坐罪有差。

蕙田案：孝、悌、睦、婣、任、恤、忠、和，謂之八行科。

三年，臣僚言：「比者試文，有以聖經之言輒爲時忌而避之者，如曰『大哉，堯之爲君』，以爲『哉』與『災』同；『制治于未亂』，『安不忘危』，『吉凶悔吝生乎動』，則以爲危、亂、凶、悔皆當避。不諱之朝，豈宜有此？」詔禁之。

四年，鮑耀卿言：「今州縣學考試，未校文字精弱，先問時忌有無，苟語涉時忌，雖甚工，不敢取。時忌如曰『休兵以息民，節用以豐財』，『罷不急之役，清入仕之流』。諸如此語，熙、豐、紹聖間試者共用不忌，今悉絀之，宜禁止。」詔可。

馬氏端臨曰：熙寧之立學校，養生徒，上自天庠，下至郡縣，其大意不過欲使之習誦新經，附和新法耳。紹聖、崇觀而後，群憸用事，醜正益甚，遂立元祐學術之禁，又令郡縣置自訟齋，以拘誹謗時政之人。士子志於進取，故過有拘忌，蓋言「休兵節用」，則恐類元祐之學，言災、凶、危、亂，則恐涉誹謗之語，所謂轉喉觸諱者也，則惟有迎奉諂佞而已。

七年，給事中毛友言：「比守郡，見訴役者，言富家子弟初不知書，第捐數百緡錢求人試補入學，遂免身役。比其歲升不中，更數年而始除籍，則其幸免已多矣。請初試補入縣學，人並簾試，以別僞冒。」從之。

宣和三年，罷天下州縣學三舍法，惟大學用之。

高宗建炎初，復教官試。紹興中，議者謂欲爲人師而自納所業于有司，以幸中度。乃詔罷其試，而教授自朝廷選差。已而復之。凡有出身許應，先具經義、詩、賦各三首，赴禮部，乃下省闈，分兩場試之。而取其文理優長者，不限其數。初任爲諸州教官，繇是爲兩學之選。十五年，國子監丞文浩言：「師儒之官，與諸生難疑答問，於群經宜無所不通。請自今並於六經中，臨期取二經，各出兩題，無拘義式，以貫穿該贍爲合格。」詔行焉。其後四川制置司遇類省試年，亦放禮部附試，自嘉泰元年始。

紹興三年，詔淮西路州、縣教授並行減罷，令逐州有出身官兼。

十八年，江西轉運賈直清奏，請立縣學，於縣官内選有出身人兼領教導。尋下國子監參酌措置。欲比附舊法，縣學委知、通於令佐内選有出身官一員，兼領教導職事，及諸州軍如未差教授處，即令本路提舉司於本州有出身官選差一員兼領。若州縣官俱無出身，只令本學長、諭專主教導，却令知州、縣令覺察點檢。從之。

二十一年，大理寺主簿丁仲京奏：「贍學田土，多爲勢家侵佃，望令提舉學事官覺察。」上謂大臣曰：「既不度僧，常住多有絶產，其併撥以贍學。」既而户部請令提舉司置籍拘管，其無敕額菴院一體行。

朱子崇安縣學田記：予惟三代盛時，自家以達于天子、諸侯之國，莫不有學，而自天子之元子以至於士、庶人之子，莫不入焉。則其士之廩於學官者，宜數十倍於今日。而考之禮典，未有言其費出之所自者。豈當時爲士者之家各已受田，而其學也有時，故得以自食其食，而不仰給於縣官也歟？至漢元、成間，乃謂「孔子布衣，養徒三千」，而增學官弟子至不復限以員數，其後遂以用度不足無以給之而至於罷。夫謂三千人者聚食於孔子之家，則已妄矣，然養士之需，至於以天下之力奉之而不足，則亦豈可不謂難哉？蓋自周衰，田不井授，人無常產，而爲士者尤厄於貧，反不得與爲農工商者齒。上之人乃欲聚而教之，則彼又安能終歲裹飯而學於我？是以其費雖多，而或取之經常之外，勢固有不得已也。」

宋史選舉志：光宗紹熙三年〔一〕，禮部侍郎倪思請復混補法，命兩省、臺諫雜議可否。於是吏部尚書趙汝愚等合奏曰：「國家恢儒右文，京師、郡縣皆有學。慶曆以後，文物彬彬。中興以來，建大學于行都，行貢舉於諸郡，然奔競之風勝，而忠信之俗微。亦惟榮辱升沉，不由學校；德行道藝，取決糊名；工雕篆之文，無進修之志；視庠序如傳舍，目師儒如路人；季考月書，盡成文具。今請重教官之選，假守貳之權；倣舍法以育材，因大比以取士；考終場之數，定所貢之員；期以次年，試于太學。其諸州教養、課試、升貢之法，下有司條上。」思議遂寢。

金史選舉志：府學，大定十六年置，凡十七處，共千人。以嘗與廷試及宗室皇家袒免以上親、并得解舉人爲之。後增州學，遂加以五品以上官、曾任隨朝六品官之兄弟子孫，餘官之兄弟子孫經府薦者，同境内舉人試補三之一。凡試補學生，以提舉學

〔一〕「紹熙」，原作「紹興」，據光緒本、宋史選舉志三改。

校學官主之。

大定二十九年，户部尚書鄧儼等議，計州府户口，增養士之數，於大定舊制京府十七處千人之外，置節鎮、防禦刺史州學六十處，增養千人，各設教授一員，選五舉終場或進士年五十以上者爲之。府學二十有四，學生九百五人。節鎮學三十九，共六百一十五人。防禦州學二十一，共二百三十五人。凡千八百人。

元史選舉志：世祖中統二年，始命置諸路學校官，凡諸生進修者，嚴加訓誨，務使成材以備選用。

至元十九年四月，命雲南諸路皆建學。

二十三年二月，詔江南學校舊有學田，復給之以養士。

二十四年，立國子學於國城之東，迺以南城國子學爲大都路學，自提舉以下，設官有差。

二十八年，令江南諸路學及各縣學内設立小學，選老成之士教之，其他先儒過化之地，名賢經行之所，與好事之家出錢粟贍學者，並立爲書院。凡師儒之命於朝廷者，曰教授，路、府、上中州置之。命于禮部及行省及宣慰司者，曰學正、山長、學録、教諭，路、州、縣及書院置之。路設教授、學正、學録各一員，散府上中州設教授一員，下州設學正一員，縣設教諭一員，書院設山長一員。凡路、府、州書院，設直學以掌錢穀。

明史選舉志：郡縣之學。洪武二年，太祖諭中書省臣曰：「朕惟治國以教化爲先，教化以學校爲本。京師雖有太學，而天下學校未興。宜令郡縣皆立學校，延師儒，授生徒，講論聖道，使人日漸月化，以復先王之舊。」於是大建學校，府設教授，州設學正，縣設教諭，各一。俱設訓導，府四，州三，縣二。生員之數，府學四十人，州、縣以次減十。師生月廩食米，人六斗，有司給以魚肉。學官月俸有差。生員專治一經，以禮、樂、射、御、書、數設科分教。務求實才，頑不率者黜之。十五年，頒學規於國子監，又頒禁例十二條於天下，鐫立卧碑，置明倫堂之左。其不遵者，以違制論。

生員雖定數於國初，未幾即命增廣，不拘額數。宣德中，定增廣之額：在京府學六十人，在外府學四十人，州、縣以次減十。成化中，定衛學之例：四衛以上軍生八十人，三衛以上軍生六十人，二衛、一衛軍生四十人，有司儒學軍生二十人；土官子弟許入附近儒學，無定額。增廣既多，於是初設食廩者謂之廩膳生員，增廣者謂之增廣生員。及其既久，人才愈多，又於額外增取，附於諸生之末，謂之附學生員。凡初入學者，止謂之附學，而廩膳、增廣，以歲科兩試等第高者補充之。非廩生久次者，不得充歲貢也。士子未入學者，通謂童生。當大比之年，間收一二異敏，三場並通者，俾與諸生一體入場，謂之充場儒士。中式即爲舉人，不中式仍候提學官歲試，合格，乃准入學。提學官在任三歲，兩試諸生。先以六等試諸生優劣，謂之歲考。一等前列者，視廩膳生有缺，依次充補，其次補增廣生。一二等皆給賞，三等如常，四等撻責，五等則廩、增遞降一等，附生降爲青衣，六等黜革。繼取一二等爲科舉生員，俾應鄉試，謂之科考。其充補廩、增給賞，悉如歲試。其等第仍分爲六，而大抵多置三等。三等不得應鄉試，撻黜者僅百一，亦可絶無也。生儒應試，每舉人一名，以科舉三十名爲率。舉人屢廣額，科舉之數亦日增。及求舉者益衆，又往往於定額之外加取，以收士心。凡督學者類然。嘉靖十年，常下沙汰生員之令，御史楊宜爭之而止。神宗時，張居正當國，遂核減天下生員。督學官奉行太過，童生入學，有一州縣僅録一人者，其科舉減殺可推而知也。

生員入學，初由巡按御史，布、按兩司及府州縣官。正統元年始特置提學官，專使提督學政，南、北直隸俱御史，各省參用副使、僉事。景泰元年，罷提學官。天順六年復設，各賜敕諭十八條〔一〕，俾奉行之。直省既設提學，有所轄太廣，及地最僻遠，歲巡所不能及者，乃酌其宜。口外及各都司、衛所、土官以屬分巡道員，直隸廬、鳳、淮、揚、滁、徐、和以屬江北巡按，湖廣衡、永、郴以屬湖南道，辰、靖以屬辰沅道，廣東瓊州以屬海南道，甘肅衛所以屬巡按御史，亦皆專敕行事。神宗四十一年，南直隸分上、下江，湖廣分南北，始各增提學一員。提學之職，專督學校，不理刑名。所受詞訟，重者送按察司，輕者發有司，直隸則轉送巡按御史。督、撫、巡按及布、按二司，亦不許侵提學職事也。

明初，優禮師儒，教官擢給事、御史，諸生歲貢者易得美官。然鉗束亦甚謹。太祖時，教官考滿，兼覈其歲貢生員之數。後以歲貢爲學校常例。二十六年，定學官考課法，專以科舉爲殿最。九年任滿，核其中式舉人，府九人、州六人、縣三人者爲最。其教官又考通經，即與陞遷。舉人少者爲平等，即考通經亦不遷。舉人至少及全無

〔一〕「十八條」，諸本作「十六條」，據明史選舉志一改。

者爲殿，又考不通經，則黜降。其待教官之嚴如此。生員入學十年，學無所成者，及有大過者，俱送部充吏，追奪廩糧。至正統十四年，申明其制而稍更之。受贓、姦盜、冒籍、宿娼、居喪娶妻妾所犯事理重者，直隸發充國子監膳夫，各省發充附近儒學膳夫、齋夫，滿日爲民，俱追廩米。犯輕充吏者，不追廩米。其待諸生之嚴又如此。然其後教官之黜降，生員之充發，皆廢格不行，即卧碑亦具文矣。諸生，上者中式，次者廩生，年久充貢，或選拔爲貢生。其累試不第、年踰五十、願告退閒者，給與冠帶，仍復其身。其後有納粟馬捐監之例，則諸生又有援例而出學者矣。提學官歲試校文之外，令教官舉諸生行優劣者一二人，賞黜之以爲勸懲。此其大較也。

右歷代郡縣學

五禮通考卷一百七十二

嘉禮四十五

學禮

天子諸侯視學

禮記文王世子：天子視學，大昕鼓徵，所以警衆也。衆至，然後天子至。注：大昕，早昧爽。擊鼓以召衆。警，猶起也。周禮「凡用樂，大胥以鼓徵學士」。疏：視學，謂仲春合舞，季春合樂，仲秋合聲之時也。

陳氏澔曰：天子視學之日，初明之時，學中擊鼓以徵召學士，蓋警動衆聽，使早至也。

月令：仲春之月，上丁命樂正習舞釋菜，天子乃帥三公、九卿、諸侯、大夫親往視之。

季春之月，擇吉日，大合樂，天子乃帥三公、九卿、諸侯、大夫親往視之。注：大合樂者，所以助陽達物、風化天下也，其禮亡。

蕙田案：大司樂掌成均之法，以樂德、樂語、樂舞教國子，故大合樂必於太學，而天子親往視之，以觀禮焉。大雅云：「於論鼓鐘，於樂辟廱。」此合樂於學宫之證也。周禮大胥職云：「春入學，舍菜，合舞；秋頒學，合聲。」説者以頒學合聲在仲秋之月，天子亦視學於養老，而月令無之，文不具也。

學記：未卜禘，不視學，游其志也。注：禘，大祭也。天子諸侯既祭，乃視學考校，以游暇學者之志意〔一〕。

陳氏禮書：古者喪畢則禘，未卜禘而視學，非所以示孝道，而不足以游學者之志也。春秋傳稱晉人曰「以寡君之未禘祀」，未禘祀，猶不可務外事，況視學乎？

王制：將出學，小胥、大胥、小樂正簡不帥教者，以告于大樂正，大樂正以告于王。

〔一〕「以游暇學者之志意」八字，原脱，據光緒本、禮記正義卷三六補。

王命三公、九卿、大夫、元士皆入學。不變，王親視學。

陳氏禮書：天子視學四：養老也，簡不帥教也，出征受成也，以訊馘告也。養老必于仲春、季春、仲秋，而簡不帥教、出征受成、以訊馘告者無常時。雖無常時，其入學也，亦必養老焉。天子將視學，以鼓徵衆，序立以齒。及天子至，命有司行事，祭先師先聖于西學。有司卒事，反命，乃適東序養老焉。此視學之大略也。

蕙田案：文王世子記視學警衆之節，月令記視學合樂之事，學記記視學考校之法，王制記視學簡不帥教之事，其養老、受成、訊馘諸儀俱別見。

詩魯頌泮水：魯侯戾止，在泮飲酒。

陳氏禮書：諸侯視學之禮，蓋有同于天子。詩云：「魯侯戾止，在泮飲酒。既飲旨酒，永錫難老。」此養老也。在泮獻囚，此以訊馘告也。

右天子諸侯視學

歷代視學

後漢書世祖本紀：建武五年冬十月，初起太學。車駕幸太學，賜博士弟子各有差。

桓榮傳：建武十九年，拜榮爲博士。車駕幸太學，會諸博士論難于前，榮被服儒衣，温恭有藴藉，辨明經義，每以禮讓相厭，不以辭長勝人，儒者莫之及〔一〕，特加賞賜，又詔諸生雅吹擊磬，盡日乃罷。

明帝本紀：永平二年春三月，臨辟雍。冬十月壬子，幸辟雍。

儒林傳：中元元年，初建三雍。明帝即位，親行其禮。天子始冠通天，衣日月，備法物之駕，盛清道之儀。帝正坐自講，諸儒執經問難于前，冠帶縉紳之人，圜橋門而觀聽者蓋億萬計。

和帝本紀：永元十四年春三月戊辰，臨辟雍。

明帝本紀：陽嘉元年春三月庚寅，帝幸辟雍。

魏志高貴鄉公本紀：甘露元年四月丙辰，帝幸太學。二年五月辛未，帝幸辟雍，會命群臣賦詩。

〔一〕「莫」，原作「慕」，據光緒本、後漢書桓榮傳改。

晉書武帝本紀：泰始六年冬十一月，幸辟雍，賜太常博士帛、牛、酒各有差。

宋書文帝本紀：元嘉二十三年九月己卯，車駕幸國子學，策試諸生，答問凡五十九人〔一〕。冬十月，詔曰：「庠序興立累載，胄子肄業有成。近觀策試，覩濟濟之美，緬想洙、泗，永懷在昔。諸生答問，多可採覽。教授之官，並宜沾賚。」賜帛各有差。

南齊書武帝本紀：永明四年三月辛亥，國子講孝經，車駕幸學，賜國子祭酒、博士、助教絹各有差。

梁書武帝本紀：天監九年三月己丑，車駕幸國子學，親臨講肆，賜國子祭酒以下帛各有差。十二月癸未，輿駕幸國子學，策試胄子，賜訓授之司各有差。

魏書孝文帝本紀：太和十六年四月甲寅，幸皇宗學，親問博士經義。十七年九月壬申，幸太學，觀石經。

隋書禮儀志：後齊將講于天子，先定經于孔父廟，置執經一人，侍講二人，執讀一人，摘句二人，録義六人，奉經二人。講之旦，皇帝服通天冠、玄紗袍，乘象輅，至學，

〔一〕「答問」，諸本誤倒，據宋書文帝本紀乙正，下同。

坐廟堂上。講訖，還便殿，改服絳紗袍，乘象輅還宮。

周書武帝本紀：保定三年夏四月戊午，幸太學。

宣帝本紀：大象二年二月丁巳，帝幸露門學。

隋書高祖本紀：開皇十年十一月辛卯，幸國學，頒賜各有差。

舊唐書禮儀志：武德七年二月丁酉，幸國子學，引道士、沙門有學業者，與博士雜相駁難，久之。

唐書陸元朗傳：補太學博士。高祖已釋奠，召博士徐文遠、浮屠慧乘、道士劉進喜各講經，德明隨方立義，偏析其要。帝大喜曰：「三人者誠辯，然德明一舉輒蔽，可謂賢矣。」

蕙田案：唐祖舉幸學之典，乃以沙門、道士與博士相論難，去重道之意遠矣。

舊唐書禮儀志：貞觀十四年三月丁丑〔一〕，太宗幸國子學，親觀釋奠。祭酒孔穎達講孝經。

〔一〕「十四年」，原作「十六年」，據光緒本、舊唐書禮儀志四改。

開元禮皇帝皇太子視學：前一日，所司灑掃學堂之内外。尚舍設大次于學堂之後，守宫設皇太子次于大次之東，皆隨地之宜，並如常儀。尚舍設御座學堂上北壁下〔一〕，當中南向。監司設講榻于御座之西，南向。設執讀座于前楹間，當講榻，北向。尚舍又設皇太子座于御座東南，西向。設文官三品以上座于皇太子之南，少退，重行，西面北上；設武官三品以上座于講榻西南，當文官，重行，東面北上。設侍講座于執讀西北、武官之前，東面北上。其執如意者一人，立于侍講之南，東面。設論議座于講榻之前，北面，三館學官座於武官之後，設脱屨席於西階下〔二〕。典儀設版位：皇太子于東陛東南，西面；執經于西階西南，東面。文官三品以上于皇太子東南，重行，西面北上；武官三品以上于執經西南。侍講、執讀、執如意等于執經之後，重行，東面北上。學生分于文、武官之後，皆重行，北上。設典儀位于東階之西，贊者二人在南，差退，俱西面。出宫：前三日，本司宣攝内外，各供其職。其日，應從駕文、武官依

〔一〕「座」，諸本作「位」，據通典卷一一七、開元禮卷五二改。
〔二〕「北面三館學官座於武官之後設脱屨席於」十七字，諸本脱，據通典卷一一七、開元禮卷五二補。

時刻集朝堂，諸衛陳設仗衛。侍中版奏「外辦」，皇帝乘馬，文武侍從，並如常行幸之儀。駕將至，祭酒率監官、學官、學生等奉迎于路左，學生青衿服。駕至大次門外，降入如常。視學：皇帝既入大次，執經、侍講、執讀、執如意等及學官各服公服，典儀率贊者先入就位。謁者、贊引引文武三品以上及執經以下學生等入就堂下位〔一〕。皇太子立于學堂門外之東，西向，侍衛如常〔二〕。侍中版奏「外辦」，皇帝出大次，升自北階，即御座，南向坐。侍臣及近侍量人從升。典儀一人升就東階上，西面立。舍人引皇太子就位立。諸衛率庶子等量人從入，立于皇太子東南，西面北上。奉禮曰「再拜」，贊者承傳，皇太子以下在位者皆再拜。侍中跪奏稱：「請敕皇太子及公王等升坐。」又侍中稱：「制曰可。」侍中詣東階上，西面稱：「敕皇太子及公王等升。」殿上典儀承傳，階下贊者又承傳，皇太子以下應坐者皆再拜訖，通事舍人引皇太子及群官坐者各升座。訖，其公服者脱屨于階下及降納皆如常，執讀讀所講經，執經釋義。訖，

〔一〕「贊引引文武」，原不重「引」字，據光緒本、通典卷一一七補。
〔二〕「侍衛」，諸本脱，據通典卷一一七、開元禮卷五二補。

侍講者執如意就論議座，以次論難。侍中跪奏：「禮畢。」群官皆起，通事舍人各降堂下位。若有敕賜會，則侍中前承制，降詣堂下宣敕，及太官下食案等，並如常儀。皇帝降座，還大次。侍衛如常儀。群官以下會訖皆出。執經以下改服常服，學生仍青衿服。車駕還宫：皇帝既還大次，侍中量時刻版奏「外辦」，皇帝出次，文武官陪從還宫，如來儀。初，駕出，國子祭酒帥監官、學官、學生等奉辭于路左，如常式。

玉海：周顯德二年，初建國子監，國初又增置學舍。太祖親撰先聖及亞聖贊，十哲以下，命宰臣兩制撰。太祖三幸國子監，閱土木之功。

蕙田案：玉海據祖宗故事，謂藝祖建隆元年正月首幸國學，次月又幸。范百禄以爲祖宗隆儒師古，躬化天下之意。但續通鑑長編、會要、日曆諸書，皆不載此事，考本紀，兩幸國學在建隆三年，編纂故事者，誤移之元年耳。

宋史太祖本紀：建隆二年十一月己巳，幸國子監。三年春正月癸未，幸國子監。二月丙辰，復幸國子監。

乾德元年夏四月丁亥，幸國子監。

太宗本紀：太平興國四年二月壬子，幸國子監。

文獻通考：端拱元年八月，幸國子監，謁文宣王畢，升輦，將出西門，顧見講坐，左右言學官李覺方聚徒講書。即召覺，令對御講説。覺曰：「陛下六飛在御，臣何敢輒陞高座。」帝爲降輦，令有司張帟幕，設别坐，詔覺講易之泰卦。從臣皆列坐。覺因述天地感通、君臣相應之言，帝甚悦，特賜帛百匹。

玉海：淳化五年十一月，上幸國子監，賜直講孫奭五品服，因幸武成王廟，徧閲塑像。復幸太學，賜群臣坐。時侍講李至執經講堯典一篇未畢，令奭講説命三篇。奭曰：「尚書主言治世之道，説命最備。文王得太公，高宗得傅説，皆賢相也。至事不師古，以克永世，匪奭攸聞。」上曰：「誠哉是言。」因歎曰：「何高宗之時而有賢相如此？」飲從官酒三行，賜奭帛三十匹。

咸平二年七月甲辰，幸國子監，謁先聖。因覽壁畫三禮圖，移幸武成王廟，復至國學，命學官崔偓佺講大禹謨，賜緋，祭酒邢昺以下銀綵。還幸崇文院，閲群書，命從臣縱覽，登祕閣，觀太學聖製墨迹，惻愴久之。祕丞劉鍇獻幸太學頌。

景德二年夏五月戊申，幸國子監。

天聖二年八月己卯，幸國子監，謁文宣王，召從臣升講堂，令直講馬龜符説論語一篇，賜三品服。已而觀七十二賢讚述，閱東序三禮圖，因問侍講馮元三代制度，元引經以對。

宋史仁宗本紀：慶曆四年夏五月壬申，幸國子監，謁孔子，賜直講孫復五品服。

哲宗本紀：元祐六年冬十月庚午，幸國子監，賜祭酒豐稷三品服，監學官賜帛有差。

禮志：哲宗始視學，遂幸國子監，御敦化堂，召從官賜坐，禮部、太常寺、本監官承事郎以上侍立，承務郎以下、三學生坐于東西廡，侍講吳安詩執經，祭酒豐稷講尚書無逸終篇，復命宰臣以下至三學生坐，賜茶，豐稷賜三品服，本監官、學官等賜帛有差。

徽宗本紀：崇寧三年十一月甲戌，幸太學，官論定之士十六人；遂幸辟雍，賜國子司業吳絪、蔣靜四品服，學官推恩有差〔一〕。

禮志：徽宗幸太學，遂幸辟雍。所司預設次于敦化堂後，又于堂上稍北當中兩間

〔一〕「學官」，諸本作「學生」，據宋史徽宗本紀改。

設次，南向設御座。又設從官及講筵講書、執經官并太學官坐御座之南，東西重行異位。太學生坐于兩廡，相向並北上。宰官以下從官之次，設于中門外。皇帝酌獻文宣王畢，幸太學，降輦入次，簾垂更衣。禮直官、通事舍人引講官與侍立官入就堂下，皆繫鞵。講書、執經官[一]、學生各立堂下，東西相向。俟報班齊，皇帝升座，班首奏萬福，在位者皆應諾，訖，閤門使承旨臨階宣升堂，通事舍人喝拜，應在位者再拜訖，分左右升堂，各就位少立。起居郎、舍人分左右侍立。禮直官、通事舍人引講書及執經官就北向位，班首奏萬福，閤門使宣升堂，舍人唱再拜訖，分東西升堂[二]，立于御座左右。講書官在西，東向[三]；執經官在東，西向；學生就北向位。舍人喝拜，在位者皆再拜，立于東西兩廡。內侍進書案，以經授執經官，稍前，進于案上。舍人喝拜就坐，宰臣以下並堂上坐，如閤門所進坐位圖。講書畢，通事舍人曰「可起」，群臣皆起，降

[一]「官」，諸本脱，據宋史禮志十七補。
[二]「分」，原作「命」，據光緒本、宋史禮志十七改。
[三]「東」，原作「南」，據光緒本、宋史禮志十七改。

階立。執經官降〔一〕，講書官于御座前致辭訖，亦降。舍人喝拜，如有宣答，即再喝拜。閤門宣坐賜茶，舍人喝拜訖，宰臣以下升堂，各立于位後，學生各就北向位。舍人喝拜，在位者俱拜訖，各分東西廡，以北爲上下。舍人喝就坐，上下皆就坐。賜茶畢，禮直官、通事舍人引堂上官降階就位，舍人喝拜，在位者俱拜訖，禮直官引之以次出。學生就位，舍人喝拜，學生俱再拜，退。

玉海：宣和四年三月，幸太學，命祭酒韋壽隆講書無逸，司業權邦彦講詩下武，學官遷秩，賜詔并御製宣聖贊，幸精微、造士二齋。

宋史禮志：紹興十三年七月，國學大成殿告成。明年二月，國子司業高閌請幸學，上從之。三月，上服鞾袍，乘輦入監，奠祀如常儀。尚舍先設次于崇化堂之後，及堂上之中南向設御座。閤門設群臣班于堂下，如月朔視朝之儀。宰輔、從臣次于中門之外。上乘輦幸太學，降輦于堂，入次更衣。講官入就堂下講位，北向；執經官、學生皆立于堂下，東西相向。帝出次，升御座，群臣起居如儀。乃命三公、宰輔以下升

〔一〕「降」，原脱，據光緒本、宋史禮志十七補。

堂，皆就位，左右史侍立。講書及執經官北面起居再拜，皆命之升立于御座左右。學生北面再拜，分立兩廡，北上。內侍進書案牙籤，以經授執經官，賜三公、宰輔以下坐。講畢，群臣皆起，降階，東西相向立。執經官降，講官進前致詞，乃降，北面再拜，左右史降。乃賜茶，三公以下北面再拜，升，各立于位後。學生北面再拜，分兩廡立，上下就坐。賜茶畢，三公以下降階，學生自兩廡降，皆北面再拜，群臣以次出。上降座還次，乘輦還宮。特命禮部侍郎秦熺執經，司業高閌講易之泰，遂幸養正、持志二齋，賜閌三品服，學官遷秩，諸生授官免舉，賜帛有差。

孝宗本紀：淳熙四年春二月乙亥，幸太學，御敦化堂，命國子祭酒林光朝講中庸。下詔，遂幸武學，監、學官進秩一等，諸生推恩賜帛有差。六月辛巳，班幸學詔。

蕙田案：玉海云：「光朝講中庸『九經』一段，云『所以行之者一，一即中庸也』。」孝宗以爲深得聖人之旨，先儒所未及。

寧宗本紀：嘉泰三年春正月戊戌，幸太學，謁大成殿，御化原堂，命國子祭酒李寅仲講尚書周官篇。遂幸武學。監學官進秩一級，諸生推恩、賜帛有差。

理宗本紀：淳祐元年春正月戊申，幸太學，遂御崇化堂，命祭酒曹觱講禮記大學篇，監學官各進一秩，諸生推恩、錫帛有差。制道統十三贊，就賜國子監，宣示諸生。

禮志：淳祐元年正月，理宗幸太學，宗、武兩學官屬生員並赴太學陪位。皇帝至崇化堂，宰臣、使相、執政並起居。執經官由東階、講官由西階並升堂，于御前分東西相向立。次引國子監三學學官、學生一班北面再拜，贊各就坐，賜茶。俟講書畢，起，立班再拜。禮成，執經官、講書官、國子監三學官、生員各推恩轉官有差。

度宗本紀：咸淳三年春正月戊申，帝詣太學。禮部尚書陳宗禮、國子祭酒陳宜中進讀中庸。己酉，執經官宗禮、講經官宜中各進一秩，宜中賜紫章服。太學、武學、宗學、國子學、宗正寺官若醫官、監書庫、門、庖等〔一〕，各進一秩，諸齊長、諭及起居學生推恩有差。

南渡典儀：車駕幸學，先期三日，儀鸞司及內侍省官至國子監相視，八廂亦至學中搜檢。次日，諸齋生員盡行搬出學外安泊，各齋門並用黃封。學官預擬御課題〔二〕，用黃羅裝背大册，面簽云「太學某齋生臣姓某供」，以大黃羅袱護之，置于各齋之前，以備駕至點索。崇化堂後，即聖駕歇泊之所，皆設

〔一〕「武學」，原作「武舉」，據光緒本、宋史度宗本紀改；「寺」，諸本作「等」，據宋史度宗本紀改。
〔二〕「預擬御課題」，諸本作「預詣御課」，據武林舊事卷八改。

御屏、黄羅幃，設供御物等。凡敕入宫門，號止于國子監外門；敕入殿門，號止于國子監内門；敕入禁衛，號止于崇化堂天井，謂之隔門。除司業、祭酒外，其餘學官、前廊、長諭，並帶黄號于隔門外席地坐，賜酒食。三品以俟迎駕，駕至純禮坊，隨駕樂部參軍色念致語，雜劇色念口號，起，引子導駕，至大成殿櫺星門，禮部、太常寺官，國子監三學官及三學前廊、長諭，率諸生迎駕起居。上乘輦入門，至大成殿降輦，有旨，免鳴鞭，以昭至敬。閤門、太常、禮直官前導入御幄，太常卿跪奏稱：「太常卿臣某言，請皇帝行酌獻之禮。」上出御幄，升殿，詣文宣王位前，三上香，跪受爵，三祭酒，奠，酌，兩拜。在位皆兩拜。降階，歸幄。太常卿奏「禮畢」，陪位官並退，上乘輦，鳴鞭，入崇化堂，降輦，入幄更衣。上所至皆設御幄。禮官、國子監官、三學官、三學生並于堂下分東西立，次引執經官、講書官于堂下東壁西向立，宰臣、執政以下北向立，閤門奏「班齊」，上服帽，紅上蓋，玉束帶，絲鞋，出崇化堂坐。宰臣以下宣名，奏「聖躬萬福」。御藥傳旨，宣升堂。各兩拜，贊賜坐，分東西階升堂，席後立，次引執經官、講書官，奏「萬福」。官該宣名者即宣名，兩拜。次引國子監三學官并三學生奏「萬福」，兩拜，分引升兩廊，席後立。内官進書案，聽宣以經授執經官，進于案上，講筵内承受，對展經册。入内官進牙界方，舍人贊賜坐。宰相以下及兩廊學官、生員應喏。訖，各就坐聽講。講書官進讀經義，執經官執牙篦執讀，入内官收撤經書，再以講義授講官。講書官指講訖，入内官收撤書。堂上兩廊官並起分行，宰臣以下降階，講書官當御前躬身致詞，北向立，兩拜。御藥降階宣答云：「有制，謁款至聖，肅尊視學之儀，講繹中庸，爰命敷經之彥，茂明彝訓，允當朕心。」再兩拜。御藥傳旨，宣坐賜茶。訖，舍人贊躬身不拜，各就坐。分引升堂，席後立，兩拜，各就坐。翰林司供御茶。訖，宰臣以下降階，北向立，御藥傳旨不拜，引兩廊官北向各再拜訖〔一〕，出。皇帝起易服，幞頭上蓋，玉帶，絲鞋，乘輦鳴鞭出。學官、諸生迎駕如前。隨駕樂部參軍迎駕色念致語，雜劇色念口號曲子，起壽同天引子，導駕還宫。在學前廊並該恩出官諸生，各有免解恩例，餘並推恩有差。

金史宗憲傳：太宗幸學，宗憲與諸生俱謁，宗憲進止恂雅，太宗召至前，令誦所習，語音清亮，善應對。上嗟賞久之。

元史順宗本紀：至正八年，帝幸國子學，賜衍聖公銀印，陞秩從二品。定弟子員出身及省親、奔喪法。

續文獻通考：洪武十五年十二月乙丑，上遂幸國子監，謁先師孔子，釋菜禮成，退御講筵，祭酒吴顒等以次講畢，上謂之曰：「中正之道，無踰于儒，上古聖人，不以儒名，而德行實儒，後世儒之名立，雖有儒名，或無其實。孔子生于周末，身儒道，行儒行，立儒教，率天下後世之人皆欲其中正。惜乎，魯國君臣無能用之者。當時獨公父

〔一〕「贊喫茶訖宰臣以下降階北向立御藥傳旨不拜引兩廊官」二十三字，諸本脱，據武林舊事卷八補。

文伯之母知其賢，責其子之不能從，則一國君臣可愧矣。卿等爲師表，正當以孔子之道爲教，使諸生咸趨乎正，則朝廷得人矣。」復命取尚書大禹、臯陶謨、洪範，親爲講説，反覆開論，群臣聞者，莫不悚悦，遂賜宴，竟日而還。丙寅，祭酒吴顒率博士龔斆上表謝，各賜羅衣一襲。官民生許恒等四百三十人，各賜春夏布衣。

明會典視學：洪武十五年定：前期一日，有司灑掃殿堂，設御幄于大成門，東上，南向；設御座于彝倫堂。至日，學官率諸生迎駕于成賢街左。駕至，學官及諸生俯伏叩頭。興，駕入櫺星門，止于大成門外，上入御幄，禮官入奏，請行禮，如常儀。上入御幄，易常服，陞輿詣學。學官率諸生行禮，五拜叩頭，東西序立于堂下，三品以上及侍從官以次入堂，東西序立。贊進講，祭酒、司業、博士、助教四人以次升堂，由西門入，至堂中。贊舉經案于御前。禮部官奏，請授經于講官，祭酒跪受，賜講官坐，乃以經置講案，叩頭，就西南隅設几榻，坐講。賜大臣翰林儒臣坐，皆叩頭，序坐于東西。諸生圜立以聽。講畢，祭酒叩頭，退就本位，司業、博士、助教各以次進講畢，出堂門，復位。贊唱「有制」，學官、諸生列班俱北面，跪聽宣諭，五拜叩頭。禮畢，學官率諸生出成賢街俟駕還。明日，祭酒率學官上表謝恩。

續文獻通考：永樂四年三月辛卯朔，幸學，親行釋菜禮畢，上御彝倫堂，命坐講。祭酒胡儼講尚書堯典，司業張智講易泰卦，大臣及翰林院詞官皆賜坐。講畢，宣諭曰：「六經，聖人之道，彌綸天地，昭揭日月，垂憲萬世，率由彝訓，與卿等皆勉之。」遂命光禄寺賜百官茶。次日早，祭酒胡儼等上表及箋稱謝。賜祭酒以下宴于奉天門，監生宴于丹墀，仍賜儼及司業張智紵絲羅衣，人二襲；學官王進用等三十五人紵絲衣，人一襲；監生朱瑨等三千七十四人鈔，各五錠。時禮部會試、舉人中式者，瑨第一，故瑨爲諸生班首云。壬辰，命工部修太祖高皇帝詔書碑亭，禮部奏立視學之碑，上親爲製文。

明史禮志：正統九年〔一〕，帝幸國子監，如儀。禮畢，賜公、侯、伯、駙馬、武官都督以上、文官三品以上及翰林學士至檢討宴，國子監祭酒至學録宴。

續文獻通考：景泰二年二月初三日，幸學。是日，祭酒蕭鎡講書經皋陶謨「天聰明」一章，司業趙琬講周易泰卦象辭。

〔一〕「九年」，諸本作「五年」，據明史禮志九改。

明會典：成化元年續定：前期一日，國子監灑掃殿室内外，錦衣衛設御幄于大成門之東上，南向。設御座于彝倫堂正中，鴻臚寺設經案于堂内之左，設講案于堂内之西南。至日，置經于經案，百官免朝，先詣國子監門外迎駕。駕從東長安門出，鹵簿大樂以次前導，樂設而不作。學官率諸生迎。上至大成門外，入御幄。禮官入，奏「請行禮」。導引官導上出御幄，中道詣大成殿行禮，出，上入御幄，禮官入奏「請幸彝倫堂」。上陞輿，禮官前導，由櫺星門出，從太學門入。諸生先分立于堂下東西，學官列于諸生前。駕至，學官、諸生跪，伺駕過，然後起，仍前序立。百官分列堂外稍上，左右侍立。上至彝倫堂，陞御座。贊學官、諸生行五拜叩頭禮。武官都督以上、文官三品以上及翰林院學士陞堂，執事者各以次序立。贊進講。祭酒、司業以次陞堂，由東西小門入，至堂中，執事官舉案于御前，禮官奏「請授經于講官」，祭酒跪受經。受畢，上賜講官坐，祭酒乃以經置講案，叩頭，就西南几榻坐講。上賜武官都督以上、文官三品以上及翰林院學士坐，皆叩頭，序立于東西。諸生圜立于外以聽。祭酒講畢，叩頭，退就本位。司業進講，如儀。畢，出堂門，復位。贊「有制」，學官、諸生列班，俱北面跪聽。宣諭畢，贊行五拜叩頭禮。畢，學官、諸生以次退，先從東西小門出，列于成賢街之右伺候。尚膳監進茶御前，上命光禄寺賜各官茶。畢，各官退立于堂門外，叩頭，東西序立。上起陞輿，由太學門出，陞輦，鹵簿大樂前導，樂作，駕出太學門。學官、諸生伺駕至，跪叩頭，退。百官常服，先詣午門外伺候駕還。鹵簿大樂止于午門外。上御奉天門，鳴鞭，百官常服，行慶賀禮，鴻臚寺致詞云：「恭惟皇上，敬禮先師，親臨太學，增光前烈，丕闡鴻猷。臣等欣逢盛事，禮當慶賀行禮。」畢，鳴鞭，駕興，還宮，百官退。明日，國子監祭酒率學官、諸生上表謝恩。

續文獻通考：孝宗弘治元年，幸學。

闕里志：正德元年，武宗視太學。

明史禮志：嘉靖元年定衍聖公率三氏子孫，祭酒率學官諸生，上表謝恩，皆賜宴于禮部。

十二年以先師祀典既正〔一〕，再視學。

續文獻通考：隆慶元年五月，命公、侯、伯應襲子弟俱赴國子監習禮。八月癸未

〔一〕「先師」，諸本作「先儒」，據宋史禮志九改。

朔，上幸太學，行釋奠于先師，上御彝倫堂，命武官都督以上、文官三品以上及翰林院學士坐，賜茶，授祭酒、司業經坐講。上宣諭師生曰：「聖人之道，如日中天，講究服膺，用資治理爾，師生其勉之。」

闕里志：隆慶元年八月初一日，駕幸太學。

續文獻通考：神宗元年八月，上幸太學，賜輔臣羊、酒、鈔、錠有差。

闕里志：神宗四年，駕幸太學。

崇禎二年正月二十日，駕幸太學。

右歷代視學

世子齒學

禮記王制：王太子、王子、群后之太子，卿大夫、元士之適子，國之俊選，皆造焉。凡入學以齒。疏：長幼受學，雖王太子亦然。

文王世子：行一物而三善皆得者，唯世子而已，其齒於學之謂也。故世子齒於學，國人觀之，曰：「將君我，而與我齒讓，何也？」曰：「有父在則禮然。」然而衆知父子之道矣。其二曰：「將君我，而與我齒讓，何也？」曰：「有君在則禮然。」然而衆著於君臣之義也。其三曰：「將君我，而與我齒讓，何也？」曰：「長長也。」然而衆知長幼之節矣。故父在斯爲子，君在斯謂之臣，居子與臣之節，所以尊君親親也。故學之爲父子焉，學之爲君臣焉，學之爲長幼焉。父子、君臣、長幼之道得而國治。語曰：「樂正司業，父師司成，一有元良，萬國以貞。」世子之謂也。注：司，主也。一，一人也。元，大也。良，善也。貞，正也。疏：物，猶事也。謂與國人齒讓之一事。三善，謂衆知父子、知君臣、知長幼也。云「父在則禮然」，「君在則禮然」，直云「長長」，不言「兄在則禮然」者，世子無兄故也。國人謂不知禮者，疑而發問也。「有父在則禮然」者，是知禮者曉其意而答之也。父在則常須謙退，不敢居人之前，故云父在則禮當如此。父子天性自然，故云「道」。君臣以義合，故云「義」。長幼有等級上下，故云「節」。世子惟在學受業時與國人齒，若朝會飲食，則各以位之尊卑。諸子職云「辨其等，正其位」是也。國人聞世子居臣子之禮，於是各知尊其君父，故世子所以父在爲子禮，君在爲臣禮也。斯，語辭也。云「謂之臣」者，世子於君，雖曰君臣，異於義合也。樂正主太子詩、書之業，父師成就其德行。一人謂世子也。一人有大善，則萬國以正也。

祭義：當入學而太子齒。注：文王世子曰：「行一物而三善皆得，惟世子而已，其齒于學之謂也。」疏：當入學而世子齒于國人，故云「而太子齒」。

梁書儒林傳：天監七年，詔大啓庠斆，博延胄子，于是皇太子、皇子、宗室王侯始就業焉。

武帝本紀：天監九年三月乙未，詔曰：「皇子從學，著自禮經，貴遊咸在，實惟前誥。所以式廣義方，克隆教道。今成均大啓，元良齒讓，自斯以降，並宜肄業。皇太子及王侯之子年在從師者，可令入學。」

隋書禮儀志：大同七年，皇太子表其子寧國、臨城公入學，時議者以與太子有齒胄之義，疑之。侍中、尚書令臣敬容、尚書僕射臣纘、尚書臣僧旻、臣之遴、臣筠等以爲：「參、點並事宣尼，回、路同諮泗水，鄒魯稱盛，洙汶無譏。師道既光，得一資敬，無虧亞貳，況于兩公，而云不可？」制曰：「可。」

唐書玄宗本紀：開元七年十一月乙亥，皇太子入學齒胄，賜陪位官及學生帛。

禮樂志：開元七年，皇太子齒胄于學，謁先聖，詔宋璟亞獻，蘇頲終獻。臨享，天子思齒胄義，乃詔三獻皆用胄子，祀先聖如釋奠。右散騎常侍褚無量講孝經、禮記文王世子篇。

唐開元禮皇太子束脩：束帛一篚五匹，酒一壺二斗〔一〕，脩一案五脡。其日平明，皇太子服學生之服，其服青衿，至學門外。博士公服，執事者引立學堂東階上，西面。相者引皇太子立于門外之東，西面，陳束帛、壺酒、脯案于皇太子之西面，當門，北向，重行，西上。將命者出立門西，東面曰：「敢請就事。」皇太子少進曰：「某方受業于先生，敢請見。」將命者入告，博士曰：「某也不德，請皇太子無辱。」將命者出告，皇太子曰：「某不敢爲儀，敢固請。」將命者入告，博士曰：「請皇太子就位，某敢見。」將命者出告，皇太子曰：「某不敢以視賓客，請終賜見。」將命者入告，博士曰：「某辭不得命，敢不從？」將命者出告。執篚者以篚東面授皇太子，皇太子執篚，博士降俟于東階下西面，相者引皇太子，執事者奉壺酒、脩案以從。皇太子入門而左，詣西階之南，東面。捧酒、脩者立于皇太子西南，東面北上。皇太子跪奠篚，再拜。博士答再拜。皇太子還避，遂進跪取篚，相者引皇太子進博士前，東面授幣，奉壺酒、脩案者從奠于博士前。博士受幣，執事者取酒、脩、幣以東。相者引皇太子立于階間近南，北面，奉

〔一〕「二」，原脱，據光緒本、通典卷一一七、開元禮卷五四補。

酒、脩者出，皇太子拜訖，相者引皇太子出。

皇太子釋奠于孔宣父，禮畢，既入便次，改服常服。執經、侍講、執讀、執如意等及三館學官並服公服，學生仍青衿服，餘皆常服。掌儀帥贊者先入就位，謁者各引群官及學生等次入就位，左庶子版奏「外辦」，皇太子乘輿出便次，若須乘馬，臨時聽進止，侍衛如常儀。至學堂後，降輿，升自北階，即座坐。左右侍衛、量人從升，太傅、少傅各就座坐。掌儀曰「再拜」，贊者承傳，群官及學生等在位者皆再拜，執經不拜。左庶子跪奏，請令執經等升，俯伏，興。又左庶子稱令曰「諾」，左庶子退，降詣西階下，立于執經等之前，北面宣令曰：「執經以下並升座。」應坐者皆再拜，執經不拜，通事舍人引執經以下升，各就座坐。其升坐者皆脱履如式。訖，執讀讀所講經，執經釋義。訖，執如意者以如意授侍講，侍講興受，進詣論議座，北面問所疑，執經爲通之。訖，興，退，以如意授執者，退還本座。執如意者以如意次授諸侍講者，皆如上儀。總訖，左庶子跪奏「禮畢」，群官皆起，通事舍人各引降復堂下位。皇太子降座，降自北階，入學堂後便次。群官以次出，執經以下改服常服，學生仍青衿服。

蕙田案：通典載皇太子釋奠儀，自陳設至還宮，儀注甚詳，此專録其講學一節。

又案：世子齒胄之禮，秦、漢以後廢，不復講，其見于史册者，惟梁天監、唐開元二事耳，若後代東宮出閤講學諸儀，雖亦毓德之要務，而無關于學校，故不録。

右世子齒學

經筵日講

大戴禮：武王踐阼，三日，召士大夫而問焉，曰：「惡有藏之約，行之行，萬世可以爲子孫常者乎？」諸大夫對曰：「未得聞也。」然後召師尚父而問焉，曰：「黄帝、顓頊之道存乎意，亦忽不可得見與？」師尚父曰：「在丹書。王欲聞之，則齊矣。」三日，王端冕，師尚父亦端冕，奉書而入，負屏而立。王下堂〔一〕，南面而立。師尚父曰：「先王之道，不北面。」王行西，折而南，東面而立。師尚父西面道書之言，曰：「『敬勝怠者吉，怠勝敬者滅，義勝欲者從，欲勝義者凶。凡事不强則枉，弗敬則不正，枉者滅廢，

〔一〕「王」，原脱，據光緒本、大戴禮記匯校集解卷六補。

敬者萬世。』藏之約，行之行，可以爲子孫常者，此言之謂也。臣聞之，以仁得之，以仁守之，其量百世；以不仁得之，以仁守之，其量十世；以不仁得之，以不仁守之，必及其世。」武王聞之，惕若恐懼，退而爲戒，書於席之四端爲銘焉，于几爲銘焉，于鑑爲銘焉，于盥盤爲銘焉，於楹爲銘焉，于杖爲銘焉，于帶爲銘焉，于履屨爲銘焉，於觴豆爲銘焉，於户爲銘焉，於牖爲銘焉，於劍爲銘焉，於弓爲銘焉，於矛爲銘焉。

蕙田案：三代聖王，終始典學，緝熙光明，設三公之官，坐而論道，又有師氏、保氏，掌以㜲詔王，王舉則從，其時雖不聞有經筵之名，然大戴禮稱「帝入太學，承師而問道」，而學記亦云「太學之禮，雖詔於天子，無北面」，蓋古聖待講學之臣，其崇重如此。大戴禮有武王踐阼一篇，稱王下堂，東面立，師尚父西面授王丹書，與經筵之儀相近。後代舉經筵不於太學而於殿廷，亦相類也，故録以爲經筵之緣起云。

漢書宣帝本紀：甘露三年三月己丑，詔諸儒講五經同異，太子太傅蕭望之等平奏其議，上親稱制臨決焉。

後漢書章帝本紀：建初四年十一月壬戌，詔下太常，將、大夫、博士、議郎、郎官及諸生、諸儒會白虎觀，講議五經同異，帝親稱制臨決，如孝宣甘露石渠故事。

蕙田案：宣帝之講石渠，章帝之議虎觀，此講經殿中之始。然其時特令諸儒講議異同，稱制平決，蓋二主皆以通經爲尚，藉此風示天下也。

玉海：唐玄宗開元三年九月戊寅，詔左散騎常侍馬懷素與右常侍褚無量更日侍讀。

潛確類書：經筵，歷代無專官。漢宣帝詔諸儒講五經于石渠閣，唐玄宗改麗正書院爲集賢院，選耆儒日一人侍讀，以質史籍疑義，置集賢侍讀學士褚無量、馬懷素爲侍講，每入閤門，則令乘肩輿以進。

王圻續通考：唐穆宗召韋處厚、路隨爲侍讀，命講書。

蕙田案：内殿侍讀昉於唐時，尚無經筵之名。

玉海：太祖建隆三年六月，召宗丞趙孚講易于後殿。

開寶三年，召王昭素，賜坐便殿，講乾卦。

天禧舊制，侍臣皆賜坐，講者別坐而聽。乾興後，侍臣先賜茶。畢，徹席立講。畢，復坐，賜湯。侍讀無所職，但侍立而已。自宋綬、夏竦侍讀始，令日讀唐書一傳，又讀正説。講日，帝親書古賢詩或經書要言一二紙。

宋史仁宗本紀：景祐元年正月丁亥，置崇政殿説書。

玉海：命賈昌朝、趙希賢、王宗道、楊安國並爲崇政殿説書，日以二人侍講説。

二年春正月癸丑，置邇英、延義二閣，寫尚書無逸篇于屏。

東齋記事：宋崇政殿西有延義閣，南向，迎陽門之北有邇英閣，東向，皆講書所。仁宗初御延義，每令講論，或講讀終篇，則宣二府大臣同聽，賜飛白書，或賜宴。其後專御邇英也。

玉海：慶曆二年二月丁丑，召中丞賈昌朝侍講于邇英閣。憲府侍經筵自此始。天聖以前，講讀官皆坐侍。自景祐以來，皆立侍。皇祐三年九月丁丑，詔講讀臣僚，立侍敷對，餘皆賜坐，侍于閣中。

程顥論經筵事：臣竊以人主居崇高之位，持威福之柄，百官畏懾，莫敢仰視，萬方承奉，所欲隨得，苟非知道畏義，所養如此，其惑可知。中常之君，無不驕肆，英明之主，自然滿假，此自古同患，治亂所繫也。故周公告成王，稱前王之德，以寅畏祗懼爲首。從古以來，未有不尊賢畏相而能成其聖者也。皇帝陛下，未親庶政，方專問學。臣以爲輔養聖德，莫先寅恭，動容周旋，當主于此，歲月積習，自成聖性。臣竊聞，經筵臣寮，侍者皆坐，而講者獨立，于禮爲悖。欲乞今後，時令坐講，乃與義理爲順，所以養主上尊儒重道之心。取進止。

經筵前一日進講義，自元豐元年陸佃始。

宋史禮志：元祐二年九月，經筵講論語「徹」章，賜宰臣、執政、經筵官宴于東宮，帝親書唐人詩分賜之。

玉海：元祐二年，侍讀蘇頌請詔史官學士録新、舊唐書，日進數事。十一月壬申，詔經筵官非講讀日進漢、唐故事二條。

言行録：程伊川在經筵，當進講，必宿齋豫戒，潛思存誠，以感動上心。哲宗幼沖，正叔以師道自居，每侍上講，色甚莊，繼以諷諫，上畏之。正叔曰：「吾以布衣爲上師傅，其敢不自重？」一日，講讀罷，未退，上忽起，憑檻折柳枝。伊川進曰：「方春發生，不可無故摧折。」文潞公與呂、范諸公入侍經筵，聞伊川講説，相與歎曰：「真侍講也。」

程頤論經筵第一劄子：臣伏觀自古人君守成而致盛治者，莫如周成王。成王之所以成德，由周公之輔養。昔者周公輔成王，幼而習之，所見必正事，所聞必正言，左右前後皆正人，故習與智長，化與心成。今士大夫家善教子弟者，亦必延明德端方之士與之居處，使之薰染成性，故曰「少成若天性，習慣如自然」。伏以皇帝陛下春秋之富，雖睿聖之資得于天稟，而輔養之道不可不至。所謂輔養之道，非謂詔告以言，過而後諫也，在涵養薰陶而已。大率一日之中，親賢士大夫之時多，親寺人、宮女之時少，則自然氣質變化，德器成就。欲乞朝廷慎選賢德之士，以侍勸講，講讀既罷，常留二人直日，夜則一人直宿，以備訪問。皇帝習讀之暇，游息之間，時於内殿召見，從容宴語，不獨漸磨道義，至於人情物態、稼穡艱難，積久自然通達，比之常在深宮之中，爲益豈不甚大？竊聞間日一開經筵，講讀數行，群官列侍，儼然而退，情意略不相接，如此而責輔養之功，不亦難乎？今主上幼沖，太皇太后慈愛，亦未敢便乞頻出。但時見講官，久則自然接熟，大抵與近習處久熟則生褻慢，與賢士大夫處久熟則生愛敬，此所以養成聖德，爲宗社生靈之福。天下之事，無急於此。取進止。

論經筵第二劄子：臣聞三代之前，人君必有師、傅、保之官。師，道之教訓；

傅，傅其德義；保，保其身體。後世作事無本，知求治而不知正君，知規過而不知養德，傅德義之道，固已疏矣，保身體之法，復無聞焉。伏惟太皇太后陛下，聰明睿哲，超越前古。皇帝陛下，春秋之富，輔養之道，當法先王。臣以爲傅德義者，在乎防見聞之非，節嗜欲之過；保身體者，在乎適起居之宜，存畏慎之心。臣欲乞皇帝左右扶侍祇應宫人内臣，並選年四十五已上、厚重小心之人；服用器玩，皆須樸質，一應乖巧奢麗之物，不得至於上前。要在侈靡之物不接於目，淺俗之言不入於耳。及乞擇内臣十人充經筵祇應，以伺候皇帝起居，凡動息必使經筵官知之，有剪桐之戲，則隨事箴規，違持養之方，則應時諫止。調護聖躬，莫過於此。取進止。

蕙田案：程子經筵二劄子，於涵養主德、啓沃君心之道，可謂反覆詳盡，千古之通義也。

宋史高宗本紀：建炎四年八月甲戌，詔侍從官日一員輪直，進故事關治體者。

玉海：建炎四年八月四日，謝克家請講日輪侍侍從進前代、本朝故事涉治體者三十八日，綦崇禮奏，命講讀、翰林學士兩省官進之。九月三日，令講筵置曆。

紹興二年，胡安國侍讀，專講春秋。時講官四人，援例乞各專一經，上曰：「他人通經豈安國比？」不許。

孝宗隆興元年十一月，詔學士院、經筵官日以二員宿直。

系年録：淳熙七年，講筵讀三朝寶訓終篇，史浩奏曰：「陛下雙日御前後殿，與宰執裁決，又引臣寮班對，日旰方罷；隻日又御講筵，依故事讀數百言，恐勞聖躬。」上曰：「朕樂聞謨訓，雖隻日休暇，亦當特坐。」自是講讀，上必注目傾耳，率漏下十刻方罷。

朱熹乞不以假故逐日進講劄子：臣伏見舊制，每遇隻日，早晚進講，及至當日，或值假故，即行權罷。又案故事，將來大寒大暑，亦係罷講月分。恭聞陛下天性好學，晨夕孜孜，雖處深宫，必不暇逸。但臣誤蒙選擇，以經入侍，固當日有獻納，以輔聖志。今乃淹旬累月，不得修其職業，素餐之制，實不自安。故嘗面奏，暇日無事，正宜進講。已蒙聖慈，俛賜嘉納。今已兩日，未見施行，因省昨來所陳，似亦未至詳悉。今别具奏，欲乞聖明特降睿旨，今後除朔望旬及過宫日外，不以寒暑、雙隻、月日諸色假故，並令逐日早晚進講。内有朝殿日分，伏恐聖躬久坐，不無少勞，却乞權住當日早講一次，庶幾藏修遊息，無非典學之時，聖德日躋，天下幸甚。取進止。

輟耕録：天暦初，建奎章閣于西宫興聖殿之西廊，爲屋三間，高明敞爽。南間以藏物，中間諸官入直所，北間南向設御座，左右列珍玩，命群玉内司掌之。閣官署銜，初名奎章閣，階正三品，隷東宫屬官。後文宗復位，乃陞爲奎章閣學士院，階正二品。置大學士五員，並知經筵事，侍書學士二員，承制學士二員，供奉學士二員，並兼經筵官。幕職置參書二員，典籤二員，並兼經筵參贊官。照磨一員，内掾四名，内二名兼檢討，宣使四名，知印二名，譯史二名，典書四名，屬官則有群玉内司，階正三品。置監群玉内司一員〔一〕，司尉一員，亞尉二員，僉司二員〔二〕，典簿一員，令史二名，典吏二名，司鑰二名，司膳四名，給使八名，專掌祕玩古物。藝文監，階正三品，置太監兼檢校書籍事二員，少監同檢校書籍事二員〔三〕，監丞參檢校書籍事二員。或有兼經筵官者，典簿一員，照磨一員，令史四名，典吏二名，專掌書籍。鑒書博士司，階正五品，置

〔一〕「司」，諸本作「史」，據南村輟耕録卷二改。
〔二〕「僉司二員」四字，原脱，據光緒本、南村輟耕録卷二補。
〔三〕「事」，諸本脱，據南村輟耕録卷二補。

博士兼經筵參贊官二員，書吏一名，專一鑒辨書畫。授經郎，階正七品，置授經郎兼經筵譯文官二員，專一訓教集賽官、大臣子孫。藝林庫，階從六品〔一〕，置提典一員，大使一員，副使一員，司吏二名，庫子一名，專一收貯書籍。廣成局，階從七品，置大使一員，副使一員，直長二員，司吏二名，專一印行祖宗聖訓及國制等書。特恩創製象齒小牌五十，上書「奎章閣」三字，一面篆字，一面蒙古字與輝和爾字，分散各官縣佩，出入宫門無禁。學士院凡與諸司往復，惟劄送參書廳行移而已。命侍讀學士虞集撰記，御書刻石閣中。今改奎章曰宣文。

元史黄溍傳：溍兼經筵官，執經進講者三十有二，帝嘉其忠，數出金織文段賜之。

額琳沁巴勒傳：額琳沁巴勒以御史大夫知經筵事，經筵進講，必詳必慎，故每讀譯文，必被嘉納。

蕙田案：元之文宗，可稱右文。然其時奎章閣諸臣，如虞伯生、歐陽原功、揭

〔一〕「階」，諸本作「皆」，據南村輟耕録卷二改。

曼碩、黄晉卿輩，迺一時能文之士，以檢校圖籍等事爲上所寵禮，與古啓心、沃心之道殊矣。

王圻續通考：太祖既有婺州，遂分置中書省，召儒士許瑗、葉瓚、胡翰、吴沈、汪仲山、李公常、金信、徐孳、童義、戴良、吴復、張起敬、孫履等皆會食中書〔一〕，日召二人進講經史〔二〕，敷陳治道。此論道講學之始。乙巳春正月，上御端門，論及黄石公三略，且口釋之。起居注宋濂對曰：「尚書二典三謨，帝王大經大法，靡不畢具。願主上留意講明。」上曰：「吾非不知典謨爲政治之要，但三略乃用兵攻取，時務所先耳。」是日，遂命濂以尚書進講。是年，始置博士廳，令博士許存仁等日講尚書等書。及改元洪武之初，每令文學侍從之臣於御前講説經史，無定日，亦無定所。既而設華蓋、文華、武英等殿説書，以儒士沈德等爲之。未幾，改翰林官及殿閣大學士專其事，遂罷説書。然每進講，必反復討論，以求通義理之極。講畢，必議及政事，以爲常。

〔一〕「張起敬」，諸本作「張敬起」，據續文獻通考卷一一〇乙正。「徐孳」、「童義」、「吴復」，據明史吴沈傳應爲「徐孳」、「童冀」、「吴履」。

〔二〕「講」，諸本脱，據續文獻通考卷一一〇補。

洪武三年庚戌春二月，上御東閣，命學士宋濂、待制王禕進講大學傳之十章。濂等反覆解説，至「有土有人」，上諭之曰：「人者國之本，德者身之本。德厚則人懷，人懷則國固，故人主有仁厚之德，則人歸之如父母，人心歸則有土有財，自然之理也。若德不足以懷衆，雖有財，亦何用哉？」

十六年癸亥秋八月，上御謹身殿，命東閣大學士吳沈等進講周書立政，至「罔有立政，用憸人」，上歎曰：「有小人，必敗君子，故唐虞任禹稷，必去四凶，魯用仲尼，必去少正卯。」沈進曰：「小人懷奸，甚似忠信，不可不察。」上曰「然」。

十八年甲子秋九月，上御華蓋殿，大學士朱善以周易進講。至家人卦，上歎曰：「齊家治國，其理無二。使一家之間，長幼内外，各盡其分，事事循理，則一家治矣。一家既治，達之一國，以至天下，亦舉而措之耳。朕觀其要，只在誠實而有威嚴。誠則篤親愛之恩，嚴則無閨門之失。」善對曰：「誠如聖諭。」又一日，御華蓋殿，召善進講心箴畢，上曰：「人心道心，有倚伏之機。蓋仁愛之心生，則忮害之心息；正直之心存，則邪詖之心消；羞惡之心形，則貪鄙之心絶；忠愨之心萌，則巧僞之心伏。常持此心，不爲情欲所蔽，至公無私，自無物我之累耳。」

成祖永樂二年甲申夏六月朔，御文華殿，大學士楊士奇以大學講義進。上覽其文，善之，因諭之曰：「帝王之學，貴切己實用，講説之一切浮泛無益之語，勿用，且先儒謂『克明峻德』一章，一部大學皆具。」士奇對曰：「堯、舜、禹、湯、文、武數聖人，凡修諸躬，施于家國天下者，皆大學之理，誠聖學所當先務。」是年秋八月，學士解縉以大學「正心章」講義進，上覽之，因諭縉等曰：「人君誠不可有所好樂，一有好樂，流而不返，則欲必勝理。若心能靜虚，事來則應，事去則忘，如明鏡止水，自然純是天理。朕每退朝默坐，未嘗不思管束此心爲切要，思爲人君，但于宮室車馬服食玩好，無所增加，則天下自然無事矣。」命翰林、春坊諸臣，分撰諸經講義，與閣臣再閲，有未當處，悉與改正，然後呈講。乃以解縉屬書，胡廣屬詩，金幼孜屬春秋，楊士奇屬易，其義有疑，必召四人辨析，暢而後已。

宣宗宣德二年丁未春二月己酉，御文華殿，召翰林進講離婁篇。至「二老歸文王」章，問曰：「伯夷、太公皆處東海，而歸文王，及武王伐紂，太公佐之，伯夷叩馬而諫，所見何以不同？」講官對曰：「太公以救民爲心，伯夷以君臣爲重。」上曰：「太公之心在當時，伯夷之心在萬世，無非爲天下生民也。」

觀承案：「太公之心在當時，伯夷之心在萬世」，宣宗此語，可謂深知兩聖人之心。然即此校之，而伯夷之品終在太公之上可知矣。孟子舉三聖人，必以伯夷爲首，而六百年前之伊尹，亦不得先之，其亦此意也歟？

三年戊申春二月，進講舜典，上曰：「觀二典、三謨，則知萬世君臣爲治之道，不出乎此。曆象日月星辰，以閏月定四時，天道以明；治水土，奠高山大川，别九州，任土作貢，地道以成；克明峻德，以至協和萬邦，人道以建。九官十二牧所掌，禮樂刑政，養民之道。後世建官，繁簡雖不同，要不出乎此。當時君臣，都俞吁咈，更相告戒，用圖治功，氣象藹然，何後世之不能及。」講臣對曰：「明良相逢，故治化之盛如此。」上又曰：「天生聖人，爲後世法，孔子删書，斷自唐虞，使人知有堯、舜，所謂萬世帝王之師也。」是年冬十月庚寅，進講春秋，上曰：「聖人匡世之功，憂世之心，備見此書。當時先王禮樂法度，日以隳廢，亂臣賊子，接迹而起，有此書而後天下知尊周。」又曰：「孔子作此書，以尊周爲本，孟子乃以王天下勸齊、梁之君，何也？」對曰：「孔子之時，天下猶知宗周；孟子之時，不復知有周矣。」上曰：「聖賢之心，實爲天下生民計，孟子時，不有王者興，何以解生民之塗炭？」因命左右出菜茗以賜講官。

王氏圻曰：宣德以前，每視朝畢，無日不御文華殿或便殿，召大臣及諸儒臣講經書，咨政事。時經筵未有開也。殿閣詞林記云：洪武中，令儒臣更番入禁中，每日輪一員進講侍直，誤者罪之。如大學士吴沉，嘗坐進講遲誤被劾。永樂以後，多渥典。自設經筵，後講官不復入直，惟令翰林及春坊經局等官相輪侍班。久之，選爲展書官，又自展書，乃得充月講官。若日講，則用年資深而品秩尊者。又云：祖宗時，講官于講書後得言時政闕失及陳論所見。成祖實訓云：上視朝之暇，輒召儒臣至便殿閲書史，或召翰林儒臣講詢。永樂以後，蓋莫不然。

蕙田案：據此則明代日講官之外又有月講官。

英宗正統元年春二月，始開經筵。遂命禮部翰林院詳定講筵禮儀，著爲制。時上以幼沖嗣位，大學士楊士奇等奏云：「去年十月，宣宗皇帝御左順門，召臣士奇輩諭之曰：『明年春暖，東宮出文華殿講書，凡内外侍從，慎擇賢良廉謹之臣。』未幾，不幸先帝上賓，臣未敢遽言。此事至重，不敢久默。今山陵事畢，乞早開經筵，以進聖學。預命禮部、吏部、翰林院公同慎擇講官，必學問貫通、言行端正、老成重厚、識達大體者，以供其職。」又曰：「天子就學，其事體與皇太子、親王不同，乞先命禮部、翰林院詳定講筵禮儀。」制曰：「是。以今月初九、十九日御經筵，爾翰林、春坊儒臣分直侍講。」乃命太師英國公張輔知經筵事，少傅兵部尚書兼華蓋殿大學士楊士奇、少傅工部尚書兼謹身殿大學士楊榮、禮部尚書兼學士楊溥同知經筵事。詹事府少詹事兼侍讀學士王直，少詹事兼侍講學士李時勉、錢習禮、陳循，侍讀苗衷，侍講高穀，修撰馬愉、曹鼐兼經筵官，仍賜宴及金幣有差，遂爲定制。續定經筵儀注：每月三日，日以逢二爲期，歲率以二、八月中旬起，四、十月末旬止，用勳臣一人知經筵事，内閣大學士一二人同知經筵事，六部尚書、左右都御史、通政司、大理寺卿及學士等官侍班，翰林院、春坊等官及國子監祭酒二員進講，二員展書，給事中、御史各二員侍儀，鴻臚寺、錦衣衛堂上官各一員供事，又鳴贊一員贊禮，序班四員舉案，侯伯各一人領將軍侍衛。先期直殿中官于文華殿設御座，及設御案于御座之東稍南，講案于御案之南稍東。是日早，司禮監官先陳所講四書、經、史各一册置御案，又各一册置講案。先四書，東經西史。先期輪講官撰四書、經或史講章各一篇，預置于册内。是日早，上御奉天門早朝畢，退御文華殿，陞御座。將軍侍衛如儀。鴻臚寺官引知經筵及侍班、講讀、執事、侍儀等官，于丹陛上行五拜三叩頭。禮畢，以次上殿，依品級東西序立。知經筵官序于侍班官上，侍儀、御史、給事中各二員于殿内之南，分東西北向立。序班二員舉御案置御座前，二員舉講案置御座之南正中。鴻臚官贊「進講」，講官一員從東班出，一員從西班出，詣講案前，稍南，北向，並立。鴻臚寺官贊「鞠躬，拜，叩頭，興，平身」。畢，展書一員從東班出，進詣御案前，跪展四書。畢，起，退立于御案之東稍南。講官一員進講，詣御前立，奏講某書。講畢，稍退，展書官復詣御案前，跪掩四書。畢，退就東班。又展書官一員從西班出，進詣御案前，跪展經。畢，起，退立于御案之西稍南。講官一員進至講案前，立奏，或某經，或某史。畢，少退。仍展書官復詣御案前，跪掩書。畢，退就西班。鴻臚寺贊講官「鞠躬，拜，叩頭，興，平身」。禮畢，各退就東西班。序班二員舉講案，退置原所。鴻臚寺官贊「禮畢」，命賜宴。鴻臚寺等官及講官皆跪承旨。光禄寺官設宴于左順門。宴畢，叩頭出。正統初立制如此。

天順八年秋八月即位，遂開經筵，日講期如舊。每兩人一書一經，講章皆預呈内閣，轉付中書，繕録正副各一紙。先日，進司禮監官奏知。先一晚于文華殿内寶座地平之南設香鶴香爐左右各一，于左香爐之東稍南設御案、講案各一，皆西向，案上各置所講二書，以夾講章，各壓以金尺一副。至期，早朝，近侍内臣及知經筵官并内閣大學士及講官、六部尚書、都御史、大理卿、通政使、鴻臚卿、錦衣指揮使及四品以上寫講章官，俱繡金緋袍。其展書翰林官、侍儀、御史、給事中、序班、鳴贊等，俱金繡服。朝畢，駕起，御文華殿，皆隨之。大漢將軍凡二十名，導駕至左順門，上退易冠帶，便服，其侯伯或一人服金繡蟒衣，仍領將軍，趨越衆官，進左順門，皆分班綴行，立文華殿外。俟傳宣云進來，則將軍先入殿内，負東西墻立，諸官陞陛，鴻臚寺卿贊入班行禮。畢，以次分由殿東西門入，重班立，指揮則立西一班末稍前。御史、給事中、序班六員分于中門左右北向立，序班二人舉御案進上，二人舉講案置中。鳴贊唱「進講」，講官各出班，立講案前。展書官二員出班，對立。鳴贊唱「講官並行禮，興」。東展書官進至地平，膝行詣御案，展四書官亦稍前近案，俟展書官復位，乃先説「講某書」，然後申講。講畢，掩書稍退後。原展書官仍如儀，進掩書，復位。西展書官與講經官進退俱如前儀。講畢，仍並行禮，各回班。序班各撤案，置舊所。鴻臚寺卿中跪奏「禮畢」，上命官人每喫酒飯，各官跪承旨，興，以次出丹陛，仍行禮，乃出左順門。宴以官叙，惟學士之坐立則序于鴻臚卿及四品以上，寫講章官及展書官坐立，亦序于四品以下，重職事也。

雙槐歲抄：景皇帝時，每講畢，命中官布錢于地，令講官拾之，以爲恩典。高穀年老，俯伏不便，恒莫能得，一講官拾以遺之，識者病其媟瀆。

孝宗弘治元年戊申春三月十二日，開經筵，賜學士程敏政等宴及白金寶鏹。次日，上御文華殿，後進講尚書、孟子，及午，進講大學衍義，以爲常。講畢，賜茶，上皆呼先生而不名。自是，四月二十八日，五月二十九日，七月二十日，皆盛暑，不廢云。時上最嗜經筵，親儒臣。學士張元禎矮小，每進講，上俯几聽之。

十四年辛酉夏四月，開經筵，又改初四日。逢二會講，定期也。是月之初二日，當會講，以享太廟，有旨改初三，至期遇雨，又改初四日。蓋孝宗務學之勤，不以事而廢如此。

十七年甲子秋九月三十日，召李東陽、劉健等至煖閣，先是上御經筵，罷，因聽所講義，退思之，有得。及是，亟召東陽等至，謂之曰：「劉機講『陳善閉邪』，『陳』字改做『陳説』不是，止云『敷陳其説』乃可耳。」劉健因進言：「昨説『以善道啓沃他』，『他』字不是。」上笑曰：「『他』字也不妨，大抵講書須要明白透徹，直言無諱，道理皆是書上原有的，不是纂出，若不説盡，也無進益。且先生輩與翰林院是輔導之職，皆所當言。」

謝遷對曰：「聖明如此，講官愈好盡心。」李東陽對曰：「今年聖學緝熙，中外臣民無不仰戴，臣等敢不仰承聖意。」孝宗因諭之曰：「先生可傳與他，不必顧忌耳。」尋謂「『他』字亦不妨」。蓋舊者多寓諛詞，至是經筵知上意嚮，每講必加以規諫，而亦未嘗少忤云。

觀承案：經筵日講，比視學尤重，視學固可以鼓舞人心，昌明正學，經筵日講，乃所以切磨經訓，輔成聖德也。然須愷切感動，方爲有益。孝宗此諭，可謂有實心求道之意矣。

昭代典則：正德二年春，上御經筵，講書故事，講解書義畢，必獻規諫之語。是日，詹事楊廷和、學士劉忠直講，既罷，上謂劉瑾曰：「經筵講書耳，何書外添出許多説話？」瑾與廷和等皆舊東宮官，奏曰：「此二人當打發南京去，陞二人南京侍郎。」是時南京無缺，皆添注之。雖若遠之，實陞之也。

王圻續通考：世宗嘉靖二年八月，御文華殿，召講臣至，首揭書經「君子所其無逸」章，繼而講康誥「惟民康乂」章、召誥「顧畏民巖」章、孟子「踐形」章、「理義悦心」章、「被袗衣鼓琴」章、「君子反經」章。是日，上御黼座，横經俯詢，虚心聽納如此。他日，講官劉龍進孟子「至誠」章，上批曰：「龍于『至誠能動』，乃云『邇者黄河清，是至誠之驗也』，未免近諂。但其末云『謙以履盈，約以保泰』，此二句却好。」又講官倫以訓進論語「陽膚爲士師」講義，上批云：「以訓講『哀矜勿喜』，云是『慈悲憐憫』，夫『慈悲』二字，是釋氏之教也。」講官魏校進書經「罪疑惟輕」章講説，上批云：「桂萼薦校善講義，朕觀其講章，並未有過人者，且其前後率多諛詞，難居近侍，着吏部調南京用之。」

十二年癸巳夏五月，召講官廖道南進講論語「高宗諒陰」以下三句。又明日，進講大學衍義。時汪鋐爲吏部尚書，懇祈大學士張孚敬改題，以其有「君薨，聽于冢宰」句也。道南執不肯，孚敬遂具揭帖以進。世宗批云：「覽卿等奏，朕已悉。舊日講官徐縉講『孟敬子』，撤去二節。『人之將死』，死生，人道之常，何諱之有？如卿等言，則忠讜之論，何由得聞？還着道南照舊進講。」明日，道南講畢，進説云：「按説命，『夢帝賚予良弼，其代予言』。又云：『其惟不言，言乃雍。』即是以觀，古之人君，心純乎孝，故宅憂而不暇于有言；古之人臣，心純乎忠，故攝政而不嫌于代言。然必有高宗之聖，而後可以用傅説之言；必有傅説之賢，而後可以輔高宗之德。不然，則莽、操、懿、温之流，又將以冢宰藉口于千萬世矣。」孚敬聞之，出謂鋐曰：「講官欲中傷之。」又明日，進講大學衍義「許敬宗立武昭儀」章及「李林甫嫉李邕」章、「楊國忠比李輔國」章、「元載陷顔真卿」章、「盧杞嫉張鎰」章、「李逢吉去王守澄」章、「江充害戾太子」章，孚敬滋不悦。明年秋七月三日，輪顧鼎臣、席春進講，時鼎臣飲于所識者，因大醉誤期。明日，鼎臣懼罪，向孚敬説。孚敬爲請，因反參道南及蔡昂不行代講，遂謫道南于徽州，昂湖州，蓋爲鋐反噬也。未幾皆召還。

神宗二年，定春講以二月十二起，至五月初二日止，秋講以八月十二日起，至十月初二日止，不必題請。

日講儀：講官凡四員，日輪二員。先大學衍義，次貞觀政要，二書皆不用講章，惟各以黄票書所起止預進。先日，内臣設御案于文華殿後穿堂中，以二書并起止置案上。至日，早朝畢，四講官同内閣隨駕入至殿内。來日，二講官授二臣以來日起止。直講官俟召，乃入穿堂門内行禮，分班北向，前後立。東班當講者詣御案前，内侍授以牙籤，左右執之，且指且講。書則向上，初展後掩，皆屬内侍。講畢，完籤復位。西班當講者乃進講，悉如東儀。講畢，上諭先生喫酒飯，皆跪承旨行禮，禮前後皆一拜三叩頭。出宴于文華門外西廡，禁中謂之小經筵，或謂之小講云。

明會典：凡講日，上御文華穿殿，止用講讀官、内閣大學士侍班，不用侍衛、侍儀、執事等官。侍班、講讀等官入見，行叩頭禮，東西分立。先讀四書，次讀經或讀史，每本讀十數遍。直講官先講四書，次講經或講史，務要直説大義，明白易曉。講讀後，侍書官侍上習書。畢，各官叩頭，退。每三日一温講，將前所講書通講一遍。若講官中有事故，同列代講，其直講，則講畢補進。

蕙田案：明神宗三年，閣臣以史職曠廢，議開館局。以東西十館，密邇朝堂，紀述爲便，乃以東館近上四所，令史臣分直其中，一起居，二吏户，三禮兵，四刑工，日輪日講官一員，專記起居，兼録聖諭詔敕册文。其六曹章奏，則選史官中年深而文學素優者六人分纂。因定常朝御門日記注起居官及史官侍班之制。日講官繫起居注銜自此始也。

講大學衍義儀：嘉靖六年定，每月初三、初八、十三、十八日，用經筵日講官二員進講，内閣學士一員侍班。講畢，賜茶、賜酒飯，俱如日講儀。

無逸殿講儀：嘉靖十年定，先一日，司禮監官于無逸殿設御座、御案及講案，如文華殿日講之儀。是日質明，上具常服，乘輦至無逸殿門，衆官于門外迎候。上降輦，乘版輿至殿内，降輿，陞御座。鴻臚寺官贊各官于殿門外入班行一拜三叩頭禮。畢，進入殿内，各照品級東西序立。序班二員舉御案置御座前，二員舉講案置殿門内西邊，東向設座位。鴻臚寺官贊「進講」，講官大學士一員出班行叩頭禮。上命賜講官坐，講官并鴻臚寺官承旨，贊叩頭，訖，展書官詣御案前跪展講章，退。講官坐講。畢，展書官詣御案前跪掩講章，講官叩頭訖，復班。又大學士一員出班叩頭，承旨坐講。展書官一員展書，俱如前儀。序班二員舉御案，二員舉講案，退至原所。鴻臚寺卿奏「禮畢」，有旨賜宴，衆官承旨。訖，退至豳風亭前迎候。上乘板輿至亭内，降輿，陞御座，賜宴。

午講儀：隆慶六年定，每日早，閣臣及講官講畢各退〔一〕，上進煖閣少憩。司禮監將各衙門奏章進上御覽，閣臣等退西廂房伺候。上有所咨問，即召至御前，將本中事情明白敷奏。覽本後，閣臣率領正字官恭侍上進字。畢，若上欲再進煖閣少憩，閣臣等仍退至西廂房伺候。若不進煖閣，閣臣等即率講官再進午講，講通鑑節要，通鑑講

〔一〕「閣」，原作「各」，據光緒本、續文獻通考卷一二〇改，下同。

完，以貞觀政要進講，講官務將前代興亡事實直解明白。講畢各退，上還宮。

蕙田案：經筵之禮，始于宋代，所以講明正學，涵養德性，預防非幾之萌，沉潛道義之奧，故論者謂經筵之重與宰相等。程子所謂「人主一日之中，親賢士大夫之時多，親宦官宫妾之時少，自然氣質變化，德器成就，其所繫不綦重哉？」明代于經筵之外，别有日講、午講諸儀，略相仿佛。今並纂輯附于視學之後，蓋宫廷之與膠序，其地雖不同，而承師問道之心則一也。

右經筵日講

五禮通考卷一百七十三

嘉禮四十六

學禮

蕙田案：三代以上，自王子、公卿大夫士之子、國之俊造及曲藝之士，無不養之於學校之中，待其學成，而任之以官。故其時選舉與學校，不分兩事，無所謂科目之名也。後代取士之法，或出於薦舉，或出於科目，其所得之士，不必由學校起家，而學校所升選者，如漢之博士弟子，宋之上舍出身，人才反不如科目之盛。惟前明科舉之制，凡應鄉試者，非國子監生及郡縣學生不得與，故當時進士一科，資格最高，要皆學校所儲之士，較之唐、宋之世，士子皆得投牒自進者，立法獨爲盡善矣。今採輯周官鄉舉里選之法，而歷代取士之制，亦撮其大綱，以著於篇，若夫雜流仕進，固非一途，要與興賢之義無涉，可無録焉。

取士

周禮地官鄉大夫：三年則大比，考其德行、道藝，而興賢者、能者。鄉老及鄉大夫帥其吏與其衆寡，以禮禮賓之。注：賢者，有德行者。能者，有道藝者。衆寡，謂鄉人之善者，無多少也。鄭司農云：「興賢者，謂若今舉孝廉。興能者，謂若今舉茂才。賓，敬也。敬所舉賢者、能者。」玄謂變舉言興者，謂合衆而尊寵之，以鄉飲酒之禮，禮而賓之。疏：三年一閏，天道小成，則大案比當鄉之内。云「考其德行道藝」者，德行謂六德六行，道藝謂六藝。云「而興賢者」，則德行之人也；「能者」，則道藝之人也。云「鄉老及鄉大夫帥其吏」者，謂州長以下。云「與其衆寡」者，謂鄉中有賢者，皆集在庠學。云「以禮禮賓之」者，以，用也，用鄉飲酒之禮，以禮賢者能者賓客舉之。云「賢者，有德行者」，欲見賢與德行爲一，在身爲德，施之爲行，内外兼備，即爲賢者也。云「能者，有道藝者」，鄭亦見道藝與能爲一。案上注云「能者，政令行，其身有道藝，則政教可行」，是能者也。云「衆寡，謂鄉人之善者，無多少也」者，案鄉飲酒，堂上堂下皆有衆賓，不言其數，此經衆寡兩言，無問多少，皆來觀禮，故云無多少也。鄭司農云「若今舉孝廉及茂才」者，孝悌、廉潔，人之德行，故以孝廉況賢者；茂才則秀才也，才，人之技藝，故以況能者也。「玄謂變舉言興」者，案禮記文王世子云：「或以事舉，或以言揚。」故今貢人皆稱舉，今變舉言興。云「謂合衆而尊寵之」者，合衆即此經云「鄉老及鄉大夫」已下是也。云「鄉飲酒之禮」者，則儀禮篇飲酒賓舉之法是也。

厥明，鄉老及鄉大夫群吏獻賢能之書于王，王再拜受之，登于天府，内史貳之。注：厥，其也。其賓之明日也。獻，猶進也。王拜受之，重得賢者。王上其書于天府。天府，掌祖廟之寶藏者。内史，副寫其書者，當詔王爵禄之時。疏：厥明者，謂今日行鄉飲酒之禮，至其明日，表奏於王。云「天府，掌祖廟之寶藏」者，春官天府職文。引之者，欲見天府掌寶物，賢能之書，亦是寶物，故藏于天府。云「内史，副寫其書者」，貳，副也，内史副寫一通文書，擬授爵禄。案内史職有策命諸侯群臣之事，故使内史貳之。**退而以鄉射之禮五物詢衆庶，一曰和，二曰容，三曰主皮，四曰和容，五曰興舞。**注：以，用也。行鄉射之禮，而以五物詢于衆民。鄭司農云：「詢，謀也。問於衆庶，寧復有賢能者。和謂閨門之内行也。容謂容貌也。主皮，謂善射。射所以觀士也。」故書「舞」爲「無」。杜子春讀和容爲和頌，謂能爲樂也；無讀爲舞，謂能爲六舞。玄謂：和載六德，容包六行也。庶民無射禮，因田獵分禽，則有主皮。主皮者，張皮射之，無侯也。主皮、和容、興舞，則六藝之射與禮、樂與？當射之時，民必觀焉，因詢之也。**此謂使民興賢，出使長之；使民興能，入使治之。**注：言是乃所謂使民自舉賢者，因出之而使之長民，教以德行道藝于外也。使民自舉能者，因入之而使之治民之貢賦田役之事於内也。言爲政以順民爲本也。書曰：「天聰明自我民聰明，天明威自我民明威。」老子曰：「聖人無常心，以百姓心爲心。」如是，則古今未有遺民而可爲治。　疏：言「此謂使民興賢」者，謂上經賓舉者，皆民中舉之，還使治民。「出使長之」，謂使鄉外與民爲君長。云「使民興能，入使治之」者，謂能者復來入鄉中，治民之貢賦。云「使民自舉賢者，因出之而使之長民，教以德行道藝於外也」者，以賢者德大，故遣出外，或爲都鄙之主，或諸侯，皆可也。以其自有德行道藝，故還使之教民以德行道藝。云「使民自舉能者，因入之而使之治民之貢賦田役之事於内也」者，以其能者德小，不可以爲大夫諸侯等，故還入鄉中，量德大小，以爲比長、鄰長已上之官，治民之貢賦田役於内也。

州長：三年大比，則大考州里，以贊鄉大夫廢興。　注：廢興，所廢退、所興進也。鄭司農云：「贊，助也。」　疏：州長至三年大案比之日，則大考州里者，謂年年考訖，至三年則大考之。言大考者，時有黜陟廢興故也。

遂大夫：各掌其遂之政令。三歲大比，則帥其吏而興甿，明其有功者，屬其地治者。　注：興甿，舉民賢者能者，如六鄉之爲也。興，猶舉也。屬，猶聚也。又因舉吏治有功者，而聚敕其餘以職事。　疏：云「三歲大比」已下，若鄉大夫三歲大比，興賢者能者，其義同，變之耳。云「帥其吏」者，則遂大夫以下，縣正至鄰長。云「興甿，舉民賢者能者，如六鄉之爲也」者，鄉大夫以鄉飲酒興賢能者，厥明，獻賢能之書於王，王拜而受之，登於天府，内史貳之。此職亦然也。當興舉之時，因舉治民之吏，鄰長以上吏之有功者而升之。又聚其地治鄰長以上，敕之以職事，使之不慢也。

李氏景齊曰：六遂以耕爲主，遂大夫所掌，要不過教民稼穡之事，賓興何與焉？蓋大司徒以鄉三物教萬民而賓興之，繼以施教法於邦國都鄙，則教之施於六遂亦可知也。田野之中，莫非可取之才，有遂大夫從而興之，固不至老于龕巖深谷之下而不獲進矣。

蕙田案：古者取士於鄉有二法：一則由鄉而升司徒，由司徒而升大學，學成然後用之，王制所謂「造士」是也；一則三年大比，興其賢能，直達於王，不復令入國學，周禮所謂「賓興」是也。六遂之學與鄉同。

禮記王制：命鄉論秀士，升之司徒，曰選士。注：移名於司徒也。秀士，鄉大夫所考，有德行道藝者。疏：「移名于司徒」，謂録名進在司徒，其身猶在鄉學也。案：鄉大夫云「三年則大比，考其德行道藝，而興賢者能者」，謂鄉人有能有賢者，以鄉飲酒之禮興之，獻賢能之書於王，名則升於天府，身則任以官爵，則下文云「大樂正論造士之秀者，以告於王，而升諸司馬，曰進士」。彼據鄉人，故三年一舉，此據學者，故中年考試，殷、周同也。熊氏以爲此中年舉者爲殷禮，鄉大夫三年舉者爲周法，其義非也。司徒論選士之秀者而升之學，曰俊士。注：可使習禮者。學，大學。疏：案内則云：「二十而冠，始學禮。」此俊士年以二十，可使習禮。此升于學者，謂身升于大學，非唯升名而已。升於司徒者，不征於鄉，升於學者，不征於司徒，曰造士。注：不征，不給其繇役。造，成也。能習禮，則爲成士。疏：此繇役者，供學及司徒細碎之繇役也。選士雖升名司徒，猶給鄉之繇役，以藝業未成。俊士身雖升學，亦以學未成，猶給司徒繇役。若其學業既成，升諸司徒，則不征于鄉，升之於學，則不征于司徒，是謂造成之士。

陳氏祥道曰：司徒大軍旅、大田役，治其衆庶之政令，鄉師辨其可任者，國中賢者、能者皆舍，則征于司徒者，惟大軍旅、大田役而已，升于司徒者，鄉師之所舍，升于學者，又司徒之所舍也。

大樂正論造士之秀者，以告于王〔一〕，而升諸司馬，曰進士。注：移名于司馬。司馬，夏官卿，主邦政者。進士，可進受爵禄也。疏：此文承王子、公卿大夫之子下，似專據王子等，其實鄉人入學爲造士者，亦同于此。其鄉人不在學者，及邦國所貢之士，所貢于王，亦當升諸司馬，以司馬掌爵禄，故知入仕皆司馬主之。司馬辨論官材，注：辨其論，官其材，觀其所長。論進士之賢者，以告於王，而定其論。注：各署其所長。論定，然後官之。注：使之試守。任官，然後爵之。注：命之。位定，然後禄之。有發，則命大司徒教士以車甲。注：乘兵車、衣甲之儀。有發，謂有軍師發卒。疏：命司徒者，以其主衆又主教，故使與司馬相參也。

〔一〕「告」，原作「造」，據光緒本、禮記正義卷一三改。

陳氏禮書：秀於一鄉，謂之秀士。中於所選，謂之選士。俊士以其德之敏也，造士以其材之成也，進士以其將進而用之也。選士升於司徒而不征於鄉，俊士升於學而不征於司徒，俊士亦謂造士，蓋學至於此，材成德敏，非可一名命之也。傳曰「十人曰選，百人曰俊」，此論其大致然也。古之六卿，其分職也未嘗不通，其聯事也未嘗不分。司徒掌邦教，司馬掌邦政，未嘗不分也；有發則司徒教士以車甲，升造士則司馬辨論官材，未嘗不通也。周官大司馬之屬司士曰「以德詔爵」，此「司馬辨官材」之謂也。

劉氏彝曰：古者鄉學教庶人，國學教國子。鄉學所升曰選士，不過用爲鄉遂之吏，而選用之權在司徒。國學所升曰進士，則命爲朝廷之官，而爵禄之權在司馬。此鄉學教選之異，所以爲編户、世家之別也。然庶人之仕進，亦有二道：可爲選士者，司徒試用之，一也；入國學則論選之法與國子同，二也。

蕙田案：選士、俊士專主鄉學所升而言，進士則國子及鄉之俊、造俱在其内。

文王世子：凡語于郊者，注：語，謂論説於郊學。疏：郊，西郊也。周以虞庠爲小學，在西郊。天子親視學于西郊，而考課論説于西郊之學，以西方成就之地故也。或徧在四郊。必取賢斂才焉。或以德進，或以事舉，或以言揚。注：大樂正論造士之秀者，升諸司馬曰進士，謂此矣。曲藝皆誓之，注：曲藝爲技能也。誓，謹也。皆使謹習其事。以待又語。注：又語，爲後復論説也。疏：又語，謂後復論説之日，如春待秋時也。三而有一焉，注：三説之中，有一善則取之。以有曲藝，不必盡善。乃進其等，注：進於衆學者。疏：等，輩類也。以其序，注：又以其藝爲次。謂之郊人，遠之。注：俟事官之缺也，以代之。遠之者，不曰俊選，曰郊人，賤技藝。疏：謂之郊人，以其猶在郊學也。於成均，以及取爵於上尊也。注：天子飲酒於虞庠，則郊人亦酌于上尊以相旅。疏：上尊，堂上之酒尊。凡飲酒之禮，尊者酌于堂上之尊，卑者酌于堂下之尊。今郊人雖賤，亦得酌于堂上尊，所以榮之。

吴氏澄曰：鄉學之秀士，已升于司徒爲選士者，于天子視學飲酒之時，得取爵於堂上之尊以相酬。又升于太學爲俊士者，則謂之成均之士，曲藝雖已進等，然猶在郊學，未得與國學者齒，是遠之於成均，并未及與升于司徒者得取爵于上尊也。

欽定義疏：祭祀之上尊，以尊神也，故旅酬雖賓不得取上尊。燕飲之上尊，以尊賓也，鄉當賓興之時，則升于司徒者，乃得用上尊。豈有天子飲酒于成均，而郊人亦取上爵以相酬，如鄭氏所説者？又此郊是四郊之鄉學，先語之而舉其賢者才者而升之矣。若醫、卜、射、御有一可取，則誓戒之，期而考試，春秋皆于辨論秀士後行之，非春又待秋，秋又待春，如孔氏說也。

蕙田案：以上國學、鄉學所升之士。

射義：古者天子之制，諸侯歲獻貢士於天子，天子試之於射宮。其容體比于禮、其節比于樂而中多者，得與于祭。其容體不比于禮、其節不比于樂而中少者，不得與於祭。數與於祭而君有慶，數不與於祭而君有讓。數有慶而益地，數有讓而削地。故曰：「射者，射爲諸侯也。」注：歲獻，獻國事之書及計偕物也。三歲而貢士，舊說云：大國三人，次國二人，小國一人。　疏：「諸侯歲獻」者，謂諸侯每歲獻國事之書及獻計偕之物于天子也。「貢士於天子」者，諸侯三年一貢士於天子也。「天子試之於射宮」者，言天子試此所貢之士於射宮之中。「而中多者得與於祭」，此謂大射也。云「三歲而貢士」者，以經「貢士」之文繫「歲獻」之下，恐每歲貢士，故云「三歲而貢士」也。知三歲者，案書傳云：「古者諸侯之於天子也，三年一貢士，一適謂之好德，再適謂之賢賢，三適謂之有功。」有功者，天子賜以衣服弓矢，再賜以秬鬯，三賜以虎賁百人，號曰「命諸侯」。不云「益地」者，文不具矣。書傳又云「貢士一不適謂之過」，注云「謂三年時也」；「再不適謂之敖」，注云「謂六年時也」；「三不適謂之誣」，注云「謂九年時也」；「一絀以爵，再絀以地，三絀而爵地畢」，注云「凡十五年」。鄭以此故知「三歲而貢士」也。

漢書食貨志：其有秀異者，移鄉學于庠序；庠序之異者，移國學於少學。諸侯歲貢少學之異者于天子，學于大學，命曰造士。行同能偶，則別之以射，然後爵命焉。

蕙田案：以上諸侯所貢之士，亦於諸侯之學論其秀而貢之。

陳氏傅良曰：古者取士，先國子，次俊、造。夫國子，非但王人之謂也。記曰：「群后之太子，卿大夫、元士之適子，皆造焉。」則諸侯子在其中矣。今見於經，師氏居虎門教國子，則宿衛王宫之士庶子，宫伯所領者也。大司樂成均教國子，是謂胄子，則常在學者也，其餘不常在學，特名在學士之版，則歲春秋一合諸學。其籍在諸子，其教則大胥、小胥。由此觀之，列國之子與在周行者，同衛王宫，同入成均，同隸學士之版，於斯取才焉而用之，曾何内外之辨？傳言魯公之子伯禽、衛康叔之子牟齊、太公之子伋俱事成王，而宣王欲得國子之能訓導諸侯者，樊穆仲以魯侯對，略可觀矣。猶以爲未廣也，則鄉黨有賓賢，邦國有貢士，是謂俊造。蓋以三百六十官，迭來四方之彦，而博極一時之選。是故天下無遺才，而王室亦無世官之弊也。

右取士

兩漢取士

漢書高帝本紀：十一年詔曰：「賢士大夫有肯從我游者，吾能尊顯之。御史大夫昌下相國，相國酇侯下諸侯王，遣詣相國府，署行、義、年。有而弗言，覺，免。年老癃病，勿遣。」

文帝本紀：二年十一月晦，日有食之。詔舉賢良方正能直言極諫者。十五年，詔諸侯王公卿郡守舉賢良能直言極諫者，上親策之，傅納以言。

蕙田案：此天子親策士之始。

景帝本紀：後二年，詔曰：「人不患其不富，患其無厭也。其唯廉士，寡欲易足。今訾算十以上乃得官，應劭曰：古者疾吏之貪，限訾十算乃得爲吏。十算，十萬也。師古曰：訾讀與貲同。廉士算不必衆。有市籍不得官，無訾又不得官，朕甚愍之。訾算四得官，亡令廉士久失職，貪夫長利。」

武帝本紀：建元元年，詔丞相、御史、列侯、中二千石、二千石、諸侯相舉賢良方正直言極諫之士。丞相綰奏：「所舉賢良，或治申、商、韓非、蘇秦、張儀之言，亂國政，請皆罷。」奏可。

元光元年，初令郡國舉孝、廉各一人。

元朔元年，詔曰：「朕深詔執事，興廉舉孝。今或至闔郡而不薦一人，是化不下究，而積行之君子雍于上聞也。二千石官長紀綱人倫，將何以佐朕燭幽隱，勸元元，崇鄉黨之訓哉？且進賢受上賞，蔽賢蒙顯戮，古之道也。其與中二千石、禮官、博士議不舉者罪。」有司奏議：「詔書令二千石舉孝、廉，所以化元元，移風易俗也。不舉孝，不奉詔，當以不敬論。不察廉，不勝任也，當免。」奏可。

馬氏端臨曰：漢時郡國薦舉人材，賢良方正與孝廉二科並行。然賢良一科，文帝與武帝時每對輒百餘人，又徵詣公車，上書自衒鬻者以千數。而孝廉之選，文帝之詔以爲萬家之縣亡應令者，武帝之詔以爲闔郡不薦一人。蓋賢良則稍有文墨材學者可以充選，而孝廉則非有實行可見者不容謬舉故也。

又曰：漢高皇、孝武二詔，皆爲舉賢設也，其旨以爲，人才之遺失，咎在公卿之蔽賢，至立法以論其罪。後世之法，嚴謬舉之罰，而限其塗轍者則有之矣，未有嚴不舉之罰而責以薦揚者也。蓋古之稱賢能者，皆不求聞達之士，而後世之于薦舉者，皆巧于奔競之人，故法之相反如此。國家待士之意固薄，而士之不自重深可慨也。

元狩六年，詔遣博士大等六人分循行天下，舉獨行之君子，徵詣行在所。

元封五年，詔令州郡察吏民有茂材異等可爲將相及使絶國者。

昭帝本紀：始元元年，遣故廷尉王平等五人持節行郡國，舉賢良。　五年，詔令三輔、太常舉賢良各二人，郡國文學高第各一人。　六年，詔有司問郡國所舉賢良、文學民所疾苦。

元鳳元年，賜郡國所選有行義者涿郡韓福等五人帛，人五十匹，遣歸。詔曰：「朕閔勞以官職之事，其務修孝弟，以教鄉里。」

宣帝本紀：本始元年，詔内郡國舉文學高第各一人。　四年，郡國地震，詔令三輔、太常、内郡國舉賢良方正各一人。

地節三年，詔令内郡國舉賢良方正可親民者。令郡國舉孝弟、有行義聞于鄉里者各一人。

元康元年，詔博士舉吏民，厥身修正，通文學，明于先王之術，宣究其意者，各二人，中二千石各一人。　四年，遣大中大夫彊等循行天下，舉茂才異倫之士。

神爵四年，令内郡國舉賢良可親民者各一人。

黄龍元年，詔曰：「舉廉吏，誠欲得其真也。吏六百石，位大夫，有罪先請，秩禄上通，足以效其賢材，自今以來毋得舉。」

元帝本紀：初元二年二月地震，詔丞相、御史、中二千石舉茂材異等直言極諫之士。

永光元年，詔丞相、御史舉質樸敦厚遜讓有行者，光禄歲以此科第郎、從官。師古曰：「始令丞相、御史舉此四科人以擢用之。而見在郎及從官，又令光禄每歲依此科考校，定其第高下。」

二年三月，日有蝕之。令内郡國舉茂材異等賢良直言之士各一人。

建昭四年，遣諫議大夫博士賞等二十一人循行天下，舉茂材特立之士。

成帝本紀：建始二年，詔三輔内郡舉賢良方正各一人。三年十二月朔，日有蝕之。詔丞相、御史與將軍、列侯、中二千石及内郡國舉賢良方正能直言極諫之士，詣公車。

河平四年，舉惇厚有行能直言之士。

鴻嘉二年，詔舉惇厚有行義能直言者。

永始三年，遣太中大夫嘉等循行天下，與部刺史舉惇樸遜讓有行義者各一人。

元延元年，有星孛于東井。詔公卿大夫、博士、議郎以經對，與内郡國舉方正能直言極諫者各一人，北邊二十二郡舉勇猛知兵法者各一人。

哀帝本紀：建平元年，詔大司馬、列侯、將軍、中二千石、州牧、守、相舉孝弟惇厚能直言、通政事、延于側陋可親民者各一人。

元壽元年正月朔，日有蝕之。詔公卿大夫、將軍、列侯、中二千石舉賢良方正能直言者各一人。

平帝本紀：元始元年五月朔，日有蝕之。公卿、將軍、中二千石舉敦厚能直言者各一人。　二年，舉勇武有節明兵法，郡一人，詣公車。

後漢書光武帝本紀：建武六年九月晦，日有食之。敕公卿舉賢良方正各一人。　七年三月晦，日有食之。詔公卿、司隸、州牧舉賢良方正各一人，遣詣公車。

漢官目録：建武十二年八月乙未，詔三公舉茂材各一人，廉吏各二人，光禄歲舉茂材四行各一人，察廉吏三人，中二千石歲察廉吏各一人，廷尉、大司農各二人，將兵、將軍歲察廉吏各二人，監察御史、司隸、州牧歲舉茂材各一人。

後漢書章帝本紀：建初元年三月，詔曰：「夫鄉舉里選，必累功勞。今刺史、守相不明真僞，茂材、孝廉歲以百數，既非能顯，而當授之政事，甚亡謂也。每尋前世，舉人貢士，或起畎畝，不繫閥閲。敷奏以言，則文章可採；明試以功，則政有異迹。文質彬彬，朕甚嘉之。其令太傅、三公、中二千石、二千石、郡國守相舉賢良方正能直言極諫之士各一人。」五月，初舉孝廉、郎中寬博有謀、任典城者，以補長、相。五年二月朔，日有食之。詔：「公卿以下，舉直言極諫能指朕過失者各一人，遣詣公車，將親覽問焉。其以巖穴爲先，勿取浮華。」

漢官儀：建初元年十二月，詔書辟士四科，其一曰德行高妙、志節清白，二曰經明行修、能任博士，三曰明曉法律，足以決疑，能案章覆問，才任御史，四曰剛毅多略，遭事不惑，明足照姦，勇足決斷，才任三輔令，皆存孝悌清公之行。自今以後，審四科辟召，及刺史、二千石察舉茂才尤異孝廉吏，務寔校試以職。有非其人，不習曹事，正舉者故不以實法也。

後漢書丁鴻傳：和帝時，大郡口五六十萬舉孝廉二人，小郡口二十萬并有蠻夷者，亦舉二人，帝以爲不均，下公卿會議。鴻與司空劉方上言：「凡口率之科，宜有階品，蠻夷錯雜，不得爲數。自今郡國率二十萬口，歲舉孝廉一人，四十萬二人，六十萬三人，八十萬四人，百萬五人，百二十萬六人。不滿二十萬，二歲一人；不滿十萬，三歲一人。」帝從之。

和帝本紀：永元五年三月，詔曰：「選舉良材，爲政之本。科別行能，必由鄉曲。而郡國舉吏，不加簡擇，故先帝明敕在所，令試之以職，乃得充選。又德行尤異，不須經職者，別署狀上。而宣布以來，出入九年，二千石曾不承奉，恣心從好，司隸、刺史訖無糾察。今新蒙赦令，且復申敕，後有犯者，顯明其罰。」六年，詔令三公、中二千石、二千石、內郡守相舉賢良方正能直言極諫之士各一人。昭巖穴，披幽隱，遣詣公車。帝親臨策問，選補郎吏。

安帝本紀：永初元年三月，日有食之。詔公卿、內外衆官、郡國守相舉賢良方正、有道術之士、明政術、達古今、能直言極諫者各一人。五年三月，詔：「令三公、特進、侯、中二千石、二千石、郡守、諸侯相舉賢良方正、有道術、達於政化、能直言極諫之士各一人，及至孝行與衆卓異者，并遣詣公車，朕將親覽焉。」

建光元年，令公卿、特進、侯、中二千石、二千石、郡國守相舉有道之士各一人。

順帝本紀：延光四年，令郡國守相視事未滿歲者，一切得舉孝廉吏。詔公卿、郡守、國相舉賢良方正能直言極諫之士各一人。陽嘉元年，初令郡國舉孝廉，限年四十以上，諸生通章句，文吏能牋奏，乃得應選；其有茂才異行，若顔淵、子奇，不拘年齒。

左雄傳：雄上言：「郡國孝廉，古之貢士，出則宰民，宣協風教。若其面牆，則無所施用。孔子曰『四十而不惑』，禮稱『强仕』。請自今孝廉年不滿四十，不得察舉，皆先詣公府，諸生試家法，文吏課牋奏，副之端門，以練虛實，以觀異能，以美風俗。有不承科令者，正其罪法。若有茂才異行，自可不拘年齒。」帝從之。

文獻通考：陽嘉二年，張衡言：「自初舉孝廉，迄今二百歲矣，皆先孝行，行有餘力，始學文法。辛卯詔書，以能章句奏案爲限，雖有至孝，猶不應科，此棄本而取末。曾子長于孝，然實魯鈍，文學不若游、夏，政事不若冉、季。今欲使一人兼之，苟外有可觀，内必有闕，則違選舉孝廉之志矣。」

後漢書黄瓊傳：瓊爲尚書令，以前左雄所上孝廉之選，專用儒學文吏，於取士之義，猶有所遺，乃奏增孝悌及能從政者爲四科，事竟施行。

范氏蔚宗曰：漢初詔舉賢良方正，州郡察孝廉秀才，斯亦貢士之方也。中興以後，復增淳朴、有道、仁賢、能直言、獨行、高節、質直、清白、淳厚之屬，榮路既廣，觖望難裁，自是竊名僞服，浸以流競，權門貴士，請謁煩興。自左雄任事，限年試才，雖頗有不密，固亦因時識宜。而黄瓊、胡廣、張衡、崔瑗之徒，泥滯舊方，互相詭駁，卒之循名者屈其短，算實者挺其效。故雄在尚書，天下莫敢妄選，十餘年間，稱爲得人，斯亦效寔之證乎？

徐氏曰：案孝廉之舉，始自西都，嘗考元朔詔書云：「深詔執事，興廉舉孝，今或至闔郡不薦一人，其與中二千石、禮官、博士議不舉者罪。」有司奏議曰：「不舉孝，不奉詔，當以不敬論。不察廉，不勝任也，當免。」詳觀此文，則孝之與廉，當是各爲一科。蕭望之、薛宣、黄霸、張敞等皆以察廉補長丞，獨王吉、京房、師丹、孟喜皆以舉孝廉爲郎，劉輔舉孝廉爲襄賁令。東都則合爲一科矣，西都止從郡國奏舉，未有試文之事，至東都則諸生試家法，文吏課牋奏，無異於後世科舉之法矣。西都未始限年，至東都則年四十以上始得察舉矣。黄瓊言「左雄所上孝廉之選，專用儒學文吏，於取士之選，猶有所遺，乃奏增孝悌及能從政者爲四科」，則知當時雖以孝廉名科，而未嘗責其孝行廉隅之實，是亦失設科之本意也。雖然，漢世諸科，雖以賢良方正爲至重，而得人之盛，則莫如孝廉，斯亦後世之所不能及。

馬氏端臨曰：西漢舉賢良文學，則令其對策，而孝廉則無對策之事。蓋所謂賢良文學者，取其忠言嘉謀足以佐國，崇論宏議足以康時，故非試之以對策，則無以盡其材。若孝廉，則取其履行，而非資其議論也。今亦從而有試焉，則所謂孝廉者，若何而著之於篇乎？又況左雄所言「諸生試家法，文吏課牋奏」，則又文之靡者，去賢良所對，尚復遠甚，而何以言孝廉乎？雄又言：「郡國孝廉，古之貢士，出則寧民，宣協風教。若其面牆，則無所施用。」愚以爲，真孝實廉之人，豈有不學牆面之理，而以家法、牋奏應選者，又豈可遽許以學古入官之事也？然史言雄立此法之後，濟陰太守胡廣等十餘人皆坐繆舉免黜，惟汝南陳蕃、潁川李膺、下邳陳球等三十餘人得拜郎中，自是牧守畏慄，莫敢輕舉。則知當時孝廉一科，濫吹特甚，於文墨小技，尚未能精通，固無問其實行也。科以孝廉名而猶如此，則它可知。王荆公詩言：「文章始隋唐，進取歸一律。安知鴻都事，竟用程人物。」嗚呼，其來久矣，非始於隋、唐也。

蕙田案：左雄限年試士之法，此變薦舉爲課試之漸也。以孝廉之名舉之，而所收者不過儒學文吏，其真孝悌者反不得與，無惑乎胡廣、張衡、黄瓊諸人紛紛多異論矣。然在當時，選舉冒濫，自不得不校試，以嚴爲澄汰，范蔚宗所謂因時識宜者，可謂得其平矣。

觀承案：限年試士之法，似非鄉舉里選本意。然古者敷奏、明試，原屬並行，況薦舉豈能盡公？即果無私，而所舉孝廉，乃未嘗讀書識字之人，亦可使之從政立朝也耶？則既舉而試，自不可少也。

順帝本紀：漢安元年，詔大將軍、公卿舉賢良方正能探賾索隱者各一人。

沖帝本紀：建康元年，詔三公、特進、侯、卿、校尉舉賢良方正幽逸修道之士各一人。

桓帝本紀：建和元年，詔大將軍、公卿、校尉舉賢良方正能直言極諫者各一人。又詔大將軍、公卿、郡國舉至孝篤行之士各一人。三年，詔大將軍、三公、特進、侯，其與卿、校尉舉賢良方正能直言極諫之士各一人。

永興二年〔一〕，詔公卿、校尉舉賢良方正能直言極諫者各一人。

延熹八年，詔公卿、校尉舉賢良方正。　九年，詔公卿、校尉、郡國舉至孝。

靈帝本紀：建寧元年五月朔，日有食之，詔公卿以下及郡國守相舉有道之士各一人。

獻帝本紀：建安五年，詔三公舉至孝二人，九卿、校尉、郡國守相各一人〔二〕。

蕙田案：兩漢辟舉之目，曰茂材異等，曰賢良方正，曰孝廉，曰文學高第，又有質樸、敦厚、遜讓、有行，及至孝篤、行有道、獨行諸名。大約西京得人，以賢良爲盛；東京取士，以孝廉爲盛。西漢察孝廉，或闔郡不薦一人。至東漢，定郡國歲舉孝廉，以户口多寡爲差，而賢良方正諸科，非特詔不得常舉。順帝用左雄之言，限孝廉年四十以上、通章句、能牋奏者，乃能應選，又試之公府，覆之端門，以核虚濫。蓋後漢之舉孝廉，與唐、宋進士科大略相同。但郡國守相，必取其實

〔一〕「永興」，原作「元嘉」，據光緒本、後漢書桓帝本紀改。

〔二〕「守相」，原脱，據光緒本、後漢書獻帝本紀補。

行，參以鄉評，而後舉之，非如後代之投牒自獻也。今人稱舉人爲孝廉，蓋由於此。

文獻通考：西漢舉賢良文學者：晁錯、董仲舒、公孫弘、杜欽、嚴助、朱雲、王吉、貢禹、魏相、蓋寬饒、孔光、谷永、杜鄴、何武、轅固、黄霸、朱邑。東漢舉賢良文學者：魯丕、申屠剛、蘇章、李法、爰延、崔駰、周燮、劉瑜、荀淑、皇甫規、張奂、劉淑、劉焉。西漢舉孝廉者：路温舒、龔勝、鮑宣、京房、趙廣漢、張敞、尹翁歸、王尊、蓋寬饒、劉輔、蕭望之、薛宣、馮逡〔一〕、朱博、杜鄴、王嘉、師丹、孟喜、黄霸、尹賞、王吉、平當〔二〕。東漢舉孝廉者：馬稜、魏霸、韋彪、馮豹、賈琮、鄭弘、周章、張霸、桓典、桓鸞、劉平、江革、周磐、第五倫、鍾離意、寒朗、朱穆、徐防、張敏、胡廣、袁安、翟酺、霍諝、陳禪、龐參、陳龜、橋玄、黄憲、楊彪、張綱、王龔、种暠、陳球、杜根、劉陶、李雲、傅燮、蓋勳、張衡、左雄、李固、杜喬、吴祐、延篤、段熲、陳蕃、李膺、劉祐、宗慈、巴肅、

〔一〕「馮逡」，原作「馮遂」，據光緒本、文獻通考卷三四改。
〔二〕「平當」上，原衍「京房」二字，據光緒本、文獻通考卷三四删。

范滂、尹勳、蔡衍、羊陟、陳翔、檀敷、劉儒、賈彪、符融、鄭太、荀彧、皇甫嵩、朱儁、劉虞、公孫瓚、袁術、許荆、第五訪、劉矩、劉寵、陽球、劉琨、張興、包咸、楊仁、董鈞、服虔、潁容、許慎、高龔、劉梁、高彪、劉茂、張武、戴封、雷義、王烈、謝夷吾、李郃、公沙穆、華佗。西漢任子入仕者：蘇武以父任爲郎。劉向以父任爲輦郎。孔光子男放爲侍郎。董恭爲御史，任賢爲太子舍人。蕭育以父任爲太子庶子。史丹九男，皆以丹任爲侍中。汲黯以父任爲太子洗馬。史丹、馮野王皆以父任爲太子中庶子。伏湛以父任爲博士弟子。辛慶忌以父任爲右校丞。杜延年以三公子補軍司空。虎賁諸郎皆父死子代。右父任。霍去病任光爲郎。楊惲以忠任爲郎。爰盎兄噲任盎爲郎中。右兄任。侯霸以族父任爲太子舍人。趙兼，淮南王舅，子以宗家任爲郎。右宗家任。元始二年，龔勝、邴漢乞骸骨，策曰：「其上子若孫及同産子一人。所上子男，皆除爲郎。」右致仕任。東漢任子入仕者：桓郁、桓焉、周勰、耿秉、馬廖、宋均、黄瓊、袁敞、黄琬、臧洪、何休。西漢時以試吏入官者：路温舒、衛青、公孫弘、張湯、杜周、王訢、陳萬年、于定國、龔勝、丙吉、趙廣漢、尹翁歸、張敞、王尊、孫寶、何並、薛宣、朱博〔一〕、朱邑、趙禹、王温舒、尹齊、減宣、嚴延年、尹賞、樓護、王吉、鮑宣、焦延壽。西漢以博士入官者：賈誼、董仲舒、疏廣、薛廣德、彭宣、貢禹、韋賢、夏侯勝、轅固、后蒼、韓嬰、胡母生、嚴彭祖、江公。以太常掌故入官者：晁錯。以博士弟子入官者：息夫躬、兒寬、終軍、朱雲、眭弘、蕭望之、匡衡、馬宫、翟方進、何武、王嘉、施讎、房鳳、召信臣。東漢以博士入官者：蔡茂、承宫、郎顗、曹襃、盧植、戴憑、歐陽歙、牟長、楊倫、魏應。西漢以貲爲郎者：張釋之、司馬相如。輸財得官者：卜式、黄霸、楊僕。

蕙田案：兩漢入仕之途，自辟舉而外，或出於掾吏，或出於任廕。西都以吏職致位公卿者甚衆，其時儒與吏未甚分别，雖賢能儒雅之輩，不嫌以吏爲進身之階。東京之初，吏職漸輕，而才能出衆者，多由於辟舉，故丁邯以孝廉爲尚書郎，雖被杖責，不肯應詔。逮於唐、宋，以吏胥爲雜流，謂之流外出身，而士大夫以刀筆吏起家者，蓋寥寥矣。廕叙之法，即成周世禄之遺意，歷代相因不廢，然亦非

〔一〕「朱博」，原作「朱勝」，據光緒本、文獻通考卷三五改。

勸學興賢之正法，今俱不載録。通考此條，以見兩漢仕進之大略云。其博士弟子升進之法，别見「學校」門。

右兩漢取士

魏晉至隋取士

魏志文帝紀：黄初二年，初令郡國口滿十萬者，歲察孝廉一人；其有秀異，無拘户口。三年，詔曰：「今之計、考，古之貢士也；十室之邑，必有忠信，若限年然後取士，是吕尚、周晉不顯于前世也。其令郡國所選，勿拘老幼；儒通經術，吏達文法，到皆試用。有司糾故不以實者。」

通典：魏文帝時，尚書陳群以天朝選用，不盡人才，乃立九品官人之法。州郡皆置中正，以定其選，擇州郡之賢有識鑒者爲之，區别人物，定其高下。

杜氏佑曰：九品之制，州郡各置大小中正，各以本處人任。諸府公卿及臺省郎吏有德充才盛者爲之，區别所管之人物，定爲九等。其有言行修著，則升進之，或以五升四，以六升五；倘有道義虧缺，則降下之，或自五退六，自六退七矣。是以吏部不能審定核天下人才士庶，故委中正銓第等級，憑之授受，謂免乖戾及法弊也。惟能知其閥閱，非復辨其賢愚，所以劉毅云：「上品無寒門，下品無勢族。」南朝至於梁、陳，北朝至于周、隋，選舉之法，雖互相損益，而九品及中正，至開皇中方罷。

晉書武帝本紀：泰始四年，詔王公卿尹及郡國守相舉賢良方正直言之士。五年，詔州郡舉勇猛秀異之才。

劉毅傳：毅以魏立九品，權時之制，未見得人，而有八損，乃上疏曰：「臣聞立政者，以官才爲本，而官才有三難：人物難知，一也；愛憎難防，二也；情僞難明，三也。今立中正，定九品，高下任意，榮辱在手。操人主之威福，奪天朝之權勢。愛憎決于心，情僞由於己。附託者必達，守道者困悴。上品無寒門，下品無世族。慢主罔時，實爲亂源。損政之道一也。置州都者，取州里清議，咸所歸服，將以鎮異同，一言議。不謂一人之身，了一州之才，一人不審便坐之。若然，自仲尼以上，莫不有失，則皆不堪，何獨責于中人者哉！使是非之論，横于州里，嫌讐之隙，結于人臣。損政之道二也。本立格之體，謂人倫有序，若貫魚成次也。今之中正，坐成其私。乃使優劣易地，首尾倒錯。推貴異之器，使在九品之下；負載不肖，越在成人之首。損政之道三也。委以一國之重，而無賞罰之防。杜一國之口，培一人之勢，使得縱横，無所顧憚。諸受枉者抱怨積直，獨不蒙天地無私之德，而長壅蔽于邪人之銓。損政之道四也。一國之士，多者千數，中正知與不知，將定品狀，必采聲于臺府，納毁于流言。任己則有不識之弊，聽受則有彼此之偏。愛憎奪其平，人事亂其度。損政五也。凡立品設狀者，求人才以理物，非虚飾名譽，相爲好醜也。今於限當報，雖職之高，還附卑品，無績于官，而獲高叙，是爲抑實功而隆虚名。上奪天朝考績之分，下長浮華朋黨之士。損政六也。凡官不同事，人不同能，今品不狀才能之所宜，而以九等爲例。若狀得其實，猶品狀相妨。況今九品，所疏則削其長，所親則飾其短。徒結白論，以爲虚譽，則品不料能，百揆何以得理。損政七也。前九品詔書，善惡必書，以爲褒貶。今之九品，所下不彰其罪，所上不列其善，廢褒貶之義，任愛憎之斷。懲勸不明，則風俗汙濁，天下人焉得不懈德行而鋭人事？損政八也。職名中正，寔爲奸府；事名九品，而有八損。臣以爲宜罷。」疏奏，優詔答之。後司空衛瓘等亦共表宜省九品，復古鄉議里選。帝竟不施行。

馬氏端臨曰：魏晉以來，雖立九品中正之法，然仕進之門則與兩漢一而已，或公府辟召，或郡國薦舉，或由曹掾積累而升，或由世胄承襲而用，大率不外此三四塗轍。然諸賢之説，多欲廢九品罷中正，何也？蓋鄉舉里選者，採毁譽於衆多之論，而九品中正者，寄雌黄于一人之口，且兩漢如公府辟掾屬，州郡選曹僚，皆自薦舉而自試用之，若非其人，則非特累衡鑑之明，抑且失倚毗之助，故終不敢十分徇其私心。至中正之法行〔一〕，則評論者自是一人，擢用者自是一人。評論所不許，則司擢用者不敢違其言。擢用或非其人，則司評論者本不任其咎。體統脈絡，各不相關，故徇私之弊，無由徵革。又必限於九品，專以一人，其法太拘，其意太狹，其迹太露。故趨勢者不暇舉賢，如劉毅所謂「上品無寒門，下品無世族」是也。畏禍者不敢疾惡，如孫秀爲瑯琊郡吏，求品於清議王戎從弟衍，衍將不許，戎勸品之，及秀得志，朝士有怨者皆被害，戎、衍獨免是也。快恩讐者得以自恣，如何劭初亡，袁粲弔劭子岐，岐辭以疾，粲曰「今年決下婢子品」是也。又如陳壽遭父喪，有疾，使婢丸藥，客見之，鄉里以爲貶，坐是沉滯累年。謝惠連愛幸會稽郡吏杜德靈，及居

〔一〕「至」，原作「其」，據光緒本、文獻通考卷二八改。

父憂，贈以五言詩十餘首，坐廢，不豫榮伍。尚書僕射殷景仁愛其才，乃白文帝言：「臣小兒時，便見此文，而論者云是惠連，其實非也。」文帝曰：「若此便應通之。」元嘉七年，乃爲彭城王義康參軍。閻纘父卒，繼母不慈，纘恭事彌謹，而母疾之愈甚，乃誣纘盜父時金寶，訟于有司，遂被清議十餘年。纘孝謹不怠，母後意解，更移中正，乃得復品。以此三事觀之，其法甚嚴，然亦太拘，蓋人之履行稍虧者，一入品目，遂永不可以拔拭湔滌，則天下無全人矣。況中正所品者，未必皆當乎！固不若採之於無心之鄉評，以詢其履行，試之以可見之職業，而驗其才能，一如兩漢之法也。

又曰：任子之法始於漢，而其法尤備於唐。漢、唐史列傳中，凡以門廕入仕者，皆備言之，獨魏、晉、南北史不言門廕之法，而列傳中亦不言以門廕入仕之人，何也？蓋兩漢入仕之途，或從辟召，或舉孝廉，至隋、唐則專以科目取人，所以漢、唐之以門廕入仕者，皆不由科目與辟召者也。自魏、晉以來，始以九品中正爲取人之法，而九品所取，大概多以世家爲主，所謂「上品無寒門，下品無世族」，故自魏、晉以來，仕者多世家。逮南北分列，凡三百年，而用人之法多取之世族，如南之王、謝，北之崔、盧，雖朝代推移，鼎遷物改，猶印然以門地自負，上之人亦緣其門地而用之。故當時南人有「三公之子傲九棘之家，黄散之孫蔑令長之室」之説，北人亦有「以貴襲貴，以賤襲賤」之説。往往其時仕者，或從辟召，或舉孝廉，雖與兩漢無異，而所謂從辟召、舉孝廉之人，則皆貴胄也。其起自單族匹士而顯貴者，蓋所罕見。當時既皆尊世胄而賤孤寒，故不至如後世之誇特起而鄙門廕，而史傳中所以不言以廕叙入官者，蓋所以見當時雖以它途登仕版居清要者，亦皆世家也。

顧氏炎武曰：古之哲王所以正百辟者，既已制官刑儆于有位矣，而又爲之立閭師，設鄉校，存清議于州里，以佐刑罰之窮。移之郊遂，載在禮經，「殊厥井疆」，稱於畢命。兩漢以來，猶循此制，鄉舉里選，必先考其生平，一玷清議，終身不齒。君子有懷刑之懼，小人存耻格之風，教成於下而上不嚴，論定於鄉而民不犯。降及魏、晉，而九品中正之設，雖多失實，遺意未亡，凡被糾彈付清議者，即廢棄終身，同之禁錮。至宋武帝篡位，乃詔「有犯鄉論清議，贓汙淫盜，一皆蕩滌洗除，與之更始」。自後凡遇非常之恩，赦文並有此語。齊、梁、陳詔並云「洗除先注」，當日鄉論清議，必有記注之目。然鄉論之汙，至煩詔書爲之洗刷，豈非三代之直道尚在於斯民，而畏人之多言，猶見於變風之日乎？

蕙田案：九品中正之制，其弊至於毁譽失實，愛憎任情，劉毅論之詳矣。然考晉、宋諸史所載，以内行不謹被清議者甚衆，知士大夫尚以孝悌廉節爲重，有三代直道之遺焉。又如宋文帝時，舍人王弘爲上所愛遇，上謂曰：「卿欲作士人，得就王球坐，乃當判耳。若往詣球，可稱旨就席。」及至，球舉扇曰：「若不得爾。」弘還，依事啓聞，上曰：「我便無如此何。」齊世祖時，紀僧真得幸，嘗請曰：「臣逢聖時，階榮至此，無所須，唯就陛下乞作士大夫。」上曰：「此由江斆、謝瀹，我不得措意，可自詣之。」僧真承旨詣斆，登榻坐定，斆顧命左右曰：「移吾牀，遠客。」僧真喪氣而退，以告世祖。世祖曰：「士大夫故非天子所命。」夫流品之清濁，天子不得主，而取憑於一二人之口，則當時九等之高下，原有公論，而所謂大小中正者，亦必擇名德之士而授之，非盡失實也。漢時孝秀之舉，得士最多，然當時亦有「舉秀才，不知書，察孝廉，父别居」之謡，毁譽之失實，豈獨九品中正乎？

通典：東晉元帝制，揚州歲舉二人，諸州各一人，時以天下喪亂，務存慰勉，遠方孝秀，不復策試，到即除署。既經略粗定，乃詔試經，有不中科，刺史、太守免官。其後孝秀，莫敢應命，有送至京師，皆以疾辭。

太興三年，尚書孔坦議，請普延五歲，許其講習，乃詔孝廉申至七年，而秀才如故。

馬氏端臨曰：孝廉諸科，自東漢以來，皆有策試之事。夫以文墨小技而定其優劣，已不足以稱其科之名矣。今觀東晉之事，則應舉者皆不能試之人，且以孝廉自名，而必遲以五歲，待其講習，乃能豫於試，不亦有靦面目乎？然觀惠帝永寧初，王接舉秀才，報友人書曰：「今世道交喪，將遂剥亂，而智識之士，鉗口韜筆，非榮此行。欲極陳所言，冀有覺悟。」會是歲三王舉義，惠帝復祚，以國有大慶，天下秀才、孝廉一皆不試，接以爲恨。然則上下相蒙，姑息具文，其來久矣，宜其皆欲僥倖於不試也。

宋制，丹陽、吴會、會稽、吴興四郡，歲舉二人，餘郡各一人。凡州秀才、郡孝廉至，皆策試，天子或親臨之。及公卿所舉，皆屬於吏部，序才銓用。凡舉得失，各有賞罰，失者其人加禁錮年月。

文帝元嘉中，限年三十而仕。孝武即位，仕者不拘長幼。

宋書恩倖傳論：漢末喪亂，魏武始基，軍中倉卒，權立九品，蓋以論人才優劣，非謂世族高卑。因此相沿，遂爲成法。自魏至晉，莫之能改。州都郡正，以才品人，而舉世人才，升降蓋寡。徒以憑藉世資，用相陵駕，都正俗士，斟酌時宜，品目少多，隨事俯仰。劉毅所云「下品無高門，上品無賤族」也。歲月遷訛，斯風漸篤，凡厥衣冠，莫非二品。自此已還，遂成卑庶。周、漢之道，以智役愚，臺隸參差，用成等級；魏晉以來，以貴役賤，士庶之科，較然有辨。

齊尚書都令史駱宰議策秀才格，五問並得爲上，四三爲中，二爲下，一不合與第。謝超宗以爲：「片辭折獄，寸言挫衆，魯史褒貶，孔論興言，皆無俟繁而後秉裁。夫表事之深，析理之會，豈必委牘方切理道。非患對不盡問，患以常文弗奇，必使一通峻正，寧劣五通而常，與其俱奇，一亦宜採。」詔從宰議。因習宋代限年之制，然而鄉舉里選，不覈才德，其所進取，以官婚胄籍爲先，遂令甲族以二十登仕，後門以三十試吏，故有增年矯貌以圖進者。其時士人，皆厚結姻援，奔馳造請，浸以成俗。

梁初，無中正制，年二十五方得入仕。天監中，又制，凡九流常選，年未三十不通一經者，不得爲官，若有才同甘、顔，勿限年次。至七年，州置州重，郡置郡崇，鄉置鄉豪，各一人，專典搜薦，無復膏粱寒素之隔。普通七年，詔凡州歲舉二人，大郡一人。敬帝太平二年，復令諸州各置中正，仍舊放選舉，皆須中正押上，然後量授，不然則否。

文獻通考：武帝天監中，沈約上疏曰：「頃自漢代，本無士庶之別，自非仕宦，不至京師，罷公卿、牧守，並還鄉里，小人瞻仰，以成風俗。且庠校棊布，傳經授業，學優而仕，始自鄉邑。本於小吏幹佐，方至文學、功曹，積以歲月，乃得察舉人才秀異，始爲公府所辟，遷爲牧守，入作台司。漢之得人，於斯爲盛。今之士人，並聚京邑，其有守土不遷，見謂愚賤。且當今士子繁多，略以萬計，常患官少才多，無地以處。秀才自別是一種任官，非若漢代取人之例也。假使秀才對五問可稱，孝廉答一策能過，此乃雕蟲小道，非關理亂一切得失，以此求才，徒虛語耳。」鴻臚卿裴子野又論曰：「書云：『貴貴，爲其近於君也。』天下無生而貴者，是故道義可尊，無擇負販，苟非其人，何取代族？周衰禮壞，政出臣下，卿士大夫，自相繼及，非夫嗣嫡，猶等家臣。且徒步匹夫，見禮侯伯，式閭擁篲，無絕於時。其後四方豪勢之家，門客千數，卑身折節，比食同袍，雖相傾倚，亦成風俗。迄于二漢，尊儒重道，朝廷州里，學行是先。雖名公子孫，還齊布衣之士，士庶雖分，而無華素之隔。有晉以來，其流稍改，草澤高士，猶厠清塗。降及季年，專稱閥閱。自是三公之子，傲九棘之家；黄散之孫，蔑令長之室。轉令互爭銖兩，所論必門户，所議莫賢能。苟且之俗成，傲慢之禍作，非所以敦弘退讓、厲德興化之道也。」

陳依梁制，凡年未三十，不得入仕，唯經學生策試得第、諸州迎主簿、西曹左奏及嘗爲挽郎，得未壯而仕。

後魏州郡皆有中正掌選舉，每以季月與吏部銓擇可否。其秀才對策第居中上，表叙之。正始元年冬，乃罷諸郡中正。

魏書韓麒麟傳：子顯宗上言：「前代取士，必先正名，故有賢良方正之稱。今州郡貢察，徒有秀、孝之名，而無秀、孝之實。而朝廷但檢其門望，不復彈坐。如此，則可别貢門地，以叙士人，何假冒秀、孝之名？或云，代無奇才，不若取士於門。此亦失矣。豈可以代無周、召，便廢宰相而不置哉？但當較其寸長銖重者，即先叙之，則賢才無遺矣。」

隋書禮儀志：後齊每策秀、孝，中書策秀才，集書策貢士，考功郎中策廉良，天子常服，乘輿出，坐於朝堂中楹。秀、孝各以班草對。其有脱誤、書濫、孟浪者，起立席後，飲墨水，脱容刀。

通典：北齊選舉，多沿後魏之制，凡州縣，皆置中正。

周武帝平齊，詔山東諸州舉明經幹理者，上縣六人，中縣五人，下縣四人。宣帝大成元年，詔州舉高才博學者爲秀才，郡舉經明行修者爲孝廉，上州、上郡歲一人。

隋文帝開皇七年制，諸州歲貢三人，工商不得入仕。煬帝始建進士科。

蕙田案：魏、晉以降，雖有秀才、孝廉諸科，而郡國之察舉，吏部之銓選，率憑於中正之高下。其弊也，重門閥而輕孤寒，所舉者不必賢能，所棄者不必不肖。至於隋世，乃廢九品中正之制，而設進士科，士皆得投牒自進，州郡不復察其素行，而鄉舉里選之法，遂不可復矣。

右魏晉至隋取士

唐取士

唐書選舉志：唐制，取士之科，多因隋舊，然其大要有三。由學、館者曰生徒，由州縣者曰鄉貢，皆升于有司而進退之。其科之目，有秀才，有明經，有進士，又有俊士，有明法，有明字，有明算，有一史，有三史，有開元禮，有道舉，有童子。而明經之别，有五經，有三經，有二經，有學究一經，有三禮，有三傳。此歲舉之常選也。其天子自詔者曰制舉，以待非常之才焉。舉選者不由學、館者，謂之鄉貢，皆懷牒自列于州、縣。試已，長吏以鄉飲酒禮會屬僚，設賓主，陳俎豆，備管弦，牲用少牢，歌鹿鳴之詩，因與耆艾序長少焉。既至省〔一〕，皆疏名列到，結款通保及所居，始由户部集閲，而關于考功員外郎試之。凡秀才，試方略策五道，以文理通粗爲上上、上中、上下、中上，凡四等爲及第。凡明經，先帖文，然後口試，經問大義十條〔二〕，答時務策三道，亦爲四等。凡開元禮，通大義百條、策三道者，超資與官；義通七十、策通二者，及第。散、試官能通者，依正員。凡三傳科，左氏傳問大義五十條，公羊、穀梁傳三十條，策皆三道，義通七以上、策通二以上爲第，白身視五經，有出身及前資官視學究一經。

〔一〕「省」，諸本作「者」，據新唐書選舉志上改。
〔二〕「問」，諸本作「文」，據新唐書選舉志上改。

凡史科，每史問大義百條、策三道，義通七、策通二以上爲第。能通一史者，白身視五經、三傳，有出身及前資官視學究一經；三史皆通者，奬擢之。凡童子科，十歲以下能通一經及孝經、論語，卷誦文十，通者予官，通七予出身。凡進士，試時務策五道，帖一大經，經、策全通爲甲第；策通四、帖過四以上爲乙第。凡書學，先口試，通，乃墨試説文、字林二十條，通十八爲第。凡算學，録大義本條爲問答，明數造術，詳明術理，然後爲通。試九章三條，海島、孫子、五曹、張丘建、夏侯陽、周髀、五經算各一條，十通六，記遺、三等數帖讀十得九，爲第。試綴術、緝古録大義爲問答者，明數造術，詳明術理，無注者合數造術，不失義理，然後爲通。綴術七條、輯古三條，十通六，記遺、三等數帖讀十得九，爲第。落經者，雖通六，不第。凡弘文、崇文生，試一大經、一小經，或二中經，或史記、前後漢書、三國志各一，或時務策五道，經、史皆試策十道，經通六，史及時務策通三，皆帖孝經、論語共十條，通六爲第。

蕙田案：隋大業中，置進士科，試以策問，唐初亦因之。高宗永隆二年，詔進士試雜文兩篇，通文律，然後試策。所謂雜文，即詩賦之類也。天寶十一載，詔進士帖經，既通而後試文、詩、賦各一篇，文通而後試策。是則進士一科，永隆以前，止有對策；天寶以前，有策有詩賦；天寶以後，有帖經、有策、有詩賦，無專試策與帖經之事。志所云「進士試時務策，帖一大經，經、策皆通爲甲第」者，非也。又進士試有雜文，始於高宗之世，而説者謂隋以詩賦取士，亦誤矣。　志載「算學」一條，似有重複訛舛之處，文獻通考亦同，俟考。

通典：初，秀才科等最高，貞觀中有舉而不第者，坐其州長，由是廢絶。士族所趨向，惟明經、進士二科而已。秀才之科久廢，明經雖有甲、乙、丙、丁四科，進士有甲、乙二科，自武德以來，明經惟有丁第，進士唯乙科而已。其進士大抵千人，得第者百一二，明經倍之，得第者十一二。其制詔舉人，不有常科，皆標其目而搜揚之。試之日，或在殿廷，天子親臨觀之。試已，糊其名，於中考之，文策高者特授以美官，其次與出身。應詔者多則二千人，少則不下千人，所收百纔有一。

蕙田案：此則唐時已有糊名之法，但惟施于制科，而明經、進士則否。

顧氏炎武曰：舊唐書杜正倫傳：「正倫，隋仁壽中與兄正玄、正藏俱以秀才擢第。」唐代舉秀才，止十餘人，正倫一家有三秀才，甚爲當時稱美。唐登科記：武德至永徽，每年進士或至二十餘人，而秀才止一人、二人。舊唐書職官志則云：「秀才，有唐已來無其人。」杜氏通典云：「初秀才科第最高，試方略策五條，有上上、上中、上下、中上，凡四等。貞觀中，有舉而不第者，坐其州長，由是廢絶。」新唐書，高宗永徽二年始停秀才科。士人所趨嚮，惟明經、進士二科而已。顯慶初，黄門侍郎劉祥道奏言：「國家富有四海，于今有四十年，百姓官寮未有秀才之舉，未必今人之不如昔，將薦賢之道未至，豈使方稱多士，遂缺斯人。請六品以下，爰及山谷，特降綸言，更審搜訪。」唐人之於秀才，其重如此。「秀才」字，出史記賈生傳：「年十八，以能誦詩屬書聞于郡中。吴公爲河南守，聞其秀才。」而儒林傳公孫弘等之議則曰：「有秀才異等，輒以名聞。」此秀才之名所起。玄宗御撰六典言：「凡貢舉人，有博識高才，强學待問，無失俊選者，爲秀才；通二經已上者，爲明經；明閑時務，精熟一經者，爲進士。」張昌齡傳：「本州欲以秀才舉之，昌齡以時廢此科已久，固辭，乃充進士貢舉及第。」是則秀才之名，乃舉進士者之所不敢當也。又文苑英華判目有云：「『鄉舉進士，至省求試秀才，考功不聽，求訴而已。』趙岊判曰：『文藝小善，進士之能；訪對不休，秀才之目。』」是又進士求試秀才，而不可得也。今以生員而冒呼此名，何也？容齋三筆謂秀才之名，自宋、魏以後，實爲貢舉科目之最，而今世俗，以爲相輕之稱。明初嘗舉秀才。洪武十五年，徵至秀才數千人。

如太祖實録「洪武四年四月辛丑，以秀才丁士梅爲蘇州府知府，童權爲揚州府知府，俱賜冠帶。十年二月丙辰，以秀才徐尊生爲翰林應奉。十五年八月丁酉，以秀才曾泰爲户部尚書」是也。亦嘗舉孝廉。洪武十八年十二月丙午。洪武二十年二月己丑，以孝廉李德爲應天府尹是也。此辟舉之名，非所施於科目之士。今俗謂生員爲秀才，舉人爲孝廉，非也。

洪氏容齋隨筆：唐世制科，舉目猥多，徒異其名耳，其實與諸科等也。張九齡以道侔伊、吕策高第，以登科記及會要考之，蓋先天元年九月，明皇初即位，宣勞使所舉諸科九人，經邦治國、材可經邦、才堪刺史、賢良方正與此科各一人，藻思清華、興化變俗科各二人。其道侔伊、吕策問殊平平，但云：「興化致理，必俟得人；求賢審官，莫先任舉。欲遠循漢、魏之規，復存州郡之選，慮牧守之明，不能必鑒。」次及「越騎佽飛，皆出畿甸，欲均井田於要服，遵丘賦於革車」，并安人重穀，編户農桑之事，殊不及爲天下國家之要道。則其所以待伊、吕者亦狹矣。九齡於神龍二年中材堪經邦科，本傳不書，計亦此類矣。

蕙田案：唐世制科之目，見於登科記者，有賢良方正能直言極諫科、博通墳典達於教化科、識洞韜略堪任將帥科、清廉守節政術可稱堪任縣令科、孝弟力田聞於鄉閭科、詳明政術可以理人科、才識兼茂明於體用科、達於吏理可使從政科、軍謀宏達材任將帥科、志烈秋霜科、幽素科、詞殫文律科、詞標文苑科、蓄文藻之思科、抱儒素之業科、文藝優長科、絶倫科、臨難不顧徇節寧邦科、長才廣度沈迹下僚科、拔萃科、疾惡科、才膺管樂科、道侔伊吕科、龔黄科、材堪經邦科、才高位下科、抱器懷能科、茂材異等科、良材異等科、文儒異等科、文以經國科、藏名負俗科、藻思清萃科、寄以宣風則能興化變俗科、手筆俊拔超越輩流科、悊人奇士逸淪屠釣科、文史兼優科、文詞雅麗科、博學通議科、博學宏詞科、文辭秀逸科、風雅古調科、詞藻宏麗科、智謀將帥科、武足安邊科、高才沉淪草澤自舉科、高材未達沈迹下僚科、多才科、王霸科、高蹈丘園科、樂道安貧科、諷諫主文科、經學優深科、軍謀越衆科。而王伯厚困學紀聞云：「唐制舉之名多，有八十有六。」則登科記所載，尚有未盡者矣。

唐書選舉志：高宗永徽二年，始停秀才科。

上元二年，加試貢士老子策，明經二條，進士三條。

永隆二年，考功員外郎劉思立言，明經多抄義條，進士惟誦舊策，皆亡實材，而有司以人數充第。乃詔自今明經試帖十得六以上，進士試雜文二篇，通文律者，然後試策。

通典：武后載初二年二月，策問貢士于洛城殿，數日方了，殿前試人自此始。

馬氏端臨曰：武后所試諸路貢士，蓋如後世之省試，非省試之外再有殿試也。唐自開元以前，試士未屬禮部，以考功員外郎主之，武后自詭文墨，故于殿陛間下行員外郎之事。

蕙田案：通考載此事作天授元年。考之正史，武后以載初二年九月改元天授，則策試貢士在未改元以前。通典爲是。

長壽二年，后自製臣軌兩篇，令貢舉習業，停老子。

神龍二年二月制，貢舉人停臣軌，依舊習老子。

開元二十一年，玄宗新注老子成，詔天下每歲貢士，減尚書、論語策而加老子。

唐書選舉志：開元二十四年，考功員外郎李昂爲舉人詆訶，帝以員外郎望輕，遂移貢舉于禮部，以侍郎掌之。禮部選士自此始。

文獻通考：開元二十五年，敕曰：「進士以聲韻爲學，多昧古今；明經以帖誦爲功，罕窮旨趣。自今明經問大義十條，對時務策三首，進士試大經十帖。」

天寶六載，上欲廣求天下之士，命通一藝以上皆詣京師。李林甫恐草野之士對策斥言其姦惡，建言舉人多卑賤愚憒，恐有俚言汙濁聖聽。乃令郡縣長官精加試練，具名送省，委尚書覆試，御史中丞監之，取名實相副者聞奏。既而至者皆試以詩、賦、論，遂無一人及第者。

馬氏端臨曰：以唐登科記考之，是年進士二十三人，風雅古調科一人，不知何以言無一人及第也。

册府元龜：開元二十四年已後，復有秀才舉。其時以進士漸難，而秀才本科無貼經及襍文之限，反易於進士。主司以其科廢久，不欲拔獎，應者多落之，三十年來，無登第者。至天寶初，禮部侍郎韋陟始奏請，有堪此舉者，乃令長官特考，其常年舉送者並停。

顧氏炎武曰：册府元龜又言代宗朝楊綰爲禮部侍郎，請置五經秀才科，事寢不行。而舊唐書儒學傳馮伉，大曆初登五經秀才科，則是嘗行之而旋廢耳。

文獻通考：肅宗乾元初，中書舍人李揆兼禮部侍郎言：「主司考取士，多不考實，徒峻其隄防，索其書策，殊不知藝不至者，居文史之囿，亦不能摛其詞藻，深昧求賢之意。」及試進士日，於庭中設五經、諸史及切韻本於牀，而引貢士謂之曰：「大國選士，但務得材，經籍在兹，請恣尋檢。」

蕙田案：據此，則唐時進士試詩、賦，不許持切韻矣。然白居易集有云：「禮部進士例，許用書策，兼得通宵，得通宵則思慮必周，用書策則文字不錯。」是唐試進士，無挾書之禁，豈李揆知貢舉以後遂以爲例與？

又案：搜索懷挾之例，唐時始有之。

唐書選舉志：代宗廣德二年〔一〕，賈至爲侍郎，建言歲方艱歉，舉人赴省者，兩都試之。兩都試人自此始。

寶應二年，禮部侍郎楊綰言：「進士科起於隋大業中，是時猶試策。高宗朝，劉思立加進士雜文，明經填帖，故爲進士者皆誦當代之文，而不通經史，明經者但記帖括。

〔一〕「二年」，諸本作「元年」，據新唐書選舉志上改。

又投牒自舉，非古先哲王側席求賢之道〔一〕。請依古察孝廉，其鄉閭孝友信義廉恥而通經者，縣薦之州，州試其所通之學，送于省。自縣至省，皆勿自投牒，其到狀、保辨、識牒皆停。而所習經，取大義，聽通諸家之學。每問經十條，對策三道，皆通，爲上第，吏部官之；經義通八，策通二，爲中第，與出身；下第，罷歸。其明經、進士及道舉並停。」帝以問，翰林學士對曰：「舉進士久矣，廢之恐失其業。」乃詔明經、進士與孝廉兼行。

蕙田案：孝廉科罷於建中元年。

初，禮部侍郎親故移試考功，謂之别頭。貞元十六年，中書舍人高郢奏罷，議者是之。元和十三年，禮部侍郎庾承宣奏復考功别頭試。太和三年，高鍇爲考功員外郎，取士有不當，監察御史姚中立又奏停考功别頭試。六年，侍郎賈餗又奏復之。

蕙田案：唐之别頭試，即今所謂迴避卷也。

元和中，明經停口義，復試墨義十條。五經取通五，明經通六。其嘗坐法及爲州縣小吏，雖藝文可採，勿舉。

〔一〕「道」，諸本作「意」，據新唐書選舉志上改。

初，開元中，禮部考試畢，送中書門下詳覆，其後中廢。元和十三年，侍郎錢徽所舉送，覆試多不中選，由是貶官，而舉人雜文復送中書門下。長慶三年，侍郎王起言：「故事，禮部已放榜，而中書門下始詳覆。今請先詳覆，而後放榜。」議者以起雖避嫌，然失貢職矣。太和八年，宰相王涯以爲「禮部取士，乃先以牓示中書，非至公之道。自今一委有司，以所試雜文、鄉貫、三代名諱送中書門下」。

蕙田案：唐進士放牓畢，以試文送兩省詳覆，如今之鄉會試卷送部磨勘，非別命題覆試之也。

先是，進士試詩、賦及時務策五道，明經策三道。建中二年，中書舍人趙贊權知貢舉，乃以箴、論、表、贊代詩、賦，而皆試策三道。太和八年，禮部復罷進士議論，而試詩、賦。文宗從内出題以試進士，謂侍臣曰：「吾患文格浮薄，昨自出題，所試差勝。」乃詔禮部歲取登第者三十人，苟無其人，不必充其數。是時，文宗好學嗜古，鄭覃以經術位宰相，深嫉進士浮薄，屢請罷之。文宗曰：「敦厚浮薄，色色有之，進士科取人二百年矣，不可遽廢。」因得不罷。武宗即位，宰相李德裕尤惡進士。初，舉人既及第，綴行通名，詣主司第謝。其制，序立西階下，北上東向；主人席東階下，西向；

諸生拜，主司答拜；乃叙齒，謝恩，遂升階，與公卿觀者皆坐；酒數行，乃赴期集。又有曲江會、題名席。至是，德裕奏：「國家設科取士，而附黨背公，自爲門生。自今一見有司而止，其期集、參謁、曲江題名皆罷。」

蕙田案：門生之名，起於兩漢，謂所傳業者，非謂所舉之士也。然東漢孝廉于舉主之喪，至有制服三年，比于心喪者，則謝恩私門，漢時已然矣。唐世士子，始以有司爲座主，而自稱門生。中葉以降，遂成門户之習。至是，李文饒當國，始議進士及第後，衹許一度參謁，有司不得于私宅聚集參謁，蓋座主、門生之禁，實始於此。

唐國史補：進士爲時所尚久矣，是故俊乂實在其中，由此而出者，終身爲聞人〔一〕，故爭名常爲時所弊。其都會謂之舉場，通稱謂之秀才，投刺謂之鄉貢，得第謂之進士，互相推敬謂之先輩，俱捷謂之同年，有司謂之座主，京兆府考而升之者謂之等第，外府不試而貢者謂之拔解，然拔解亦須預託人爲詩賦，非謂自薦。將試各相保謂之合保，群居而賦謂之私試，造請權要謂之關節，激揚聲價謂之還往。既捷，列

〔一〕「聞」，諸本作「文」，據唐國史補卷下改。

名於慈恩寺塔謂之題名，大燕於曲江亭子謂之曲江會，曲江大會，在關試後，亦謂關宴，宴後同年各有所之，亦謂之離會。籍而入選謂之春闈，不捷而醉飽謂之打旺燥，匿名造謗謂之無名子，退而肄業謂之過夏，執業以出謂之夏課，亦謂之秋卷。挾藏入試謂之書策，此其大略也。

馬氏端臨曰：案昌黎公贈張童子序言：「天下之以明二經舉，其得升于禮部者，歲不下三千人，謂之鄉貢。又第其可進者，屬之吏部，歲不及二百人，謂之出身。」然觀登科記所載，雖唐之盛時，每年禮部所放進士及諸科，未有及五、七十人者，與昌黎所言不合。又開元十七年，限天下明經取士及第每年不過百人。又太和敕進士及第不得過四十人，明經不得過百一十人。然記所載逐年取人數如此，則元未嘗過百人，固不必爲之限也。又明經及第者姓名尤爲寥寥，今曰不得過百一十人，則是每科嘗過此數矣。豈登科記所載未備而難憑耶？唐史、摭言載華良夫嘗爲京兆解不送〔二〕，以書讓考官曰：「聖唐有天下垂二百年，登進士科者三千餘

〔二〕「華良夫嘗爲京兆解不送」，諸本作「華良入爲京兆解不第」，據文獻通考卷二九校勘記改。

人。」以此證之，則每歲所放，不及二十人也，登科記不誤矣。

右唐取士

五代取士

文獻通考：梁太祖開平元年，敕：「近年舉人當秋薦之時，不親試者號爲『拔解』，今後宜止絶。」又敕：「禮部貢院每年所放明經及第不得過二十人。」乾化元年，以尚書左僕射楊涉知貢舉，非常例也。開元時，以禮部侍郎專知貢舉，其後或以它官領，多用中書舍人及諸司四品清資官，唯會昌中，命太常卿王起主貢舉，時亦檢校僕射。五代時，或以兵部尚書，或以户部侍郎、刑部侍郎爲之，不專主於禮侍矣。

後唐莊宗同光三年，敕：「今年新及第進士符蒙正等，令翰林院覆試。升王澈〔一〕、

〔一〕「王澈」，諸本作「王徽」，據文獻通考卷三〇校勘記改。

桑維翰居魁、亞，降蒙正爲第三〔一〕。今後禮部所試，委中書門下子細詳覆奏聞。」

三年，工部侍郎任贊奏請：「諸色舉人不是家在遠方、水陸隔越者〔二〕，逐處選賓從官僚中藝學精博一人，各於本貫，一例分明比試。如非通贍，不許妄給文解。」

明宗長興三年，敕：「今後落第舉人，所司已納家狀者，次年便赴貢院就試，並免再取文解。」

長興四年，禮部貢院奏新立條件如後：一、九經、五經呈帖由之時，試官書「通」、「不」後，有不及格者，唱落後，請置筆硯，將所納帖由分明，却令自閱，或者試官錯書「通」、「不」，當與改正。如懷疑者，便許請本經當面校對，如寔是錯，即更於帖由上書名而退。一、五科常年駁榜出，多稱屈塞。今年並明書所對經書墨義，云第幾道「不」，第幾道「粗」，第幾道「通」，任將本經書疏照證。如考試官去留不當，許將狀陳訴，當再考較。如合黜落，妄有披述，當行嚴斷。一、今年舉人有抱屈落第者，許將狀

〔一〕「第三」，諸本作「第四」，據文獻通考卷三〇校勘記改。

〔二〕「色」，原脱，據光緒本、文獻通考卷三〇補。

披訴於貢院，當與重試。如貢院不理，即詣御史臺論訴。請自試舉人日，令御史臺差人受舉人訴屈文狀，并引本身勘問所論事件。或知貢舉官及考試官以下敢受貨賂，升擢親朋，屈抑藝能，陰從請託，及不依格去留，一事有違，請行朝典。一、懷挾書策，舊例禁止。請自今後入省門搜得文書者，不計多少，准例扶出，殿將來兩舉。一、遥口受人、迴换試處及抄義題帖書時諸般相救，准例扶出，請殿將來三舉。一、藝業未精，准格落下，恥見同人，妄扇屈聲，擬爲將來基址；及他人帖對過場數多者，便生誣玷，或羅織毆罵者，並當收禁，牒送御史臺，請賜敕鞫。如知貢舉官及考試官事涉私徇情，屈塞藝士，請行朝典。若虚妄者，請嚴行科斷，牒送本道重處色役，仍永不得入舉場，同保人亦請連坐，各殿三舉。奉敕「宜依」。又奏：「准會要：貢人至元日列在方物之前，以備充庭之禮。近來直臨鎖院前，赴應天門外朝見。今後請令舉人復赴正仗如舊法。或以人數不少，請祇取諸科解頭一人就列，其餘續到者，俟齊日别令朝見。」奉敕「依」。

葉氏夢得曰：唐末，禮部知貢舉，有得程文優者，即以已登第時名次處之，不以甲乙爲高下也，謂之「傳衣鉢」。和凝登第，名在十三，後得范魯公質，遂處以十三。

其後范登相位，官至太子太傅，封國於魯，與凝皆同，世以爲異也。

後周太祖廣順三年，敕：「禮部貢院於引試之前，精加考校，逐場去留。無藝者，雖應舉年深，不得饒借場數。有藝者，雖遭黜落，並許陳訴，祇不得街市省門故爲喧競，及投無名文字訕毀主司，如有故違，必行嚴斷，配流邊遠，同保人永不得赴舉。主司不得受薦託書題，密具姓名聞奏，其舉人不得就試。」又令：「今後舉人須取本鄉貫文解，若鄉貫阻隔，祇許兩京給解。」

世宗顯德二年，敕：「國家設貢舉之司，求俊茂之士，務詢文行，以中科名。比聞近年以來，多有濫進，或以年勞而得第，或因媒勢以出身。今歲所貢舉人，試令看詳，果見紕繆，須至去留。其李覃、何曮、楊徽之、趙鄰幾等四人，宜放及第，其嚴説、武允成、王汾、閭丘舜卿、任惟吉、周度、張慎微、王翥、馬文、劉選、程浩然、李震等一十二人〔一〕，藝學未精，並宜黜落，且令苦學，以俟再來。禮部侍郎劉温叟失於選士，頗屬因循，據其過尤，合行譴謫，尚示寬恕，特與矜容，劉温叟放罪。將來貢舉公事，仍令所

〔一〕「李震」，諸本作「李進」，據文獻通考卷三〇校勘記改。

司具條理聞奏。」　其年五月，尚書禮部侍郎、知貢舉竇儀奏：「其進士請今後省卷限納五卷以上，於中雖有詩、賦、論各一卷，餘外雜文、歌篇，並許同納，祇不得有神道碑、誌文之類。　其帖經對義，並須實考，通三已上爲合格，將來却覆試，候考試終場，其不及人以文藝優劣定爲五等：　取文字乖舛、詞理紕繆最甚者爲第五等，殿五舉；其次者爲第四等，殿三舉；　以次稍優者爲第三等、第二等、第一等，並許次年赴舉。其所殿舉數，並於所試卷子上朱書，封送中書門下，請行指揮及罪發解試官、監官等。　其諸科舉人，若合解不解，不合解而解者，監官、試官爲首罪，勒停見任；舉送長官，聞奏取裁。　監官、試官如受賂，及今後進士如有倩人述作文字應舉者，許人告言，送本處色役，永不得仕進，同保人知者殿四舉，不知者殿兩舉。　受倩者如見在官停任，選人殿三選，舉人殿五舉，諸色人量事科罪。」從之。　竇儀又奏：「乞依唐穆宗時考試及第進士，先具姓名、雜文申送中書請奏覆訖，下當司與諸科一齊放榜。」五年，右諫議大夫、知貢舉劉濤於東京試士，放榜後，率新及第進士劉坦已下一十五人來赴行在，以其所試詩賦進呈。　上以其詞多紕繆，命翰林學士李昉覆試，退落郭峻〔一〕、趙保雍等七人，濤坐責官。

馬氏端臨曰：五代五十二年，其間惟梁與晉各停貢舉者二年，則降敕以舉子學業未精之故，至於朝代更易，干戈搶攘之歲，貢舉固未嘗廢也。然每歲所取進士，其多者僅及唐盛時之半，土宇分割，人士流離，固無怪其然。但三禮、三傳、學究、明經諸科，唐雖有之，然每科所取甚少，而五代自晉、漢以來，明經諸科中選者，動以百人計。蓋帖書、墨義，承平之時，士鄙其學而不習，國家賤其科而不取，故惟以攻詩賦中進士舉者爲貴。喪亂以來，文學廢墜，爲士者往往從事乎帖誦之末習，而舉筆能文者固罕見之，國家亦姑以是爲士子進取之塗，故其所取反數倍於盛唐之時也。國初，諸科取人亦多於進士，蓋亦承五季之弊云。

右五代取士

〔一〕「郭峻」，諸本作「郭浚」，據文獻通考卷三〇校勘記改。

五禮通考卷一百七十四

嘉禮四十七

學禮

宋取士

宋史選舉志：宋初，禮部貢舉，設進士、九經、五經、開元禮、三史、三禮、三傳、學究、明經、明法等科，皆秋取解，冬集禮部，春考試。合格及第者〔一〕，列名放榜于尚書

〔一〕「及第」，原作「及名」，據光緒本、宋史選舉志一改。

省。凡進士，試詩、賦、論各一首，策五道，帖論語十帖，對春秋或禮記墨義十條。凡九經，帖書一百二十帖，對墨義六十條。凡五經，帖書八十帖，對墨義五十條。凡三禮，對墨義九十條。凡三傳，一百一十條。凡開元禮，凡三史，各對三百條〔一〕。凡學究，毛詩對墨義五十條，論語十條，爾雅、孝經共十條，周易、尚書各二十五條。凡明法，對律令四十條，兼經並同毛詩之制。各間經引試，通六爲合格，仍抽卷問律，本科則否。諸州判官試進士，録事參軍試諸科，不通經義，則别選官考校，而判官監之。試紙，長官印署面給之。試中格者，第其甲乙，具所試經義，朱書通、否，監官、試官署名其下。進士文卷，諸科義卷、帖由，並隨解牒上之禮部。有篤廢疾者不得貢。貢不應法及校試不以實者，監官、試官停任。受賂，則論以枉法，長官奏裁。凡命士應舉，謂之鏁廳試。所屬先以名聞，得旨而後解。既集，什伍相保，不許有大逆人緦麻以上親，及諸不孝、不悌、隱匿工商異類、僧道歸俗之徒。家狀并試卷之首，署年及舉數、場第、鄉貫，不得增損移易，以仲冬收納，月終而畢。將臨試期，知舉官先引問聯保，

〔一〕「條」，原作「餘」，據光緒本、宋史選舉志一改。

與狀僉同而定焉。凡就試，唯詞賦者許持切韻、玉篇，其挾書爲姦，及口相受授者，發覺即黜之。凡諸州長吏舉送〔一〕，必先稽其板籍，察其行爲；鄉里所推，每十人相保，内有缺行，則連坐不得舉。

文獻通考：太祖建隆元年，詔：「及第人不得拜知舉官子弟、弟姪，及目爲師門、恩門，并自稱門生。」故事，知舉官將赴貢院，臺閣近臣得薦所知進士之負藝者，號曰「公薦」。上慮其因緣挾私，詔禁之。

蕙田案：後唐長興元年，中書門下奏稱：「門生者，門弟子也。大朝所命春官，不曾教誨舉子，是國家貢生，非宗伯門徒。今後及第人不得呼春官爲恩門、師門及自稱門生。」至是又申此禁，然東坡於歐陽公已有老門生之稱，則其稱謂固未能盡革也。

宋史選舉志：乾德元年，詔曰：「舊制，九經一舉不第而止，非所以啓迪仕進之路也；自今依諸科許再試。」

〔一〕「州」，原作「司」，據光緒本、宋史選舉志一改。

馬氏端臨曰：自唐以來，所謂明經者，不過帖書、墨義而已。嘗見東陽麗澤呂氏家塾，有刊本呂許公夷簡應本州鄉舉試卷，因知墨義之式，蓋十餘條。有云「作者七人矣，請以七人之名對」，則對云：「七人，某某也。謹對。」有云「見有禮于君者，如孝子之養父母也，請以下文對」，則對云：「下文曰：見無禮于君者，如鷹鸇之逐鳥雀也。謹對。」有云「請以注、疏對」，則對云：「注、疏曰云云。謹對。」有不能記憶者，則只云「對未審」。其上則具考官批鑿，如所對善，則批一「通」字，如所對誤及未審者，則批一「不」字，大概如兒童挑誦之狀。故自唐以來賤其科，所以不通者，殿舉之罰特重，而一舉不第者，不可再應，蓋以其區區記問，猶不能通悉，則無所取材故也。藝祖許令再應，待士之意亦厚矣。

三年，陶穀子邴擢上第，帝曰：「穀不能訓子，安得登科第？」乃詔：「食禄之家，有登第者，禮部具姓名以聞，令覆試之。」自是，別命儒臣于中書覆試，合格乃賜第。

蕙田案：文獻通考在乾德五年，與此不同。

又案：進士覆試始於此，與唐制試文送中書詳覆有別。

太祖始置賢良方正能直言極諫、經學優深可爲師法、詳閑吏理達于教化，凡三科，不限前資、見任職官，黄衣草澤，悉許應詔，對策三千言，詞理俱優則中選。乾德四年，有司僅舉直言極諫一人，堪爲師法一人，召陶穀等發策，帝親御殿臨視之，給硯席坐于殿之西隅。及對策，詞理疏闊，不應所問，賜酒饌宴勞而遣之。

開寶三年，詔禮部閲貢士及十五舉嘗終場者，得一百六人，賜本科出身。特奏名恩例，蓋自此始。

蕙田案：宋制，省試進士合格者謂之正奏名，其屢經鄉貢而絀於禮部或廷試所不録者，積前後舉數，參其年而差等之。遇親策士，則别籍其名以奏，徑許附試，謂之特奏名。如今時會試不中式，而特恩令其一體廷試也。

五年，禮部奏合格進士、諸科凡二十八人，上親召對講武殿，而未及引試也。明年，翰林學士李昉知貢舉，取宋準以下十一人，而進士武濟川、三傳劉睿材質最陋，對問失次，上黜之。濟川，昉鄉人也。會有訴昉用情取舍，帝乃籍終場下第人姓名，得三百六十人，皆召見，擇其一百九十五人，并準以下，乃御殿給紙筆，别試詩賦。命殿中侍御史李瑩等爲考官，得進士二十六人，五經四人，開元禮七人，三禮三十八人，三傳二十六人，三史三人，學究十八人，明法五人，皆賜及第，又賜錢二十萬以張宴會。昉等尋皆坐責。殿試遂爲常制。帝嘗語近臣曰：「昔者，科名多爲勢家所取，朕親臨試，盡革其弊矣。」是年，親試進士王式等，乃定王嗣宗第一，王式第四。自是御試與省試名次，始有升降之别。時江南未平，進士林松、雷説試不中格，以其間道來歸，亦賜三傳出身。

馬氏端臨曰：殿前試士，始于唐武后。然唐制以考功郎中任取士之責，后不過下行其事，以取士譽，非于考功已試之後再試之也。開元以後，始以禮部侍郎知貢舉，送中書門下詳覆。然惟元和間，錢徽爲侍郎，知貢舉，宰相段文昌言其取士不公，覆試多不中選，徽坐免官。長慶以後，則禮部所取士，先詳覆而後放榜，則雖有詳覆之名，而實未曾再試矣。五代以來，所謂詳覆者，間有升黜。入宋，太祖乾德六年，命中書覆試，則以帝疑陶穀之子不能文而中選，故覆之，亦未嘗別爲之升黜。至開寶六年，李昉知舉，放進士後，下第人徐士廉等打鼓論榜，上遂于講武殿命題重試，御試自此試始，昉等所取十一人，重試共取二十六人，然于昉等所取十一人內，只黜武濟川一人，餘十人則高下一依元次，而續取到二十六人，不過附名在此十人之後，共爲一榜，然則是年雖別試，而共爲一榜，亦未嘗有省試、殿試之分也。至八年，覆試禮部貢院合格舉人王式等于講武殿內，出試題，得進士三十六人，而以王嗣宗爲首。王式者，禮部所定合格第一人，則居其四。蓋自是年，御試始別爲升降，始有省試、殿試之分，省元、狀元之别云。

蕙田案：殿試進士，始於開寶六年，殿試與省試名第有升降，則始於八年，宋史誤合爲一年事。

開寶八年，詔諸州察民有孝弟力田、奇才異行或文武材幹、年二十至五十可任使者，具送闕下〔一〕，如無人塞詔，亦以實聞。九年，諸道舉孝弟力田及有才武者凡七百四十人，詔翰林學士李昉等於禮部試其業，一無可采。而濮州以孝悌薦名者三百七十人，帝駭其多，召對講武殿，率不如詔。猶自陳素習武事，復試以騎射，輒顛隕失次。帝紿曰：「是宜隸兵籍。」皆號呼乞免，乃悉罷去。詔劾本部濫舉之罪。

太宗太平興國二年〔二〕，御殿覆試，内出賦題，賦韻平側相間，依次而用。命李昉、扈蒙第其優劣爲三等，得呂蒙正以下一百九人。越二日，覆試諸科，得二百人，並賜及第；又閲貢籍，得十舉以上至十五舉進士、諸科一百八十餘人，並賜出身；九經七人不中格，亦憐其老，特賜同三傳出身；凡五百餘人，皆賜袍笏，錫宴開寶寺，帝自爲詩二章賜之〔三〕。

三年九月〔四〕，廷試舉人。故事，惟春放榜，至是秋試，非常例也。是冬，諸州舉人

〔一〕「具」，諸本作「其」，據宋史選舉志一改。
〔二〕「二年」，諸本作「三年」，據宋史選舉志一改。
〔三〕「二章」，諸本作「一章」，據宋史選舉志一改。
〔四〕「九月」，原作「八月」，據光緒本、宋史選舉志一改。

並集，會將親征北漢，罷之。自是，間一年或二年乃貢舉。

馬氏端臨曰：選舉志言是年試進士始加論一首，然考登科記所載，建隆以來逐科試士，皆是一賦、一詩、一論，凡三題，非始於是年也。

五年，覆試進士。有趙昌國者，求應百篇舉，謂一日作詩百篇。帝出雜題二十，令各賦百篇，篇八句，日旰，僅成數十首，率無可觀。帝以是科久廢，特賜及第，以勸來者。

文獻通考：太平興國八年試進士，始分三甲。

蕙田案：進士分三甲，始於此。景德以後分爲五甲，終宋之世皆承之。

宋史選舉志：雍熙二年，廷試初唱名及第。是年及端拱初，禮部試已，帝慮有遺才，取不中格者再試之，於是由再試得官者數百人。凡廷試，帝親閱卷累日，宰相屢請，宜歸有司，始詔歲命官知舉。

蕙田案：舊唐書李戡傳云：「禮部試，吏唱名乃入，戡恥之。」是考試唱名，其來已久，若殿試後臨軒唱名及第，則始於此時。

淳化三年，諸道貢士凡萬七千餘人。先是，有擊登聞鼓訴校試不公者。蘇易簡知貢舉，受詔即赴貢院，仍糊名考校，遂爲例。既廷試，帝諭多士曰：「爾等各負志業，效官之外，更勵精文采，無墜前功也。」詔刻禮記儒行篇賜之。每科進士第一人，天子寵之以詩，後嘗作箴賜陳堯叟，至是，并賜焉。

蕙田案：糊名試士始於此。

馬氏端臨曰：藝祖、太宗皆留意于科目，然開寶八年，王嗣宗爲狀元，止授秦州司理參軍，嘗以公事忤知州路沖，沖怒，械繫之于獄。然則當時狀元所授之官既卑，且不爲長官所禮，未至如後世「榮進素定，要路在前」之説也。至太平興國二年，始命第一、第二等進士及九經授將作監丞、大理評事、通判諸州，其次皆優等注擬，凡一百三十人。淳化二年，試士第一甲至三百二人，皆賜及第。太宗時，惟此二年科目恩數最爲優渥。涑水記聞言太平興國之事，以爲太祖幸西都，張齊賢以布衣獻策，帝善之，歸語太宗曰：「吾幸西都，得一張齊賢，我不欲官之，汝異日可收以自輔。」是榜齊賢中選，適在數十人後。及注官，乃詔盡與超除。如此，則是通榜恩數之厚，是太宗欲曲爲張齊賢之地。馬永卿語録載淳化二年之事，則以爲武當山道士鄧若拙嘗出神，見二仙官相語曰：「來春進士榜有宰相三人，而一人極低，如何？」對曰：「高低不可易也，獨甲科可易，不若以第二甲爲第一甲。」道士覺以告人。既而喝名，上適有宫中之喜，因謂近臣：「第一甲多放幾人，言止則止。」遂唱第一甲，上意亦忽忽忘之，至三百人方悟，是年榜三百五十三人，而第一甲三百二人，第二甲五十一人，丁謂第四人，王欽若第十一人，張士遜第二百六十人，後丁謂、王、張皆爲宰相。如此，則是黄甲人數之多，是神物欲曲爲張士遜之地。二説頗涉偏私詭異，故李大性所著典故辨疑深言其不然。愚以爲太宗寤寐英賢，如恐不及，時出特恩，以示獎勵，故初無一定之例。有如太平興國二年、三年，第一等、第二等並授通判，而五年則前二十三名授通判，八年則第一甲授知縣，雍熙二年第一等爲節察推官，淳化三年則止前四名授通判，則累科授官之崇庳無定例也。分甲取人，始于太平興國八年，然是年第三甲五十四人，第二甲一百五十七人，反三倍于第三甲之數。端拱元年、二年，則又不分甲。淳化三年，第二甲五十一人，第一甲三百二人，反六倍于第二甲之數，則累科分甲人數之多少無定例也。好事者徒見二張致身宰輔而不擢高科，而二科恩例適爾優厚，故必以爲曲爲二人之地耳。

自淳化末，停貢舉五年；真宗即位，復試，而高句麗始貢一人。先是，國子監、開封府所貢士，與舉送官爲姻戚，則兩司更互考試，始命遣官别試。

咸平三年，親試陳堯咨等八百四十人〔一〕，特奏名者九百餘人，有晉天福中嘗預貢者。又賜河北進士、諸科三百五十人及第、同出身。既下第，願試武藝及量才録用者，又五百餘人，悉賜裝錢慰遣之，命禮部叙爲一舉。較藝之詳，推恩之廣，近代所未

〔一〕「八」，諸本脱，據宋史選舉志一補。

有也。舊制，及第即命以官。上初復廷試，賜出身者亦免選，於是策名之士尤衆，雖藝不及格，悉賜同出身。迺詔有司，凡賜同出身者，並令守選，循用常調，以示甄別。

咸平四年，詔學士、兩省御史臺五品〔一〕、尚書省諸司四品以上，於内外京朝幕府州縣官、草澤中，各舉賢良方正一人，不得以見任轉運使及館閣職事人應詔。是年，策秘書丞查道等七人，皆入第四等。景德二年，增置博通墳典達於教化、才識兼茂明于體用、武足安邊、洞明韜略運籌決勝、軍謀宏遠材任邊寄等科，詔中書門下試察其才，具名聞奏，將臨軒親策之。自是應令者寖廣，而得中高等亦少。

景德四年，定親試進士條制。凡策士，即殿兩廡張帟，列几席，標姓名其上。先一日，表其次序，揭示闕外，翌日拜闕下，乃入就席。試卷，内臣收之，付編排官，去其卷首鄉貫狀，别以字號第之；付封彌官謄寫校勘，用御書院印，付考官定等畢，復封彌送覆考官再定等。編排官閱其同異，未同者再考之；如復不同，即以相附近者爲定。始取鄉貫狀字號合之，即第其姓名、差次，并試卷以聞。其考第之制，凡五等：學識優

〔一〕「御史臺五品」，諸本作「五品御史臺」，據宋史選舉志一乙正。

長〔一〕、詞理精純爲第一；才思該通、文理周率爲第二；文理俱通爲第三；文理中平爲第四；文理疏淺爲第五。然後臨軒唱第，上二等曰及第，三等曰出身，四等、五等曰同出身。餘如貢院舊制。

蕙田案：廷試進士條例，至是始詳，凡彌封、編號之例，皆定於此時。

文獻通考：景德四年，命禮部糊名考較。命晁迥等知貢舉，滕元晏等封印卷首。凡封卷首及點檢詳試别命官皆始此。先糊名用之殿試，今復用之禮部也。初，陳彭年舉進士，以輕俊爲宋白所黜，於是彭年與迥等更定條制，設關防，不復揀擇文行。雖杜絶請託，然寘甲科者多非人望，自彭年始也。

蕙田案：史稱蘇易簡知貢舉，受詔即赴貢院，仍糊名考校，在淳化三年，則禮部糊名，太宗時已行之，不獨殿試也。豈淳化以後其例中廢，至是再行之，而後遂爲永制與？

〔一〕「識」，諸本作「賦」，據宋史選舉志一改。

大中祥符二年〔一〕，親試東封路服勤詞學、經明行修，賜進士梁固以下三十一人。

四年，親試祀汾陰路服勤詞學、經明行修，賜進士張師德以下三十一人。

馬氏端臨曰：自雍熙、端拱而後，取士之法，省試之後乃有殿試，已爲定例。獨此二年，會要所載，乃停貢舉年分，禮部未嘗放進士，然則此六十餘人者，迺是封禪特恩所試，如後來免省到殿之類是也。

五年，上聞貢院監門官以諸科舉人挾書爲私，悉解衣閲視，失取士之體，亟令止之。先是，挾書赴試者，並同保人殿一舉。是歲試諸科，以挾書扶出者十八人，計同保九十三人，而十二人當奏名。有司以聞，上特令赴殿試。禮部請：「自今挾書犯者，依條殿舉，其同保殿舉指揮更不施行。」奏可。

蕙田案：挾書之犯，坐及同保，其罰太重，禮部議罷之，是也。

八年，始制謄録院。

蕙田案：謄録易書之制始此。

〔一〕「二年」，諸本作「三年」，據文獻通考卷三〇改。

宋史選舉志：景祐初，詔曰：「鄉學之士益蕃，而取人路狹，使孤寒棲遲，或老而不得進，朕甚憫之。其令南省就試進士、諸科，十取其二。凡年五十，進士五舉、諸科六舉，嘗經殿試，進士三舉、諸科五舉，及嘗預先朝御試，雖試文不合格，毋輒黜，皆以名聞。」自此率以爲常。士有親戚仕本州，或爲發解官，及侍親遠宦，距本州二千里，令轉運司類試，以十率之，取三人。於是諸路始有別頭試。其年，詔開封府、國子監及別頭試，封彌、謄録如禮部。初，貢士踵唐制，猶用公卷，然多假他人文字，或傭人書之。景德中，嘗限舉人於試紙前親書家狀，如公卷及後所試書體不同，並駁放；其假手文字，辨之得實，即斥去，永不得赴舉。賈昌朝言：「自唐以來，禮部采名譽，觀素學，故預投公卷；今有封彌、謄録法，一切考諸試篇，則公卷可罷。」自是不復有公卷。

蕙田案：公卷者，士子平日所作文字，先期納之禮部。景德中，定令知舉官先一月差入貢院，考校公卷，分爲等第。蓋恐士子一日之間不能盡其所長，而欲以素業參之也。自省試有糊名之法，考官雖不能得其姓名，猶有字體可以略識一二。至謄録之法行，專以試卷定其高下，而公卷遂爲無用矣。

仁宗初，詔曰：「朕開數路，以詳延天下之士，而制舉獨久不設，意者吾豪傑或以故見遺也，其復置此科。」於是增其名，曰賢良方正能直言極諫科、博通墳典明於教化科、才識兼茂明于體用科、詳明吏理可使從政科、識洞韜略運籌帷幄科、軍謀宏遠材任邊寄科，凡六，以待京、朝之被舉及起應選者。又置書判拔萃科，以待選人。又置高蹈丘園科、沈淪草澤科、茂材異等科，以待布衣之被舉者。其法，先上藝業于有司，有司較之，然後試秘閣，中格，然後天子親策之。

蕙田案：此詔在天聖七年，所謂天聖十科也。

葉氏夢得曰：富公以茂材異等登科，後召試館職，以不習詩賦求免。仁宗特命試以策論，後遂爲故事。制科不試詩賦，自富公始。至蘇子瞻，又去策，止試論三篇。熙寧初，罷制舉，其事遂廢。故事，制科分五等，上二等皆虚，惟以下三等取人，然中選者亦皆第四等。設科以來，止吴正肅、蘇子瞻入第三等，故子瞻謝啓云：「誤占久虚之等。」

寶元中，李淑侍經筵，上訪以進士詩、賦、策、論先後，俾以故事對。淑對曰：「唐調露二年，劉思立爲考功員外郎，以進士試策滅裂，請帖經以觀其學，試雜文以觀其才。自此沿以爲常。至永隆二年，進士試雜文二篇，通文律者，始試策。天寶十一年，進士試一經，能通者試文賦，又通而後試策五條，皆通，中第。建中二年，趙贊請試以時務策五篇，箴、論、表、贊各一篇，以代詩、賦。太和三年，試帖經，略問大義，取精通者，次試論、議各一篇。八年，禮部試以帖經口義，次試策五篇，問經義者三，問時務者二。厥後變易，遂以詩賦爲第一場，論第二場，策第三場，帖經第四場。今陛下欲求理道而不以雕琢爲貴，得取士之實矣。然考官以所試分考，不能通加評校，而每場輒退落，士之中否，殆繫于幸不幸。願約舊制，先策，次論，次賦及詩，次帖經、墨義，而敕有司併試四場，通較工拙，毋以一場得失爲去留。」詔有司議，稍施行焉。

文獻通考：慶曆四年，知諫院歐陽修言：「貢進士，請先試以策，擇其文辭鄙惡者，文意顛倒重雜者，不識題者，不知故實，略而不對所問者，誤引事迹者，雖能成文而理識乖誕者，雜犯舊格不考式者，先去之，計於二千人中可去五六百。以其留者次試以論，又如前法而考之，又可去其二三百。其留而試詩賦者，不過千人矣。於千人而選五百，少而易考，不至勞昏。其節抄剽盜之人，皆以先去，比及詩賦，皆是已經策論，粗有學問、理識不至乖誕之人，縱使詩賦不工，亦可以中選矣。如此可使童年新學全不曉事之人無由而進。臣所謂變法必須逐場去留，然後可革舊弊者也。」

馬氏端臨曰：詩、賦不過工浮詞，論、策可以驗實學，此正理也。今觀歐公所陳，欲先考策、論，後考詩、賦，是以粗淺視論、策，而以精深視詩、賦矣。蓋場屋之文，論、策則蹈襲套話，故汗漫難憑；詩、賦則拘以聲律對偶，故工拙易見。其有奧學雄文，能以策、論自見者，十無一二，而紛紛鵠袍之士，固有頭場號爲精工，而論、策一無可採者。蓋自慶曆以來，場屋之弊已如此，不特後來爲然也。故歐公之言，欲先試論、策，擇其十分亂道者先澄汰之，不特使之稍務實學，且使司衡鑑者所考少則易精；又既工論、策，不患其不長詩、賦，縱詩、賦不工，亦不害爲博古通今之士矣。

知制誥富弼言：「國家沿隋、唐設進士科，自咸平、景德以來，爲法尤密，而得人之道或未至。歷代取士，悉委有司，未聞天子親試也。至唐武后，始有殿試，何足法哉？使禮部次高下以奏，而引諸殿廷唱名賜第，則與殿試無以異矣。」遂詔罷殿試，而議者多言其輕上恩，隳故事，旋復殿試如舊。

宋史選舉志：嘉祐二年，親試舉人，凡與殿試者，始免黜落。時進士益相習爲奇僻，鉤章棘句，寖失渾淳。歐陽修知貢舉，尤以爲患，痛裁抑之，仍嚴禁挾書者。既而試榜出，時所推譽者，皆不在選。澆薄之士，候修晨朝，群聚詆斥之，街司邏卒不能止，至爲祭文投其家，卒不能求其主名置於法，然自是文體亦少變。

王洙侍邇英閣講周禮，至「三年大比，大考州里，以贊鄉大夫廢興」，上曰：「古者選士如此，今率四五歲一下詔，故士有抑而不得進者，孰若裁其數而屢舉也。」下有司議，咸謂：「易以間歲之法，則無滯才之嘆。薦舉數既減半，主司易以詳較，得士必精。且人少則有司易爲檢察，僞濫自不能容，使寒苦藝學之人得進。」于是下詔：「間歲貢舉，進士、諸科悉解舊額之半。增設明經，試法：凡明兩經或三經、五經，各問大義十條，兩經通八，三經通六，五經通五爲合格，兼以論語、孝經，策時務三條，出身與進士等。而罷説書舉。」時以科舉既數，而高第之人驟顯，欲稍裁抑。遂詔：「自今制科入第三等，與進士第一，除大理評事、簽書兩使幕職官；代還，升通判；再任滿，試館職。制科入第四等，與進士第二、第三，除兩使幕職官；代還，改次等京官。制科入第五等，與進士第四、第五，除試銜知縣；代還，遷兩使職官。鏁廳人視此。若夫高才異行，功狀較然者，當以異恩擢焉。」仁宗之朝十有三舉，進士四千五百七十人；其甲第之三人，凡三十有九，其後不至於公卿者，五人而已。

英宗即位，議者以間歲貢士法不便，迺詔禮部三歲一貢舉，天下解額，取未行間歲之前四之三爲率，明經、諸科毋過進士之數。

蕙田案：三歲一貢舉，其制始此。

神宗篤意經學，深憫貢舉之弊，且以西北人材多不在選，遂議更法。王安石謂：「古之取士，俱本於學，請興建學校以復古。其明經、諸科欲行廢罷，取明經人數增進士額。」迺詔曰：「化民成俗，必自庠序；進賢興能，抑由貢舉。而四方執經藝者專于誦數，趨鄉舉者狃于文辭，與古所謂『三物賓興，九年大成』亦已盭矣。今下郡國招徠雋賢，其教育之方，課試之格，令兩制、兩省、待制以上、御史、三司、三館雜議以聞。」議者多謂變法便。直史館蘇軾曰：「得人之道，在于知人，知人之法，在於責實。使君相有知人之明，朝廷有責實之政，則胥史、皂隸，未嘗無人，雖用今之法，臣以爲有餘；使無知人之明，無責實之政，則公卿、侍從，常患無人，況學校貢舉乎？雖復古之制，臣以爲不足矣。時有可否，物有興廢，使三代聖人復生於今，其選舉亦必有道，何必由學乎？且慶曆間嘗立學矣，天下以爲太平可待，至於今惟空名僅存。今陛下必欲求德行道藝之士，責九年大成之業，則將變今之禮，易今之俗。又當發民力以治宮室，斂民財以養游士，置學立師；而又時簡不帥教者，屏之遠方，徒爲紛紛，其與慶曆之際何異？至於貢舉，或曰鄉舉德行而略文章，或曰專取策論而罷詩賦，或欲舉唐故事，采譽望而罷封彌，或欲變經生帖、墨而考大義，此數者皆非也。夫欲興德行，在於君人者脩身以格物，審好惡以表俗，若欲設科立名以取之，則是教天下相率而爲僞也。上以孝取人，則勇者割股，怯者廬墓。上以廉取人，則弊車、羸馬、惡衣、菲食，凡可以中上意者無所不至。自文章言之，則策論爲有用，詩賦爲無益；自政事言之，則詩賦、論策均爲無用。然自祖宗以來莫之廢者，以爲設法取士，不過如此也。近世文章華麗，無如楊億，使億尚在，則忠清鯁亮之士也。通經學古，無如孫復、石介，使復、介尚在，則迂闊誕謾之士也。矧自唐至今，以詩賦爲名臣者，不可勝數，何負於天下，而必欲廢之。」帝讀蘇軾疏曰：「吾固疑此，得軾議，釋然矣。」他日問王安石，對曰：「今人材乏少，且其學術不一，異論紛然，不能一道德故也。一道德則脩學校，欲修學校，則貢舉法不可不變。若謂此科嘗多得人，自緣仕進別無他路，其間不容無賢；若謂科法已善，則未也。今以少壯時，正當講求天下正理，乃閉門學作詩賦，及其入官，世事皆所不習，此科法敗壞人才，致不如古。」于是改法，罷詩賦、帖經、墨義，士各占治易、詩、書、周禮、禮記一經，兼論語、孟子。每試四場，初大經，次兼經，大義凡十道，後改論語、孟子義各三道〔一〕。次論一首，次策三道，禮部試即增二道。中書撰大義式頒行。試義者須通經，有文采乃爲中格，不但如明經墨義粗解章句而已。取諸科解名十之三，增進士額，京東西、陝西、河北、河東五路之創試進士者，及府、監、他路之舍諸科而爲進士者，乃得所增之額以試。皆別爲一號考取，蓋欲優其業，使不至外侵，則常慕向改業也。又立新科明法，試律令、刑統大義、斷案，所以待諸科之不能業進士者。未幾，選人、任子，亦試律令始出官。又詔進士自第三人以下試法〔二〕。或言：「高科任僉判及職官，於習法豈所宜緩。昔試刑法者〔三〕，世皆指爲俗吏，今朝廷推恩既厚，而應者尚少，若高科不試，則人不以爲榮。」乃詔悉試。

蕙田案：熙寧之經義，即八股文所由昉也。唐時明經試以墨義，祇以課記誦之能否，於經典大義，無所發明。宋初猶承之，故其時進士科特重，而有志之士，鄙學究而不爲。至是，中書撰大義之式頒行天下，主於疏解理趣，不爲章句之

〔一〕「各」，諸本作「凡」，據宋史選舉志一改。
〔二〕「三人」，諸本作「二人」，據宋史選舉志一改。
〔三〕「法」，原作「罰」，據光緒本、宋史選舉志一改。

陋。立法非不甚善，顧乃廢歷代專家之學，而以荆公一家之説立於學官，則未免師心而蔑古耳。自是迄於宋世，詩賦或興或廢，經義與詩賦或分兩科，或合爲一科。至元、明，而詩賦之文不復施于應舉矣。

熙寧三年，親試進士，始專以策，定著限以千字。舊特奏名人試論一道，至是亦制策焉。帝謂執政曰：「對策亦何足以實盡人材，然愈於以詩賦取人爾。」諸州舉送、發解、考試、監試官，凡親戚若門客毋試於其州，類其名上之轉運司，與鏁廳者同試，率七人特立一額。後復令存諸科舊額十之一，以待不能改業者。

蕙田案：宋初殿試進士詩、賦、論三篇，至是始專用策。元祐八年，中書議復祖宗法，會紹述議起，不果行，自後相沿，以爲定例。

文獻通考：熙寧八年，頒王安石詩、書、周禮義于學官，謂之三經新義。

宋史選舉志：神宗以進士試策，與制科無異，遂詔罷之。試館職則罷詩、賦，更以策、論。元祐二年〔一〕，復制科。凡廷試前一年，舉奏官具所舉者策、論五十首奏

〔一〕「二年」，諸本作「元年」，據宋史選舉志一改。

上〔一〕，而次年試論六首，御試策一道，召試、除官、推恩，略如舊制。

蕙田案：宋舉制科，惟仁宗朝得人爲盛，一罷于熙寧，再罷於紹聖，南渡雖復舉故事，而應詔者寥寥矣。

元祐初，方改更先朝之政，禮部請置春秋博士，專爲一經。尚書省請復詩賦，與經義兼行，解經通用先儒傳注及己説。又言：「新科明法中者，吏部即注司法，叙名在及第進士之上。舊明法最爲下科，然必責之兼經，古者先德後刑之意也。欲加試論語大義，仍裁半額，注官依科目次序。」詔近臣集議。左僕射司馬光曰：「取士之道，當先德行，後文學；就文學言之，經術又當先於詞采。神宗專用經義、論策取士，此乃復先王令典，百王不易之法。但王安石不當以一家私學，令天下學官講解。至於律令，皆當官所須，使爲士者果能知道義，自與法律冥合，何必置明法一科，習爲刻薄，非所以長育人材、敦厚風俗也。」四年，乃立經義、詩賦兩科，罷試律義。凡詩賦進士，於易、詩、書、周禮、禮記、春秋左傳内聽習一經。初試本經義二道，語、孟義各一道，次

〔一〕「凡廷試前一年舉奏官具所舉者策論五十首」十八字，諸本脱，據宋史選舉志一補。

試賦及律詩各一首，次論一首，末試子、史、時務策二道。凡專經進士，須習兩經，以詩、禮記、周禮、左氏春秋爲大經，書、易、公羊、穀梁、儀禮爲中經，左氏春秋得兼公羊、穀梁、書，周禮得兼儀禮或易，禮記、詩並兼書，願習二大經者聽，不得偏占兩中經。初試本經義三道，論語義一道，次試本經義三道，孟子義一道，次論策，如詩賦科。並以四場通定高下，而取解額中分之，各占其半。專經者用經義定取舍，兼詩賦者以詩賦爲去留，其名次高下，則於策論參之。自復詩賦，士多鄉習，而專經者十無二三，諸路奏以分額各取非均，其後遂通定去留，經義毋過通額三分之一。

光又請：「立經明行修科，歲委升朝文臣各舉所知，以勉勵天下，使敦士行，以示不專取文學之意。若所舉人違犯名教及贓私罪，必坐舉主，毋有所赦，則自不敢妄舉。」遂立科，許各舉一人。凡試進士者，及中第唱名日，用以升甲。後分路別立額六十一人，州縣保任上之監司，監司考察以聞，無其人則否。預薦者不試於州郡，惟試禮部。不中，許用特奏名格赴廷試，後以爲常。既而詔須特命舉乃舉，毋概以科場年上其名。

六年，詔復通禮科。初，開寶中，改鄉貢開元禮爲通禮，熙寧嘗罷，至是始復。

八年，中書請御試復用祖宗法，試詩賦、論、策三題，且言：「士子多已改習詩賦，太學生員總二千一百餘人，而不兼詩賦者纔八十二人〔一〕。」於是詔：「來年御試〔二〕，習詩賦人復試三題〔三〕，專經人且令試策。」自後概試三題。

紹聖初，詔進士罷詩賦，專習經義，廷對仍試策。初，神宗念字學廢缺，詔儒臣探討，而王安石乃進其說，學者習焉。元祐禁勿用。至是，除其禁。

紹聖初，哲宗謂：「制科試策，對時政得失，進士策亦可言。」因詔罷制科。既而三省言：「今進士純用經術。如詔誥、章表、箴銘、賦頌、赦敕、檄書、露布、誡諭，其文皆朝廷官守，日用不可闕，且無以兼收文學博異之士。」遂改置宏詞科，歲許進士及第者詣禮部請試，如見守官則受代乃請，率以春試上舍生附試，不自立院也。試章表、露布、檄書用駢儷體，頌、箴銘、誡諭、序記用古體或駢儷，惟誥詔、赦敕不以爲題。凡試二日四題，試者雖多，取毋過五人，中程則上之三省覆試之，分上、中二等，推恩有差；

〔一〕「八」，諸本脱，據宋史選舉志一補。
〔二〕「御」，諸本作「鄉」，據宋史選舉志一改。
〔三〕「三」，原作「詩」，據光緒本、宋史選舉志一改。

詞藝超異者，奏取旨命官。

蕙田案：宏詞科所試章表、露布、檄書，皆駢儷之文，亦詩賦類也。今必去詩賦而立是科者，以詩賦取士出於元祐之改制，不盡更之，不足以快紹述之議，非真有惡於詞賦也。

四年，詔禮部，凡内外試題悉集以爲籍，遇試，頒付考官，以防複出。罷春秋科，凡試，優取二禮，兩經許占全額之半，而以其半及他經。既而復立春秋博士，崇寧又罷之。徽宗設辟雍於國郊，以待士之升貢者。然州郡猶以科舉取士，不專學校。崇寧三年，遂詔：「天下取士，悉由學校升貢，其州郡發解及試禮部法並罷。」自此，歲試上舍，悉差知舉，如禮部試。

五年，詔：「大比歲，更參用科舉取士一次，其亟以此意使遠士即聞之。」時州縣悉行三舍法，得免試入學者，多當官子弟，而在學積歲月，累試乃得應格，其貧且老者甚病之，故詔及此，而未遽廢科舉也。

大觀四年五月，星變，詔更行科舉一次。臣僚言：「場屋之文，專尚偶麗，題雖無兩意，必欲釐而爲二，以就對偶；其超詣理趣者，反指以爲澹泊。請擇考官而戒飭之，取其有理致而黜其强爲對偶者，庶幾稍救文弊。」

蕙田案：場屋經義之文用對偶，自宋時已然，則八股之式，不始於明代矣。

大觀四年，詔：「宏詞科格法未詳，不足以致文學之士，改立詞學兼茂科，歲附貢士院試，取毋過三人。」政和增爲五人。不試檄書，增制誥，以歷代史事借擬爲之，中格則授館職。辛臣執政親屬毋得試。宣和罷試上舍，乃隨進士試於禮部。

宣和三年，詔罷天下三舍法，開封府及諸路並以科舉取士；惟大學仍存三舍，以甄序課試，遇科舉仍自發解。六年，禮部試進士萬五千人，詔特增百人額，正奏名賜第者八百餘人，因上書獻頌直令赴試者殆百人。有儲宏等隸大閹梁師成爲使臣或小史，皆賜之第。梁師成者，於大觀三年嘗中甲科。自設科以來，南宫試者，無踰此年之盛。然雜流閹官，俱玷選舉，而祖宗之良法蕩然矣。凡士不繇科舉若三舍而賜進士第及出身者，其所從得不一。凡遺逸、文學、吏能言事或奏對稱旨，或試法而經律入優，或材武、或童子而皆能文，或邊臣之子以功來奏，其得之雖有當否，大較猶可取也。崇寧、大觀之後，達官貴胄既多得賜，以上書獻頌而得者，又不勝紀矣。

高宗建炎初，駐蹕揚州，時方用武，念士人不能至行在，下詔：「諸道提刑司選官即轉運置司州〔一〕、軍引試，使副或判官一人董之。河東路附京西轉運司。國子監、開封府人就試於留守司，命御史一人董之。國子監人願就本路試者聽。」

二年，定詩賦、經義取士。第一場詩、賦各一首，習經義者本經義三道〔二〕，語、孟義各一道；第二場並論一道；第三場並策三道。殿試策如之。自紹聖後，舉人不習詩賦，至是始復，遂除政和令命官私相傳習詩賦之禁。又詔：「下第進士，年四十以上六舉經御試、八舉經省試，五十以上四舉經御試、五舉經省試者，河北、河東、陝西特各減一舉；元符以前到省，兩舉者不限年，一舉年五十五已上者，諸道轉運司、開封府悉以名聞，許直赴廷試。」是秋，四方士集行在，帝親策于集英殿，第爲五等，賜正奏名李易以下四百五十一人進士及第、進士出身、同學究出身、同出身。川、陝、河北、京東正奏名不赴者一百三人，以龍飛特恩，即家賜第。故事，廷試上十名，内侍先以卷奏定高下。帝曰：「取士當務至公，豈容以己意升降，自今勿先進卷。」

〔一〕「提刑司選官即轉運置司州」，諸本作「提刑轉運司選官即置司州」，據宋史選舉志二乙正。
〔二〕「三道」，原作「二道」，據光緒本、宋史選舉志二改。

蕙田案：廷試前十名卷，先期奏請御定，亦始見于此。

馬氏端臨曰：熙寧四年，始罷詞賦，專用經義取士，凡十五年。至元祐元年，復詞賦，與經義兼行。至紹聖元年，復罷詞賦，專用經義，凡三十五年。至建炎二年，又兼用經、賦。蓋熙寧、紹聖則專用經而廢賦，元祐、建炎則雖復賦而未嘗不兼經。然則自熙寧以來，士無不習經義之日矣。然元祐初，始復賦，欲經、賦中分取人，而東坡公上疏言：「自更法以來，士工習詩賦者十人而七，欲朝廷隨經、賦人數多少，各自立額取人。」則知當時士雖不習詩賦者十五年，而變法之餘，一習即工且多矣。至建炎、紹興之間，則朝廷以經義取士者且五六十年，其間兼用詩賦纔十餘年耳。然共場而試，則經拙而賦工，分科而試，則經少而賦多。流傳既久，後來所至場屋，率是賦居其三之二，蓋有自來矣。

紹興元年，當祀明堂，復詔諸道類試，擇憲、漕或帥守中文學之人總其事，使精選考官。於是四川宣撫處置使張浚始以便宜令川、陝舉人，即置司州試之。

侍御史曾統請取士止用詞賦，未須兼經，高宗亦以古今治亂多載於史，經義登科者類不通史，將從其議。左僕射吕頤浩曰：「經義、詞賦，均以言取人，宜如舊。」遂止。

紹興二年，詔舉賢良方正能直言極諫科，一遵舊制，自尚書兩省諫議大夫以上、御史中丞、學士、待制各舉一人。凡應詔者，先具所著策、論五十篇繳進，兩省侍從參考之，分爲三等，次優以上，召赴秘閣，試論六首，於九經、十七史、七書、國語、荀、揚、管子、文中子内出題，學士兩省官考校，御史監之，四通以上爲合格。仍分五等，入四等以上者，天子親策之。第三等爲上，恩數視廷試第一人，第四等爲中，視廷試第三人，皆賜制科出身；第五等爲下，視廷試第四人，賜進士出身；不入等者與簿尉差遣，已仕者則進官與升擢。

高宗立博學宏詞科，凡十二題，制、誥、詔、表、露布、檄、箴、銘、記、贊、頌、序内雜出六題，分爲三場，每場體制一古一今。遇科場年，應命官除歸明、流外、入貲及犯贓人外，公卿子弟之秀者皆得試。先投所業三卷，學士院考之，拔其尤者召試，定爲三等。上等轉一官，選人改秩，無出身人賜進士及第，並免召試，除館職。中等減三年磨勘，與堂除，無出身人賜進士出身；下等減二年磨勘，無出身人賜同進士出身〔二〕：並許召試館職。南渡以來所得之士，多至卿相、翰苑者。

蕙田案：南渡設宏詞科，事在紹興三年，嗣後得人最盛，如周必大、倪思、吕祖謙、洪适、洪遵、洪邁、真德秀、王應麟輩，尤其著者，每榜或三人、或二人、或一

〔二〕「同」，諸本脱，據宋史選舉志二補。

人，而紹熙庚戌則闕而不取，其慎重如此。

五年，初試進士於南省。是年，川、陝進士止試宣撫司，特奏名則置院差官，試時務策一道，禮部具取放分數、推恩等第頒示之。

蕙田案：建炎初，詔士子分赴諸路類試，以代省試，蓋軍興一時之權制。嗣後左司諫唐煇有罷諸路類試仍還禮部之請，事未果行。至是始復舊制，而川、陝進士仍赴類試。終宋之世，四川進士未有赴省試者。

七年，以太陽有異，令中外侍從各舉能直言極諫一人。是冬，吕祉舉選人胡銓，汪藻舉布衣劉度，即除銓樞密院編修官，而度不果召。自是詔數下，未有應者。

九年，以陝西舉人久蹈北境，理宜優異，非四川比，令禮部別號取放。川、陝分類試額自此始。是歲，以科試、明堂同在嗣歲，省司財計艱於辦給，又患初仕待闕率四五年，若使進士、蔭人同時差注，俱爲不便，增展一年，則合舊制。十年，遂詔諸州依條發解，十二年正月省試，三月御試，後皆準此。

十三年，國子司業高閌言：「取士當先經術。請參合三場，以本經、語、孟義各一道爲首，詩賦各一首次之，子史論一道、時務策一道又次之，庶幾如古試法。又春秋義當於正經出題。」並從之。

十五年，始定依汴京舊制，正奏及特恩分兩日唱名。

二十二年，以士習周禮、禮記，較他經十無一二，恐其學寖廢，遂命州郡招延明於二禮者，俾立講説以表學校，及令考官優加誘進。舊諸州皆以八月選日試舉人，有趁數州取解者。二十四年，始定試期並用中秋日，四川則用季春，而仲秋類省。

蕙田案：自熙寧改制以後，儀禮久不立於學官，士子所習者惟周禮、禮記耳。以經文較之他經爲繁，習者寖少，故有是命。至儀禮，乃禮之本經，漢、魏以來專門講授，代有其人。自王安石廢罷儀禮，迄於南渡，遂不復立。朱子雖有乞修三禮劄子，當時亦不能用，非朱子、勉齋、信齋諸公力扶絶學，禮教何由大明乎？

自經、賦分科，聲律日盛，帝嘗曰：「向爲士不讀史，遂用詩賦。今則不讀經，不出數年，經學廢矣。」二十七年，詔復行兼經，如十三年之制。内第一場大小經義各減一道，如治二禮文義優長，許侵用諸經分數。時號爲四科。舊蜀士赴廷試不及者，皆賜同進士出身。帝念其中有俊秀能取高第者，不宜例置下列，至是，遂諭都省寬展試期以待之。及唱名，閻安中第二，梁介第三，皆蜀士也，帝大悦。

二十九年，孫道夫在經筵，極論四川類試請託之弊，請盡令赴禮部。帝曰：「後舉但當使御史監之〔一〕。」道夫持益堅，事下國子監，祭酒楊椿曰：「蜀去行在萬里，可使士子涉三峽、冒重湖邪？欲革其弊，一監試得人足矣。」遂詔監司，守倅賓客力可行者赴省，餘不在遺中。是歲，四川類省試始從朝廷差官。

三十一年，禮部侍郎金安節言：「熙寧、元豐以來，經義詩賦，廢興離合，隨時更革，初無定制。近合科以來，通經者苦賦體雕刻，習賦者病經旨淵微，心有弗精，智難兼濟。又其甚者，論既併場，策問大寡，議論器識，無以盡人。士守傳注，史學盡廢，此後進往往得志，而老生宿儒多困也。請復立兩科，永爲成憲。」從之。於是士始有定嚮，而得專所習矣。既而建議者以爲兩科既分，解額未定，宜以國學及諸州解額三分爲率，二取經義，一取詩賦。若省試，則以累舉過省中數立爲定額而分之。詔下其議，然竟不果行。

孝宗初，詔川、廣進士之在行都者，令附試兩浙轉運司。

〔一〕「使」，宋史選舉志二作「遣」。

柯氏宋史新編：乾道初，苗昌言奏言：「祖宗增置制科，其立法寬，故得士廣。請間歲下詔，於正文出題，不得用僻書注疏，追復天聖十科，以廣薦揚之路。」下廷臣雜議，皆曰：「注疏誠可略，科目不必廣，天下之士，屏處山林，侍從之臣，豈能悉知？」遂如國初之制，止令監司守臣解送。

宋史選舉志：帝欲令文士能射御，武臣知詩、書，命討論殿最之法。淳熙二年御試，唱第後二日，御殿，引案文士詹騤以下一百三十九人射藝。翌日，又引文士第五甲及特奏名一百五十二人。其日，進士具襴笏入殿起居，易戎服，各給箭六，弓不限斗力，射者莫不振厲自獻，多命中焉。天子甚悦。凡三箭中帖爲上等，正奏第一人轉一官，與通判，餘循一資；二箭中爲中等，減二年磨勘；一箭中帖及一箭上垛爲下等，一任回不依次注官。上四甲能全中者取旨，第五甲射入上等注黄甲，餘升名次而已。特奏名五等人射藝合格與文學，不中者亦賜帛。

蕙田案：進士於御試後校射，惟見於此，蓋是時孝宗鋭意興復，欲以此鼓勵人材耳。終宋之世，僅光宗紹熙元年再舉此制。

柯氏宋史新編：淳熙四年，議者謂制科惟六論，一場爲難，號曰過闇。若罷注疏，取四通，則其選輕矣。乃詔六論，增五通爲合格，始命官糊名、謄録如故事。試院言文卷多慒，論目有僅及二通者，帝命賜束帛，罷歸。

文獻通考：淳熙十一年，詔罷注疏出題。於是郡國舉莊治、滕岦，試六論皆四通，而考官顔師魯以其文理平凡，不應近制，又罷之。自是縉紳重于特舉，山林恥于自耀，褎然而起者鮮矣。

蕙田案：宋之制科，號曰大科，東都自景德後興廢不常，其所得士見於史者，富弼、王安國以茂材異等，王曙、吴育、孫僅、蘇紳、夏竦、吴奎、張方平、錢彦遠、錢明逸、錢藻、蘇軾、蘇轍以賢良方正，范百禄以才識兼茂，然入第三等，唯吴育、蘇軾二人。其舉制科之人，又多係京朝官有出身者，惟高蹈丘園、沈淪草澤、茂材異等三科以待布衣應詔者耳。南渡以後，歲下賢良之詔，所得僅胡銓、李垕二人，垕又以布衣舉，非東都故事也。

十一年，進士廷試，不許見燭，其納卷最後者，降黜之。舊制，廷試至暮，許賜燭。然殿深易闇，日昃已燭出矣。凡賜燭，正奏名降一甲，第五甲降充本甲末名；特奏名降一等，第五等與攝助教。凡試藝于省闈及國子監、兩浙轉運司者，皆禁燭，其他郡國，率達旦乃出。

十月，太常博士倪思言：「舉人輕視史學，請諭春官：凡課試命題，雜出諸史，無所拘忌；考覈之際，稍以論策爲重，毋止以初場定去留。」從之。

蕙田案：倪思之言，則宋時固已有重初場而輕論策之弊，蓋既以經義詩賦爲第一場，則主司所取、士子所趨，自不無偏重之處，積漸使然，古今一轍也。

十四年，御試正奏名王容第一。時帝策士，不盡由有司，是舉容本第三，親擢爲榜首。翰林學士洪邁言：「貢舉令：賦限三百六十字，論限五百字。今經義、論、策一道有至三千言，賦一篇幾六百言，寸晷之下，唯務貪多，累牘連篇，何由精妙？宜俾各遵體格，以返渾淳。」

朱子貢舉私議：古者大學之教，以格物致知爲先，而其考校之法，又以九年知類通達、强立不返爲大成。今樂經亡而禮經闕，二戴之禮已非正經，而又廢其一。經之爲教，已不能備，而治經者，類皆舍其所難而就其易，僅窺其一而不及其餘。若諸子之學，同出于聖人，諸史則該古今興亡、治亂得失之變，皆不可闕者。而學者一旦豈能盡通？若合所當讀之書而分之以年，使之各以三年而共通其三四之一。凡易、詩、書爲一科，而子年、午年試之，周禮、儀禮及二戴記爲一科，而卯年試之；春秋及三傳爲一科，而酉年試之。義各二道，諸經皆兼大學、論語、中庸、孟子義一道。論則分諸子爲四科，而分年以附焉。諸史則左傳、國語、史記、兩漢爲一科，三國、晉書、南北史爲一科，新舊唐書、五代史爲一科。時務，律曆、地理爲一科，以次分年，如經、子之法，試策各二道。又使治經者各守家法，答義者必通貫經文，條舉衆説而斷以己意，有司命題，必依章句，如是則士無不通之經史，而皆可用於世矣。」

光宗初，以省試春淺，天尚寒，遂展至二月朔卜日〔一〕，殿試於四月上旬。

紹熙元年，仍按射，不合格者罷賜帛。

柯氏宋史新編：寧宗初，韓侂胄禁僞學，司考校者移檄，令自署「非僞學」乃許試，文稍涉道學者輒黜。

宋史選舉志：慶元四年，以經義多用套類，父子兄弟相授，致天下士子不務實學。

〔一〕「卜」，諸本脱，據宋史選舉志二補。

遂命有司：六經出題，各於本經摘出兩段文意相類者，合爲一題，以杜挾册讐僞之計。蕙田案：明制，春秋取經事相類者二事爲一題，謂之合題，蓋本於此。嘉泰元年，起居舍人章良能陳主司三弊。一曰沮抑詞賦太甚〔一〕，既暗削分數，又多置下陳。二曰假借春秋太過，諸處解榜，多寘首選。三曰國史、實録等書，禁民私藏，惟公卿子弟，因父兄得以竊窺，冒禁傳寫，而有司乃取本朝故事，藏匿本末，發爲策問，寒士無由盡知。命自今詩賦純正者寘之前列，春秋唯卓異者寘高等，餘當雜定，策題則必明白指問。

舊制，秋貢春試，皆置别頭場，以待舉人之避親者。自緦麻以上親及大功以上婚姻之家，皆牒送。惟臨軒親試，謂之天子門生，雖父兄爲考官，亦不避。嘉定元年，始因議臣有請，命朝官有親屬赴廷對者，免差充考校。

蕙田案：唐時别頭試，惟禮部試有之。宋則秋貢春試，皆置别頭場，以待舉人之應迴避者，惟廷試則否。至是，令京朝官有親姻赴廷對者，免其差充考官，

〔一〕「抑」，原作「斥」，據宋史選舉志二改。

則制愈密矣。

柯氏宋史新編：理宗朝科目之弊，曰傳義，曰換卷，曰易號，曰卷子出外，曰謄録滅裂。寶慶二年，詔防戢焉。

蕙田案：科場之弊，大率盡此數端，而宋末固已有之。

理宗嘗閲累朝名臣奏議，獨善程顥、頤兄弟所論取士之法。景定五年，詔三省參酌，於進士舉之外，崇經術，考德行，立爲一代之典。時賈似道當國，亦徒爲空言而已。度宗即位，似道復立法，凡試士，置籍書其鄉貫、姓名、年代、妻室，於科舉條制結勘無礙，方許納卷，覆試之日，露體索懷挾，邊事方殷，漫不加意，而以科舉累士人，識者嗤之。

蕙田案：理、度之世，科舉之弊極矣，士子之姦僞日益滋，有司之防範日益密，而朝廷所命以衡校者，又復不得其人，一時有繆種流傳之語。史志所載科場條例，極爲詳備，大抵有防弊之名，無得士之實，今俱從略。

宋史選舉志：理宗嘉熙三年，臣僚奏：「詞科實代王言，久不取人，日就廢弛。蓋試之太嚴，故習之者少。今欲除博學宏詞科從舊三歲一試外，更降等立科。止試文辭，不貴記問。命題止分兩場，引試須有出身人就禮部投狀，獻所業，如試教官例。每一歲附銓闈引試，惟取合格，不必拘額。中選者與堂除教授，已係教官資序及京官不願就教授者，京官減磨勘，選人循一資。他時北門、西掖、南宮舍人之任，則擇文墨超卓者用之。其科目，則去『宏博』二字，止稱詞學科。」從之。淳祐初，罷。景定二年，復嘉熙之制。

右宋取士

五禮通考卷一百七十五

嘉禮四十八

學禮

遼金取士

遼史聖宗本紀：統和六年，詔開貢舉。

興宗本紀：重熙五年十月，御元和殿，以日射三十六熊賦、幸燕詩試進士于廷；賜馮立、趙徽四十九人進士第。遂大宴。御試進士自此始。

蕙田案：遼史不志選舉，故其立法規制，莫得而詳。然以諸帝本紀考之，猶略可見。其科，或比年一舉，或間一年，或間二年，或間三年，初無定期。統和設科之始，歲放進士不過一二人，或四五人。道宗以後，進士多者百餘人，少亦七八十人，亦無定額也。

金史選舉志：金設科，皆因遼、宋制，有詞賦、經義、策試、律科、經童之制。海陵天德三年，罷策試科。世宗大定十一年，創設女真進士科〔一〕，其初但試策，後增試論，所謂策論進士也。明昌初，又設制舉宏詞科，以待非常之士。故金取士之目有七焉。其試詞賦、經義、策論中選者，謂之進士。律科、經義中選者，曰舉人。

蕙田案：唐、宋時，凡舉進士及諸科者，皆得稱舉人。舉人者，州、郡所舉之人，如謁選于吏部者謂之選人耳，非以爲出身之名也。金時以詞賦、經義者曰進士，以律科中選者曰舉人，於是舉人遂爲一定之名。然與後世之舉人亦有別。

凡諸進士、舉人，由鄉至府，由府至省，及殿廷，凡四試皆中選，則官之。至廷試五被黜，則賜之第，謂之恩例。又有特命及第者，謂之特恩。恩例者但考文之高下爲

〔一〕「科」，原脱，據光緒本、金史選舉志一補。

第，而不復黜落。凡詞賦進士，試賦、詩、策論各一道。經義進士，試所治一經義、策論各一道[一]。其設也，始於太宗天會元年十一月，時以急欲得漢士以撫輯新附，初無定數，亦無定期，故二年二月、八月凡再行焉。五年，以河北、河東初降，職員多闕，以遼、宋之制不同，詔南北各因其素所習之業取士，號爲南北選。熙宗天眷元年五月，詔南北選各以經義、詞賦兩科取士。海陵庶人天德二年，始增殿試之制，而更定試期。三年，併南北選爲一，罷經義、策試兩科，專以詞賦取士。貞元元年，定貢舉程試條理格法。正隆元年，命以五經、三史正文内出題，始定爲三年一闢。大定四年，敕宰臣：「進士文優則取，勿限人數。」十八年，謂宰臣：「文士有偶中魁選，不問操履，而輒授翰苑之職。如趙承元，朕聞其無士行，果敗露。自今榜首，先訪察其鄉行，可取則授以應奉，否則從常調。」十九年，謂宰臣曰：「自來御試賦題，皆士人嘗擬作者。前朕自選一題，出人所不料，故中選者多名士，而庸才不及焉。是知題難則名儒亦擅場，題易則庸流易僥倖也。」平章政事唐古安禮奏曰：「臣前日言，士人不以策論爲意

[一]「策論」，諸本誤倒，據金史選舉志一乙正。

者，正爲此耳。宜各場通考，選文理俱優者。」上曰：「并答時務策，觀其議論，材自可見，卿等其議之。」二十二年，謂宰臣曰：「漢進士魁，例授應奉，若行不副名，不習制誥之文者，即與外除。」二十八年，復經義科。章宗明昌元年正月，言事者謂：「舉人四試，而鄉試似爲虚設，固當罷去。其府會試乞十人取一人，可以群經出題，而注示本傳。」上是其言，詔免鄉試，府試以五人取一人，仍令有司議群經出題之制。有司言：「以六經、十七史、孝經、論語、孟子及荀、揚、老子内出題，皆命於題下注其本傳。」又諭有司曰：「舉人程文所用故事，恐考試官或遽不能憶，誤失人材，可自注出處。注字之誤，不在塗注乙之數。」

蕙田案：金初，進士、舉人皆四試，試於州縣曰鄉試，試於京府曰府試，試於禮部曰會試，試於殿廷曰御試。所謂府試，即今之鄉試是也。唐、宋以試禮部爲省試，至是始有會試之名。及明昌初，罷鄉試之法，惟有府試、省試、御試。元、明以來皆因之。

又案：金制，考官於經史出題，皆於題下注本傳示之，則士子得盡心於作文，而題指不致舛誤。又舉人試文所用故事，許自注出處，則試官不致失於記憶，屈抑人才，兼可以察士人學問之根柢。皆良法也。

明昌二年，敕官或職至五品者，直赴御試。六年，言事者謂：「學者率恃有司全注本傳以示之，故不勉讀書，乞減子史注本傳之制。又經義中選之文多膚淺，乞擇學官，及本科人充試官。」省臣謂：「若不與本傳，恐碩學者有偶忘之失，可令但知題意而已。」遂命擇前經義進士爲衆所推者、才識優長者爲學官，遇差考試官之際，則驗所治經參用。詞賦進士，題注本傳，不得過五十字。經義進士，御試第二場，試論日添試策一道。承安四年，上諭宰臣曰：「一場放二狀元，非是。後場廷試，令詞賦、經義通試時務策，止選一狀元。餘雖有明經、法律等科，止同諸科而已。」至宋王安石爲相，作新經，始以經義取人。且詞賦、經義，人素所習之本業，策論則兼習者也。今捨本業取兼習，恐不副陛下公選之意。遂定御試同日各試本業，詞賦依舊，分立甲次，第一名爲狀元，經義魁次之，恩例與詞賦第二人同，餘分爲兩甲中下人，並在詞賦之下。

蕙田案：「一場放二狀元」以下四十二字，係章宗諭宰臣之詞。至「宋王安石爲相」以下，則有司所議之詞，中間必有脱文。

五年，詔考詞賦官各作程文一道，示爲舉人之式，試後赴省藏之。

蕙田案：考試官撰程文，始見於此，前明亦多有之。

張行簡轉對言：「擬作程文，本欲爲考試之式，今會試考試官、御試讀卷官皆居顯職，擢第後離筆硯久，不復常習，今臨試擬作之文，稍有不工，徒起謗議。」詔罷之。泰和元年，平章政事圖克坦鎰病時文之弊，言：「諸生不窮經史，唯事末學，以致志行浮薄。可令進士試策日，自時務策外，更以疑難經旨相參爲問，使發聖賢之微旨、古今之事變。」詔爲永制。宣宗貞祐二年，御史臺言：「明年省試，以中都、遼東、西北京等路道阻，宜於中都、南京兩處試之。」三年，諭宰臣曰：「國初設科，素號嚴密，今聞會試至於雜坐諠譁，何以防弊。」命治考官及監察罪。興定二年，又謂宰臣曰：「從來廷試進士，日晡後即遣出宮，恐文思遲者不得盡其才，今待至暮時。」五年，省試經義進士，考官於常格外多取十餘人，上命以特恩賜第。又命河北舉人今府試中選而爲兵所阻者，免後舉府試。

策論進士，選女真人之科也。始大定四年，世宗命頒行女直大小字所譯經書，每穆昆選二人習之。尋欲興女直字學校，明安穆昆內多擇良家子爲生，諸路至三千人。九年，選異等者得百人，薦於京師，廩給之，命絺達教以古書，作詩、策，後復試，得圖克坦鎰以下三十餘人。十一年，始議行策選之制，至十三年，始定每場策一道，以五百字以上成，免鄉試、府試，止赴會試、御試。且詔京師設女真國子學，諸路設女真府學，擬以新進士充教授，以教士民子弟之願學者。俟行之久、學者衆，則同漢進士三年一試之制。乃就憫忠寺試，中選者得圖克坦鎰以下二十七人。十六年，命皇家兩從以上親及宰相子，直赴御試。皇家袒免以上親及執政官之子，直赴會試。二十年定制，今後以策、詩試三場，策用女真大字，詩用小字，程試之期，皆依漢進士例。省臣奏：「漢人進士來年三月二十日鄉試，八月二十日府試，次年正月二十日會試，三月十二日御試。」敕以來年八月二十五日於中都、上京、咸平、東平府等路四處府試，餘從前例。二十八年，諭宰臣曰：「女直進士惟試以策，行之既久，人能預備。今若試以經義可乎？」宰臣對曰：「五經中書、易、春秋已譯之矣，俟譯詩、禮畢，試之可也。」上曰：「大經義理深奥，不加歲月，不能貫通。今宜於經内姑試以論題，後當徐試經義也。」章宗大定二十九年，詔許諸人試策論進士舉。七月，省奏：「如詩、策、論俱作一日程試，恐力有不逮。詩、策作一日，論作一日，以詩、策合格爲中選，而以論定其名次。」上曰：「論乃新添，至第三舉時當通定去留。」明昌元年，明安穆昆願試進士者擬依餘人例，不可令直赴御試。上曰：「是止許女真進士，毋令試漢進士也。」又定制，餘官第五品散階，令直赴會試，官職俱至五品，令直赴御試。承安二年，敕策論進士限丁習學。遂定制，内外官員、諸局分承應人、武衛軍、若明安穆昆女真及諸色人，户止一丁者，不許應試，兩丁者許一人，四丁二人，六丁以上止許三人。三次終場，不在驗丁之限。三年，定制，女直人以年四十五以下，試進士舉，於府試十日前，委佐貳官善射者試射。如當赴會試、御試者，大興府佐貳官試驗，三舉終場者免之。

凡會試之數，大定二十五年，詞賦進士不得過五百人。二十八年，以不限人數，遂至五百八十六人。章宗令合格則取，故承安二年至九百二十五人。時以復加四舉終場者數太濫，遂命取不得過六百人。泰和二年，上命定會試諸科取人之數，司空襄言：「試詞賦經義者多，可五取一。策論絶少，可四取一。恩榜本以優老於場屋者，四舉受恩則太優，限以年則礙異材，可五舉則受恩。」平章圖克坦鎰等言：「大定二十五年至明昌初，率三四人取一。」平章張汝霖亦言：「五人取一，府試百人中纔得五耳。」遂定制，策論三人取一，詞賦經義五人取一，五舉終場年四十五以上、四舉終場年五十以上者受恩。

凡考試官，大定間，府試六處，各差詞賦試官三員，策論試官二員。明昌初，增爲九處，路各差九員，大興府則十一員。承安四年，又增太原爲十處。有司請省之，遂定策論進士女真經童千人以上差四員，五百人以上三員，不及五百二員。各以職官高者一人爲考試官，餘爲同考試官。詞賦進士與律科舉人共及三千以上五員，二千四員，不及二千三員。經義進士及經童舉人千人四員，五百以上三員，百人以上二員，不及百人以詞賦考官兼之。後又定制，策論試官，上京、咸平、東平各三員，北京、西京、益都各二員。律科，監試官一員，試律官二員，隸詞賦考試院〔二〕。經童，試官一員，隸經義考試院，與會試同。其彌封并謄録官、檢搜懷挾官，自餘修治試院，監押門官，並如會試之制。大定二十年，上以往歲多以遠地官考試不便，遂命差近者。

凡會試，知貢舉官、同知貢舉官，詞賦則舊十員，承安五年爲七員，經義則六員，承安五年省爲四員，詮讀官二員。泰和三年，上以彌封官渫語於舉人，敕自今女真司則用右選漢人封，漢人司則以女真司封。

〔二〕「考」，諸本脱，據金史選舉志一補。

凡御試，讀卷官，策論、詞賦進士各七員，經義五員，餘職事官各二員。制舉宏詞共三員。泰和七年，禮部尚書張行簡言：「舊例，讀卷官不避親，至有親人，或有不敢定其去留，或力加營護，而爲同列所疑。若讀卷官不用與進士有親者，則讀卷之際得平心商確。」上遂命臨期多擬，其有親者汰之。

蕙田案：府試、會試、御試差官考校及糾察之法，至金始詳。

凡府試策論進士，大定二十年定以中京、上京、咸平、東平四處，至明昌元年，添北京、西京、益都爲七處，兼試女真經童。凡上京、海蘭、率賓、呼爾哈、扶餘、東北招討司等路者，則赴會寧府試。咸平、隆州、博索、東京、蓋州、懿州者，則赴咸平府試。中都、河北東西路者，則赴大興府試。西京并西南、西北二招討司者，則赴大同府試。北京、臨潢、宗州、興州、全州者，則赴大定府試。山東西、大名、南京者，則赴東平府試。山東東路則試於益都。凡詞賦、經義進士及律科、經童府試之處，大定間，大興、大定、大同、開封、東平、京兆凡六處。明昌初，增遼陽、平陽、益都爲九處。承安四年，復增太原爲十。中都、河北則試於大興府，上京、東京、咸平府等路則試於遼陽府，餘各試於其境。

凡鄉試之期，以三月二十日。府試之期，若策論進士，則以八月二十日試策，間三日試詩。詞賦進士，則以二十五日試賦及詩，又間三日試策論。經義進士又間詞賦後三日試經義，又三日試策。次律科，次經童，每場皆間三日試之。會試，則策論進士以正月二十日試策，皆以次間三日，同前。御試，則以三月二十日策論進士試策，二十三日試詩論，二十五日詞賦進士試賦詩論，而經義進士亦以是日試經義，二十七日乃試策論。若試日遇雨雪，則候晴日。御試唱名後，試策則稟奏。宏詞則作二日程試。舊制，試女直進士在再試漢進士後，大定二十九年，以復設經義科，更定是制。

恩例：明昌元年，定制，省元直就御試，不中者許綴榜末。解元但免府試，四舉終場依五舉恩例，所試文卷惟犯御名廟諱、不成文理者則黜之，餘並以文之優劣爲次。仍一日試三題，其五舉者止試賦詩，女真進士亦同此例。承安五年，敕進士四舉該恩，詞賦經義當以各科爲場數，不得通數。又恩榜人應授官者，監試官於試時具數以奏，特恩者授之。泰和三年，以經義會元與策論詞賦進士不同，若御試被黜則附榜末，爲太優，若同恩例，又與四舉者不同。遂定制，依曾經府試解元免府試之例，會試下第，再舉直赴御試。

制舉有賢良方正能直言極諫、博學宏材、達於從政等科，試無常期，上意欲行，即告天下。聽内外文武六品以下職官無公私過者，從内外五品以上官薦於所屬，詔試之。若草澤士，德行爲鄉里所服者，則從府州薦之。凡試，則先投所業策論三十道於學士院，視其詞理優者，委官以群經子史内出題，一日試論三道，如可，則庭試策一道，不拘常務，取其無不通貫者，優等遷擢之。宏詞科試詔誥、章表、露布、檄書，則皆用四六；誡諭、頌、箴銘、序記，則或依古今體，或參用四六。於每舉賜第後進士及在官六品以下無公私罪者，在外薦之，令試策官出題就考，通試四題，分二等遷擢之。二科皆章宗明昌元年所創者也。

右遼金取士

元取士

元史選舉志：太宗始取中原，中書令耶律楚材請用儒術選士，從之。九年秋八月下詔，命斷事官扎呼岱與山西東路課税所長官劉中歷諸路考試。以論及經義、詞賦分爲三科，作三日程，專治一科，能兼者聽，但以不失文義爲中選。得東平楊奂等凡若干人，皆一時名士，而當世或以爲非便，事復中止。

世祖至元四年九月，翰林學士承旨王鶚等，請行選舉法。帝曰：「此良法，其行之。」中書左三部與翰林學士議立程式。十一年十一月，裕宗在東宫時，省臣復啓，謂「去年奉旨行科舉，今將翰林老臣等所議程式以聞」。奉令旨，准蒙古進士科及漢人進士科，參酌時宜，以立制度。事未施行。至二十一年九月，丞相和爾和遜與留夢炎等言，十一月中書省臣奏，皆以爲天下習儒者少，而由刀筆吏得官者多。帝曰：「將若之何？」對曰：「惟貢舉取士爲便。凡蒙古之士及儒吏、陰陽、醫術，皆令試舉，則用心爲學矣。」帝可其奏。繼而許衡亦議學校科舉之法，罷詩賦，重經學，定爲新制。事雖未及行，而選舉之制已立。至仁宗皇慶二年十月，中書省臣奏：「科舉事，世祖、裕宗累嘗命行，成宗、武宗尋亦有旨，今不以聞，恐或有沮其事者。夫取士之法，經學實修己治人之道，詞賦乃摛章繪句之學，自隋、唐以來，取人專尚詞賦，故士習浮華。今臣等所擬，將律賦省，題詩、小義皆不用，專立德行明經科，以此取士，庶可得人。」帝然之。十一月，乃下詔曰：「惟我祖宗以神武定天下，世祖皇帝設官分職，徵用儒雅，崇學校爲育材之地，議科舉爲取士之方，規模宏遠矣。朕以眇躬，獲承丕祚，繼志述事，祖訓是式。若稽三代以來，取士各有科目，要其本末，舉人宜以德行爲首，試藝則以經術爲先，詞章次之。浮華過實，朕所不取。爰命中書，參酌古今，定其條制。其以皇慶三年八月，天下郡縣興其賢者能者，充賦有司，次年二月，會試京師，中選者朕將親策焉。具合行事宜於後：科場，每三歲一次開試。舉人從本貫官司於諸色户内推舉，年及二十五以上，鄉黨稱其孝悌，朋友服其信義，經明行修之士，結罪保舉，以禮敦遣，貢諸路府〔一〕。其或徇私濫舉，并應舉而不舉者，監察御史、肅政廉訪司體察究治。考試程式：蒙古、色目人，第一場經問五條，大學、論語、孟子、中庸内設問，用朱氏章句集注。其義理精明、文詞典雅者爲中選。第二場策一道，以時務出題，限五百字以上。漢人、南人，第一場明經，經疑二問，大學、論語、孟子、中庸内出題，並用朱氏章句集注，復以己意結之〔二〕，限三百字以上；經義一道，各治一經，詩以朱氏爲主，

〔一〕「貢」，原作「資」，據光緒本、元史選舉志一改。
〔二〕「復」，原作「後」，據光緒本、元史選舉志一改。

尚書以蔡氏爲主，周易以程氏、朱氏爲主，以上三經，兼用古注疏，春秋用三傳及胡氏傳，禮記用古注疏，限五百字以上，不拘格律。第二場古賦、詔誥、章表内科一道，古賦、詔誥用古體，章表四六，參用古體。第三場策一道，經史時務内出題，不矜浮藻，惟務直述，限一千字以上成。蒙古、色目人，願試漢人、南人科目，中選者加一等注授。蒙古、色目人作一榜，漢人、南人作一榜。第一名賜進士及第，從六品，第二名以下及第二甲，皆正七品，第三甲以下，皆正八品，兩榜並同。所在官司遲誤開試日期，監察御史、肅政廉訪司糾彈治罪。流官子孫廕叙，並依舊制，願試中選者，優陞一等。在官未入流品，願試者聽。若中選之人，已有九品以上資級，比附一高，加一級注授。若無品級，止依試例，從優銓注。鄉試處所，并其餘條目，命中書省議行。於戲！經明行修，庶得真儒之用；風移俗易，益臻至治之隆。咨爾多方，體予至意。」

蕙田案：此用四書義取士之始也。唐時試明經，令帖孝經、論語，而孟子不立於學。咸通中，皮日休請以孟子爲科事，竟不報。至宋熙寧之世，更以經義試進士，始命專經者兼治論語、孟子。自河南二程子出，表章學、庸，朱子爲大學中庸章句、論語孟子集注，由是有四書之名。嗣後理學日明，學者始知其爲修己治人之切要，共尊信之，而皇慶開科，遂以朱子四書之學，首立於學官。自元、明以來，五百年間，相承無廢，此固儒術之效，而許魯齋諸人，亦可謂能尊其所聞者矣。又是時雖罷詩賦，專用經義，然漢人、南人第二場，猶用古賦一首，故中書所定條目，仍令攜帶禮部韻略，惟不用詩及律賦耳。

中書省所定條目：鄉試中選者，各給解據、録連取中科文，行省移咨都省，送禮部，腹裏宣慰司及各路關申禮部，拘該監察御史、廉訪司，依上録連科文申臺，轉呈都省，以憑照勘。

蕙田案：此給解咨部。

鄉試，八月二十日，蒙古、色目人，試經問五條；漢人、南人，明經經疑二問，經義一道。二十三日，蒙古、色目人，試策一道；漢人、南人，古賦、詔誥、章表内科一道。二十六日，漢人、南人，試策一道。會試，省部依鄉試例，於次年二月初一日試第一場，初三日第二場，初五日第三場。御試，三月初七日，前期奏委考試官二員、監察御史二員、讀卷官二員，入殿廷考試。每舉子一名，集賽岱一人看守。漢人、南人，試策一道，限一千字以上成。蒙古、色目人，時務策一道，限五百字以上成。

蕙田案：此試期及文字多寡之式。殿廷試士，令集賽岱猶言番直人也。看守，亦始於此。

選考試官，行省與宣慰司及腹裏各路，有行臺及廉訪司去處，與臺憲官一同商議選差。上都、大都從省部選差在内監察御史、在外廉訪司官一員監試。每處差考試官、同考試官各一員，並於見任并在閒有德望文學常選官内選差；彌封官一員、謄録官一員，選廉幹文資正官充之。凡謄録試卷并行移文字，皆用朱書，仍須設法關防，毋致容私作弊。省部會試，都省選委知貢舉、同知貢舉官各一員，考試官四員，監察御史二員，彌封、謄録、對讀官、監門等官各一員。

蕙田案：此選差試官及執事官。謄録試卷用朱書亦始於此。

鄉試，行省一十一：河南、陝西、遼陽、四川、甘肅、雲南、嶺北、征東、江浙、江西、湖廣。宣慰司二：河東、山東。直隸省部路分四：真定、東平、大都、上都。

蕙田案：此鄉試省分。

天下選合格者三百人赴會試，於内取中選者一百人，内蒙古、色目、漢人、南人分卷考試，各二十五人。蒙古人取合格者七十五人：大都十五人，上都六人，河東五人，真定等五人，東平等五人，山東四人，遼陽五人，河南五人，陝西五人，甘肅三人，嶺北三人，江浙五人，江西三人，湖廣三人，四川一人，雲南一人，征東一人。色目人取合格者七十五人：大都十人，上都四人，河東四人，東平等四人，山東五人，真定等五人，河南五人，四川三人，甘肅二人，陝西三人，嶺北二人〔一〕，遼陽二人，雲南二人，征東一人，湖廣七人，江浙一十人，江西六人。漢人取合格者七十五人：大都一十人，上都四人，真定等十一人，東平等九人，山東七人，河東七人，河南九人，四川五人，雲南二人，甘肅二人，嶺北一人，陝西五人，遼陽二人，征東一人。南人取合格者七十五人：湖廣一十八人，江浙二十八人，江西二十二人，河南七人。

蕙田案：此進士中額。

鄉試、會試，許將禮部韻略外，餘並不許懷挾文字。差搜檢懷挾官一員，每舉人一名差軍一名看守，無軍人處，差巡軍。提點搚掠試院，差廉幹官一員，度地安置席舍，務令隔遠，仍自試官入院後常川妨職，監押外門。鄉試、會試，彌封、謄録、對讀官

〔一〕「二人」，原作「一人」，據味經窩本、乾隆本、光緒本、元史選舉志一改。

下吏人，於各衙門從便差設。

蕙田案：此搜檢關防。

試卷不考格，犯御名廟諱及文理紕繆、塗注乙五十字以上者，不考。

蕙田案：此試卷違式。

謄録，所承受試卷，並用朱書謄録正文，實計塗注乙字數，標寫對讀無差，將朱卷逐旋送考試所。如朱卷有塗注乙字，亦皆標寫字數，謄録官書押。候考校合格，中選人數已定，抄録字號，索上元卷，請監試官、知貢舉官、同考試官，對號開拆。

蕙田案：此謄録對讀。

舉人試卷，各人自備三場文卷并草卷，各一十二幅，於卷首書三代、籍貫、年甲，前期半月於印卷所投納。置簿收附，用印鈐縫訖，各還舉人。

蕙田案：此先期投卷。

凡就試之日，日未出入場，黄昏納卷。受卷官送彌封所，撰字號，封彌訖，送謄録所。

蕙田案：此受卷彌封。

科舉既行之後，若有各路歲貢及保舉儒人等文字到官，並令還赴本鄉應試。倡優之家及患廢疾、若犯十惡奸盗之人，不許應試。舉人於試場内，毋得喧譁，違者治罪，仍殿二舉。

蕙田案：此場規。

舉人與考試官有五服内親者，自須迴避，仍令同試官考卷。若應避而不自陳者，殿一舉。

蕙田案：此親屬迴避。

鄉試、會試，若有懷挾及令人代作者，漢人、南人有居父母喪服應舉者，並殿二舉。

蕙田案：此懷挾、倩代、匿喪之禁。

國子監學歲貢生員及伴讀出身，並依舊制，願試者聽。中選者，於監學合得資品上從優銓注。

蕙田案：此監生預試。

別路附籍蒙古、色目、漢人，大都、上都有恒産、住經年深者，從兩都官司，依上例推舉就試。其餘去處冒貫者，治罪。

蕙田案：此冒籍之禁。

又案：元中書省所定科場條目，皆參用宋、金之制，斟酌損益，最爲得中。自明以來相承用之，雖有更定，大略不出乎此。

三月初四日，中書省奏准，以初七日御試舉人於翰林國史院，定委監試官及諸執事。初五日，各官入院。初六日，撰策問進呈，俟上采取。初七日，執事者望闕設案於堂前，置策題於上。舉人入院，搜檢訖，蒙古人作一甲，序立，禮生導引至於堂前，望闕兩拜，賜策題，又兩拜，各就次。色目人作一甲，漢人、南人作一甲，如前儀。每進士一人，差蒙古宿衛士一人監視。日午，賜膳。進士納卷畢，出院。監試官同讀卷官以所對策第其高下，分爲三甲進奏。作二榜，用敕黄紙書，揭于内前紅門之左右。前一日，禮部告諭中選進士，以次日詣闕前，所司具香案，侍儀舍人唱名，謝恩，放榜。擇日賜恩榮宴於翰林國史院，押宴以中書省官，凡預試官並預宴。預宴官及進士並簪華至所居。擇日恭詣殿廷，上謝恩表。次日，詣中書省參見。又擇日諸進士詣先聖廟行舍菜禮〔二〕，第一人具祝文行事，刻石題名於國子監。

元統癸酉科，廷試進士稍異其制，左右榜各三人，皆賜進士及第，餘賜出身有差。科舉取士，莫盛於斯。後三年，其制遂罷。又七年而復興，遂稍變程式，減蒙古、色目人明經二條，增本經義；易漢、南人第一場四書疑一道爲本經疑，增第二場古賦外，於詔誥、章表内又科一道。此有元科目取士之制，大略如此。

蕙田案：元自延祐二年設科，至元統元年，凡七科而廢，至正二年復科舉，至二十六年，凡九科，先後共十有六科。其進士額多不過百人，少者僅三十餘人。

若夫會試下第者，自延祐創設之初，丞相特穆德爾、阿克織及平章李孟等奏：「下第舉人年七十以上者，與從七品流官致仕；六十以上者，與教授；元有出身者，於應得資品上稍優加之；無出身者，與山長、學正。受省劄，後舉不爲例。今有來遲而不及應試者，未曾區用。取旨。」帝曰：「依下第例恩之，勿著爲格。」泰定元年三月，中書省臣奏：「下第舉人，蒙古、色目人，年三十以上并兩舉不第者，與教授；以下，與學

〔二〕「諸」，原脱，據光緒本、元史選舉志一補。

正、山長。漢人、南人，年五十以上并兩舉不第者，與教授；以下，與學正、山長。先有資品出身者，更優加之。不願仕者，令備國子員。後勿爲格。」從之。自餘下第之士，恩例不可常得，間有試補書吏以登仕籍者。惟已廢復興之後，其法始變，下第者悉授以路府學正及書院山長。又增取鄉試備榜，亦授以郡學録及縣教諭。於是科舉取士，得人爲盛焉。

蕙田案：下第舉人授教職始此。

右元取士

明取士

明史選舉志：明制，科目爲盛，卿相皆由此出。科目者，沿唐、宋之舊，而稍變其試士之法，專取四子書及易、書、詩、春秋、禮記五經命題試士。蓋太祖與劉基所定。其文略仿宋經義，然代古人語氣爲之，體用排偶，謂之八股，通謂之制義。

顧氏炎武曰：經義之文，流俗謂之八股，蓋始於成化以後。股者，對偶之名也。天順以前，經義之文，不過敷演傳注，或對或散，初無定式，其單句題亦甚少。成化二十三年，會試「樂天者保天下」文。起講先提三句，即講「樂天」，四股；中間過接四句，復講「保天下」，四股；復收四句，再作大結。弘治九年，會試「責難於君謂之恭」文。起講先提三句，即講「責難於君」，四股；中間過接二句，復講「謂之恭」，四股；復收二句，再作大結。每四股之中，一反一正，一虛一實，一淺一深。其兩扇立格，則每扇之中各有四股，其次第之法，亦復如之，故今人相傳，謂之八股。若長題，則不拘此。嘉靖以後，文體日變，而問之儒生，皆不知八股之何謂矣。發端二句，或三、四句，謂之破題，大抵對句爲多。此宋人相傳之格。下申其意，作四、五句，謂之承題。然後提出夫子爲何而發此言，謂之原起。至萬曆中，破止二句，承止三句，不用原起。篇末敷演聖人言畢，自攄所見，或數十字，或百餘字，謂之大結。明初之制，可及本朝時事，以後功令益密，恐有藉以自衒者，但許言前代，不及本朝。

三年大比，以諸生試之直省，曰鄉試。中式者爲舉人。次年，以舉人試之京師，曰會試。中式者，天子親策於廷，曰廷試，亦曰殿試。分一、二、三甲以爲名第之次。一甲止三人，曰狀元、榜眼、探花，賜進士及第。二甲若干人，賜進士出身。三甲若干人，賜同進士出身。狀元、榜眼、探花之名，制所定也。而士大夫又通以鄉試第一爲解元，會試第一爲會元，二、三甲第一爲傳臚云。

顧氏炎武曰：舉人者，舉到之人。北齊書鮮于世榮傳「以本官判尚書省右僕射事，與吏部尚書袁聿修在尚書省簡試舉人」，舊唐書高宗紀「顯慶四年二月乙亥，上親策試舉人」，「調露元年十二月甲寅，臨軒試應岳牧舉人」是也。登科則除官，不復謂之舉人，而不第則須再舉，贛州府志曰：鄉舉在宋爲漕試，謂之發解，第階之解送南宮會試耳。試不第者須再試，未階以入仕也。及累舉不第，然後有推恩焉，謂之特奏者，不復繫諸鄉舉矣。元時亦然。至明始定爲入仕之途，則一代之新制也。案：宋時亦有不須再試而送南宮者，謂之免解進士。不若今人以舉人爲一定之名也。進士乃諸科目中之一科，而傳中有言舉進士者，有言舉進士不第者，但云舉進士，則第不第未可知之辭，不若今人已登科而後謂之進士也。自本人言之，謂之舉進士；自朝廷言之，謂之舉人。進士，即是舉人，不若今人以鄉試榜謂之舉人，會試榜謂之進士也。

蕙田案：解元、會元之名，金史選舉志已有之。

子、午、卯、酉年鄉試，辰、戌、丑、未年會試。鄉試以八月，會試以二月，皆初九日爲第一場，又三日爲第二場，又三日爲第三場。

蕙田案：元代試進士，以子、午、卯、酉年，鄉試以寅、申、巳、亥年。明初，洪武三年庚戌，四年辛亥，再舉鄉試，亦非子、午、卯、酉年。此制乃洪武十七年所定。

初設科舉時，初場試經義二道，四書義一道；二場論一道；三場策一道。中式後十日，復以騎、射、書、算、律五事試之。後頒科舉定式，初場試四書義三道，經義四道。四書主朱子集注，易主程傳、朱子本義，書主蔡氏傳及古注疏，詩主朱子集傳，春秋主左氏、公羊、穀梁三傳及胡安國、張洽傳，禮記主古注疏。永樂間，頒四書五經大全，廢注疏不用。其後，春秋亦不用張洽傳，禮記止用陳澔集説。二場試論一道，判五道，詔誥、表内科一道。三場試經史時務策五道。廷試，以三月朔。鄉試，直隸於京府，各省於布政司。會試，於禮部。主考，鄉、會試俱二人。同考，鄉試四人，會試八人。提調一人，在内京官，在外布政司官。會試，禮部官監試二人，在内御史，在外按察司官。會試，御史供給收掌試卷；彌封、謄録、對讀、受卷及巡綽監門、搜檢懷挾，俱有定員，各執其事。舉子，則國子生及府、州、縣學生員之學成者，儒士之未仕者，官之未入流者〔二〕，皆由有司申舉性資敦厚、文行可稱者應之。其學校訓導專教生徒，及罷閑官吏、倡優之家與居父母喪者，俱不許入試。試卷之首，書三代姓名及其籍貫、年甲、所習本經，所司印記。試日入場，講問、代冒者有禁。晚未納卷，給燭三枝。文字中迴避御名、廟號，及不許自序門地。彌封編號作三合字。考試者用墨，謂之墨卷。謄録用硃，謂之硃卷。試士之所，謂之貢院。諸生席舍，謂之號房。人一軍守之，謂之號軍。試官入院，輒封鑰内外門户。在外提調、監試等謂之外簾官，在内主考、同考謂之内簾官。廷試用翰林及朝臣文學之優者，爲讀卷官。共閲對策，擬定名次，候臨軒。或如所擬，或有所更定，傳制唱第。狀元授修撰，榜眼、探花授編修，二、三甲考選庶吉士者，皆爲翰林官。其他或授給事、御史、主事、中書、行人、評事、太常、國子博士，或授府推官、知州、知縣等官。舉人、貢生不第、入監而選者，或授小京職，或授府佐及州縣正官，或授教職。此明一代取士之大略也。

初，太祖起事，首羅賢才。吴元年，設文武二科取士之令，使有司勸諭民間秀士

〔二〕「未入流」，諸本作「末流」，據明史選舉志二改。

及智勇之人，以時勉學，俟開舉之歲，充貢京師。洪武三年詔曰：「漢、唐及宋，取士各有定制，然但貴文學而不求德藝之全。前元待士甚優，而權豪勢要，每納奔競之人，夤緣阿附，輒竊仕禄。其懷才抱道者，恥與並進，甘隱山林而不出。風俗之弊，一至於此。自今年八月，始特設科舉，務取經明行修、博通古今、名實相稱者。朕將親策於廷，第其高下而任之以官。使中外文臣皆由科舉而進，非科舉者毋得與官。」於是京師、行省各舉鄉試：直隸貢額百人，河南、山東、山西、陝西、北平、福建、江西、浙江、湖廣皆四十人，廣西、廣東皆二十五人，才多或不及者，不拘額數。高麗、安南、占城，詔許其國士子於本國鄉試，貢赴京師。明年會試，取中一百二十名。帝親製策問，試於奉天殿，擢吴伯宗第一。午門外張掛黄榜，奉天殿宣諭，賜宴中書省。授伯宗爲禮部員外郎，餘以次授官有差。時以天下初定，令各行省連試三年，且以官多缺員，舉人俱免會試，赴京聽選。又擢其年少俊異者張唯、王輝等爲翰林院編修，蕭韶爲秘書監直長，令入禁中文華堂肄業，太子贊善大夫宋濂等爲之師。帝聽政之暇，輒幸堂中，評其文字優劣，日給光禄寺酒饌。每食，皇太子、親王迭爲之主，賜白金、弓矢、鞍馬及冬夏衣，寵遇之甚厚。既而謂所取多後生少年，能以所學措諸行事者寡，但令有司察舉賢才，而罷科舉不用。至十五年，復設。十七年始定科舉之式，命禮部頒行各省，後遂以爲永制，而薦舉漸輕，久且廢不用矣。十八年，廷試擢一甲進士丁顯等爲翰林院修撰[一]，二甲馬京等爲編修，吴文爲檢討。進士之入翰林，自此始也。使進士觀政於諸司，其在翰林、承敕監等衙門者，曰庶吉士。進士之爲庶吉士，亦自此始也。其在六部、都察院、通政司、大理寺等衙門者仍稱進士，觀政進士之名，亦自此始也。

鄉試之額，洪武十七年詔不拘額數，從實充貢[二]。洪熙元年，始有定額。其後漸增。至正統間，南北直隸定以百名，江西六十五名，他省又自五而殺，至雲南二十名爲最少。嘉靖間，增至四十，而貴州亦二十名。慶、曆、啓、禎間，兩直隸益增至一百三十餘名，他省漸增無出百名者。交阯初開以十名爲額，迨棄其地乃止。

會試之額，國初無定，少至三十二人，其多者，若洪武乙丑、永樂丙戌，至四百七十二人。其後或百名，或二百名，或二百五十名，或三百五十名，增損不一，皆臨期奏

[一]「院」，諸本脱，據明史選舉志二補。
[二]「充」，原作「克」，據光緒本、明史選舉志二改。

請定奪。至成化乙未而後，率取三百名，有因題請及恩詔而廣五十名或百名者，非恒制也。

蕙田案：會試中額，臨期奏請始於此。

初制，禮闈取士，不分南北。自洪武丁丑，考官劉三吾、白信蹈所取宋琮等五十二人，皆南士。三月，廷試，擢陳䢼爲第一。帝怒所取之偏，命侍讀張信等十二人覆閲，䢼亦與焉。帝猶怒不已，悉誅信蹈及信、䢼等，戍三吾於邊，親自閲卷，取任伯安等六十一人。六月復廷試，以韓克忠爲第一，皆北士也。然訖永樂間，未嘗分地而取。洪熙元年，仁宗命楊士奇等定取士之額，南人十六，北人十四。宣德、正統間，分爲南、北、中卷，以百人爲率，則南取五十五名，北取三十五名，中取十名。景泰初，詔書遵永樂間例。二年辛未，禮部方奉行，而給事中李侃爭之，言：「部臣欲專以文詞，多取南人。」刑部侍郎羅綺亦助侃言。事下禮部，覆奏：「臣等奉詔書，非私請也。」景帝命遵詔書，不從侃議。未幾，給事中徐廷章復請依正統間例。五年甲戌，會試，禮部奏請裁定，於是復從廷章言，分南、北、中卷：南卷，應天及蘇、松等府，浙江、江西、福建、湖廣、廣東；北卷，順天、山東、山西、河南、陝西；中卷，四川、廣西、雲南、貴州及鳳陽、廬州二府，滁、徐、和三州也。成化二十二年，萬安當國，周洪謨爲禮部尚書，皆四川人，乃因布政使潘稹之請，南北各減二名，以益於中。弘治二年，復從舊制，嗣後相沿不改。惟正德三年，給事中趙鐸承劉瑾指，請廣河南、陝西、山東西鄉試之額，乃增陝西爲百，河南爲九十五，山東西俱九十。而以會試分南、北、中卷爲不均，乃增四川額十名，并入南卷，其餘并入北卷，南北均取一百五十名。蓋瑾陝西人，而閣臣焦芳河南人，票旨相附和，各徇其私。瑾、芳敗，旋復其舊。

蕙田案：分路取士之例，宋、金、元已有之，南、北、中卷之分，則自明代始。

初制，兩京鄉試，主考皆用翰林，而各省考官，先期於儒官、儒士内聘明經公正者爲之，故有不在朝列累秉文衡者。景泰三年，令布、按二司同巡按御史，推舉見任教官年五十以下、三十以上，文學廉謹者，聘充考官。於是教官主試，遂爲定例。其後有司徇私，聘取或非其人，監臨官又往往侵奪其職掌。成化十五年，御史許進請各省俱視兩京例，特命翰林主考。帝諭禮部嚴飭私弊，而不從其請。屢戒外簾官毋奪主考權，考官不當，則舉主連坐。又令提學考定教官等第，以備聘取。然相沿既久，積習難移。弘治十四年，掌國子監謝鐸言：「考官皆御史方面所辟召，職分既卑，聽其指使，以外簾官預定去取，名爲防閑，實則關節，而科舉之法壞矣。乞敕兩京大臣，各舉部屬等官素有大望者，每省差二員主考，庶幾前弊可革。」時未能從。嘉靖七年，用兵部侍郎張璁言，各省主試皆遣京官或進士，每省二人馳往。初，兩京房考亦皆取教職，至是命各加科部官一員，閱兩科、兩京房考，復罷科部勿遣，而各省主考，亦不遣京官。至神宗十一年，詔定科場事宜。部議復舉張璁之説，言：「彼時因主考與監臨官禮節小嫌，故行止二科而罷，今宜仍遣廷臣。」由是浙江、江西、福建、湖廣皆用編修、檢討，他省用科部官，而同考亦多用甲科，教職僅取一二而已。蓋自嘉靖二十五年，從給事中萬虞愷言，各省鄉試精聘教官，不足則聘外省推官、知縣以益之。四十三年，又從南京御史奏，兩京同考用京官進士，易、詩、書各二人，春秋、禮記各一人，其餘乃參用教官。神宗四年，復議兩京同考、教官衰老者遣回，北京取足於觀政進士、候補甲科，南京於附近知縣、推官取用。至是教官益絀。初制，會試同考八人，三人用翰林，五人用教職。景泰五年，從禮部尚書胡濙請，俱用翰林、部曹。其後房考漸增。至正德六年，命用十七人，翰林十一人，科部各三人。分詩經房五，易經、書經各四，春秋、禮記各二。嘉靖十一年，禮部尚書夏言論科場三事，其一言會試同考，例用講讀十一人，今講讀止十一人，當盡入場，方足供事。乞於部科再簡三四人，以補翰林不足之數。世宗命如所請。然偶一行之，輒如其舊。神宗十一年，以易卷多，減書之一以增於易。十四年，書卷復多，乃增翰林一人，以補書之缺。至四十四年，用給事中余懋孳奏，詩、易各增一房，共爲二十房，翰林十二人，科部各四人，至明末不變。

洪武初，賜諸進士宴於中書省。宣德五年，賜宴於中軍都督府。八年，賜宴於禮部，自是遂著爲令。

歷科事迹稍異者：永樂初，兵革倉猝，元年癸未，始令各省鄉試。二年甲申會試，以事變不循午、未之舊。七年己丑會試，中陳燧等九十五人。成祖方北征，皇太子令送國子監進學，俟車駕還京廷試。九年辛卯，始擢蕭時中第一。宣德五年庚戌，帝臨軒發策畢，退御武英殿，謂翰林儒臣曰：「取士不尚虛文，有若劉蕡、蘇軾輩直言抗論，朕當顯庸之。」乃賦策士歌，以示讀卷官，顧所擢第一人林震，亦無所表見也。八年癸丑，廷試第一人曹鼐，由江西泰和典史會試中式。正統七年壬戌，刑部吏南昱、公陵驛丞鄭温亦皆中式。十年乙丑，會試、廷試皆商輅第一。輅，淳安人，宣宗末年乙卯，浙榜第一人。三試皆第一，士子艷稱爲三元，明代惟輅一人而已。廷試讀卷盡用甲科，而是年兵部尚書徐晞、十三年户部侍郎奈亨乃吏員〔一〕，天順元年丁丑，讀卷左都御史楊善乃譯字生，時猶未甚拘流品也。迨後無雜流會試及爲讀卷官者矣。七年癸未試日，場屋火，死者九十餘人，俱贈進士出身，改期八月會試。明年甲申三月，始廷試。時英宗已崩，憲宗以大喪未踰歲，御西角門策之。正德三年戊辰，太監劉瑾録五十人姓名以示主司，因廣五十名之額〔二〕。十五年庚辰，武宗南巡，未及廷試。次年，世宗即位，五月御西角門策之，擢楊維聰第一。而張璁即是榜進士也，六七年間，當國用事，權侔人主矣。嘉靖十四年乙未，帝親製策問〔三〕，手自批閱，擢韓應龍第一。降諭論一甲三人及二甲第一名次前後之由〔四〕。禮部因以聖諭列登科録之首，而十二人對策，俱以次刊刻。二十年辛丑，考選庶吉士題，文曰原政，詩曰讀大明律，皆欽降

〔一〕「十三年」，諸本脱，據明史選舉志二補。
〔二〕「名」，諸本脱，據明史選舉志二補。
〔三〕「帝」，諸本脱，據明史選舉志二補。
〔四〕「二甲」，原作「三甲」，據味經窩本、乾隆本、光緒本、明史選舉志二改。

也。四十四年乙丑廷試，帝始不御殿。神宗時，御殿益稀矣。天啓二年壬戌會試，命大學士何宗彦、朱國祚爲主考。故事，閣臣典試，翰、詹一人副之。國祚疏辭，帝曰：「今歲，朕首科，特用二輔臣以光重典，卿不必辭。」嗣後二輔臣典試爲常。崇禎七年甲戌，知貢舉禮部侍郎林釬言，舉人顔茂猷文兼五經，作二十三義。帝念其該洽，許送内簾。茂猷中副榜，特賜進士，以其名另爲一行，刻于試録第一名之前。五經中式者，自此不絶矣。

王圻續通考：明初，令有司保舉人材，即古鄉舉里選之遺意，累朝下詔，亦必及之。太祖洪武庚子，遣使徵宋濂、劉基、章溢、葉琛至金陵。元年，詔起懷才抱德、隱于巖穴之士，遣夏原吉等分行天下，訪求賢才。六年，命禮部訪求賢士于天下。上曰：「古之聖王，恒汲汲於求賢，若高宗之於傅説，文王之於吕尚，二君者，豈其智之不足而遑遑于版築鼓刀之徒，實以天下之大，非人君之所能獨理，而賢才不備，不足以爲治也。今山林之士，豈無德行文藝有足稱者？宜令有司以禮起送至京，朕將任用之，以圖至治。」是年，罷科舉，專用辟薦。其目有明經行修，有懷才抱德，有賢良方正，有人才，有孝廉。鄉舉于朝，而各省貢士皆卒業太學，以次除用。蓋罷進士之科者，十有餘年，時既不喜文士，又以初立辟薦法，行之甚嚴，每舉者至京，上親校閲，不稱旨，輒坐舉主，往往有謫戍者。至洪武十五年，復開科。

蕙田案：明初薦舉之目，曰聰明正直，曰賢良方正，曰孝弟力田，曰儒士，曰孝廉，曰秀才，曰人才，曰耆民，皆見于史志者，與王圻所舉略有不同。自科舉既復之，後仍不廢薦舉。建文、永樂間，猶有以薦舉起家，内授翰林，外授藩司者。宣德以後，進士之科日重，間下求賢之詔，亦徒應故事而已。至如天順之吴與弼、成化之陳獻章皆以理學名儒，特膺徵辟，此又以人而重者也。

右明取士

五禮通考卷一百七十六

嘉禮四十九

學禮

養老之禮

蕙田案：養老之禮，自虞、夏、殷以來已重之，至周而大備。其所養之老有三：曰國老，曰庶老，曰死政之老。每歲仲春、季春、仲秋之月，天子親視學，大合樂，擇公卿大夫之致仕有賢德者以爲三老、五更，天子袒而割牲，執醬而饋，執爵而酳，尊之如父兄。其群老，皆設席位，禮之如衆賓，欲陳孝弟以教天下也。其餘如簡不帥教，出征受成於學，以訊馘告。凡天子有事於學，必舉養老之禮。而諸侯之國及鄉遂之吏，亦皆得養老於學焉。若庶人之老，不能徧養於學，則有引年復除之令，而又制民田里，教之樹畜，導其妻子使養其老，孟子所謂「善養老者」是也。養老之禮，散見於月令、王制、祭義、内則、樂記諸篇，而文王世子尤爲詳備。今以類編入學禮，而經傳所載優老之事亦附焉。後世舉視學、養老之典者，惟後漢及魏與後魏及周。至於優禮高年之事，則歷代史册，皆不絕書。今並蒐輯，以著於篇。

禮記祭義：先王之所以治天下者五：貴老，爲其近於親也。敬長，爲其近於兄也。是故至孝近乎王，雖天子必有父；至弟近乎霸，雖諸侯必有兄。注：天子有所父事，諸侯有所兄事，謂養三老五更也。

昔者有虞氏貴德而尚齒，夏后氏貴爵而尚齒，殷人貴富而尚齒，周人貴親而尚齒。注：貴，謂燕、賜有加於諸臣也。尚，謂有事尊之於其黨也。臣能世禄曰富。舜時多仁聖有德，後德則在小官。疏：此論四代弟順尚齒之義。虞氏帝德弘大，故貴德。德之中，年高者在前，是德中尚齒。夏后氏尚功，功高則爵高，既貴其爵，德雖下而爵高者則貴之，於貴爵之中年高者在前，故云尚齒。殷家累世有功，世爵而富，乃貴之，亦年高者在前。周人敬愛彌狹，殷人疏而富者猶貴之，周人於己有親乃貴之，就此之中，亦年高者在前。

輔氏廣曰：有德者必有爵，有爵者必有富，此虞、夏、殷之所貴如此。至於周，則又厚親，以反本焉。此世變使然，聖人因時定制也。若夫年齒之尚，行乎萬世而不可變者。

虞、夏、殷、周，天下之盛王也，未有遺年者。年之貴乎天下久矣，次乎事親也。

注：言其先老也。　疏：「次乎事親」者，言貴年之次第，近乎事親之孝。

吕氏澄曰：此承上文，申言四代皆尚齒之義。遺，謂忽忘之，與違其親之違同。年即齒也。四代之所貴雖有不同，而其尊年尚齒則一，蓋年齒之可貴於天下，歷四代至今不變，故曰久矣。尚齒之弟，次乎事親之孝也。

方氏慤曰：或曰年，或曰齒，年以所歷言，齒以所序言。

王制：司徒養耆老以致孝。注：耆老，所當孝養。上之人養耆老，則民皆知孝矣。

大學：上老老而民興孝，上長長而民興弟。

周禮地官大司徒：以保息六養萬民：一曰養老。注：養老，七十養於鄉，五十異粻之屬。

疏：王制云：「五十養於鄉，六十養於國，七十養於學。」彼謂大夫士也。王制又云：「凡三王養老，皆引年。」注云：「已而引户校年，當行復除也。老人衆多，非賢者不可皆養。」故食貨志云「七十已上，上所養也」。此云「七十養於鄉」，亦謂有賢行者也。「五十異粻之屬」者，是王制文。禮記常法，庶人食稷，士並食黍，大夫又加以粱。今雖庶人，至五十，或與士大夫同食黍粱，故云異粻。

孟子：伯夷辟紂，居北海之濱，聞文王作，興曰：「盍歸乎來！吾聞西伯善養老者。」太公辟紂，居東海之濱，聞文王作，興曰：「盍歸乎來！吾聞西伯善養老者。」天下有善養老，則仁人以爲己歸矣。

白虎通德論：王者父事三老、兄事五更者何？欲陳孝悌之德，以示天下也。故雖天子，必有尊也，言有父也；必有先也，言有兄也。

蕙田案：以上總論養老之義。

禮記王制：有虞氏養國老於上庠，養庶老於下庠。夏后氏養國老於東序，養庶老於西序。殷人養國老於右學，養庶老於左學。周人養國老於東膠，養庶老於虞庠，虞庠在國之西郊。疏：「養老必於學」者，教孝悌之處，故於中養老。熊氏云：「國老，謂卿大夫致仕者。庶老，謂士也。」皇氏云：「庶老，兼庶人在官者。」其致仕之老，大夫以上當養從國老之法，士養從庶老之法，故外饔云「邦饗耆老，掌其割亨」，鄭注引此「周人養國老於東膠，養庶老於虞庠」是也。

陳氏禮書：貴胄謂之國子，則貴而老者謂之國老；賤者謂之庶人，則賤而老者謂之庶老。國子與庶人之秀者同其學，所以一道德；國老與庶老異其學，所以别分義。

蕙田案：庶老，謂士以下致仕者。若庶人之老，别有引年之法，不養於學也。

陳氏指庶人之老言，非。

丘氏濬曰：王者之養老，所以教天下之孝也。而必於學者，學所以明人倫也。人倫莫先於孝弟，老者之於君，以德則君尊也，以齒則老者先也。人君致孝弟於其親長，下之人無由以見也，故於學校之中行養老之禮，使得於聽聞觀感者曰：「上之人於夫人之老者尚致其敬如此，矧其親屬乎！萬乘之尊且如此，吾儕小人所宜興起感發也。」噫！老吾老以及人之老，長吾長以及人之長，一禮之行，所費者飲食之微，而所致者治效之大也。

君子耆老不徒行，庶人耆老不徒食。注：徒，猶空也。徒行，謂無車。徒食，謂無肉。

周禮地官遺人：門關之委積，以養老孤。注：委積者，廩人、倉人計九穀之數足國用，以其餘共之，所謂「餘法用」也。少曰委，多曰積。門關以養老孤，人所出入，易以取餼廩也。疏：門，謂十二國門。關，謂十二關。門出入皆有税。所税得者，亦送帳多少，足國用之外，留之以養老孤，故司門云「以其財養死政之老與其孤」。

司門：以其財養死政之老與其孤。注：財，所謂門關之委積也。死政之老，死國政事者之父母也。

禮記王制：少而無父者謂之孤，疏：孤，顧也，顧望無所瞻見也。老而無子者謂之獨，疏：獨，鹿也，鹿鹿無所依也。老而無妻者謂之矜，疏：劉熙釋名曰：「無妻曰鰥，愁悒不能寐，目恒鰥鰥然，其字從魚，魚目恒不閉。」老而無夫者謂之寡。疏：寡，倮也，倮然單獨。此四者，天下之窮而無告者也，皆有常餼。注：餼，廩也。

皇氏侃曰：人君養老有四種，一是養三老、五更；二是子孫爲國難而死，王養死者父祖；三是養致仕之老；四是引户校年，養庶人之老。

陳氏禮書：天子之於老也，其所養也三：國老也，庶老也，死政者之老也。羅氏獻鳩以養之者，國老也；司徒以保息養之者，庶老也；司門以其財養之者，死政者之老也。若夫外饔、酒正、稾人所謂「耆老」者，總三者而言之也。先王父事三老，兄事五更，則三老、五更乃群老之尤者，而致仕之老者固在其間。皇氏離而二之，誤矣。

蕙田案：以上論國老、庶老及死政之老。

周禮夏官羅氏：仲春，養國老。

禮記月令：仲秋之月，養衰老。

陳氏澔曰：月至四陰，陰已盛矣。時以陽衰陰盛爲秋，人以陽衰陰盛爲老。養衰老，順時令也。

文王世子：凡大合樂，必遂養老。注：大合樂，謂春入學，舍菜合舞，秋頒學合聲。於是時也，天子則視學焉。遂養老者，謂用其明日也。疏：月令季春「大合樂」，亦在其中。

陳氏澔曰：常事合樂，不行養老之禮，惟大合樂之時，人君視學，必養老也。

郊特牲：春饗孤子，秋食耆老。飲，養陽氣也，故有樂。食，養陰氣也，故無聲。凡聲，陽也。疏：案王制：「夏后氏養老以饗禮。」則夏家養老用春時，有樂，無秋食之禮。殷人養老以食禮，而秋時不作樂，無春饗之禮。周人脩而兼用之，則周人養老，春夏用饗禮，秋冬用食禮，四時皆用樂，故文王世子云：「凡大合樂，必遂養老。」注云：「春合舞，秋合聲。」下云：「養老之禮，遂發咏焉，登歌清廟。」是秋時養老亦用樂也〔一〕。皇氏云：「春是生養之時，故饗孤子，取長養之義。秋是成熟之時，故食耆老，取老成之義。」熊氏云：「春饗孤子，亦饗耆老；秋食耆老，亦食孤子。」

大戴禮保傅篇：春秋入學，坐國老，執醬而親饋之，所以明有孝也。盧辯注：仲春舍菜合舞，仲秋班學合聲。

熊氏安生曰：天子視學之年，養老一歲有七：謂四時皆養老，凡四也；又文王世子曰「凡大合樂，

〔一〕「時」，諸本作「合聲」，據禮記正義卷二五改。

必遂養老」，注云「大合樂，謂春入學，舍菜合舞，秋頒學合聲」，通前爲六；又季春大合樂，天子視學亦養老，是總爲七也。

陳氏禮書：天子之於老也，歲養之也三：仲春也，季春也，仲秋也。周禮羅氏「羅春鳥，獻鳩以養國老」在仲春，月令「養衰老，授几杖」在仲秋，文王世子曰「凡大合樂，必遂養老」，鄭氏云：「大合樂，謂春入學舍菜合舞，秋頒學合聲。於是時也，天子則視學，遂養老。」此養老於仲春、仲秋者也。月令季春之末，「擇吉日，大合樂，天子親往視之」，亦必養老，此又養老於季春者也。若夫簡不帥教、出征受成、以訊馘告，凡天子入學，莫不養老，此又不在歲養之數也。月令無冬夏養老之文，周禮、禮記特言春養秋食而已，熊氏謂養老歲有七，亦誤矣。

蕙田案：陳氏駁熊說極是。

又案：以上養老之時。

禮記王制：有虞氏皇而祭，深衣而養老。夏后氏收而祭，燕衣而養老。殷人冔而祭，縞衣而養老。周人冕而祭，玄衣而養老。注：凡養老之服，皆其時與群臣燕之服。有虞氏質，深衣而已。夏而改之，尚黑而黑衣裳。殷尚白而縞衣裳。周則兼用之，玄衣素裳。其冠則牟追、章甫、委貌也。疏：深衣，謂白布衣，以質，用白布而已。縞，白色生絹。

馬氏晞孟曰：祭所以追養繼孝，而年之貴乎天下久矣，次乎事親也，故先言祭而次言養老，祭則言冠而不言衣，養老則言衣而不言冠。

方氏慤曰：祭非無衣也，然主冠言之者，蓋冠在首，有尊尊之義焉，而祭所以推尊尊之義故也。養老非無冠也，然主衣言之者，蓋衣在體，有親親之仁焉，而養老所以明親親之仁故也。

蕙田案：以上養老之服。

曲禮：大夫七十而致事，若不得謝，則必賜之几杖。

月令：養衰老，授几杖。

陳氏澔曰：几杖，所以安其身。

詩大雅行葦：肆筵設席，授几有緝御。箋：緝，猶續也。御，侍也。兄弟之老者，既爲設重席授几，又有相續代而侍者，謂敦史也。疏：敦史主侍老人，故知續代而侍者爲敦史。

周禮秋官伊耆氏：大祭祀，共其杖咸。注：咸，讀爲函。老臣雖杖於朝，事鬼神尚敬，去之。有司以此函藏之，既事，乃授之〔一〕。疏：謂七十有德，君不許致事者也。

〔一〕「授」，原作「去」，據光緒本、周禮注疏卷三七改。

共王之齒杖。注：王之所以賜老者之杖。王制曰：「五十杖於家，六十杖於鄉，七十杖於國，八十杖於朝。」

鄭氏鍔曰：國老年齒已高，在禮宜杖，是之謂齒杖。以齒論之，雖可以杖，必出於王之所賜，然後杖。伊耆氏之職，則共之於王，而王用以賜也。周家之杖，有五十、六十、七十、八十，在鄉、在家、在國、在朝之異，此所共者，其在朝、在國者乎？漢之哀帝賜孔光以靈壽杖，其有周舊典與？

禮記王制：五十杖於家，六十杖於鄉，七十杖於國，八十杖於朝。

陳氏曰：大夫七十而後賜之杖。五十而杖者，蓋杖於家、鄉、國者，不待賜。杖於朝，則非賜不可也。

祭義：七十杖於朝。

蕙田案：王制「七十杖於國，八十杖於朝」，謂已致仕者。祭義「七十杖於朝」，謂未致仕者。曲禮所云「七十而致事，若不得謝，則賜之几杖」是也。

又案：以上几杖。

周禮天官外饔：邦饗耆老、孤子，則掌其割亨之事。注：孤子者，死王事者之子也〔一〕。

〔一〕「者」，諸本脱，據周禮注疏卷四補。

王制曰：「周人養國老於東膠，養庶老於虞庠。」疏：「邦饗耆老」者，謂死事者之父祖，兼有國老、庶老。國老，謂卿大夫致仕者。庶老，謂士之致仕者。經直言耆老，對孤子，則耆老者，死事之父祖可知。但此不見饗國老、庶老之文，故鄭解耆老謂國老、庶老。

程子曰：外饔、酒正皆言享耆老、孤子，則酒食未嘗偏廢也。周官言享不言食，亦以享未嘗無食也，特以食爲下爾。言老足矣，必曰耆老者，容養之以六十而上爲率與？以六十養於國故也。

酒正：饗耆老孤子，皆共其酒，無酌數。注：要以醉爲度。

凡有秩酒者，以書契授之。注：所秩者，謂老臣。王制曰：「七十不俟朝，八十月告存，九十日有秩。」疏：秩，常也。老臣年九十以上，常與之酒。

鄭氏鍔曰：享禮之嚴，几設而不倚，爵盈而不飲，所以訓恭儉。而此言「共酒無酌數」何也？蓋此所謂享，非大享也。耆老之子、孤子之父，死於王事，憫其惸獨無依，或用酒以飲之，所以念其功。其享之也，不過以醉爲度，示恩章之厚耳。

地官稾人：若饗耆老、孤子、士庶子，共其食。疏：耆老，謂死王事者之父。國家春饗孤子，秋食耆老，則稾人共其食。

夏官羅氏：仲春，羅春鳥，獻鳩以養國老，行羽物。注：春鳥，蟄而始出者，是時鷹化爲鳩。鳩與春鳥，變舊爲新，宜以養老，助生氣。

禮記王制：凡養老，有虞氏以燕禮，夏后氏以饗禮，殷人以食禮，周人脩而兼用之。注：凡飲，養陽氣。凡食，養陰氣。陽用春夏，陰用秋冬。兼用之，備陰陽也。疏：「有虞氏以燕禮」者，盧氏云：「燕禮，脱屨升堂。」崔氏云：「燕者，殽烝於俎，行一獻之禮，坐而飲酒，以至於醉。有虞氏帝道宏大，故養老以燕禮。」「夏后氏以饗禮」者，崔氏云：「饗則體薦而不食，爵盈而不飲，依尊卑爲獻，取數畢而已。夏貴尚以禮，故養老以饗禮，相養敬也。」「殷人以食禮」者，崔氏云：「不飲酒，享大牢，以禮食之，殷人質素，威儀簡少，故養老以食禮。」「周人脩而兼用之」者，謂周人脩三代之禮，春夏養老之時，用虞氏燕禮、夏后氏饗禮；秋冬養老之時，用殷人食禮。周極文，故兼用之也。皇氏云饗有四種：一是諸侯來朝，天子饗之，則周禮大行人職云「上公之禮，其饗禮九獻」是也。其牲則體薦，體薦則房烝，故春秋宣十六年左傳云：「饗有體薦。」又國語云：「王公立飫，則有房烝。」其所云飫，即謂饗也。立而成禮，謂之飫也。其禮亦有飯食，故春人云：「凡饗食，共其食米。」鄭云「饗有食米，則饗禮兼燕與食」也。二是王親戚及諸侯之臣來聘，王饗之，禮亦有飯食及酒。其酌數亦當依命數，其牲則折俎，亦曰殽烝也。故國語云「親戚宴享，則有殽烝」，謂以燕禮而享則有之也。左傳云：「饗有體薦，宴有折俎，公當饗，卿當宴，王室之禮也。」時定王享士會而用折俎，以國語、左傳觀之，則知王親戚及諸侯之大夫來聘，皆折俎饗也。其享朝廷之臣，亦當然也。三是戎狄之使來，王饗之，其禮則委饗也。其來聘賤，故王不親饗，但以牲全體委與之，故國語云「戎狄貪而不讓，坐諸門外，而體委與之」是也。若夷狄君來，則當與中國子男同，故小行人職掌大賓小客，所陳牲牢，當不異也。四是饗宿衛及耆老、孤子，則以醉爲度，故酒正云：「凡饗士庶子，饗耆老、孤子，皆共其酒，無酌數。」鄭云：「要以醉爲度。」「食禮」者，有飯有殽，雖設酒而不飲，其禮亦以飯爲主，故曰食也。其禮亦有二種，一是禮食，故大行人云諸公三食之禮有九舉，及公食大夫禮之屬是也。二是燕食，謂臣下自與賓客旦夕共食。案：鄭注曲禮「酒漿處右」云：「此大夫士與賓客燕食之禮。」「燕禮」者，凡正饗食在廟，燕則在寢，燕以示慈惠故也。燕禮則折俎，有酒而無飯，其牲用狗。詩毛傳云：「燕，安也。」其禮最輕，升堂行一獻禮，畢，而脱屨升堂，坐飲，以至醉也。儀禮猶有諸侯燕禮一篇。凡燕禮亦有二種，一是燕同姓，二是燕異姓。故詩湛露鄭箋云：「夜飲之禮，同姓則成，庶姓讓之。」則止此宴饗食致仕之老，則當用正饗、正食、正燕之禮，以其有賢德，不可以褻禮待之。其饗死事之老，不必有德，又是老人，不宜久立，當用折俎之饗，燕食之食，老人不合夜飲，當用異姓之燕禮。皇氏云：「春夏雖以飲爲主，亦有食，先行饗，次燕，次食。秋冬雖以食爲主，亦有饗，先行食，次燕，次饗。一日之中，三事行畢。」義或然也。

劉氏曰：以養老，莫善於燕，莫不善於饗，而食次之。以養義，亦莫善於饗，莫不善於食，而燕次之。周人備矣。所謂養老者，養其體者也，故擇其柔嘉，選其馨香，潔其酒醴，品其豆籩，脩其簠簋，奉其犧象，謹其祓除，於是乎體解節折，而共飲食之，又爲折俎加豆，是以惠豐而德洽。民之見者，以爲盡心也，莫不加愛焉，故莫善於燕。夫饗，所以訓恭儉也，而養老，所以充體氣也，脩其物，篤其意，而不得躬之，酒盈而不飲，肉乾而不食，設几而不倚，一獻而百拜，惡在其惠也？故莫不善於享。是有虞氏所以不從也。所謂養義，養其賢者也，年者天下之達尊也，爵者天下之達尊也，以達尊之爵養達尊之年，其意猶不敢褻爲之，故一獻而百拜。民之見者，以爲至恭也，莫不加肅焉，故莫善於饗。夫養義者，貴其養志也，若曾子之養曾皙者也。而食者，無百拜之恭，無一獻之節，此所謂養口體也，若曾元之養曾子者也。民之見者可易也，故曰「莫不善於食」。是夏后氏所以不從也。三聖之作，非以相反也。養老以彼，養義以此，所以尊其年、尚其德也。尊其年，仁也；尚其德，義也。周人通其道，達其意，脩而兼用之，仁且義，是謂大備矣。

陳氏禮書：行葦言飲射，而繼之「以祈黄耇」，此周人以燕禮養老也。周官外饔言「饗耆老」，此周人以饗禮養老也。祭義曰：「食三老五更於大學，天子袒而割牲，執醬而饋，執爵而酳。」此周人以食禮養老也。

月令：養衰老，行糜粥飲食。注：助老氣也。行，猶賜也。

内則：淳熬：煎醢加於陸稻上，沃之以膏，曰淳熬。注：淳，沃也。熬，亦煎也。沃煎成之，以爲名。疏：陸稻，謂陸地之稻也，謂以陸地稻米熟之爲飯，煎醢使熟，加於飯上，恐其味薄，更沃之以膏，使味相湛漬。淳母：煎醢加於黍食上，沃之以膏，曰淳母。注：母，讀曰模。模，象也。作此象淳熬。疏：法象淳熬而爲之，但用黍爲異耳。黍不言陸者，黍皆在陸，無在水之嫌。炮：取豚若將，刲之刳之，實棗於其腹中，編萑以苴之，塗之以謹塗。炮之，塗皆乾，擘之。濯手以摩之，去其皽，爲稻粉，糔溲之以爲酏，以付豚。煎諸膏，膏必滅之，鉅鑊湯，以小鼎薌脯於其中，使其湯毋滅鼎，三日三夜毋絶火，而後調之以醯醢。注：炮者，以塗燒之爲名也。「將」，當爲「牂」，牂，牝羊也。刲、刳，博異語也。「謹」，當爲「墐」，聲之誤也。墐塗，塗有穰草也。皽，謂皮肉之上魄莫也。糔溲，亦博異語也。糔，讀與滫瀡之滫同。薌脯，謂煮豚若羊於小鼎中，使之香美也；謂之脯者，既去皽，則解析其肉，使薄如爲脯然，唯豚全耳，豚、羊入鼎三日，乃内醯醢可食也。疏：「炮：取豚若將」者，言爲炮之法，或取豚，或取牂，刲刳其腹，實香棗於其腹中。萑，亂草也。苴，裹也。編連亂草，以裹帀豚牂也。塗之以謹塗者，以此墐塗而泥塗之。「擘之」者，謂擘去乾塗也。手既擘泥不淨，其肉又熱，故濯手摩之，去其皽莫。「爲稻粉，糔溲之以爲酏」者，付全豚之外，煎之於膏，若羊，則解析肉以粥和之。滅，没也。小鼎盛膏，以膏煎豚牂，膏必没此豚牂也。「鉅鑊湯，以小鼎薌脯其中」者，謂以大鑊盛湯，以小鼎之香脯實於大鑊湯中。「使其湯毋滅鼎」者，使鑊中之湯毋得没此小鼎。若湯没鼎，恐湯入鼎中，令食壞也。「毋絶火」者，欲令用火微熱，勢不絶。注云「惟豚全耳」者，案：周禮封人有毛炮之豚，豚形既小，故知全體。擣珍：取牛、羊、麋、鹿、麕之肉，必脄，每物與牛若一，捶，反側之，去其餌，孰，出之，去其皽，柔其肉。注：脄，脊側肉也。捶，擣之也。餌，筋腱也，柔之爲汁和也。汁和，亦醯醢與？疏：脊側肉美，擣以爲珍，宜取美處，故爲「脊側肉」。腱，即筋之類。上炮豚炮牂，調以醯醢，下漬亦食之以醯若醢，故知擣珍，和亦用醯醢。漬：取牛肉必新殺者，薄切之，必絶其理，湛諸美酒，期朝而食之以醢若醯、醷。注：湛，亦漬也。爲熬：捶之，去其皽，編萑，布牛肉焉。屑桂與薑，以洒諸上而鹽之，乾而食之。施羊亦如之。施麋、施鹿、施麕皆如牛羊。欲濡肉，則釋而煎之以醢。欲乾肉，則捶而食之。注：熬，於火上爲之也，今之火脯似矣。欲濡欲乾，人自由也。醢，或爲「醯」。此七者，周禮八珍，其一肝膋是也。疏：此論作熬之法。「欲濡肉，則釋而煎之以醢」者，欲得濡肉，則以水潤釋之而煎之以醢也。注云「七」者，謂第一淳熬也，第二淳模也，第三、第四炮，取豚若牂也，第五擣珍也，第六漬也，第七熬也。云「其一肝膋」者，則此糝下肝膋也。但作記之人，文不依次，故在糝下陳之。糝：取牛、羊、豕之肉，三如一，小切之。與稻米，稻米二，肉一，合以爲餌，煎之。注：此周禮「糝食」也。「三如一」者，謂取牛羊豕之肉，等分如一。「稻米二，肉一」者，謂二分稻米一分肉也。肝膋：取狗肝一，幪之以其膋，濡炙之，舉燋其膋，不蓼。注：膋，腸間脂。舉，或爲「巨」。疏：舉，皆也，謂炙膋皆燋也。取稻米，舉糔溲之，小切狼臅膏，以與稻米爲酏。注：狼臅膏，臆中膏也，以煎稻米，則似今膏䰞矣。此周禮「酏食」也。此「酏」當作「餰」。疏：此論養老須飲食如養親之事，明八珍之饌，并明羞豆糝餰之等。

朱子曰：此即所謂養老之珍也。

大夫七十而有閣。注：有秩膳也。閣以板爲之，皮食物也。

王制：五十異粻，六十宿肉，七十貳膳，八十常珍，九十飲食不離寢，膳飲從於遊可也。注：粻，糧也。貳，副也。遊，謂出入止觀。疏：五十始衰，粻宜自異，不可與少壯者同也。六十轉老，故恒宿肉在帳下，不使求而不得也。七十恒令善食有儲副，不使有闕也。八十珍奇美食〔一〕，尋常使有。九十飲食無時，或急求須得，故不離於寢。美善之膳，水漿之飲，從於所遊之處可也。

吴氏澄曰：此當兼國老、庶老而言。見古人之養老，年愈衰而養愈厚。意每十年一變者，以人之精神氣力，涉世十年，則天道一週而衰憊，不能不異於前爾。

詩豳風七月：爲此春酒，以介眉壽。傳：春酒，凍醪也。眉壽，豪眉也。箋：介，助也。穫稻釀酒，助其養老之具。

大雅行葦：曾孫維主，酒醴維醹。酌以大斗，以祈黄耇。箋：祈，告也。成王有醇厚之酒醴，以大斗酌而嘗之而美，故以告黄耇之人，徵而養之也。疏：鄭以此章始告老人，下章乃言其養。言養老之禮，亦當豫告老人矣。黄耇台背，以引以翼。箋：台之言鮐也，大老則背有鮐文。既告老人，及其來也，以禮引之，以禮翼之。在前曰引，在旁曰翼。壽考維祺，以介景福。箋：養老人而得吉，所以助大福也。

〔一〕「美」，諸本作「飲」，據禮記正義卷一三改。

蕙田案：以上酒食。

禮記王制：五十養於鄉。六十養於國。七十養於學，達於諸侯。八十拜君命，一坐再至，瞽亦如之。九十使人受。注：天子、諸侯養老同也。國，國中小學，在王宫之左。學，大學也，在郊。小學在國中，大學在郊，此殷制明矣。命，謂君不親饗食，必以其禮致之。疏：五十始衰，故養於鄉學。六十漸衰，養禮彌厚，故養於國中之小學。七十大衰，養禮轉重，故養於大學。此養老之事，非唯天子之法，乃通達於諸侯也。至於年八十，衰弱，不堪來學受養，君以饗食之禮，使人就家致之。其受君命之時，理須再拜，不堪爲勞，一坐於地，而首再至於地也。瞽人無目，恐其傾倒，拜君命亦當如此。

文王世子：天子視學，大昕鼓徵，所以警衆也。衆至，然後天子至，乃命有司行事，興秩節，祭先師先聖焉。疏：此論天子視學必遂養老之法則，養老既畢，乃命諸侯群吏，令養老之事。有司卒事反命，始之養也。注：告祭畢也。祭畢，天子乃入。又之養老之處。凡大合樂，必遂養老，是以往焉。言始，始立學也。疏：天子視學，在虞庠之中，有司釋奠既畢，天子乃從虞庠入反於國。明日，乃之東序而養老，故云「始之養也」。注云「言始，始立學也」者，爲下釋奠于先老之學，故云「始立學也」。若非始立學之後，則視學凡養老於東膠，不釋奠于先老也。

陳氏禮書：記言「天子視學，遂適東序養老」，則視學、養老皆同日也。鄭氏謂用其明日，誤。

胡氏銓曰：始，初也。之，往也，謂反命乃往養老之處。鄭謂「始立學」，非。

適東序，釋奠於先老。遂設三老、五更、群老之席位焉。注：養老東序，則是視學於上庠。三老、五更各一人也，皆年老更事致仕者也。天子以父兄養之，示天下之孝悌也。名以三五者，取象三辰五星，天所因以照明天下者。群老無數，其禮亡。以鄉飲酒禮言之，席位之處，則三老如賓，五更如介，群老如衆賓必也。疏：「三老五更各一人」，蔡邕以爲「更」字爲「叟」。叟，老稱。又以三老爲三人，五更爲五人，非鄭義也。知天子以父兄養之者，以天子冕而總干，執醬而饋，是父兄事也。云「三老如賓，五更如介」者，案：鄉飲酒注「敷席，賓席，牖前南面。介席，西階上東面」是也。云「群老如衆賓」者，案：鄉飲酒注「席衆賓於賓之西，南面，各特焉」是也。

白虎通德論：享三老、五更於太學者，所以教諸侯悌也。不正言父兄，言老、更者何？老者，壽考也，欲言所令者多也；更者，更也，所更歷者衆也。即如是，不但言老，言三何也？欲言其明於天地人之道而老也。五更者，欲言其明於五行之道而更事也。三老、五更幾人乎？曰：各一人。何以知之？既以父事，父一而已，不宜有三。

應劭漢官儀：三老、五更，三代所尊也。安車輭輪，送迎至家，天子獨拜於屏。三者，道成於天地人。老者，久也，舊也。五者，訓於五品。更者，五世長子，更更相代，言其能以善道改更已也。三老、五更，皆取有首妻，男女完具。

陳氏禮書：古者建國必立三卿，鄉飲酒必立三賓，而養老必立三老。禮曰：三公在朝，三老在學。三公非一人，則三老、五更非各一人矣。漢志以德行年高老者一人爲老，次一人爲更，故永平中拜桓榮爲五更，建初中拜伏恭爲三老，而鄭氏以此爲三代之制，誤矣。

蕙田案：三老、五更，鄭氏及白虎通、漢官儀俱以爲各一人，惟蔡邕云三老三人，五更五人，而陳祥道亦宗之。然記稱天子之養老、更，袒而割牲，親執醬執爵，其禮甚尊，非尋常之老可以當之。説者謂三老選三公之老者，五更選卿大夫之老者，公卿大夫，其人數不多，未必齒德俱尊者一時頓有八人也。白虎通云「父一而已，不宜有三」，其説簡而明矣。

觀承案：古禮已亡，漢志謂三老、五更止各一人，亦據漢禮言之耳，則蔡邕謂三老三人、五更五人者，亦不可厚非也。如三公九卿之類，皆以數稱，而實人如其數，豈可以一人爲三老，一人爲五更乎？但三公不必備，惟其人，則三老、五更亦不必備，有則全之，無則以一人兼之，亦無不可也。且所謂父事者，非父也；父惟一，而父事之者，何妨有三？即如白虎通之論，亦思王者父事三老，兄事五更，則父不可以三，兄獨不可以有五乎？此言固未爲全，是當並存之耳。

應氏鏞曰：東序，夏后氏之學名也。此所云序，則未必自爲一學也，即學宮之東序焉爾。始立學者，既釋菜而退儐於東序，諸侯學校之東序也。天子亦始立學，視學，興秩節而始適東序，天子學校之東序也。鄭氏於此二者，皆以爲自上庠而適東序。上庠在郊，而東膠在國，若自郊反國，則驅馳甚矣。以此約度之，則東序亦在學中而已。樂記、祭義皆謂食三老五更於太學，則天子之所視者，即太學也。大學之東序者，蓋地道尊右，神祀尚陰，故宗廟之位，皆以西爲上。竊意夫西者，廟宮之所存，所以尊先聖先師也；東者，饗舍之所寓，所以處國子俊選也。今學宮亦然，故立學釋菜，則退儐於此，而行一獻之禮；視學釋菜，則退儐於此，而行一獻之義；視學卒事，則設位於此，而修教養之禮。兩者皆曰退儐，曰退修，蓋以廟宮爲尊，故以饗舍爲退，猶朝廷之進見而曰退也。

適饌省醴，養老之珍具，遂發咏焉。退修之，以孝養也。注：親視其所有。發咏，謂以樂納之。退修之，謂既逆而入，獻之以醴，獻畢而樂闋。疏：布席既畢，天子親適陳饌之處，省視醴酒，并省視養老之珍具。省具既畢，出迎三老五更，將入門之時，遂作樂[一]，發其歌咏，以樂納之也。三老五更入，而即位於西階下，天子乃退，酌醴獻之，以修行孝養之道也。案：大射賓入及庭，奏肆夏，此養老既尊，故用兩君敵禮，入門即奏肆夏，故仲尼燕居曰「入門而縣興」是也。**反，登歌清廟。既歌而語，**

[一]「樂」下，諸本衍「聲」字，據禮記正義卷二〇删。

以成之也。言父子、君臣、長幼之道，合德音之致，禮之大者也。注：反，謂獻群老畢，皆升就席也。反就席，乃席工於西階上，歌清廟以樂之。既歌，謂樂正告正歌備也。歌備而旅，旅而説父子、君臣、長幼之道，諸合樂之所美，以成其意。鄉射記曰：「古者於旅也語。」疏：三老五更群老初受獻畢，皆立於西階下，東面，今皆反升就席，乃使工登堂上西階，北面，歌清廟之詩以樂之。既歌之後，則至旅酬之節，談説善道，以成就天子養老之義也。德音，謂歌清廟之詩，文王道德之音。致，謂致極也。言説父子、君臣、長幼之道理，會合清廟文王道德音聲，理之至極也。案鄉飲酒之禮，告正歌備後，作相爲司正，賓取觶酬主人，主人酬衆賓，是歌備而旅酬也。旅酬之時則語説。**下管象，舞大武，大合衆以事，達有神，興有德也。**注：象，周武王伐紂之樂也。以管播其聲，又爲之舞，皆於堂下。衆，謂所合學士也[一]。達有神，明天授命周家之有神也。興有德，美文王、武王有德，師樂爲用，前歌後舞。疏：登歌之後，笙入，立於堂下，管中奏此象、武之曲，庭中舞此大武之舞，大武即象也，變文耳。興，謂發起。注云「師樂爲用，前歌後舞」者，今文泰誓之文。**正君臣之位，貴賤之等焉，而上下之義行矣。**疏：登歌清廟，文王詩也，君詩在上。下管象，是武王詩，臣詩在下。是正君臣之位、貴賤之等也。既以此教上下，衆知之，是上下之義行於衆庶也。**有司告以樂闋，**注：此所告者，謂無算樂。疏：闋，終也。謂

[一]「謂所」，諸本誤倒，據禮記正義卷二〇乙正。

養老之末，無算樂之終也。以上云「登歌清廟」，次「下管象」，此云「告以樂闋」，下即云「王乃命諸侯」，是燕末之事，故知樂闋爲無算樂也。**王乃命公、侯、伯、子、男及群吏曰：「反，養老幼於東序。」終之以仁也。**注：群吏，鄉、遂之官。王於燕之末而令諸侯時朝會在此者，各反養老如此禮，是終其仁心。疏：王家恒自養老，是仁恩也。又令諸侯、州里而行養老，是終之以仁，謂仁恩之心也。諸侯既爲畿外，故知群吏爲畿内鄉、遂之官也。

陳氏曰：前言養老不及幼，及命諸侯群吏，則兼幼言之者，耆老、孤子，先王未嘗不兼養，然其所重，特老者而已。

是故聖人之記事也，慮之以大，疏：此節是申説視學養老之義。記事，謂聖人親行養老之禮，記序前代之事也。慮，謀也。大，謂孝弟也。言謀慮於養老之事，是本於孝弟故也。**愛之以敬，**疏：「適饌省醴」，是愛而又敬之也。**行之以禮，**疏：迎之，如見父兄之禮也。**脩之以孝養，**疏：親獻醴薦饌，是脩於孝養故也。**紀之以義，**疏：「既歌而語」，是紀録德音之義，亦存天下之大義也。**終之以仁。**疏：命諸侯，令歸國各行此禮，是終之以仁心也。**是故古之人一舉事，而衆皆知其德之備也。古之君子舉大事，必慎其終始，而衆安得不喻焉？**疏：此節覆説養老，而在下衆庶知道德之備具在學乎？「一舉事而衆皆知其德之備」者，「上慮之以大」之屬是也。大事，謂養老。初則慮之以大，是慎其始；末則終之以仁，是慎其終。既慎其本末終始，一一露見，盡以示衆庶，而衆何得不曉喻焉？說命曰：「念終始典於學。」注：典，常也。念事之終始常于學。學，禮義之府。

蕙田案：此經明養老之節文，最爲詳盡。

樂記：食三老、五更於太學，天子袒而割牲，執醬而饋，執爵而酳，冕而總干，所以教諸侯之弟也。注：三老、五更，互言耳，皆老人更知三德五事者也。冕而總干，親在舞位也。周名太學曰東膠。疏：此冕當鷩冕，享先公以饗射養老之類。

祭義：食三老、五更於太學，天子袒而割牲，執醬而饋，執爵而酳，冕而總干，所以教諸侯之弟也。是故鄉里有齒而老窮不遺，强不犯弱，衆不暴寡，此由太學來者也。注：割牲，制俎實也。酳食，罷飲也。冕而總干，親在舞位，以樂侑食也。教諸侯之弟，次事親。疏：以天子敬老，鄉里化之，故有齒。老而被養，故在下年老及困窮者，皆化上而養之，故不見遺棄。以老弱被尊養，人皆化上，故「强不犯弱，衆不暴寡」。

方氏曰：由大學來者，言教化之原，出自大學也。

内則：凡養老，五帝憲，注：憲，法也。養之，爲法其德行。三王有乞言。注：有讀爲又〔一〕，又從之求善言以施行也。五帝憲，養氣體而不乞言，有善則記之爲惇史。三王亦

〔一〕「有讀爲又」，原作「有善爲法」，據光緒本、禮記正義卷二六改。

憲，既養老而後乞言，亦微其禮，皆有惇史。注：惇史，史之惇厚者也。「微其禮」者，依違言之，求而不切也。疏：此一節論五帝三王養老之禮。五帝養老，法其德行。三王其德漸薄，非徒法其德行，又從求乞善言。五帝奉養老人氣息身體，恐其勞動，故不乞言，老人有善，則記録之，使衆人法，則爲惇厚之史。三王既法德行，又從乞言，乞言之禮，亦依違求之而不偪切。三代皆法其德行善言，爲惇厚之史。

吴氏澄曰：三王乞言之禮，亦微而不顯露，謂從容乘間，俟可問而後問。三代皆如五帝時，有惇史以記其所乞之言也。

吕氏祖謙曰：年之貴于天下久矣，五帝、三王，皆尊德尚齒，然五帝、三王，養老之禮雖同，憲與乞言不同。蓋道有升降，風氣有厚薄，所以如此。五帝憲，則是瞻儀容、視起居，不曾有乞言之禮，蓋當時風氣未開，人情淳厚，朝夕與老者親炙其仁義之容、道德之光，自得于觀感不言之際。三王不及五帝，所以有乞言之禮，比之於觀瞻不言之中，氣味稍薄。

文王世子：凡祭與養老乞言、合語之禮，皆小樂正詔之於東序。大樂正學舞干戚、語説，命乞言，皆大樂正授數。

詩大雅行葦序：行葦，忠厚也。周家忠厚，仁及草木，故能内睦九族，外尊事黄耇，養老乞言，以成其福禄焉。箋：乞言〔一〕，從求善言可以爲政者，敦史受之。疏：禮有内外小史、大史，無惇史，正以待接老人，擇史之惇厚者掌之。惇非官名也，故彼注云：「惇史，史之惇厚者也。」

孝經鉤命決：天子臨辟廱，視割牲，以尊三老。

五經通義：天子臨辟廱者何？所以行禮樂，宣教化，教導天下之人，使爲士君子，養三老，事五更，與諸侯行禮之處也。

董氏文贛曰：周人養老，兼饗、食、燕之禮，一日而相因。天子袒而割牲，蓋用饗禮之體薦，以爲折俎之實也；執醬而饋，執爵而酳，蓋用食禮之正飯、加飯、正饌、庶羞，所謂設饌也；酒正供酒，無酌數，蓋用燕禮一獻，立而舉旅行酬，脱屨安坐，而無算爵，以醉爲度。共賓客飲之外，復先設醴齊，所謂省醴也。陳氏云：設席位，非立飲，則食當於西階下，反升就席之後，饋食以醬。食禮，公親設醬也。食畢以酒酳口，食禮酳用漿，而此用酒，且酒與醬，皆親執之。蓋燕禮，宰夫爲主人，此醬酒既親執，則天子必自爲主人優老也。正饌之俎，當兼三牲，不必用狗。伐木之詩有

〔一〕「言」，諸本脱，據毛詩正義卷一七補。

「肥牡」、「肥羜」，先儒謂天子燕禮，本當不同於諸侯，加饌之羞，當無過三十豆，而所謂珍具者，如羅氏共鳩及内則八珍之類。燕禮旅酬卿大夫，而後升歌堂上，笙間堂下，鄉飲酒禮則歌備而旅酬，此亦登歌清廟，下管象，而後於旅也語，所謂惇史乞言也。聲莫重於登歌，堂上之歌，必有琴瑟節之，文不具也。燕禮或升歌鹿鳴，下管新宫，遂合鄉樂，舞勺。陳氏云：舞在諸樂之後，所謂冕而就舞位，朱干玉戚，舞大武，蓋舞莫重於武宿夜也。注謂以樂侑食，天子諸侯，每飯有侑食之樂，而他食禮則無樂。然樂師饗食奏鼓鐘，鐘師饗食奏燕樂，籥師賓客饗食，鼓羽籥之舞。陳氏謂食亦有樂，則此割牲饋食時，豈先有樂舞以侑食，而旅酬無算爵之後，又樂舞無算以侑酒，猶納賓用樂，而旅復用樂與？象舞，執箾以舞，不在六樂之列，習之成童，用之祈禱。此但以管奏其詩，非舞其箾也。管并兩竹，笙巢於匏，管重於笙，大射祭享用之，燕不當用而此用之，優老也。賓入門，發咏而奏肆夏，天子所以享元侯。兩君相見，不歌文王而歌清廟，爲二王後、諸侯之長，今俱用之，優老也。舞者動其容，而曲隨之，堂下舞六代之舞，則堂上亦歌賚、桓、勺之詩，爲樂歌以節之也。禮既兼用饗、食、燕，則饗有酬幣，食有侑幣，燕有好貨，則亦有酬幣，禮文不具也。

禮文散見於王制、文王世子、樂記、祭義、内則，但各舉綱目，不能貫串始末，故集其略如此。

蕙田案：以上視學養老行事之禮節。

禮記王制：凡三王養老，皆引年。注：已而引户校年，當行復除也。老人衆多，非賢者不可皆養。

五十始衰，六十非肉不飽，七十非帛不煖，八十非人不煖，九十雖得人不煖矣。注：煖，温也。

方氏慤曰：三十曰壯，四十曰强，壯、强則盛極矣。人盛之極，則趨於衰而已，故五十爲始衰之年。自此以往，宜有以扶其衰。九十雖得人不煖，則以衰之極，養之宜無不至故也。

孟子：五畝之宅，樹之以桑，五十者可以衣帛矣。雞豚狗彘之畜，無失其時，七十者可以食肉矣。百畝之田，勿奪其時，八口之家可以無飢矣。謹庠序之教，申之以孝弟之義，頒白者不負戴于道路矣。七十者衣帛食肉，黎民不飢不寒，然而不王者，未之有也。

五畝之宅，樹墻下以桑，匹婦蠶之，則老者足以衣帛矣。五母雞，二母彘，無失其時，老者足以無失肉矣。百畝之田，匹夫耕之，八口之家足以無飢矣。注：五雞、二彘，八口之家畜之，足以爲畜産之本也。

所謂西伯善養老者，制其田里，教之樹畜，導其妻、子，使養其老。五十非帛不煖，七十非肉不飽。不煖不飽，謂之凍餒。文王之民，無凍餒之老者，此之謂也。注：所謂無凍餒者，教導之，使可以養老者耳，非家賜而人益之也。

徐氏乾學曰：孟子言「五十可以衣帛，七十可以食肉」，與王制不同。王制言養血氣，以食爲先，衣爲次。孟子言王政之序，足衣而後足食。夫王者之養老，扶其衰而適其體，尚如此其周備矣。則爲人子者，事父母之年，日衰一日，則所以盡心於奉養者，可不日慎一日乎？

蕙田案：以上教民養老之法。

右養老之禮

優老之事

禮記曲禮：五十曰「艾」，服官政。六十曰「耆」，指使。七十曰「老」，而傳。八十、九十曰「耄」。百年曰「期頤」。

王制：五十而爵，六十不親學，七十致政，惟衰麻爲喪。

蕙田案：此二條，服官致政之期。

曲禮：大夫七十而致事。注：致其所掌之事於君而告老。　疏：白虎通云：「臣年七十，懸車致仕者，臣以執事趨走爲職，七十耳目不聰明，是以退老去，避賢也，所以長廉遠恥。君不使退而自去者，尊賢也。」若不得謝，注：謝，猶聽也。君必有命，勞苦辭謝之，其有德尚壯，則不聽耳。　則必賜之几杖，行役以婦人，適四方，乘安車，自稱曰「老夫」。注：几杖、婦人、安車，所以養其身體也。安車，坐乘，若今小車也。老夫，老人稱也。亦明君尊賢。春秋傳曰：「老夫耄矣。」　疏：既不聽致事，則祭義云「七十杖于朝」是也。聽致事，則王制云「七十杖于國，八十杖于朝」是也。養老之具，在國及出，皆得用之。今言行役、婦人、四方、安車，則相互也。從語便，故離言之耳。庾蔚云：「漢世駕一馬而坐乘也。」熊氏云：「案書傳略説云：致仕者，以朝乘車輲輪。鄭云乘車，安車。言輲輪，明其小也。」於其國則稱名。注：君雖尊異之，自稱猶若臣。　疏：於其國，謂自與其君言。　越國而問焉，必告之以其制。注：鄰國來問，必問於老者以答之。制，法度。　疏：若他國來問國君之政，君雖已達其事，猶宜問于老賢，老賢則稱國之舊制以對他國之問也。

祭義：是故朝廷同爵則尚齒，七十杖於朝，君問則席；八十不俟朝，君問則就之，而弟達乎朝廷矣。注：同爵尚齒，老者在上也。君問則席，爲之布席于堂上，而與之言。凡朝位立于廷。不俟朝，君揖之即退，不待朝事畢也。就之，就其家也。老而致仕，君或不許，異其禮而已。疏：言敬老之道，通達于朝廷。

蕙田案：此二條據大夫年老，未許致仕者。

王制：九十者，天子欲有問焉，則就其室，以珍從。注：尊養之。七十不俟朝，注：大夫士之老者，君揖則退。八十月告存，注：每月致膳。九十日有秩。注：秩，常也。有常膳。疏：此謂大夫、士老年而聽致事者，朝君之時，入門至朝位，君出，揖之即退，不待朝事畢也。告，謂問也。八十者，君每月使人致膳，告問存否。九十年老方極，君則日使人以常膳致之。

七十者，不有大故，不入朝。若有大故而入，君必與之揖讓而后及爵者。注：謂致仕在家者，其入朝，君先與之爲禮，而后揖卿大夫士。

蕙田案：此三條據大夫、士已致仕者。

王制：歲二月，東巡狩，至于岱宗，問百年者就見之。

祭義：天子巡狩，諸侯待于竟。天子先見百年者。注：問其國君以百年者所在，而往見之。疏：巡守，謂巡行守土諸侯。

八十九十者東行，西行者弗敢過；西行，東行者弗敢過。欲言政者，君就之可也。

注：弗敢過者，謂道經之則見之。

徐氏乾學曰：此節注、疏皆云八十九十者，若天子、諸侯因其行次，或東行、西行至其閭里之旁，不敢過越而去，必往見之。若論政，雖不當道路左右，君即就之可也。愚謂耆老之人多矣，君之所過，安得一一而見之？此言八十九十者東行，則人之西行者不敢分道而過，言必避之。其西也亦然，所以尊年而避道也。朱子經傳通解亦採此意。觀後「欲言政者，君就之」，則此屬泛指矣。

蕙田案：此二條，巡狩優禮老者。

王制：五十不從力政，六十不與服戎，七十不與賓客之事，八十齊喪之事弗及也。

注：五十，力稍衰也。力政，城道之役。與，及也。八十不齊，則不祭也。子代之祭，是謂宗子不孤。

疏：五十不從力政，唯據庶人。力政，謂築城治道。其大夫士，六十未致仕，若爲軍將，當與服戎，故知此據庶人也。古周禮説「國中自七尺以及六十，野自六尺以及六十有五，皆征之」者，使爲胥徒給公家之事，如今之正衛耳。力政，田役爲重，故五十免之。此「五十不從力政」，祭義云「五十不爲甸徒」也。戎事差輕，六十不與服戎〔一〕，又孟氏説「六十還兵」是也〔二〕。胥徒又輕，故野外六十五猶征之。若四郊之内，以其多役，胥徒之事，六十則免。

〔一〕「服戎」，原誤倒，據光緒本、禮記正義卷一三乙正。
〔二〕「是」，原作「事」，據光緒本、禮記正義卷一三改。

馬氏曰：力政、服戎，此免於公者也。賓客、齊喪，此免於私者也，蓋代之以子孫矣。

八十者，一子不從政。九十者，其家不從政。廢疾非人不養者，一人不從政。注：廢，廢於人事。

祭義：古之道，五十不爲甸徒，頒禽隆諸長者，而弟達乎獀狩矣。注：四井爲邑，四邑爲丘，四丘爲甸，甸六十四井也，以爲軍田出役之法。五十始衰，不從力役之事。頒之言分也。隆猶多也。及田者分禽，多其老者，謂竭作未五十者。春獵爲獀，冬獵爲狩。疏：作記之人，在于周末，時力役煩重，道周初之事，故云「古之道」。凡起徒役，無過家一人，唯田與追胥竭作。此未五十者猶任田役，故頒禽之時，多此長者。

周禮地官鄉大夫：以歲時登其夫家之衆寡，辨其可任者。國中老者皆舍。注：舍者，謂有復除，舍不收役事也。老者，若今八十、九十復羨卒也。

蕙田案：此三條，田役優老。

禮記祭義：壹命齒于鄉里，再命齒于族，三命不齒。族有七十者，弗敢先。注：此謂鄉射飲酒時也。

居鄉以齒，而老窮不遺，强不犯弱，衆不暴寡，而弟達乎州巷矣。

蕙田案：此二條，鄉黨優老。

王制：父之齒隨行，兄之齒雁行，朋友不相踰。輕任并，重任分，斑白者不提挈。

祭義：行肩而不併，不錯則隨。見老者，則車徒辟。斑白者不以其任行乎道路，而弟達乎道路矣。

蕙田案：此二條，道路優老。

曲禮：八十、九十曰「耄」。七十曰「悼」〔一〕。悼與耄，雖有罪，不加刑焉。

周禮秋官司厲：凡有爵者與七十者與未齒者，皆不爲奴。

蕙田案：此二條，刑罰優老。

孔子家語正論解：哀公問于孔子曰：「二三大夫皆勸寡人使隆敬于高年，何也？」孔子對曰：「君之及此言，將天下實賴之，豈惟魯哉？」公曰：「何也？其義可得聞乎？」孔子曰：「昔者有虞氏貴德而尚齒，夏后氏貴爵而尚齒，殷人貴富而尚齒，周人貴親而尚齒，虞、夏、殷、周，天下之盛王也，未有遺高年者焉。年之貴于天下久矣，次于事親，是故朝廷同爵而尚齒，七十杖于朝，君問則席；八十則不仕朝，

〔一〕「七十」，諸本作「七年」，據禮記正義卷一改。

君問則就之，而悌達乎朝廷矣。其行也，肩而不並，不錯則隨，斑白者不以其任于道路，而悌達乎道路矣。居鄉以齒而老窮不匱，强不犯弱，衆不暴寡，而悌達乎州巷矣。古之道，五十不爲甸役，頒禽隆之長者，而悌達乎蒐狩矣。軍旅什伍，同爵則尚齒，而悌達乎軍旅矣。夫聖王之教孝悌，發諸朝廷，行于道路，至于州巷，放于蒐狩，循于軍旅，則衆感以義，死而弗敢犯。」公曰：「善哉，寡人雖聞之，弗能成。」

尚書大傳：齊宣王問于子春曰：「寡人欲行孝弟之義，爲之有道乎？」子春曰：「昔者衛聞之樂正子曰：『文王之治岐也，五十者杖于家，六十者杖于鄉，七十者杖于國，見君揖杖。八十者杖于朝，見君揖杖。君曰：趣見客，無俟朝。以朝，乘車輭輪，御爲僕，送至于家，而孝弟之義達于諸侯。九十杖而朝，見君建杖。君曰：趣見，毋俟朝。以朝車送之舍，卜筮巫醫御于前，祝咽祝哽以食，乘車輭輪，胥與就膳徹，送至于家。君如有欲問，明日就其室，以珍從。而孝弟之義達于四海。』」

右優老之事

五禮通考卷一百七十七

嘉禮五十

學禮

歷代視學養老之禮

續漢書禮儀志：永平二年三月，上始帥群臣養三老、五更于辟雍。先吉日，司徒上太傅若講師故三公人名，用其德行年耆高者一人爲老，次一人爲更，皆服都紵大袍單衣，皁緣領袖中衣，冠進賢，扶王杖。五更亦如之，不杖。皆齋于太學講堂。其日，乘輿先到辟雍禮殿，御座東廂，遣使者安車迎三老、五更。天子迎于門屏，交禮，道自阼階，三老升自賓階。至階，天子揖如禮。三老升，東面，三公設几，九卿正履，天子親袒割牲，執醬而饋，執爵而酳〔一〕，祝鯁在前，祝饐在後。五更南面，公進供禮，亦如之。明日皆詣闕謝恩，以見禮遇大尊顯故也。

後漢書明帝本紀：永平二年冬十月壬子，幸辟雍，初行養老禮。詔曰：「光武皇帝建三朝之禮，而未及臨享〔二〕。眇眇小子，屬當聖業。間暮春吉辰，初行大射；令月元日，復踐辟雍。尊事三老，兄事五更，安車輭輪，供綏執授。侯王設醬，公卿饌珍，朕親袒割，執爵而酳。祝哽在前，祝咽在後。升歌鹿鳴，下管新宮，八佾具修，萬舞于庭。朕固薄德，何以克當？易陳負乘，詩刺彼己，永念慙疚，無忘厥心。三老李躬，年耆學明。五更桓榮，授朕尚書。詩曰：『無德不報，無言不酬。』其賜榮爵關内侯，食邑五千户。三老、五更皆以二千石禄養終厥身。其賜天下三老酒人一石，肉四十斤。有司其存耆耋，恤幼孤，惠鰥寡，稱朕意焉。」

〔一〕「酳」，原作「酢」，據光緒本、後漢書禮儀志上改。
〔二〕「及」，原脱，據光緒本、後漢書明帝本紀補。

八年十月丙子，臨辟雍，養三老、五更。

文獻通考：安帝以魯丕爲三老，又以李充爲三老。楊統位至光禄大夫，爲國三老。靈帝以袁逢爲三老，賜以玉杖。

譙周五經然否論：漢中興，定禮儀，群臣欲令三老答天子拜。城門校尉董鈞駁曰：「養三老，所以教事父之道也。若答拜，是使天下答子拜也。」詔從鈞議。譙周論之曰：「禮，尸服上服，猶以非親之故答子拜，士見異國君亦答拜，是皆不得視猶子也。」

虞氏喜曰：「且據漢儀，於門屏交禮。交禮即答拜。中興謬從鈞議，後革之，深得其意。」

馬氏端臨曰：案古人養老之禮，有養于鄉者，所謂「五十養于鄉」，王命公、侯、伯、子、男及群吏曰「反養老于東序」，大司徒「以保息六養萬民，二曰養老」是也；有養於國者，天子視學，設三老、五更、群老之席位，執醬親饋，執爵親酳是也。漢初，每鄉及縣皆有三老，歲首則使人存問，賜以束帛、酒肉，或賜以爵，乃古人養于鄉之意。而國學養老、天子親講之禮，則至東漢始行之。然東漢亦時有下郡縣存問養老之詔。

魏志高貴鄉公本紀：甘露三年秋八月丙寅，詔曰：「夫養老興教，三代所以樹風化，垂不朽也。必有三老、五更，以崇至敬，乞言納誨，著在惇史，然後六合承流，下觀而化，宜妙簡德行，以充其選。關内侯王祥履仁秉義，雅志淳固。關内侯鄭小同温恭孝友，帥禮不忒。其以祥爲三老，小同爲五更。」車駕親率群司躬行古禮焉。

通典：甘露二年，天子親帥群司行養老之禮于太學。命王祥爲三老，鄭小同爲五更。王祥南面几杖，以師道自居，天子北面乞言，祥陳明王聖帝君臣政化之要以訓之，聞者莫不砥勵。

魏書孝文帝本紀：太和十五年八月壬辰，議養老。十六年八月己酉，以尉元爲三老，游明根爲五更。又養國老、庶老。

册府元龜：太和十六年八月，詔曰：「夫大道凝虚，至德沖挹，故後王法嘉猷以鄉世，聖人崇謙光而隆美。是以天子父事三老，兄事五更，所以順孝悌于萬國，垂教本于天下，自非道高識博，孰能處之？是以五帝憲德，三王乞言，若求備一人，同之古哲，叔世之老，孰能克堪？師上聖則難爲其舉，傳中庸則易爲選。朕既庸寡，德謝曩哲，老更之選，差可有之。前司徒山陽郡公尉元、前大鴻臚卿新太伯游明根並元亨利貞，明允誠素，少著英風，老敷雅迹，位顯台宿，終歸私第，可謂知始知卒，希世之賢也。公以八十之年，宜處三老之重；卿以七十之齡，可充五更之選。」于是養三老、五更于明堂，國老、庶老于階下，帝再拜三老，親袒割牲，執爵而饋；于五更行肅拜之禮，賜國老、庶老衣服有差。既而元言曰：「自天地分判，五行施用，人之所崇，莫重於孝順。然五孝六順，天地之所先，願陛下重之，以化四方。臣既年衰，不究遠趣，心耳所及，敢不盡誠。」帝曰：「孝順之道，天地之經，今承三老明言，銘之于懷。」明根曰：「夫至孝通靈，至順感幽。孝順之道，無所不格。願陛下念之，以濟黎庶。臣年志朽弊，識見闇昧，然在心之慮，不敢不盡。」帝曰：「五更助三老，以言至範，敷展德音，當克己復禮，以尊所授。」禮畢，乃賜步輓一乘，詔曰：「夫尊老尚更，列聖同致。欽年敬德，綿哲齊軌。朕雖道謝玄風，識昧睿知。然仰禀先誨，全遵猷旨。故推老以德，立更以言，父焉斯彰，兄焉斯顯矣。前司徒公元、前鴻臚卿明根，並以充德懸車，懿量歸老，故尊老以三，事更以五，雖老、更非官，耋耄罔禄，然禀事既高，宜加殊養。三老可給上公之禄，五更可食元卿之俸。供養之味，亦同其列。」其後，車駕幸鄴，明根朝于行宫，詔曰：「游五更養素蓬簷，歸于衡里，可謂朝之舊德，國之老臣，可賜帛五百匹，穀五百斛。」敕太官備送珍羞。後車駕幸鄴，又朝行宫，賜穀帛如前，爲造甲第。國有大事，常璽書訪之。

隋書禮儀志：齊制，仲春令辰，陳養老禮。先一日，三老五更齊於國學。皇帝進賢冠、玄紗袍，至辟雍，入總章堂。列宫懸。王公以下及國老、庶老各定位。司徒以羽儀武賁安車，迎三老、五更于國學。並進賢冠、玄服、黑舄、素帶。國子生黑介幘、青衿、單衣，乘馬從以至。皇帝釋劍，執珽，迎于門内。三老至門，五更去門十步，皆降車以入。皇帝拜，三老五更攝齊答拜。皇帝揖進，三老在前，五更在後，升自右階，就筵。三老坐，五更立。皇帝升堂，北面。公卿升自左階，北面。三公授几杖，卿正履，國老、庶老各就位。皇帝拜三老，群臣皆拜。不拜五更。乃坐，皇帝西向，肅拜五更。進珍羞酒食，親袒割牲，執醬以饋，執爵而酳。以次進五更。又設酒酏於國老、庶老。皇帝升御座，三老乃論五孝六順，典訓大綱。皇帝虚躬請授，禮畢而還。

周書武帝本紀：保定三年四月戊午，幸太學，以太傅、燕國公于謹爲三老而問道焉。

于謹傳：保定三年四月，詔曰：「樹以元首，主乎教化，率民孝悌，置之仁壽。

是以古先明后，咸若斯典，立三老五更，躬自袒割。朕以眇身，處兹南面，何敢遺此黄髮，不加尊敬？太傅、燕國公謹執德淳固，爲國元老，饋以乞言，朝野所屬，可爲三老，有司具禮，擇日以聞。」謹上表固辭，詔答不許。又賜延年杖。高祖幸太學以食之。三老入門，皇帝迎拜門屏之間，三老答拜。有司設三老席于中楹，南向。太師、晉國公護升階，設几于席。三老升席，南面憑几而坐，以師道自居。大司寇〔一〕、楚國公寧升階，正舄。皇帝升階，立于斧扆之前，西面。有司進饌，皇帝跪設醬豆，親自袒割。三老食訖，皇帝又親跪授爵以酳。有司撤訖。皇帝北面立而訪道。三老乃起立于席後。皇帝曰：「猥當天下重任，自惟不才，不知政治之要，公其誨之。」三老答曰：「木受繩則正，后從諫則聖。自古明王聖主，皆虚心納諫，以知得失，天下乃安。唯陛下念之。」又曰：「爲國之本，在乎忠信。是以古人云：去食去兵，信不可失。國家興廢，莫不由之。願陛下守而勿失。」又曰：「治國之道，必須有法。法者，國之綱紀。綱紀不可不正，所正在于賞罰。若有功必賞，有罪必罰，則有善

〔一〕「大司寇」，諸本作「大司馬」，據周書于謹傳改。

者日益，有惡者日止〔一〕。若有功不賞，有罪不罰，則天下美惡不分，下民無所措其手足矣。」又曰：「言行者，立身之基，言出行隨，誠宜相顧。願陛下三思而言，九慮而行。若不思不慮，必有過失。天子之過，乃無大小，如日月之蝕，莫不知者。願陛下慎之。」三老言畢，皇帝再拜受之，三老答拜焉。禮成而出。

唐開元禮皇帝養老于太學：

陳設

前三日，尚舍直長設大次于學堂之後，隨地之宜。設三老、五更次于學堂南門外之西，群老次于其後，俱東向。設群官次：文官于門外之東，重行西向；武官于群老之西，重行東向，皆北上。前一日，尚舍奉御設御座于堂上東序，西向，莞筵紛純，加藻席畫純，次席黼純。設三老座于西楹之東，近北，南向；設五更座于西階上，東向；設國老三人座于三老座西，俱不屬焉，皆莞筵紛純，加藻席畫純。設衆座國老座于堂

〔一〕「有」，諸本作「爲」，據周書于謹傳改。

下西階之西，東面北上，皆蒲筵緇布純，加莞席玄帛純〔一〕。若三品以上，則莞筵紛純，加藻席畫純。凡五品以上致仕者爲國老。設庶老座于國老之後，皆蒲筵緇布純。六品以下致仕者爲庶老。太樂令展宮懸于學堂之庭，設登歌于堂上及舉麾位等，皆準元會之儀。典儀設文官五品以上位于懸東，六品以下在其南，俱重行，西向北上。武官五品以上位于懸西，六品以下在其南，當文官，俱重行，東向北上。蕃客分方位于文武官六品之南。若有諸州使人，分方位於文武官九品之後。學生分位于文武官之後。奉禮設門外位如設次之式。尚舍奉御設罇于東楹之西，北向，左玄酒，有坫以置爵。

鑾駕出宮如讀令儀

養老

仲秋之月，擇吉辰，皇帝親養三老、五更于太學。所司先奏定三師、三公致仕者，用其德行及年高者一人爲三老，次一人爲五更。尚食先具牢饌。鑾駕將至，通事舍人引先置之官皆就門外位，學生俱青衿服入就位。鑾駕至太學門，迴輅南向。侍中

〔一〕「玄」，原作「縣」，據通典卷一二四改。

跪奏：「請降輅。」俛伏，興。皇帝降輅，乘輿入大次，繖扇侍衛如常。通事舍人引文武五品以上從駕之官皆就門外位。太樂令帥工人、二舞就位，如正會之禮。通事舍人引群官、客使入就位。鑾駕出宫，量時刻遣使迎三老、五更于其第。三老、五更俱服進賢冠，乘安車，前後導從如常禮。其國老、庶老則有司先戒之。鑾駕既至太學，三老、五更及群老等俱赴集其次，群老各服其服。太常少卿贊三老、五更俱出次，引立于學堂南門外之西，東面北上。奉禮贊群官出次，引立于三老、五更之後。太常博士引太常卿升立于學堂北户之内，當户北向。侍中版奏：「外辦。」皇帝出户，侍衛如常，侍中負寶陪從如式。殿中監進大珪，皇帝執大珪，博士引太常卿，太常卿引皇帝。每太常卿前導，皆博士先引。協律郎跪，俛伏，舉麾，太和之樂作。皇帝降，迎三老于門内之東，西面立，侍臣從立于皇帝之後，太常卿與博士退立于左。皇帝立定，樂止。三老、五更皆杖，各二人夾扶左右，太常少卿引道，敦史執筆以從。三老入門，舒和之樂作。三老、五更立于門西，東面北上，奉禮引群老隨入，立於其後。初，三老立定，樂止。太常卿前奏「請再拜」，退復位。皇帝再拜，三老、五更去杖，攝齊以答再拜。畢，皇帝揖進，三老在前，五更從，仍杖，夾扶如初〔一〕。至階，皇帝揖升，俱就座後揖立，樂止。侍衛之官，量人從升。皇帝西面再拜三老，三老南面答再拜；皇帝西面再拜五更，五更答再拜。休和之樂作，三老、五更俱坐，三公授几，九卿正履訖，殿中監、尚食奏御進珍羞及黍稷等，皇帝省之，遂設于三老前，樂止。太常卿引皇帝詣三老座前，執醬而饋訖，太常卿引皇帝詣酒罇所，取爵，侍中贊酌酒訖，太常卿引皇帝進，執爵而酳。尚食奉御以次進珍羞酒食于五更前。國老、庶老等皆坐，又設酒席于國老〔二〕、庶老前。國老、庶老等皆食。皇帝即座。太樂令引工升，奏韶和之樂，三終。三老乃論五孝六順，典訓大綱，格言宣于上，惠音被于下。皇帝乃虛躬請受，敦史執筆録善言善行〔三〕。事終，二舞作于懸中〔四〕。訖，禮畢。三老以下降筵，太常少卿及奉禮引導皆如初。太常卿引皇帝從以降階，太和之樂作。皇帝逡巡立于階前，樂止。三老、五更

〔一〕「如」，諸本作「入」，據通典卷一二四、開元禮卷一〇四改。
〔二〕「又」，原作「及」，據光緒本、通典卷一二四改。
〔三〕「善行」，諸本脱「善」字，據通典卷一二四補。
〔四〕「作」，原作「坐」，據光緒本、通典卷一二四改。

出，舒和之樂作，太常卿引皇帝升立于階上，三老、五更出門，樂止。侍中前奏「禮畢」，退復位。太常卿引皇帝降，還大次。三老、五更升安車，導從而還。通事舍人引群官及學生等以次出。明日，三老詣闕表謝。

鑾駕還宮如讀令儀

蕙田案：唐書禮樂志亦同，而文較略，今不復載。

宋史禮志：養老于太學。皇帝服通天冠、絳紗袍，乘金輅，至太學，酌獻文宣王。三祭酒，再拜，歸御幄。比車駕初出，量時刻，遣使迎三老、五更于其第。三老、五更俱服朝服，乘安車，導從至太學就次；國老、庶老，有司預戒之，各服朝服，集于其次。大樂正帥工人、二舞入，立於庭，東上。閤門、御史臺、太常寺、客省、四方館自下分引百官、宗室、客使、學生等，以次入就位，如視學班。太常博士贊三老、五更俱出次，引國老、庶老立于後，重行異位。禮直官、通事舍人引左輔奏「請中嚴」，少頃，又奏「外辦」，皇帝出大次，侍衛如常儀。大樂正令撞黃鐘之鐘，右五鐘皆應，協律郎跪，俛伏，舉麾興，宮架乾安之樂作，皇帝即御座，樂止。典儀曰「再拜」，在位官皆再拜。三老、五更杖而入，各左右二人夾扶，太常博士前引，史臣執筆以從。三老、五更入門，宮架和安之樂作，至宮架北，北向立，以東爲上。奉禮郎引群老隨入，位于其後，樂止。博士揖進，三老在前，五更在後，仍杖夾扶，宮架和安之樂作，至西階下，樂止。博士揖三老、五更自西階陞堂，國老、庶老立于堂下。三老、五更當御座揖，群老亦揖，皇帝爲興。次奉禮郎揖國老升堂，博士引三老、五更，奉禮郎引國老以下，各於席後立。典儀贊各就坐，贊者承傳，宮架尊安之樂作，三老、五更就坐。三公授几、九卿正履訖，殿中監、尚食奉御進珍羞及黍稷等，先詣御座前進呈，遂設于三老前，樂止。尚食奉御詣三老座前，執醬而饋訖。尚醞奉御詣酒尊所，取爵酌酒，奉御執爵，奉於三老。次太官、良醖令以次進珍羞酒食於五更、群老之前，皆食。大樂正引工人升，登歌奏惠安之樂，三終。史臣既録三老所論善言、善行，宮架作申安之樂，憲言成福之舞。畢，文舞退，作受成告功之舞。畢，三老以下降筵，博士引三老、五更於堂上，當御座前，奉禮郎引群老復位，俱揖，皇帝爲興。三老、五更降階至堂下，宮架和安之樂作，出門，樂止。禮直官、通事舍人引左輔前奏禮畢，退，復位。典儀贊拜訖，皇帝降座，太常卿導還大次，百僚以次退，車駕還宮。三老、五更升安車，導從還，翼日詣闕表謝。

王圻續通考：世宗嘉靖中，祭酒呂柟定視學養老儀注，惜不果行。案：柟據開元禮圖，參定養老禮儀。歲季春之月，擇吉日行養老禮於太學。有司先奏定三師三少致仕者，用德行年高一人爲三老，次一人爲五更，三品上下年德高卲者爲群老，併開具致政之老與其孤姓名事狀以聞。前期三日，設御幄于太學堂後；設御座于太學堂正中，南向，莞筵紛純，加藻席畫純，次席黼純。設三老座于西楹，近北，東向；設五更座次三老，東向，皆莞筵粉純，加藻席畫純；設群老位于西階上，東向，皆蒲筵緇布純，加莞席玄帛純。凡席，皆不相屬。設致政之老與其孤館幕于門外。太常卿展宮懸，列舞綴于庭，設升歌于堂上，及舉麾位等，一如元會之儀。有司設罇于東楹之西，北向，左玄酒，有坫以置爵。前期一日，有司具牲帛祭器祭先師孔子。上遣官行禮，齋宿、省牲、陳設、奠獻，一如丁祭之儀。惟祝文曰：「維某年月日朔甲子，皇帝謹遣某致祭于先師孔子。是月某日，養三老、五更、群老于太學，用幣敬伸奠告，以顏子、曾子、子思子、孟子配，尚享。」昧爽，卒事，復命。又設先老位于廟門之前，陳設如儀。至日，黎明，鼓徵警衆，設六佾，舞生皆至，駕乃出宮。太學官率諸生迎駕于太學路左。駕至，太學官及諸生俯伏稽首，興，傳制，迎三老、五更于其第。三老、五更俱朝服，乘安車，導從如常儀。擇史官充惇史二人，朝服從之。其群老及致政之老與其孤，則有司先戒之，宿于太學，以俟駕至太學堂。上命官釋奠于先老，禮畢，太常卿導上入御幄，易冠服，出，陞御座，執大圭。協律郎跪，俯伏，舉麾，金奏姑洗之均，樂止。太常少卿導三老、五更，皆杖，各二人夾扶左右，惇史執筆以從，自西階升堂。上與揖遜欲拜。三老、五更去杖，攝齊，皆稽首遜辭，上不果拜，乃揖就座。三老、五更皆坐。三老授几，九卿正履，進珍饈及黍稷等，上省之，遂設于三老、五更前。工升，歌鹿鳴，三終。太常卿引上詣三老座前，以大珪授侍臣，執醬而饋。訖，有司以次進珍饈酒食于五更前，又設酒食于群老前。太常卿引上詣酒罇所取爵，贊酌酒。訖，太常卿引上詣三老座前，執爵而酳。訖，上即座，三老以下皆坐。光禄卿進酒，上飲酒，三老以下坐食，飲酒，各三爵。笙入，三終。光禄卿進加餚羹，飲酒各三爵，間歌，三終。三老乃論父子、君臣、長幼之道，治政之要。五更飲，亦如之。上俱虛躬聽受，惇史執筆録之。乃大合六樂，羽舞大韶，以雲門、咸池合之；干舞大武，以大夏、大濩合之。上興，冕而總干，三老以下皆興，稽首遜辭，上復即座，三老以下皆復坐，飲酒各三爵。樂九變，畢。太常卿跪奏「樂闋」，致政之老與其孤館于門外者，飲酒食畢，皆入侍制。命有司曰：「養爾老幼，毋違朕命。」三老以下趨出。賜三老、五更襲衣、冠帶、牢醴、綵幣，其餘帛衣米肉。三老以下，序立于庭，皆拜，三稽首，興，分班序立。有司奏禮畢，上興，出就駕，還宮。明日，三老率五更以下詣闕表謝。

蕙田案：視學養老之禮，後世惟漢明帝、魏高貴鄉公、北魏孝文帝、周武帝行之，如北齊、唐、宋、明雖有養老辟雍之儀，其實皆未之行也。

右歷代視學養老之禮

歷代優老之事

漢書高祖本紀：二年二月，舉民年五十以上、有修行、能帥衆爲善，置以爲三老，鄉一人。擇鄉三老一人爲縣三老，與縣令丞尉以事相教，復勿繇戍〔一〕。以十月賜酒肉。

文帝本紀：元年三月，詔曰：「老者非帛不煖，非肉不飽。今歲首，不時使人存問

〔一〕「復勿繇戍」，原作「後勿繇」，據光緒本、漢書高祖本紀改。

長老，又無布帛酒肉之賜，將何以佐天下子孫孝養其親？今聞吏稟當受鬻者，或以陳粟，豈稱養老之意哉？具爲令。」有司請令縣道，年八十以上賜米，人月一石，肉二十斤，酒五斗。其九十以上，又賜帛人二匹〔一〕，絮三斤。賜物及當稟鬻米者，長吏閱視，丞若尉致。不滿九十，嗇夫、令史致。二千石遣都吏循行，不稱者督之。刑者及有罪耐以上，不用此令。

武帝本紀：建元元年春二月，賜民爵一級。年八十復二算，九十復甲卒。夏四月己巳，詔曰：「古之立教，鄉里以齒〔二〕，朝廷以爵，扶世導民，莫善於德。然則於鄉里，先耆艾，奉高年，古之道也。今天下孝子順孫，願自竭盡以承其親，外迫公事，内乏資財，是以孝心闕焉。朕甚哀之。民年九十以上，已有受鬻法，爲復子若孫，令得身帥妻妾，遂其供養之事。」

元狩元年夏四月，詔曰：「朕嘉孝弟力田，哀夫老眊孤獨鰥寡，或匱於衣食，甚憐

〔一〕「二匹」，諸本作「一匹」，據漢書文帝本紀改。
〔二〕「里」，諸本作「閭」，據漢書武帝本紀改。

愍焉。其遣謁者巡行天下，存問致賜。曰：『皇帝使謁者賜縣三老、孝者帛，人五匹；鄉三老、弟者、力田帛，人三匹；年九十以上及鰥寡孤獨帛，人二匹，絮三斤；八十以上米，人三石。』」

宣帝本紀：地節三年春三月，詔：「加賜鰥寡孤獨高年帛。二千石嚴教吏，謹視遇，毋令失職。」

元康四年春正月，詔曰：「朕惟耆老之人，髮齒墮落，血氣衰微，亦亡暴虐之心，今或罹文法，拘執囹圄，不終天命，朕甚憐之。自今以來，諸年八十以上，非誣告殺傷人，他皆勿坐。」

元帝本紀：建昭四年夏四月，詔：「遣諫大夫、博士賞等二十一人循行天下，存問耆老。」

平帝本紀：元始元年春正月，詔：「天下吏比二千石以上年老致仕者，參分故禄，以一與之，終其身。」

後漢書世祖本紀：建武六年春正月辛酉，詔：「郡國有穀者，給稟高年。二千石勉加循撫，無令失職。」

章帝本紀：章和元年秋七月壬戌，詔曰：「秋，令是月養衰老，授几杖，行糜粥飲食。其賜高年二人共布帛各二匹，以爲醴酪。」

和帝本紀：永元十五年秋九月壬午，南巡守，賜所過三老、官屬及民百年者錢布，各有差。

安帝本紀：元初四年秋七月辛丑，詔曰：「月令『仲秋養衰老，授几杖，行糜粥』。方今案比之時，郡縣多不奉行。雖有糜粥，糠粃相半，長吏怠事，莫有躬親，甚違詔書養老之意。其務崇仁恕，賑護寡獨，稱朕意焉。」

順帝本紀：陽嘉三年五月戊戌，詔：「賜民年八十以上米，人一斛，肉二十斤，酒五斗；九十以上加賜帛，人二匹，絮三斤。」

桓帝本紀：建和二年春正月，皇帝加玄服。大赦天下。年八十以上賜米、酒、肉，九十以上加帛二匹，綿三斤。

永興二年十一月，校獵上林苑，遂至函谷關，賜所過道傍年九十以上錢，各有差。

魏志明帝本紀：太和六年三月癸酉，行東巡，所過存問高年。

晉書惠帝本紀：永平元年五月壬午，賜高年、鰥寡、力田者帛，人三匹。

成帝本紀：咸和元年春二月丁亥，賜鰥寡孤老米人二斛。

宋書孝武帝本紀：大明七年二月，詔：「故邑耆舊，在目罕存。年世未遠，殲亡太半，撫迹惟事，傾慨兼著。太宗燕故，晉陽洽恩；世祖流仁，濟畿暢澤。永言往猷，思廣前賚。遣使巡慰，厚賜粟帛。高年加以羊酒。」冬十月，車駕巡南豫州，詔曰：「朕巡幸所經，先見百年者，及孤寡老疾，並賜粟帛。」十二月，行幸歷陽，高年孤疾，賜帛十匹。

南齊書武帝本紀：永明五年春正月辛卯，詔諸孤老並賜糧饟。

魏書太武帝本紀：太延元年十一月丙子，行幸鄴，諸所過，對問高年。太平真君七年二月丙戌，幸長安，存問父老。

文成帝本紀：和平二年三月，幸中山，至于鄴，遂幸信都。輿駕所過，皆親對高年，問民疾苦。詔民年八十以上，一子不從役。四年春三月乙未，賜京師民年七十以上太官厨食，以終其年。

孝文帝本紀：延興三年十一月戊寅，詔年八十以上，一子不從役。癸巳，太上皇帝南巡，至于懷州，所過賜高年布帛。

太和元年冬十月癸酉，宴京邑耆老年七十以上于太華殿，賜以衣服。又詔七十以上，一子不從役。三年夏五月辛酉，詔曰：「昔四代養老，問道乞言。朕雖沖昧，每尚其美。今賜國老各衣一襲，綿五斤，絹布各五匹。」十一月癸卯，賜京師貧窮、高年、疾患不能自存者衣服布帛各有差。四年秋七月壬子，改作東明觀。詔會京師耆老，賜錦綵、衣服、几杖、稻米、蜜、麪，復家人不傜役。十六年十二月，賜京邑老人鳩杖。十七年八月壬寅，車駕至肆州，民年七十以上賜爵一級。戊申，幸并州，親見高年，問所疾苦。九月戊辰，濟河，詔洛、懷、并、肆所過四州之民：百年以上，假縣令；九十以上，賜爵三級；八十以上，賜爵二級。十八年春正月，車駕南巡。詔相、兖、豫三州：百年以上，假縣令；九十以上，賜爵三級；八十以上，賜爵二級；七十以上，賜爵一級；孤老鰥寡不能自存者，賜粟五石、帛二匹。秋七月，車駕北巡。八月，南還。所過皆親見高年，問民疾苦，貧窮孤老賜以粟帛。丙寅，詔六鎮及禦夷城人，年八十以上而無子孫兄弟，終身給其廩粟；七十以上家貧者，各賜粟十斛。又詔諸北城人，年滿七十以上及廢疾之徒，校其元犯，以準新律，事當從坐者，聽一身還鄉，又令一子扶養，終命之後，乃遣歸邊；餘如此之犯，年八十以上，皆聽還。十一月辛未朔，詔冀、定二州民：百年以上，假以縣令；九十以上，賜爵三級；八十以上，賜爵二級；七十以上，賜爵一級；鰥寡孤獨不能自存者，賜以穀帛。十二月丁卯，詔鄴、豫二州之民：百齡以上，假縣令；九十以上，賜爵三級；八十以上，賜爵二級；七十以上，賜爵一級；孤寡鰥老不能自存者，賜以穀帛。　十九年夏四月辛亥，詔：賜百歲以上，假縣令；九十以上，賜爵三級；八十以上，賜爵二級；七十以上，賜爵一級；孤寡老疾不能自存者，賜以穀帛。六月壬子，詔濟州、東郡、滎陽及河南諸縣車駕所經者：百年以上，賜假縣令；九十以上，賜爵三級；八十以上，賜爵二級；七十以上，賜爵一級；孤老鰥寡不能自存者，賜以穀帛。冬十月甲辰，曲赦相州。民百年以上，假郡守；九十以上，假縣令；八十以上，賜爵三級；七十以上，賜爵二級；孤老痼疾不能自存者，賜以穀帛。　二十年二月丙午，詔畿内七十以上，暮春赴京師，將行養老之禮。三月丙寅，宴群臣及國老、庶老于華林園。詔：「國老黄耇以上，假中散大夫、郡守；耆年以上，假給事中、縣令；庶老，直假郡縣。各賜鳩杖、衣裳。」　二十一年春正月乙巳，車駕北巡。二月壬戌，次于太原。親見高年，問所不便。乙丑，詔并州士人年六十以上，假以郡守。三月乙未，車駕南巡。己酉，次離石。甲寅，詔汾州民：百年以上，假縣令；九十以上，賜爵三級；八十以上，賜爵二級；七十以上，賜爵一級。夏四月辛未，行幸長安。乙亥，親見高年，問所疾苦。五月己丑，車駕東旋。庚寅，詔雍州士人：百年以上，假華郡太守；九十以上，假荒郡；八十以上，假華縣令；七十以上，假荒縣；庶老以年各減一等，七十以上，賜爵三級；孤寡鰥貧、窮痾廢疾，各賜帛二匹，穀五斛。秋九月丙申，詔曰：「哀貧恤老，王者所先，鰥寡六疾，尤宜矜愍。可敕司州洛陽之民，年七十以上無子孫，六十以上無期親，貧不自存者，給以衣食；及不滿六十而有廢痼之疾，無大功之親，窮固無以自療者，皆于別坊遣醫救護，給醫師四人，豫請藥物以療之。」

孝明帝本紀：熙平二年夏四月丁酉，詔：「京尹所統，百年以上賜大郡板，九十以上賜小郡板。」

神龜元年春正月壬申，詔：「京畿，百年以上給大郡板，九十以上給小郡板，八十以上給大縣板，七十以上給小縣板；諸州百姓，百歲以上給小郡板，九十以上給上縣板，八十以上給中縣板；鰥寡孤獨不能自存者，賜粟五斛、帛二匹。」

正光四年秋七月，詔曰：「達尊斯在，齒預一焉，崇敬黃耇，先代通訓。故方叔以元老處位，充國緣自强見留。雖七十致仕，明乎典故，然以德尚壯，許其縶維。今庶寮之中，或年迫懸車，循禮宜退，但少收其力，老棄其身，言念勳舊，睠然未忍；或戴白在朝，未嘗外任；或停私歷紀，甫受考級，如此之徒，雖滿七十，聽其莅民，以終常限。或新解郡縣，或外佐始停，已滿七十，方求更叙者，吏部可依令不奏。其有高名俊德，老成髦士，灼然顯達，爲時所知者，不拘斯例。若才非秀異，見在朝官，依令合解者，可給本官半禄，以終其身。使辭朝之叟，不恨歸于閭巷矣。」

北齊書文宣帝本紀：天保九年秋七月辛丑〔一〕，給京畿老人劉奴等九百四十三人板職及杖帽各有差。

孝昭帝本紀：皇建元年秋八月乙酉，詔諸郡國老人各授板職，賜黄帽鳩杖。

周書明帝本紀：二年夏六月己巳，板授高年刺史、守、令。

武帝本紀：保定元年春正月甲戌，詔先經兵戎官年六十已上，及民七十已上，節級板授官。三年秋七月丁丑，幸津門，問百年，賜以錢帛，又賜高年板職各有差。

〔一〕「七月」，原作「九月」，據光緒本、北齊書文宣帝本紀改。

建德二年冬十二月癸巳，詔曰：「尊年尚齒，列代弘規，序舊酬勞，哲王明範。朕嗣承弘業，君臨萬邦，驅此兆庶，寘諸仁壽。軍民之間，年多耆耋，眷言衰暮，宜有優崇。可頒受老職，使榮霑邑里。」

隋書高祖本紀：開皇七年冬十月癸亥，幸蒲州。丙寅，宴父老。

煬帝本紀：大業五年春二月丙辰，宴耆舊四百人于武德殿，頒賜各有差。冬十月癸亥，詔曰：「優德尚齒，載之典訓。尊事乞言，義彰膠序。鬻熊爲師，取非筋力。方叔元老，克壯其猷。朕永言稽古，用求至治，是以龐眉黄髮，更令收叙，務簡秩優，無虧藥膳，庶等卧治，佇其弘益。今歲耆老赴集者，可于近郡處置，年七十以上，疾患沈滯，不堪居職，即給賜帛，送還本郡；其官至七品以上者，量給廩，以終厥身。」七年春二月，幸于涿郡。壬午，詔曰：「今往涿郡，巡撫民俗。其河北諸郡及山西、山東年九十以上者，板授太守；八十者，授縣令。」

册府元龜：唐高祖武德二年，幸稷州，召父老，置酒高會，賜帛。五年三月，宴京城父老，賜帛。

唐書太宗本紀：貞觀三年四月戊戌，賜孝義之家粟五斛，八十以上二石，九十以上三石，百歲加絹二匹。

冊府元龜：貞觀三年十月，幸隴州，詔：「岐、隴二州八十以上賜物，百歲以上大加優恤。」

唐書太宗本紀：貞觀五年十二月癸卯，賜新豐高年帛。　六年三月丁丑，賜民八十以上粟帛。

冊府元龜：貞觀六年五月，宴長安父老。　九月，幸慶善宮，賜故老帛。　十一年正月，宴長安父老于玄武門，賜以穀帛。　三月，幸洛陽宮，宴父老于乾元殿，賜以粟帛。

唐書太宗本紀：貞觀十五年四月乙未，賜民八十以上物。

冊府元龜：貞觀十五年正月，如洛陽，所過賜高年穀帛。　十一月，蒐于伊闕，詔：所經之縣，遣使存問高年，賜帛各有差。　十八年十月癸卯，以將征高麗，宴雍州父老，百歲以上氈、被、袍各一，帛十匹，粟十石；九十以上物五段，粟五石；八十以上物三段，粟三石。　十一月壬申，至雒州，遣使齎璽書詣鄭、汝、懷、澤四州，問高年，宴賜各有差。　壬午，宴雒州父老一百九十人于儀鸞殿，班賜有差。　十九年二月，發雒陽，征遼，所經州縣，高年賜粟帛。辛亥，次河陽，女子呂年百歲，太宗幸其宅存問之，賜氈、帛、袍各一，綿帛十段。次汲縣，女子翟、張並年百歲，太宗幸其宅存問之，賜物如河陽。十月，次營州，召父老年七十以上賜繒帛綾錦等。

永徽六年十月，八十以上老人各賜粟二石，帛三段；百歲以上各賜粟五石，帛十段。

顯慶二年正月，幸雒陽。二月，父老百歲以上賜氈被一具，袍一領，絲絹十段，粟二十石，仍遣使就家存問；九十以上賜絲絹五段。十月，幸鄭州，賜八十以上老人粟帛有差。閏十二月，以駕幸東都，詔所經處八十以上老人賜氈被、袍、綿及粟有差。

唐書高宗本紀：顯慶五年正月甲子，如并州。己巳，次長平，賜父老布帛。二月丙戌，赦并州及所過州縣，民年八十以上版授刺史、縣令。三月丙午，皇后宴親族鄰里于朝堂，婦人八十以上版授郡君，賜氈衾粟帛。

册府元龜：龍朔元年九月，駕幸河南縣。婦人張氏年百三歲，遂賜絹三十匹，氈被一具。皇后、太子亦親問，賜以衣及繒綵。

唐書高宗本紀：總章二年九月壬寅，如岐州。乙巳，賜高年粟帛。

殿庭，賜物及黄帔而遣之。

册府元龜：咸亨元年十一月，將幸東都，宴京城父老有不能行者，仍許子弟扶至

開元二年九月，引京師侍老宴于含元殿，庭詔曰：「古之爲政，先于尚老，居則致養，禮傳三代，行則就見，制問百年。蓋皇王之勸人，教黎庶之爲子，朕寅奉休曆，祇膺聖謨，因秋歸而歲成，屬星見于郊祀，念其將至，尤重乞言，俾伸恩于几杖，期布惠于鄉國。九十以上宜賜几杖，八十以上宜賜鳩杖。所司準式。天下諸州侍老，宜令州縣，便設酒食，一準京城賜几杖，其婦人則送几杖于其家。」三年十月，詔：「古者親問百年，義在養老，其侍老年九十以上，賜物四段，綿、帛各一匹。」

天寶元年正月改元，詔：「天下侍老八十以上者，宜委縣官每加存問，仍量賜粟帛。侍丁者令其養母，孝假者矜其在喪，此王政優容，俾伸情理，而官吏不依令式，多雜役使，自今以後，更不得然。」八載閏六月，册尊號禮畢，詔：「高年給屬存養，因時定式，務廣仁恩。其天下百姓，丈夫七十以上，婦人七十五以上，宜各給一人充侍，仍自簡擇；至八十以上，依常式處分。」

長慶元年正月，郊祀禮畢，大赦天下。百姓高年者，賜粟及綿絹有差。三月，詔

官内高年不能自存者，差官就問，給賜粟帛。

册府元龜：後唐同光元年四月即位，制曰：「應諸道管内有高年踰百歲者，便與給復，永俾除名；自八十至九十者，與一子免役，州縣不得差徭。」

天成二年十月辛丑，詔曰：「敬老之規，前王所重。養親之道，爲子居先。應有年八十以上及家長有廢疾者，宜免一丁差役，俾遂奉養。」

後晉天福二年四月丁亥，制曰：「洪荒之内，鄉黨之中，宜弘養老之規，式表問年之道。天下百姓，有年八十以上者，與免一丁差徭，仍令逐處簡署上佐官。」

宋史太祖本紀：開寶五年春正月庚子，前盧氏縣尉鄢陵許永年七十有五〔一〕，自言父瓊年九十九，兩兄皆八十餘，乞一官以便養。因召瓊厚賜之，授永鄢陵令。

太宗本紀：淳化四年春二月壬戌，召賜京城高年帛，百歲者一人加賜塗金帶。是日，雨雪大寒，再遣中使賜孤老貧窮人千錢、米炭。

真宗本紀：咸平二年冬十一月辛丑，賜京城父老衣帛。十二月戊午，駐蹕澶州。

〔一〕「氏」，諸本脱，據宋史太祖本紀補。

壬戌，賜澶州父老錦袍、茶帛。甲子，次大名。丁卯，召見大名府父老，勞賜之。

景德元年秋七月庚子，益都民李仁美、國凝母皆百餘歲，詔賜粟帛。四年春正月己未，車駕發京師。庚申，次中牟縣，賜父老衣幣，所過如之。二月甲申，御五鳳樓觀酺，詔父老五百人，賜飲樓下。

大中祥符元年二月壬辰，御乾元門觀酺，賜父老千五百人衣服、茶綵。十月，宴太山父老于殿門，賜父老時服、茶帛。三年春正月丁巳，賜建安軍父老江禹錫粟帛。閏二月戊辰，詔：「赤縣父老本府宴犒，年九十者授攝官，賜粟帛終身；八十者爵一級。」秋八月乙亥，河中府父老千七百人來迎，上勞問之，賜以緡帛。七年三月，青州民趙嵩百一十歲，詔存問之。八年，泗州周憲百五歲，詔賜束帛。

仁宗本紀：天聖元年三月丙子，詔賜城中民八十以上者茶帛，仍復其家。

王圻續通考：景定四年正月，詔曰：「周尊黃耇，忠厚所基。漢事三老，禄養無缺。陳塏、林彬之、史季温夙被擢用，今皆耆年，奉祠歲久，宜示奬崇。陳塏授端明殿學士，林彬之寶謨閣待制，史季温直文華閣，各因其祠。」

遼史聖宗本紀：統和十二年正月，霸州民李在宥年百三十有三，賜束帛、錦袍、銀帶，仍復其家。　十六年五月〔一〕，詔婦人年踰九十者賜物。

太平四年三月〔二〕，詔賜諸宫分耆老食。

道宗本紀：大安十年十二月，三河縣民孫賓及其妻皆百歲，復其家。

金史海陵本紀：天德三年四月，沂州男子吴真犯法，當死，有司以其母老疾無侍爲請，命官與養濟，著爲令。

世宗本紀：大定十六年十二月，詔諸流移人老疾者，官與養濟。　二十五年四月，詔會寧府百姓年七十以上者補一官。　九月，次轄沙河，賜百歲老嫗帛。　甲申，次遼水，召見百二十歲女真老人，能道太祖開創事，上嘉歎，賜食，并賜帛。

王圻續通考：元世祖至元時，順天路民王住兒過誤致死罪，其母年七十，言于朝曰：「兒死則妾亦死矣。」乃宥其罪，俾養母。

蕙田案：親老獨子留養之例，蓋始於此。

〔一〕「五月」，原作「六月」，據光緒本、遼史聖宗本紀改。
〔二〕「三月」，原作「二月」，據光緒本、遼史聖宗本紀改。

觀承案：獨子留養，元世祖此舉實爲盛德之事。聖人孝治天下，推恩至於此極，孝悌之心，可以油然生矣。然亦以其過誤而致罪者耳，故恩不傷義，而足爲後世法也。

元史成宗本紀：大德九年六月，立皇子德壽爲皇太子，詔賜高年帛，八十者一匹，九十者二匹。親年七十别無侍丁者，從近遷除。

仁宗本紀：至大四年三月，賜大都路民年九十者二千三百三十一人，人帛二匹；八十者八千三百三十一人，人帛一匹。

文宗本紀：至順二年四月，寧國路涇縣民張道，殺人爲盜，道弟吉從而不加功，拘囚七年不決。吉母老，無他子孫，中書省臣以聞，敕免死，杖而出之，俾養其母。

順帝本紀：至元四年正月，詔：「内外廉能官，父母年七十無侍丁者，附近銓注，以便侍養。」

至正元年十二月，詔：「民年八十以上，蒙古人賜繒帛二表裏，其餘州縣，旌以高年耆德之名，免其家雜役。」

明會典：洪武元年，詔民年七十以上者，許一丁侍養，與免雜泛差役。

王圻續通考：洪武五年壬子夏五月，詔中外學宫行養老之禮。先是，太祖念海内晏安，思化民俗，以復其古，遂命禮部考儀禮及唐、宋之制，又采周官屬民讀法之旨參定，每歲孟春正月、冬十月，有司偕學官率士大夫之老者，行之于學宫。其民間里社，以百家爲一會，糧長或里長主之，百人内以年最長者爲正賓，餘以齒序坐。每季行之于里中，大都皆本于正齒位之説，而賓興賢能，春秋習射，亦可通行焉。酒醴不許奢靡，制曰「可」。遂詔應天府及直隸府州縣，并各布政司府州縣，俱舉行之。

明會典：洪武十九年，詔：「所在有司，審耆老不係隸卒倡優，年八十、九十，鄰里稱善者，備其年甲行實，具狀奏聞；貧無産業者，八十以上，月給米五斗，肉五斤，酒三斗；九十以上，歲加給帛一匹，絮五斤；雖有田産，僅足自贍者，所給酒肉絮帛亦如之。其應天、鳳陽二府，富民年八十以上賜爵里士，九十以上賜爵社士，皆與縣官平禮，並免雜差，正官歲一存問。著爲令。」

二十年閏六月，命試禮部尚書李原名申諭有司行養老之政。先是，太祖召原名，諭之曰：「尚齒所以教敬，事長所以教順。虞、夏、商、周之世，莫不以齒爲尚，而養老之禮未嘗廢，是以人興於孝弟，風俗淳厚，治道隆平。曩者，朕詔天下行養老之政，凡耆民年八十、九十鄉黨稱善者，有司以時存問；若貧無産業，年八十以上者，月給米五斗，酒米三斗，肉五斤；九十以上，歲加帛一匹，綿一斤；其有田産能自贍者，止給酒肉絮帛。其應天、鳳陽二府，富民九十以上賜爵里士，八十以上賜爵社士，咸冠帶，復其家。尚虞有司奉行不至爾。其以朕命申之。」

永樂二十二年，令民年七十以上及篤廢殘疾者，許一丁侍養；不能自存者，有司賑給。八十以上者，仍給絹二匹，綿二斤，酒一斗，時加存問。

天順二年，詔：「軍民有年八十以上者，不分男婦，有司給絹一匹，綿一斤，米一石，肉十斤；年九十以上者倍之；男子百歲加以冠帶榮身。」又詔：「四品以上官，年七十，以禮致仕不能自存者，有司歲給米五石。」八年，詔：「凡民年七十以上者，免一丁差役，有司每歲給酒十瓶，肉十斤；八十以上者，加與綿二斤，布二匹；九十以上者，給與冠帶，每歲設宴待一次；百歲以上，給與棺具。」

成化二十三年，詔：「在京文職，以禮致仕，五品以上，年及七十者，進散官一階。其中廉貧不能自存、衆所共知者，有司仍每歲給與食米四石。不許狥情濫給。」

弘治十八年，詔：「文職官員，五品以上，以禮致仕在家者，各進階一級。其二品以上大臣，年及八十者，有司備綵幣羊酒問勞。九十以上者具奏，遣使存問。」

嘉靖元年，詔：「文職致仕一品未受恩典者，有司月給食米二石，歲撥人夫二名應用；二品以上，年及八十者，備綵幣羊酒問勞；九十以上者，具實奏來，遣使存問；五品以上，以禮致仕、年七十以上者，進散官一階；其中廉貧不能自存、衆所共知者，歲給米四石，以資養贍。」

王圻續通考：明尊年恩例，高皇帝時，詔諸耆老謁見，而崑山周壽誼居首，年一百十六歲，賜宴及鈔幣。天順中，召京師人百四歲茹大中入見便殿，賜宴順天府，賜冠帶襲衣，命禮部尚書姚夔造其第賀之。成化中，濟寧人王自能以百十六歲徵，又七年終。又韓王奏群牧所千户朱政，曾祖信年一百六歲而終，祖全一百二歲，父鏞八十二歲見存，三代皆以千户致仕，詔信、全俱進階宣武將軍，各賜羊、酒、白米二石。

右歷代優老之事

五禮通考卷一百七十八

嘉禮五十一

巡狩

蕙田案：巡狩之制，見于經者多矣。參以史記五帝本紀及竹書紀年、皇甫謐帝王世紀、羅泌路史、金履祥通鑑前編諸書，則自黄帝、顓頊已有巡方之典，不始于唐、虞也。蓋先王以此察諸侯之政治，聯遠方之聲教，諮兆民之疾苦，乃維持天下之大權，其意深遠矣。秦、漢以下，封建變爲郡縣，形勢雖異於古，然時邁所及，察吏治，觀民風，考其用意，與唐、虞、三代若合符節焉。唐開元禮及杜佑通典以巡狩屬吉禮，宋史改屬嘉禮，今從宋史。先之以經訓，而後世之史事附焉。

巡狩名義

易觀卦：象曰：風行地上，觀。先王以省方觀民設教。

程子曰：風行地上，周及庶物，爲游歷周覽之象，故先王體之爲省方之禮，以觀民俗而設政教也。天子巡省四方，觀視民俗，設爲政教，如奢則約之以儉，儉則示之以禮是也。

朱子曰：省方以觀民，設教以爲觀。

春秋莊公二十三年左氏傳：諸侯有王。注：從王事。王有巡狩。注：省四方。

孟子：齊景公問于晏子曰：「吾欲觀于轉附、朝儛，遵海而南，放于琅邪，吾何修而可以比于先王觀也？」晏子對曰：「天子適諸侯曰巡狩，巡狩者，巡所守也。無非事者，春省耕而補不足，秋省斂而助不給。夏諺曰：吾王不遊，吾何以休？吾王不豫，吾何以助？一遊一豫，爲諸侯度。注：言天子出，必因王事，有所補助于民，無非事而空行者。春省耕，補耒耜之不足。秋省斂，助其力不給也。晏子又道夏禹之世民之諺語。王者巡狩觀民，其行從容，若遊若豫。豫亦遊也，遊亦豫也。春秋傳曰：「魯季氏有嘉樹，晉范宣子豫焉。」吾王不遊，吾何以得見勞苦蒙休息也？吾王不豫，吾何以得見賑贍助不足也？王者一遊一豫，行恩布德，應法而出，可以爲諸侯之法度也。今也不然，師行而糧食，饑者弗食，勞者弗息。睊睊胥讒，民乃作慝。方命虐民，飲食若流。流連荒亡，爲諸侯憂。從流下而忘反謂之流，從流上而忘反謂之連，從獸無厭謂之荒，樂酒無厭謂之亡。注：睊睊，側目相視。更相讒惡。先王無流連之樂、荒亡之行。惟君所行也。」注：言聖人之行，無此四者。

天子適諸侯曰巡狩。春省耕而補不足，秋省斂而助不給。入其疆，土地辟，田野治，養老尊賢，俊傑在位，則有慶，慶以地。入其疆，土地荒蕪，遺老失賢，掊克在位，則有讓。注：慶，賞也。養老尊賢，能者在位，賞之以地，益其地也。掊克不良之人在位，則責讓之。

白虎通德論：王者必制巡狩之禮何？尊天重民也。所以至四嶽者何？盛德之山，四方之中，能興雲致雨也。以夏之中月，同律度，得其中也。

風俗通義：巡者，循也。狩者，牧也。道德太平，王者爲天循行以牧人也。恐遠近不同化，幽隱有不得所者，故自躬親行之。

孔氏穎達曰：所以爲此巡守之禮者，以諸侯爲天子守土，專制一國，告從令行，而王者垂帷端拱，深居高視，一日二日，庶事萬幾，耳目不達于遠方，神明不照于幽僻，或將强以陵弱，恃衆以侵寡，擁遏上命，冤不上聞，而使遠道細民受枉。聖世聖王，知其如是，故制爲此禮，時自巡之。

吕氏祖謙曰：巡守之禮，此乃維持治具，提撕人心，聖人運天下妙處。蓋人心久必易散，政事久必有闕。一次巡守，一次提撕，此新新不已之意。

朱子曰：「或問：建牧立伯，小大相維，自可以垂拱無爲矣，何故復有巡守之舉？豈牧伯不足任耶？或云：因以祭天，且朝諸侯。又云：君民一體，不可邈然不相接，故必躬親巡撫，然後上下情通而教化洽矣，此先王之誠心。二説孰是？」曰：「建牧立監，與巡守之義，並行不悖。祭天、朝諸侯，巡撫之意，皆在其中矣。先王之政，體用兼舉，本末備具，非若後世儒者一偏之説，有體而無用，得本而遺末也。巡守亦非舜創立此制，蓋亦循襲將來。黄帝紀亦云：『披山通道，未嘗寧居。』」

右巡狩名義

巡狩之期

書舜典：五載一巡狩，群后四朝。注：各會朝于方岳之下，凡四處，故曰四朝。堯、舜同道，舜攝則然，堯又可知。疏：每五歲一巡守，其巡守之年，諸侯群后四方各朝天子于方岳之下。凡四處別朝，故云四朝。「肆覲東后」，是爲一朝，四岳禮同，四朝見矣。

朱子曰：五載之内，天子巡守者一，諸侯來朝者四。蓋巡守之明年，則東方諸侯來朝于天子之國；又明年，則南方諸侯來朝；又明年，則西方諸侯來朝；又明年，則北方諸侯來朝；又明年，則天子復巡守。

蕙田案：四朝有三説，謂四面各朝于方岳之下者，孔安國、馬融、王肅、孔穎達也；謂四季朝京師者，鄭康成也；謂五載内諸侯來朝者四，皆分方而至者，朱子、蔡仲默也。當以朱、蔡之説爲正，説見賓禮。

禮記王制：天子五年一巡守。注：天子以海内爲家，時一巡省之。五年者，虞、夏之制也。周則十二歲一巡守。疏：鄭志：唐、虞五載一巡守，夏、殷六年一巡守。此云「虞、夏之制」，以夏與虞同。與鄭志乖者，以「群后四朝」，文在堯典，堯典是虞、夏之書，故連言夏，其實虞也。

方氏慤曰：五爲天地相合之數，君臣之際，有天地之義，故取數以五爲節。

白虎通德論：所以五歲巡狩何？五歲再閏，天道大備，王者恩亦當竟也。不及五載，爲太煩也；過五年，爲太疏也。王者因天之道，時有所生，歲有所成，三歲一閏，天道小備，五歲再閏，天道大備，故五歲一巡狩。春秋穀梁傳曰：「古之君子，以時視民之勤。」此之謂也。

蕙田案：以上巡狩五年之期。

周禮秋官大行人：十有二歲，王巡守、殷國。注：王巡守諸侯，會者各以其時之方，書曰「遂覲東后」是也。其殷國，則四方四時分來如平時。疏：云「殷國，四方四時分來如平時」者，謂分四方，各逐春夏秋冬如平時〔一〕。若六服盡來，即與平時別也。

李氏曰：周以木德王，歲星是木王之星，十二歲一周天，故巡守取歲星一周，天道大備之數也。

鄭氏鍔曰：至十二歲，王乃巡其所守，變禮易樂者可以知其畔，革制度者可以知其逆，或討或流，于是行焉。若或有故而不巡守，則合天下諸侯皆來朝王于京師，考其制度焉，是謂殷國。殷者，衆也，言命衆國而皆至也。

楊氏曰：虞舜之世，其事簡，其人寡，其于巡守也，兵衛少，征求輕，故行之五歲，不爲數。成周之世，其事繁，其人衆，其于巡守也，兵衛多，征求重，故行之十二歲，不爲疏。

王氏安石曰：王巡狩，則諸侯各朝于方岳；王不巡守，則會諸侯而殷見。或巡守，或殷國，其出而省焉一也。

〔一〕「逐」，周禮注疏卷三七作「遂」。

呂氏祖謙曰：巡守之禮，唐虞五載一巡守，周却十二年，何故？蓋周時文治漸成，禮文漸備，所以十二年方舉巡守之事。此是成王知時變識會通處。

蕙田案：巡守與殷國，乃兩事，非一事。蓋十二年一巡守者，其常也；或十二年之期已周，而天子有事，不能巡守，則行殷國之禮，此其變也。鄭注甚明，王氏、李氏乃云「殷，衆也，謂當方諸侯」，則以巡守、殷國爲一事矣。案：此經上文於「春朝」、「秋覲」、「夏宗」、「冬遇」之下，明云「時會以發四方之禁，殷同以施天下之政」。鄭注云：「時會即時見也，無常期。諸侯有不順服者，王將有征討之事，則既朝，王命爲壇於國外，合諸侯而發禁命事焉。殷同即殷見也。王十二歲一巡守，若不巡守，則殷同。殷同者，六服盡朝，既朝，王亦命爲壇於國外，合諸侯而命其政。殷同，四方四時分來，歲終則徧矣。」然則殷者，諸侯朝王之一法，因王不巡守而行之，故並繫于十有二歲之下。鄭注云「如平時」，而賈疏復申之云「若六服盡來，即與平時别」者，六服盡來，不分四時，此時會也；雖不按服數，而東春、南夏、西秋、北冬，四方分來，此殷同也。時會乃因王有征伐，故行之，則非常之事，故六服盡來；殷同，特以代巡守，故不必一時皆集，義各有當耳。王荆公説最確，當從之。

書周官：六年，五服一朝。又六年，王乃時巡，考制度于四岳。諸侯各朝于方岳，大明黜陟。注：五服，侯、甸、男、采、衛。六年一朝會京師。周制，十二年一巡守，春東、夏南、秋西、冬北，故曰時巡。考正制度禮法于四岳之下，如虞帝巡守然。四方諸侯，各朝于方岳之下，大明考績黜陟之法。疏：此篇説「六年，五服一朝」，周禮無此法也。周禮大行人：「侯，歲一見，貢祀物。甸，二歲一見，貢嬪物。男，三歲一見，貢器物。采，四歲一見，貢服物。衛，五歲一見，貢材物。要，六歲一見，貢貨物。」先儒云：見，謂來朝也。必如所言，則周之諸侯，各以服數來朝，無六年一朝之事。昭十三年左傳叔向云：「明王之制，使諸侯歲聘以志業，間朝以講禮，再朝而會以示威，再會而盟以顯昭明。自古以來，未之或失也。」説者以爲三年一朝、六年一會、十二年而盟。計彼六年一會，與此「六年，五服一朝」，事相當也。再會而盟，與此十二年王乃時巡，亦相當也。叔向盛陳此法以懼齊人，若周無此禮，齊人當以辭拒之，何所畏乎？且云「自古以來，未之或失」，則當時猶尚行之。明周有此法，禮文不具耳。大行人所云「見」者，皆言貢物。或可因貢而見，何必見者皆是君自朝乎？遣使貢物，亦應可矣。大宗伯云「時見曰會，殷見曰同」，「時見」、「殷見」，不云年限。時見曰會，何必不是再朝而會乎？殷見曰同，何必不是再會而盟乎？周公制禮，若無此法，豈成王謬言、叔向妄説也？

朱氏升曰：案此篇與今周禮不同，此言「六年，五服一朝」，而周禮六服諸侯有一歲一見者、二歲一見者、三歲一見者，與此不合。要之，周禮首末未備，周公未成之書也。

蕙田案：尚書六年一朝，周禮以服數來朝，二者不同。孔疏謂成周時自有二法，元儒朱升作旁訓，復據書以疑周禮，竊恐未然。蓋叔向所言，本無年數，其年數，皆係解左傳者臆度之詞，孔氏據以當六年之説，未可信也。至大行人所云「見」者，與十二年一巡守之文緊緊承接，明係朝之正禮，今欲伸尚書而强指爲因貢而見之變禮。大宗伯所云「會同」即大行人之所謂「時會」，「殷同」明係在朝宗覲遇之外，今欲牽合尚書而遂指爲朝之常法，此皆偏曲之見也。蘇子瞻云：「一朝，畢朝也。朝以遠近爲疏數，六年而遍，五服畢朝也。」此説最爲明了。蓋尚書、周禮本無二法，先儒不得其説，强生分别，皆非也。詳見賓禮。

又案：以上十二年巡狩之期。

辨鄭氏夏、殷六年一巡狩：

孔穎達禮記正義：案鄭志孫皓問，鄭答云：「唐、虞之禮〔一〕，五載一巡守。夏、殷之時，天子蓋六

〔一〕「禮」，諸本作「時」，據禮記正義卷一一改。

年一巡守。」六年者，取半一歲之律呂也。

蕙田案：唐、虞巡守之期，見於尚書。周巡守之期，見於周禮。夏、殷之制，不見於經，其云六年者，康成臆度之言耳，孔氏又從而爲之説，以爲取律呂之半，則更無據。

觀承案：康成夏、殷六年巡狩之説，未可謂無據也。唐、虞「五載一巡狩」，固是五年，周禮「又六年，王乃時巡」，固是十二年。然先曰「六年，五服一朝」，明是六年之中五服已徧朝，此年原是六年，巡狩之常期，但係夏、殷之禮，周時已不能行，故特空此一年，而後曰「又六年，王乃時巡」。是前六年雖屆其期而不行，直至又六年而乃行耳。此猶唐、虞建官惟百，夏、商官倍則二百，故夏、殷六年一巡狩，周禮倍之，則又六年也。蓋唐、虞分方朝覲，群后四朝，須四年而徧，故第五年乃時巡。夏、殷既分五服，咸建五長，須五年而徧，故第六年而後時巡。此細玩經文而可得者，鄭説不爲無據也。然如孔氏謂取律呂之半，則不免附會耳。

易復卦：「象曰：雷在地中，復。先王以至日閉關，商旅不行，后不省方。」

胡氏曰：舜以十一月朔巡狩，而此言后不省方，則知巡狩者，是月也；不省方者，是月之至日也。

書舜典：歲二月，東巡守，至于岱宗。五月，南巡守，至于南岳。八月，西巡守，至于西岳。十有一月朔，巡守，至于北岳。歸，格于藝祖。注：諸侯爲天子守土，故稱守，巡行之。岱宗，泰山，爲四岳所宗。南岳，衡山。自東岳南巡，五月至。西岳，華山。北岳，恒山。巡守四岳，然後歸，告至文祖之廟。藝，文也。言祖則考著。疏：爾雅：「泰山爲東岳。」此巡守至于岱，岱與泰山，有二名也。風俗通云：「泰山，山之尊者。岱，始也。宗，長也。萬物之始，陰陽交代，故爲五岳之長。」釋山云：「河南華，河東岱，河北恒，江南衡。」又云：「泰山爲東岳，華山爲西岳，霍山爲南岳，恒山爲北岳。」岱與泰，衡與霍，皆一山有二名也。張揖云：「天柱謂之霍山。」漢書地理志云：「天柱在廬江灊縣。」則霍山在江北。而與江南衡爲一者，郭璞云：「霍山在廬江灊縣。漢武帝以衡山遼曠，故移其神于此。今其彼土俗人皆呼之爲南岳。南岳本自以兩山爲名，非從近來也。而學者多以霍山不得爲南岳，又云漢武帝來始乃名之。即如此言，謂武帝在爾雅前乎？斯不然矣。」是解衡、霍二名之由也。四巡之後，乃云「歸格」，則是一出而周四岳。故知自東岳而即南行，以五月至也。王者順天道以行人事，故四時之月，各當其時之中，故以仲月至其岳。鄭玄以爲「每岳禮畢而歸，仲月乃復更去」。若如鄭言，當于東巡之下即言「歸格」，後以「如初」包之，何當北巡之後始言歸乎？且若來而復去，計程不得周遍，此事必不然也。

禮記王制：歲二月，東巡守，至于岱宗。五月，南巡守，至于南嶽。八月，西巡守，至于西嶽。十有一月，北巡守，至于北嶽。歸，格于祖禰。注：岱宗，東嶽。假，至也。

疏：巡守皆以夏之仲月者，以律曆當得其中也。二月、八月，又晝夜分；五月、十一月者，陰陽終，故用四仲也。孔注尚書「自東嶽南巡，五月至」，則是從東嶽而去。鄭注云：「每歸格于祖。」言每歸，似嶽别一歸。若嶽别一歸而更去，便是路遠，無由可至。

辨崔氏一年巡一嶽：

崔氏靈恩曰：唐、虞五載巡狩一岳，二十年方遍四岳，周則四十八年矣。若一出四岳皆遍，且闕四時祭享。唐、虞衡山爲南岳，周氏霍山爲南岳，其祭吉行五十里，若以二月到東岳，五月到南岳，八月到西岳，十一月到北岳，路程遼遠，固必不及此，知每至一岳即歸，義爲長。

杜氏佑曰：梁崔靈恩三禮義宗云：「唐、虞五載巡狩一岳，二十年方遍四岳，周則四十八年矣。」案尚書周官篇云：「六年，五服一朝。又六年，王乃時巡，考制度。諸侯各朝於方岳，大明黜陟。」又案堯、舜簡儉，嘗稱茆茨土階，巡狩四方，羽儀導從必少，一年四岳，五載復往，宗廟享祭，蹔委有司，展義省方，觀風察俗之大政。如或二十年方遍，及於民物，不亦乖疏？詳周官本文與孔氏注解，既改制十有二載，比唐、虞已甚遐闊，如四十八年乃遍，豈非益爲曠邈乎？且周雖尚文，天子、諸侯降殺以兩，穆王巡歷天下，萬姓不甚勞苦。始皇遊幸四方，屬車八十一乘。二漢以降，至于有隋，或東封告成，或觀省風俗，百辟悉至，群司畢從，不下十餘萬人，何止千乘萬騎？所以曠代多闕斯禮。崔生謂堯、舜及周帝王行幸，車徒禮數與秦、漢以後無異，斯不達古今豐約之別，復不詳周官之文，輒肆臆度之説耳。

吕氏祖謙曰：舜典、王制明言二月東巡，五月南巡，八月西巡，十一月北巡，而崔靈恩乃以爲一年巡一嶽，虞五載，則二十年而徧，周十二載，則四十八年而徧，不知何據？

馬氏端臨曰：案舜典、王制明言二月東巡，五月南巡，八月西巡，十一月北巡，而崔靈恩乃以爲一年巡一岳，何所據耶？古帝王之巡狩，所以省方觀民，初非游適。然舜之時，五載僅能一行。至周成王，則又不能如舜，至於十二年乃一行之，又必止以四岳爲底止之地。蓋雖一本於憂民之心，而尚恐有煩民之事，故出必有期，而行必有方如此。

聞見後録：舜一歲而巡四岳，南方多暑，以五月之暑而南至衡山；北方多寒，以十一月之寒而至常山。世頗疑之。

蕙田案：舜典「歸格藝祖」，王制「歸假祖禰」，其文皆承四巡之後，本無可疑。鄭康成創爲每巡一岳，歸而復往之説。崔靈恩知其説之不可通，而强欲回護，遂謂五載一巡，止至一岳，若遍周四岳須二十年，謬矣。諸儒駁之甚當。

又案：每巡皆用夏時中月，易稱「至日不省方」，非謂十一月不省方。原並行不悖。若邵氏之聞見後録，乃因仲夏盛暑，不宜至衡山炎熱之地；仲冬苦寒，不當至恒山冰雪之區，是以常情之偷惰窺測聖人矣。

又案：南岳衡山，本無可疑，惟因爾雅釋山乃有二條，前云衡山，後云霍山，遂滋後儒之疑。郭璞回護爾雅，乃云「一山二名」，不知爾雅爲後儒所亂，移衡山于霍山，漢武帝事，後一條明屬漢儒附益其文耳。本朝宿松朱書字緑作南岳辨一卷，謂衡山僻遠，斷無時巡之理，因謂經文衡山即霍山也。不知古聖人法「天行健」，不敢自暇自逸，舜至九疑，禹臨會稽，何嘗以其僻遠而畏遠行耶？

又案：以上論巡狩分至四岳之期〔一〕。

右巡狩之期

〔一〕「又案以上論巡狩分至四岳之期」十三字，原脱，據味經窩本、乾隆本、光緒本補。

虞巡狩之禮

書舜典：歲二月，東巡守，至于岱宗，柴，望秩于山川，肆覲東后。協時月，正日，同律度量衡，修五禮、五玉、三帛、二生、一死贄。如五器，卒乃復。五月，南巡守，至于南岳，如岱禮。八月，西巡守，至于西岳，如初。十有一月朔，巡守，至于北岳，如西禮。歸，格于藝祖，用特。疏：舜既班瑞群后，即以其歲二月東行，巡省守土之諸侯，至于岱宗之嶽，燔柴告至，又望而以秩次祭于其方岳山川。柴、望既畢，遂以禮見東方諸侯國之君。巡守既周，乃歸京師，至于文祖之廟，用特牛設祭以告巡守歸至也。王者所爲巡守者，以諸侯自專一國，威福在己，恐其擁遏上命，澤不下流，故時自巡行，問民疾苦。孟子稱晏子對齊景公云：「天子適諸侯曰巡守。巡守者，巡所守也。」是言天子巡守，主謂巡行諸侯，故言諸侯爲天子守土，故稱守，而往巡行之。

蔡氏沈曰：歲二月，當巡守之年二月也。

文中子：叔恬曰：舜一歲而巡五嶽，國不費而民不勞，何也？曰：無他道也，兵衛少而徵求寡。

敷奏以言，明試以功，車服以庸。

蔡氏沈曰：敷，陳。奏，進也。周禮曰：「民功曰庸。」程子曰：「敷奏以言者，使各陳其爲治之說，言之善者則從而明考其功，有功則賜車服以旌異之。其言不善，則亦有以告飭之也。」

蕙田案：此舜巡狩之實事。巡行所守，專以考察諸侯也。

右虞巡狩之禮

周巡狩之禮

路史：炎帝之時，后歲省方，觀民設教，月省時考，終歲獻功。

史記五帝本紀：黄帝披山通道，未嘗寧居。東至于海，登丸山，及岱宗。西至于空桐，登雞頭。南至于江，登熊、湘。北逐葷粥，合符釜山。

路史：黄帝撫萬靈，度四方，乘龍而四巡。東薄海，禪丸山，西逾隴，疑笄屯。南入江内，涉熊、湘。北届涬碣，南臨玄扈，乃開東苑，祓中宫，詔群神，授見者，齋心服形以先焉。作清角樂，大合而樂之，鳴鶴翺翔，鳳凰蔽日。于是合符于釜山，以觀其會。

史記五帝本紀：帝顓頊北至于幽陵，南至于交阯，西至于流沙，東至于蟠木。

動靜之物〔一〕，大小之神〔二〕，日月所照，莫不砥厲〔三〕。

路史：帝乃乘結玄之輂，巡四海以寧民，北爌幽陵，南撫交阯，西際神沙，東跂蟠水，四行天下，周旋八外，日芒所認，靡不砥厲。帝省方以齊民之物，而登封以報其政之成，是以四海同風，九州共賞，天下歸往，而人以樂生。

竹書紀年：帝堯五年初，巡狩四嶽。

路史：帝制五服，均五等，五國相維。設四嶽八伯，以典諸侯，而臨民以十二。春省耕，秋省斂，宣聲教以同俗，振彫瘵，聽民聲，觀四履之所以化其上，入其疆，土地辟，岐旁趨，養老尊賢，駿傑在位，則有慶，反是則絀。

通鑑前編：帝堯十有二載，巡狩方嶽，觀于華。華封人曰：「嘻，請祝聖人，使聖人富、壽、多男子。」帝曰：「辭。多男子則多懼，富則多事，壽則多辱。」封人曰：「天生萬民，必授之以職，多男子則授之職，何懼之有？富而使人分之，何事之有？

〔一〕「動靜」，諸本作「幽靜」，據史記五帝本紀改。
〔二〕「大小」，諸本誤倒，據史記五帝本紀乙正。
〔三〕「厲」，史記五帝本紀作「屬」。

天下有道，與物皆昌，天下無道，修德就閒，千歲厭世，去而上仙，乘彼白雲，至于帝鄉，何辱之有？」

通志五帝紀：堯巡狩告成，周流五岳，存鰥寡，賑荒札，一民飢則曰我飢之，一民寒則曰我寒之，一民罹辜則曰我陷之，故民戴之如日月，愛之如父母，不賞而勸，不罰而治。

三齊略記：堯山在廣固城西七里，堯巡狩所登，遂以爲名。山頂立祠，祠邊有柏樹，枯而復生，不知幾代樹也。又石上有堯迹，于今猶存。

蕙田案：以上古巡狩附。

周禮夏官職方氏：王將巡守，則戒于四方，曰：「各修平乃守，考乃職事，無敢不敬戒，國有大刑。」注：乃，猶汝也。守，謂國境之內。職事，所當供具。

王氏昭禹曰：王巡守則諸侯各朝于方岳，故「戒于四方」。守，則諸侯所守之地。職事，則諸侯所治之職事。天子適諸侯曰巡守。巡守者，巡所守也，故戒以「修平乃守」。修則使之治其壞也，平則使各當其分也。諸侯朝于天子曰述職。述職者，述所職也，故戒以「考乃職事」。職則慮其曠職，事則慮其有廢事。

鄭氏鍔曰：因巡守之年儆戒之，使修正其疆界，考察其職業，以俟王之時巡。告戒之有素，及其不率，然後待之以誅夷竄殛之罪，可以無愧矣。

李氏嘉會曰：必先警戒而後巡守者，不欲乘其不備，幾于不戒而殺也。必先警戒，則刑可施。

及王之所行，先道，帥其屬而巡戒令。注：先道，先由王所從道，居前，行其前日所戒之令。

鄭氏鍔曰：及王之所行，先至所嚮之方國，巡其前所布之戒令，預考其率與不率也。

蕙田案：以上巡狩先事戒令。

禮記王制：天子將出，類乎上帝，宜乎社，造乎禰。注：類、宜、造，皆祭名。疏：此論天子巡守之禮也。將出，謂初出時也。「類乎上帝」，祭告天也。「宜乎社」者，巡行方事誅殺封割，應載社主，令誅罰得宜，亦隨宜而告也。「造乎禰」者，造，至也，謂至父祖之廟也。前歸假既云祖禰，明出亦告祖禰也。今唯云禰者，白虎通云：「從卑，不敢留尊者之命。至禰，不嫌不至祖也。」

孔叢子巡守篇：子思遊齊，陳莊伯與登泰山，見古天子巡守之銘焉。陳子曰：「敢問昔聖帝明王巡守之禮，可得聞乎？」子思曰：「古者天子將巡守，必先告于祖禰，命史告群廟及社稷、圻内名山大川。告者七日而徧。親告用牲，史告用幣。申命冢宰，清道而出。」

白虎通德論：王者出，告廟何？孝子出辭反面，事死如事生。尚書：「歸，假于祖禰。」曾子問曰「王者諸侯出，親告祖禰，使祝遍告五廟」，尊親也。王者將出，告天者，示不專也。故王制曰：「類于上帝，宜乎社，造乎禰。」類祭以祖配，不曰接者，尊無二禮，尊尊之義。造于禰，獨見禰何？辭從卑，不復留尊者之命，至禰，不嫌不至祖即祭。告天，爲告事也。祖爲出辭也，義異，告于尊者，然後乃辭出。

朱子曰：古者君將出，必告于祖禰，歸，又至其廟而告之，孝子不忍死其親，出告、反面之義也。

陳氏澔曰：類、宜、造，皆祭名。後章言天子將出征，則此出爲巡守也。

蕙田案：以上巡狩先事行告祭。

曾子問：曾子問曰：「古者師行，必以遷廟主行乎？」孔子曰：「天子巡守，以遷廟主行，載于齊車，言必有尊也。今也取七廟之主以行，則失之矣。」

陳氏澔曰：遷廟主，謂新祧廟之主也。齊車，金輅也，又名曰公禰。

吴氏澄曰：遷廟主，謂祔禰時所遷昭、穆最上之廟一主也，在昭廟、穆廟之上最尊最親者也。君將出行時，徧告有廟之諸主，又特告此無廟之一主，而載之以行也。

方氏慤曰：齊車，示有齊敬之心焉。

曾子問曰：「古者師行，無遷主，則何主？」孔子曰：「主命。」問曰：「何謂也？」孔子曰：「天子諸侯將出，必以幣、帛、皮、圭告于祖禰，遂奉以出，載于齊車以行。每舍，奠焉而後就舍。反必告，設奠，卒，斂幣、玉，藏諸兩階之間，乃出。蓋貴命也。」

陳氏澔曰：既以幣、玉告于祖廟，則奉此幣玉猶奉祖宗之命也，故曰「主命」。每舍必奠，神之也。反則設奠以告而埋藏之，不敢褻也。

白虎通德論：王者諸侯出，必將主何？示有所尊。故曾子曰：「王者將出，必以遷廟主行，載于齊車，示有尊也。無遷主，以幣、帛、皮、圭告于祖禰廟，遂奉以出，每舍奠焉，蓋貴命也。」必以遷主者，明廟不可空也。

蕙田案：以上亦見孔叢子，不複載。

又案：以上巡狩載主。

周禮夏官戎僕：掌馭戎車。犯軷，如玉路之儀。注：戎車，革路也。

王氏昭禹曰：王以兵出，故有犯軷之儀。

凡巡守及兵車之會，亦如之。

鄭氏鍔曰：出國門則跋履山川，故行犯軷之祭。

王氏昭禹曰：凡巡守，則戎車從焉。兵車之會，亦乘戎車，異于乘車之會乘金路矣。

大馭：掌馭玉路以祀及犯軷。注：行山曰軷。封土爲山，于國門之外，祭之以行，爲祖道也。

蕙田案：以上巡狩犯軷。

地官土訓：掌道地圖，以詔地事。王巡守，則夾王車。注：道，説也。説地圖，九州形勢，山川所宜，告王以施其事也，若云荆、揚地宜稻，幽、并地宜麻。巡守，行視所守也。天子以四海爲守。

吕氏温曰：見蒼梧、塗山，則思舜、禹恤民之艱；睹窮荒、大漠，則悟秦、漢勞師之弊；覽齊墟、晉壤，則想威、文勤王之伯；觀洞庭、荆門，則知苗、蜀恃險之敗。王者于此明得失，諸侯于此鑒興替〔一〕，斯懲勸之道也。

王氏昭禹曰：其地異宜，其民異數，其穀異種，王將制其職貢，巡其封域，而物之有無，事之利害，莫不知之。則土訓之道地圖、詔地事，與有力焉。

鄧氏元錫曰：王體萬物，不可使一物失所，故博告之。

誦訓：掌道方志，以詔觀事。掌道方慝，以詔辟忌，以知地俗。王巡守，則夾王車。注：道方志，説四方所識久遠之事以告王。觀，博古所識，若魯有大庭氏之庫、殽之二陵。方慝，四

〔一〕「興」，諸本作「幽」，據吕温地志圖序改。

方言語所惡也〔一〕。不辟其忌，則其方以爲苟于言語也。知地俗，博事也。鄭司農云：「以詔辟忌，不違其俗也。曲禮曰：君子行禮，不求變俗。」

魏氏校曰：地氣有偏，不能無慝，天常生物解之。西北多風，防風、獨活之屬足理風；東南多痺，魚鱉螺蜆之屬足治痺；江湖多氣，橘柚之屬足破氣；嶺海多瘴，檳榔之屬足去瘴是矣。王所至，恐不習水土，預求物以防患，非若後世但求口腹玩好也。

蕙田案：鄭注以方慝爲言語之忌，莊渠魏氏以爲食物之忌，二説不同，皆通。

又案：以上巡狩車行之儀。

周禮夏官校人：凡將事于四海、山川，則飾黄駒。注：四海，猶四方也。王巡守，過大山川，則有殺駒以祈沈禮與？玉人職有宗祝以黄金勺前馬之禮。疏：謂王行所過山川，設祭禮之，然後去。山川，地神，土色黄，故用黄駒也。

鄭氏鍔曰：若有祭祀于四海、山川，則必擇黄色之駒，加文飾以將事焉，此皆校人之職。或謂大宗伯以沈貍祭川澤，而祭祀之牲，各放其色。四海山川，乃均用黄駒，何耶？以玉人之職考之，王巡守，過大山川，所用之璋不同，然皆以黄金勺前馬，則知均用黄駒者，海與山川均爲地道，黄者，地之中色。

〔一〕「惡」，諸本作「忌」，據周禮注疏卷一六改。

若夫用駒，則以巡守而行四方。駒有千里之足，而行地莫如馬駒。雖馬之小者，禮以小爲貴，飾黄駒，乃郊用犢之意。

冬官考工記玉人：大璋、中璋九寸，邊璋七寸，射四寸，厚寸。黄金勺，青金外，朱中，鼻寸，衡四寸，有繅。天子以巡守，宗祝以前馬。注：射，琰出者也。杜子春云：「勺，謂酒尊中勺也。」鄭司農云：「鼻，謂勺龍頭鼻也。衡，謂勺柄龍頭也。」玄謂：鼻，勺流也。凡流，皆謂龍口也。衡，横也，謂勺徑也。三璋之勺，形如圭瓚。天子巡守，有事山川，則用灌焉。於大山川，則用大璋，加文飾也。于中山川，用中璋，殺文飾也。于小山川，用邊璋，半文飾也。其祈沈以馬，宗祝亦執勺以先之。禮，王過大山川，則太祝用事焉。將有事於四海山川，則校人飾黄駒。疏：此經説王巡守、出行、過山川禮敬之事。三璋據爲勺柄，黄金勺以下據爲勺頭。山川地神，故用黄駒也。

林氏曰：宗，主禮者。祝，通神者。

孔叢子：巡守所經五岳、四瀆，皆有牲幣。

蕙田案：以上巡狩所經岳瀆。

禮記祭義：王者巡守，諸侯待于境。

白虎通德論：王者巡守，諸侯待于境何？諸侯以守蕃爲職也，故待于境。

蕙田案：此條亦見孔叢子，不複載。

又案：以上巡狩諸侯待境。

王制：東巡守，至于岱宗。柴而望祀山川。注：柴，祭天告至也。疏：謂燔柴以祭上天而告至。其祭天之後，乃望祀山川。所祭之天，則蒼帝靈威仰。

方氏慤曰：天之高也，故燔柴以上達；山川之遠，故望而祀之，皆告至也。神、祇衆矣，止以山川，蓋諸侯祭名山大川之在其地者，其所守，山川爲大也。天曰神，地曰祇，此以山川者，其無所屈，皆可謂神；其無所別，皆可謂祇也。

郊特牲：天子適四方，先柴。

周氏諝曰：天子巡狩，至于四嶽，先柴以告天也。

禮器：因天事天，因地事地，因名山升中于天。

陳氏澔曰：名，猶大也。升，上也。中，猶成也。謂巡守至于方嶽，燔柴祭天，告以諸侯之成功也。

曲禮：臨諸侯，畛于鬼神，曰「有天王某甫」。

陳氏澔曰：天子巡守而至諸侯之國，必使祝史致鬼神當祭者之祭，以不親往，故祝辭稱字曰「某甫」。甫者，丈夫之美稱也。

方氏慤曰：望秩之禮，必于野外，故以畛言之。畛，田間道也。祭于畛而謂之畛，猶祭于郊而謂之郊也。天子適諸侯，非其常，蓋有時矣，故于是特言「有」焉。

詩周頌序：時邁，巡狩告祭柴望也。

時邁其邦，昊天其子之。實右序有周。薄言震之，莫不震疊。懷柔百神，及河喬嶽。允王維后！明昭有周，式序在位。載戢干戈，載櫜弓矢。我求懿德，肆于時夏。允王保之。

朱子集傳：周制，十有二年王巡狩、殷國，柴望祭告，諸侯畢朝。此巡守而朝會祭告之樂歌也。

般：巡狩而祀四岳、河海也。

於皇時周，陟其高山。嶞山喬岳，允猶翕河。敷天之下，裒時之對，時周之命。

朱子集傳：言美哉此周也，其巡狩而登此山以柴望，又道于河以周四岳。凡以敷天之下，莫不有望於我，故聚而朝之方岳之下，以答其意耳。

曹氏曰：時邁爲武王巡守之頌，則般頌成王矣。

蕙田案：以上巡狩柴望。

周禮天官掌舍：掌王之會同之舍。設梐枑再重。設車宮、轅門。爲壇壝宮、棘門。爲帷宮，設旌門。無宮則共人門。凡舍事，則掌之。

夏官土方氏：王巡守，則樹王舍。

易氏祓曰：樹，植也，立也。王巡守則有四方之舍，土方氏既爲之土地相宅，而知利害之所在。然後掌舍爲之設梐枑再重，爲車宫、轅門，爲壇壝宫、棘門，而土方氏植立之焉。

蕙田案：以上巡狩設舍。

禮記王制：覲諸侯。注：覲，見也。疏：覲，見也，謂見東方諸侯。其見之禮，案：覲禮云：「諸侯覲于天子，爲宫方三百步，四門，壇十有二尋，深四尺。」鄭注云「王巡守至于方嶽之下，諸侯會之，亦爲此宫以見之」是也。覲禮又云：「天子乘龍，載大旂，拜日于東門之外，反祀方明。」鄭注引朝事儀曰：「天子冕而執鎮圭，尺有二寸，云帥諸侯而朝日于東郊，所以教尊尊也，退而朝諸侯。由此二者言之，已祀方明，乃以會同之禮見諸侯也。凡會同者，不協而盟，盟時設方明於壇上，乃以載辭告焉。」如覲禮及鄭注所云，既告至之後，爲宫，加方明於壇。天子出宫東門外拜日，反祀方明，祀方明之後，乃徹去方明，故鄭云「由此二者言之，已祀方明，乃以會同之禮見諸侯」。云二者，謂覲禮經文「朝日東門，反祀方明」，朝事儀云「朝日東郊，退而朝諸侯」，故云「由此二者言之，已祀方明，乃以會同之禮見諸侯也」。今於覲禮，未祀方明之前，未有見諸侯之事。皇氏以爲未祀方明之前，已見諸侯〔一〕，非也。其祀方明之後，見諸侯之

〔一〕「見」，原作「有」，據光緒本、禮記正義卷一一改。

時，王升立于壇上，南面；諸公中階之前，北面；諸侯東階之東，西面；諸伯西階之西，東面；諸子門東，北面；諸男門西，北面。王降階，南面而見之。三揖，既升壇，使諸侯升，公拜於上等，侯伯于中等，子男于下等。見諸侯訖，若有不協，更加方明於壇上。諸侯等俱北面，戎右傳敦血以授歃者，司盟主其職。故司盟云：「掌其盟約之載，及其禮儀，北面詔明神。」于時王立無文，不可與諸侯同北面，當於阼階上西面。此是見諸侯之禮，祀方明之時，祭天則燔柴也。天謂日也。與此岱宗柴所用事别。覲禮云「祭天燔柴」，謂天子之盟也；「祭地瘞」，謂王官之伯盟也；「祭山、丘陵升」及「祭川沈」者，是諸侯之盟也。此是巡守及諸侯之盟祭也，故注云「升沈，必就祭者也」。就祭，則是謂王巡守，及諸侯之盟祭也」，「祭天柴，謂祭日也」，「祭地瘞者，祭月也」，「王巡守之盟，其神主日」，「諸侯之盟，其神主山川」，則「王官之伯，會諸侯而盟，其神主月與」。今此王制所注岱宗柴者，謂祭天告至，而覲禮注引王制云「王巡守，至于岱宗，柴」。是王巡守之盟，其神主日。又以柴爲盟之所用。不同者，告至與盟，必非一事。鄭意證巡守盟時有柴，故引岱宗以證之，其實别也。覲禮云「爲宫」，即言「加方明」，經文相連，鄭注云：「王巡狩至于方嶽之下，諸侯會之。」前爲此宫，則亦有方明，但文不具耳。故巡守祭天燔柴，祭地瘞埋，皆是祭方明也。故鄭於方明設「六玉」之下注云：「上宜以蒼璧，下宜以黄琮。而不以者，則上下之神，非天地之至貴者也。」以此言之，明天子巡守之祭有方明也。而皇氏云「諸侯來就王會同有方明，王巡守見諸侯無方明」，皇氏用之爲説，其義非也。

周禮秋官司儀：掌九儀之賓客擯相之禮，以詔儀容、辭令、揖讓之節。將合諸侯，則令爲壇三成，宮，旁一門。注：合諸侯，謂有事而會也。王巡守、殷國而同，則其爲宮亦如此與？詔王儀：南鄉見諸侯，土揖庶姓，時揖異姓，天揖同姓。及其擯之，各以其禮，公於上等，侯伯於中等，子男於下等。其將幣亦如之。其禮亦如之。

王氏曰：古者天子巡守，諸侯入朝，一皆爲壇於國門之外，加方明焉。天子示之，蓋以爲盟尸也。此云「合諸侯」者，謂大會同耳。巡守之制，亦如其會同。但會同爲壇于國門之外，而巡守爲壇于方岳之下耳。有事而會，不協而盟，此壇之所作也。其制，「爲壇三成」，即覲禮所云「深四尺」者是也。蓋從下向上爲深，發地一尺，上有三成，則總四尺矣。「宮，旁一門」，即覲禮所謂「宮方三百步，四門」是也。蓋壝土爲壇，壇外爲宮，每旁一門，則四門矣。

馬氏端臨曰：天子與諸侯相見於方岳之下，築壇與覲禮壇制同。其壇外爲土埒，方三百步，開四門。壇方九十六尺，高四尺，上爲堂，下爲三等，謂之三成。成每等高一尺。其堂上置司盟之神位，謂之方明。見諸侯之時，據鄭注司儀及覲禮，諸侯之上介，各以其君之旂置于宮內，以表立位之處，乃詔王升壇。訖，諸侯皆就其旂而立其位。鄭案明堂位：諸公中階之前，北面東上；諸侯阼階之東，西面北上；諸伯西階之西，東面北上；諸子門東，北面西上；諸男門西，北面東上。王乃於壇上揖之，以定其位。其揖之節有三儀：與王無親者，推手小下之；與王婚姻之親者，平推手揖之；與王同姓者，推手小舉之。王既揖定其位，諸侯乃進，升壇奠玉。又案司儀職及鄭注云：公於上等奠桓珪，王陳擯者五人禮之；侯、伯於中等奠信珪、躬珪，王陳擯者四人禮之；子、男於下等奠穀璧、蒲璧，王陳擯者三人。諸侯各奠玉。訖，降拜，又升成拜。訖，擯者乃延諸侯升堂授玉。訖，乃以璧琮行享禮，謂之將幣。諸侯既朝見王訖，乃退而自相與盟。王官之伯臨之，其神主於月，必因以祭之。

蕙田案：巡守見諸侯，其儀多與覲禮同，學者當互參之。

又案：以上巡狩覲諸侯。

白虎通德論：王者巡狩，必舍諸侯祖廟何？明尊無二上也。故禮坊記曰：「君適其臣，升自阼階，示不敢有其室也。」禮曰：「天子適諸侯，必舍其祖廟。」王者出，一公以其屬守，二公以其屬從也。

蕙田案：此禮不見于經，亦有可疑，姑存之。

又案：以上巡狩舍諸侯祖廟。

掌客：掌四方賓客之牢禮、餼獻、飲食之等數，與其政治。王巡守、殷國，則國君膳以牲犢，令百官百牲皆具。從者，三公眂上公之禮，卿眂侯伯之禮，大夫眂子男之禮，士眂諸侯之卿禮，庶子壹眂其大夫之禮。注：政治，邦新殺禮之屬。國君者，王所過之國君也。犢，繭栗之犢也。以膳天子，貴誠也。牲孕，天子不食也，祭帝不用也。凡賓客，則皆角尺。令者，掌客令主國也。百牲皆具，言無有不具備。　疏：王巡守則殷同，殷同則殷國也。王巡守至于四嶽之下，當方諸侯，或所在經過，或至方岳之下。若殷國，或在王城，出畿外，在諸侯之國，所在之處，皆設禮待王，故巡守、殷國並言也。

易氏祓曰：牢禮，即凡用牢之禮。飧，謂飧九牢之類。獻，謂禽獻之類。飲食，謂享燕膳食之類。

禮記郊特牲：天子適諸侯，膳用犢，貴誠之義也。

陳氏澔曰：犢未有牝牡之情，故云貴其誠慤。

蕙田案：以上巡狩諸侯致膳牲。

王制：問百年者，就見之。注：就見老人。　疏：此謂到方岳之下，見諸侯之後，問百年者，就見之。若未至方岳，于道路上，有百年者，則王亦先見之。

祭義：天子巡守，諸侯待于竟。天子先見百年者。注：問其國君以百年者所在，而往見之。八十九十者東行，西行者弗敢過；西行，東行者弗敢過。欲言政者，君就之可也。注：弗敢過者，謂道經之則見之。　疏：此一節明尚齒貴老之義。八十九十者，未滿百歲，不可一一就見。若天子、諸侯因其行次，或東行西行至八十九十者，或閭里之旁〔一〕，不敢過越而去，必往就見之。

〔一〕「或」，諸本脱，據禮記正義卷四八補。

「欲言政，君就之」者，謂八十九十之人，雖不當道路左右，亦當共言論政教，往就之可也。應氏鏞曰：彼向東，此向西，彼西行，此趨東，是相違而不相值，然必駐行反迂，謁而見之，不敢超越經過也。

蕙田案：以上巡狩見老人。

王制：命太師陳詩，以觀民風。命市納賈，以觀民之所好惡，志淫好辟。注：陳詩，謂采其詩而視之。市，典市者。賈，謂物貴賤厚薄也。質則用物貴，淫則侈物貴。民之志淫邪，則其所好者不正。疏：太師是掌樂之官，令各陳其國風之詩，以觀君政之善惡。命典市之官進納物賈之書，以觀民所好惡。若民志淫邪，則好邪僻之物，由在上教之不正。此以民俗知君上善惡也。

蕙田案：以上巡狩觀察風俗。

命典禮，考時月，定日、同、律、禮、樂、制度、衣服，正之。注：同，陰律也。疏：典禮之官，於周則太史也。考校四時，及十二月之大小，時有節氣早晚，月有弦望晦朔，考之使各當其節。又正定甲乙之日，陰管之同，陽管之律，玉帛之禮，鐘鼓之樂，及制度衣服，各有等差，當正之使正。云「同陰律」者，鄭以先儒以同爲齊同此律，故辨之。太師云「執同律以聽軍聲」，又典同注云「同，陰律也」。不以陽律名官者，因其先言耳。

蕙田案：陸氏釋文載王肅尚書注，以同爲齊，孔疏因之。康成以同爲陰律。

二說不同。穎達作禮記疏，即與書疏異解，似王說較直捷。

又案：以上巡狩考正制度。

山川神祇有不舉者爲不敬，不敬者，君削以地。宗廟有不順者爲不孝，不孝者，君絀以爵。變禮易樂者爲不從，不從者，君流。革制度衣服者爲畔，畔者，君討。有功德于民者，加地進律。注：舉，猶祭也〔一〕。不順者，謂若逆昭穆。流，放也。討，誅也。律，法也。

疏：文二年秋「八月丁卯，大事于太廟，躋僖公，逆祀也」，左傳曰「夏父弗忌爲宗伯」，「曰，吾見新鬼大，故鬼小，先大後小，順也」，于是躋僖公于閔公之上，是逆昭穆也。

陳氏澔曰：律者，爵命之等。加地而進之，所以示勸也。

蕙田案：以上巡狩賞罰黜陟。

南巡狩，如東巡狩之禮；西巡狩，如南巡狩之禮；北巡狩，如西巡狩之禮。歸，格于祖禰，用特。注：假，至也。特，特牛也。祖下及禰，皆一牛。

程子曰：但止就祖廟，共用一牛，不如時祭，各于其廟也。

〔一〕「祭」，原作「宗」，據光緒本、禮記正義卷一一改。

呂氏祖謙曰：巡狩而歸，苟民物有一不得其所，其見祖廟，有愧心矣。想先王歸格之時，此心無愧，對越在廟，慰愜可知也。

陳氏澔曰：假，至也。歸至京師，即以特牛告至于祖禰之廟。

蕙田案：尚書但言祖，禮記兼言禰，文有詳略，其禮一也。

孔叢子巡守：歸，反舍于外次，三日齋，親告于祖禰，用特。命有司告群廟、社稷及圻内名山大川，而後入聽朝。

蕙田案：以上巡狩歸告廟。

竹書紀年：武王十五年初巡，方岳，誥于沬邑。

通鑑前編：武王十有五年春，巡狩方岳，祀百神，朝諸侯。

書周官：惟周王撫萬邦，巡侯、甸。四征弗庭，綏厥兆民。六服群辟，罔不承德，歸于宗周。

通鑑前編：成王十有二年巡狩，朝諸侯于方岳，因行黜陟之典。

竹書紀年：成王十九年，王巡狩侯、甸方岳，召康公從。歸于宗周，遂正百官，黜豐侯。

康王十六年，王南巡守，至九江、廬山。

通典：昭王德衰，南巡，濟于漢，船人惡之，以膠船進王。王御船，至中流，膠液船解，王及祭公俱没于水而崩。其右卒游靡長臂且多力，游得王，周人諱之。

穆天子傳：周穆王守滲澤，得白狐玄狢，以濟河宗，得驥、温驪、騄耳之駟，西巡守，樂而忘歸。

蕙田案：穆天子傳文多荒誕，未必紀實。其事亦見史記秦本紀，今存其略，不詳及。

竹書紀年：宣王八年，巡狩東都。

朱子詩車攻集傳：周公相成王，營洛邑爲東都，以朝諸侯。周室既衰，久廢其禮。至于宣王，内修政事，外攘夷狄，復文武之境土，修車馬，備器械，復會諸侯于東都，因田獵而選車徒焉，故詩人作此以美之。

春秋莊公二十一年左氏傳：夏五月，王巡虢守。虢公爲王宫于玤，王與之酒泉。鄭伯之享王也，王以后之鞶鑑與之。虢公請器，王予之爵。鄭伯由是始惡于王。冬，王歸自虢。

春秋僖公二十有八年：「冬，天王狩于河陽。」左氏傳：是會也，晉侯召王，以諸侯見，且使王狩。仲尼曰：「以臣召君，不可以訓。」故書曰「天王狩于河陽」。言非其地也，且明德也。

史記周本紀：二十年，晉文公召襄王，襄王會之河陽、踐土，諸侯畢朝，書諱曰「天王狩于河陽」。

蕙田案：周禮所載周巡狩之儀甚詳，其他禮記王制及見于各傳記者，或兼夏、殷巡狩之典，然別無所考，今統入周制。

右周巡狩之禮

五禮通考卷一百七十九

嘉禮五十二

巡狩

秦

史記秦始皇本紀：始皇二十七年，巡隴西、北地，出雞頭山，過回中焉。賜爵一級。治馳道。應劭曰：馳道，天子道也，若今之中道然。　二十八年，始皇東行郡縣，上鄒嶧山，立石，遂上泰山，立石。禪梁父，刻所立石。乃並勃海以東，過黄、腄，窮成山，登之罘，立石頌秦德焉而去。南登瑯琊，大樂之，留三月。乃徙黔首三萬户瑯琊臺下，復十二歲。作瑯琊臺，立石頌德。還，過彭城，齋戒禱祠，欲出周鼎泗水。使千人没水求之，不得。乃西南渡淮水，之衡、南郡。浮江，至湘山祠。自南郡由武關歸。二十九年，始皇東遊。登之罘，刻石。之瑯琊，道上黨入。三十二年，始皇之碣石，刻碣石門。巡北邊，從上郡入。三十七年，始皇出遊。行至雲夢，望祀虞舜於九疑山。浮江下，觀籍柯〔一〕，渡海渚。過丹陽，至錢塘。臨浙江，水波惡，乃西百二十里從狹中渡。上會稽，祭大禹，望於南海，而立石頌秦德。還過吴，從江乘渡。並海上，北至瑯琊。自瑯琊北至榮成山，至之罘，並海西，至平原津。二世元年，東行郡縣，到碣石，並海，南至會稽，盡刻始皇所立刻石，遂至遼東而還。

右秦

漢

漢書高祖本紀：高祖二年冬十月，如陝，鎮撫關外父老。

〔一〕「柯」，原脱，據光緒本、史記秦始皇本紀補。

文帝本紀：三年夏五月，上幸甘泉，自甘泉之高奴，因幸太原，見故群臣，皆賜之。舉功行賞，諸民里賜牛酒。復晉陽、中都民三歲租。留游太原十餘日。秋七月，上自太原至長安。十年冬，行幸甘泉。十一年冬十一月，行幸代。春正月，上自代還。十五年夏四月，上幸雍。

景帝本紀：景帝中六年冬十月，行幸雍。

武帝本紀：武帝元光二年冬十月，行幸雍。六年夏六月，行幸雍。

元狩元年冬十月，行幸雍。

元鼎四年冬十月，行幸雍。賜民爵一級，女子百户牛酒。行自夏陽，東幸汾陰。十一月，行幸滎陽，還至洛陽。五年冬十月，行幸雍，遂踰隴，登空同，西臨祖厲河而還。

元封元年冬十月，詔曰：「南越、東甌咸伏其辜，西蠻北夷頗未輯睦，朕將巡邊垂，擇兵振旅，躬秉武節，置十二部將軍，親帥師焉。」行自雲陽，北歷上郡、西河、五原，出長城，北登單于臺，至朔方，臨北河。勒兵十八萬騎，旌旗徑千餘里，威振匈奴。還，祀黃帝於橋山，迺歸甘泉。春正月，行幸緱氏。遂東巡海上。夏四月癸卯，上還，登封泰山，降坐明堂。詔：「行所巡至，博、奉高、蛇丘、歷城、梁父，民田租逋賦貸，已除。加年七十以上孤寡帛，人二匹。四縣無出今年算。賜天下民爵一級，女子百户牛酒。」行自泰山，復東巡海上，至碣石。自遼西歷北邊九原，歸於甘泉。　二年冬十月，行幸雍。春，幸緱氏，遂至東萊。夏四月，還至瓠子，臨決河，命從臣將軍以下皆負薪塞河隄，作瓠子之歌。赦所過徒，賜孤獨高年米，人四石。　四年冬十月，行幸雍。通回中道，遂北出蕭關，歷獨鹿、鳴澤，自代而還，幸河東。春三月，詔：「赦汾陰、夏陽、中都死罪以下，賜三縣及楊氏皆無出今年租賦。」　五年冬，行南巡狩，至于盛唐，登灊天柱山，自尋陽浮江，親射蛟江中，獲之。舳艫千里，薄樅陽而出，作盛唐樅陽之歌。遂北至琅琊，並海，所過禮祠其名山大川。春三月，還至泰山，增封。因朝諸侯王列侯，受郡國計。夏四月，詔：「赦天下。所幸縣毋出今年租賦，賜鰥寡孤獨帛，貧窮者粟。」還幸甘泉。　六年冬，行幸回中。春，作首山宫。三月，行幸河東。

太初元年冬十月，行幸泰山。十二月，禪高里，東臨勃海，望祀蓬萊。春，還，受計于甘泉。　三年春正月，行東巡海上。

天漢元年春正月，行幸甘泉。三月，行幸河東。　二年春，行幸東海，還幸回中。

三年春三月，行幸泰山，還幸北地。夏四月，赦天下。行所過毋出田租。

太始二年春正月，行幸回中。三年春正月，行幸甘泉宫，享外國客。二月，令天下大酺五日。行幸東海，獲赤鴈，作朱鴈之歌。幸琅琊，禮日成山。登之罘，浮大海。山稱萬歲。冬，賜行所過户五千錢，鰥寡孤獨帛，人一匹。四年春三月，行幸泰山。夏四月，幸不其，祠神人於交門宫，若有鄉坐拜者。作交門之歌。五月，還幸建章宫，大置酒，赦天下。十二月，行幸雍，西至安定、北地。

征和三年春正月，行幸雍，至安定、北地。四年春正月，行幸東萊，臨大海。三月，上耕鉅定。還幸泰山。夏六月，還幸甘泉。

後元元年春正月，行幸甘泉，遂幸安定。

宣帝本紀：神爵元年春正月，行幸甘泉。三月，行幸河東。

元帝本紀：永光五年冬，上幸長楊射熊館。

成帝本紀：永始四年春正月，行幸甘泉。三月，行幸河東。

蕙田案：王莽傳載天鳳元年莽巡狩事，今削不録。

右漢

後漢

後漢書世祖本紀：建武三年冬十月壬申，幸春陵，置酒舊宅，大會故人父老。十一月乙未，至自春陵。　四年夏四月丁巳，幸鄴。己巳，進幸臨平。五月，進幸元氏。辛巳，進幸盧奴。六月辛亥，車駕還宮。　七月丁亥，幸譙。八月戊午，進幸壽春。冬十月甲寅，車駕還宮。十一月丙申，幸宛。十二月丙寅，進幸黎丘。　九年夏六月丙戌，幸緱氏，登轘轅。　十七年夏四月乙卯，南巡狩，皇太子及右翊公輔、楚公英、東海公陽、濟南公康、東平公蒼從，幸潁川，進幸葉、章陵。五月乙卯，車駕還宮。　十八年春二月甲寅，西巡狩，幸長安。　十九年秋九月，南巡狩。壬申，幸南陽，進幸汝南南頓縣舍，置酒會，賜吏人，復南頓田租歲。父老前叩頭言：「皇考居此日久，陛下識知寺舍，每來輒加厚恩，願賜復十年。」帝曰：「天下重器，常恐不任，日復一日，安敢遠期十歲乎？」吏人又言：「陛下實惜之，何言謙也？」帝大笑，復增一歲。進幸淮陽、梁、沛。　二十年春二月戊子，車駕還宮。　冬十月，東巡狩。甲午，幸魯，進幸東海、楚、沛國。十二月壬寅，車駕還宮。　復濟陽縣徭役六歲。　三十年春二月，東巡狩。甲子，幸魯，進幸濟南。閏月癸丑，車駕還宮。　秋七月丁酉，幸魯國。復濟陽縣是年徭役。冬十一月丁酉。至自魯。

中元元年春正月丁卯，東巡狩。二月己卯，幸魯，進幸泰山。北海王興、齊王石朝於東岳。夏四月癸酉，車駕還宮。己卯，改年爲中元。行幸長安。戊子，祀長陵。五月乙丑，至自長安。

明帝本紀：永平二年冬十月甲子，西巡狩，幸長安。歷覽館邑，會郡縣吏，勞賜作樂。十一月，進幸河東，所過賜二千石、令長以下至於掾史，各有差。癸卯，車駕還宮。五年冬十月，行幸鄴。與趙王栩會鄴。六年冬十月，行幸魯，會沛王輔、楚王英、濟南王康、東平王蒼、淮南王延、琅邪王京、東海王政。十二月，還，幸陽城。壬午，車駕還宮。十年夏閏四月甲午，南巡狩，幸南陽。日北至，又祠舊宅。禮畢，召校官弟子作雅樂，奏鹿鳴，帝自御塤篪和之，以娛嘉賓。還，幸南頓，勞享三老、官屬。冬十月，徵淮陽王延會平輿，徵沛王輔會睢陽。十二月甲午，車駕還宮。十三年夏四月辛巳，行幸滎陽，巡行河渠〔一〕。乙酉，詔曰：「今五土之宜，反其正色，濱渠下田，

〔一〕「行」，諸本作「幸」，據後漢書明帝本紀改。

賦與貧人，無令豪右得固其利。」因遂渡河，登太行，進幸上黨。壬寅，車駕還宮。十五年春二月庚子，東巡狩。辛丑，幸偃師。徵沛王輔會睢陽。進幸彭城。癸亥，帝耕于下邳。三月，徵琅邪王京會良城，徵東平王蒼會陽都，又徵廣陵侯及其三弟會魯。還，幸孔子宅，親御講堂，命皇太子、諸王説經。又幸東平。辛卯，途幸大梁，至定陶。夏四月庚子，車駕還宮。

章帝本紀：建初七年秋九月甲戌，幸偃師，東涉卷津，至河内。下詔曰：「車駕行秋稼，觀收穫，因涉郡界，皆精騎輕行，無它輜重。不得輒修橋道，遠離城郭，遣吏逢迎，刺探起居，出入前後，以爲煩擾。動務省約，但患不能脱粟瓢飲耳。所過欲令貧弱有利，無違詔書。」遂覽淇園。己酉，進幸鄴，勞享魏郡守令以下，至于三老、門闌、走卒，賜錢各有差。勞賜常山、趙國吏人，復元氏租賦三歲。辛卯，車駕還宮。冬十月癸丑，西巡狩，幸長安。進幸槐里。岐山得銅器，形似酒罇，獻之。又獲白鹿。帝曰：「上無明天子，下無賢方伯。『人之無良，相怨一方。』斯器亦曷爲來哉？」又幸長平，御池陽宮，東至高陵，造舟于涇而還。每所到幸，輒會郡縣吏人，勞賜作樂。十一月，詔勞賜河東守、令、掾以下。十二月丁亥，車駕還宮。八年冬十二月甲午，東巡狩，幸陳留、梁國、淮陽、潁陽。戊申，車駕還宫。

元和元年秋八月丁酉，南巡狩，詔所經道上郡縣，無得設儲偫。命司空自將徒支柱橋梁。有遣使奉迎，探知起居，二千石當坐。其賜鰥、寡、孤、獨、不能自存者粟，人五斛。九月辛丑，幸章陵，祠舊宅園廟，見宗室故人，賞賜各有差。冬十月己未，進幸江陵，還幸宛。十一月己丑，車駕還宫，賜從者各有差。二年春二月丙辰，東巡狩。乙丑，帝耕于定陶。詔曰：「三老，尊年也。孝悌，淑行也。力田，勤勞也。國家甚休之。其賜帛，人一匹，勉率農功。」辛未，幸太山，進幸奉高。癸酉，大會内外群臣。丙子，詔：「大赦天下。諸犯罪不當得赦者，皆除之。復博、奉高、嬴，無出今年田租、芻稾。」戊寅，進幸濟南。三月己丑，進幸魯。壬辰，進幸東平。乙未，幸東阿，北登太行山，至天井關。夏四月乙卯，車駕還宫。

張酺傳：顯宗置五經師。酺以尚書教授，數講于御前。遂令入授皇太子。及肅宗即位，數月，出爲東郡太守。元和二年，東巡狩，幸東郡，引酺及門生并郡縣掾吏並會庭中。帝先備弟子之儀，使酺講尚書一篇，然後修君臣之禮。賞賜殊特，莫不沾洽。

章帝本紀：元和三年春正月丙申，北巡狩，濟南王康、中山王焉、西平王羨、六安王恭、樂成王黨、淮陽王昞、任城王尚、沛王定皆從。辛丑，帝耕于懷。二月壬寅，告常山、魏郡、清河、鉅鹿、平原、東平郡太守、相曰：「朕惟巡狩之制，以宣聲教，考同遐邇，解釋結冤也。今『四國無政，不用其良』，駕言出游，欲親知其劇易。前祠園陵，遂望祀華、霍，東柴岱宗，爲人祈福。今將禮常山，遂徂北土，歷魏郡，經平原，升踐隄防，詢訪耆老，咸曰『往者汴門未作，深者成淵，淺則泥塗』。追惟先帝勤人之德，底績遠圖，復禹弘業，聖迹滂流，至于海表。不克堂構，朕甚慙焉。月令，孟春善相丘陵土地所宜。今肥田尚多，未有墾闢。其悉以賦貧民，給與糧種，務盡地力，勿令游手。所過縣邑，聽半入今年田租，以勸農夫之勞。」乙丑，敕侍御史、司空曰：「方春，所過無得有所伐殺。車可以引避，引避之；騑馬可輟解，輟解之。詩云：『敦彼行葦，牛羊勿踐履。』禮，人君伐一草木不時，謂之不孝。俗知順人，莫知順天。其明稱朕意。」戊辰，進幸中山，出長城。癸酉，還幸元氏。三月丙子，詔復元氏七年傜役。己卯，進幸趙。辛卯，車駕還宮。賜從行者各有差。八月乙丑，幸安邑，觀鹽池。九月，至自安邑。

章和元年秋八月癸酉，南巡狩。甲申，徵任城王尚會睢陽。戊子，幸梁。乙未，幸沛，徵會東海王政。九月庚子，幸彭城，東海王政、沛王定、任城王尚皆從。辛亥，幸壽春。己未，幸汝陰。冬十月丙子，車駕還宮。

和帝本紀：永元三年冬十月癸未，行幸長安。十五年九月壬午，南巡狩，清河王慶、濟北王壽、河間王開並從。賜所過二千石長吏以下、三老、官屬及民百年者錢布，各有差。冬十月戊申，幸章陵。癸丑，會宗室于舊廬，勞賜作樂。戊午，進幸雲夢，臨漢水而還。十一月甲申，車駕還宮，賜從臣及留者公卿以下錢布，各有差。

張禹傳：永元十五年，南巡祠園廟，禹以太尉兼衛尉留守。聞車駕當進幸江陵，以爲不宜冒險遠，驛馬上諫。詔報曰：「祠謁既訖，當南禮大江，會得君奏，臨漢回輿而旋。」及行還，禹特蒙賞賜。

十六年十一月己丑，行幸緱氏，登百岯山，賜百官從臣布，各有差。

安帝本紀：延光三年春二月丙子，東巡狩。辛卯，幸泰山，齊王無忌、北海王翼〔一〕、

〔一〕「翼」，諸本作「普」，據後漢書安帝本紀改。

樂安王延來朝。癸巳，勞賜郡縣，作樂。三月戊辰，還幸東平，至東郡，歷魏郡、河内。

壬戌，車駕還京師。冬十月，行幸長安。丁亥，會三輔守、令、掾吏于長安，作樂。閏月乙未，歷觀上林、昆明池。十一月乙丑，至自長安。四年春二月甲辰，南巡狩。

順帝本紀：永和二年冬十月甲申，行幸長安，所過鰥、寡、孤、獨、貧不能自存者賜粟，人五斛。庚子，幸未央宫，會三輔郡守、都尉及官屬，勞賜作樂。十二月乙亥，至自長安。

桓帝本紀：延熹二年冬十月壬申，行幸長安。乙酉，幸未央宫。十二月己巳，至自長安，賜長安民粟人十斛，行所過縣三斛。　七年冬十月壬寅，南巡狩。庚申，幸章陵，賜守令以下各有差。戊辰，幸雲夢，臨漢水，還幸新野。十二月辛丑，車駕還宫。

靈帝本紀：光和五年冬十月，校獵上林苑，歷函谷關，遂巡狩于廣成苑。

右後漢

魏

三國魏志文帝本紀：黄初二年冬十二月，行東巡。　三年春正月庚午，行幸許昌宫。三月甲午，行幸襄邑。夏四月癸亥，行還許昌宫。冬十一月辛丑，幸宛。四年春正月，築南巡臺于宛。三月丙申，行自宛，還洛陽宫。秋八月辛未，東巡。九月甲辰，行幸許昌宫。

晉書禮志：黄初四年七月，帝將東巡，以大軍當出，使太常以一特牛告祠南郊。五年秋七月，行東巡，幸許昌宫。八月，爲水軍，親御龍舟，循蔡、潁，浮淮，幸壽春。揚州界將吏士民犯五歲刑以下，皆原除之。九月，遂至廣陵，赦青、徐二州，改易諸將守。冬十月乙卯，行還許昌宫。六年春二月，遣使者循行許昌以東盡沛郡，問民所疾苦，貧者振貸之。三月，行幸召陵，通討虜渠。乙巳，還許昌宫。辛未，帝爲舟師東征。五月戊申，幸譙。八月，帝遂以舟師自譙循渦入淮，從陸道幸徐。九月，築東巡臺。冬十月，行幸廣陵故城，臨江觀兵，戎卒十餘萬〔二〕，旌旗數百里。是歲大寒，水道冰，舟不得入江，乃引還。十二月，行自譙過梁。

明帝本紀：太和四年八月辛巳，行東巡。乙未，幸許昌宫。十月乙卯，行還洛

〔二〕「十」，原作「千」，據光緒本、三國志魏書文帝本紀改。

陽宫。

晉書禮志：魏明帝凡三東巡狩，所過，存問高年，恤疾苦，或賜穀帛。齊王正始元年，巡洛陽縣，賜高年、力田各有差。

右魏

晉

晉書武帝本紀：泰始四年六月丙申朔〔一〕，詔曰：「郡國守相，三載一巡行屬縣，必以春，此古者所以述職宣風展義也。見長吏，觀風俗，協禮律，考度量，存問耆老，親見百年。録囚徒，理冤枉，詳察政刑得失，知百姓所患苦。無有遠近，便若朕親臨之。」

通志：晉初新禮，巡狩方岳，柴望告、設壝宫如禮。諸侯之覲者，賓及執贄皆如朝儀，而不建旗。摯虞以：「覲禮，諸侯各建其旗章，所以殊爵命，示等威。詩稱『君子至

〔一〕「丙申」，諸本作「甲申」，據晉書武帝本紀改。

止，言觀其旗』。宜定新禮，建旗如舊禮〔一〕。」詔可。然終晉代，不行其禮。武帝泰始四年，詔使使持節、侍中、黄門侍郎銜命四出，周行天下，其萬民之害爲一書，禮俗政事教理刑禁逆順爲一書，悖逆暴亂作慝犯令爲一書，札喪荒凶厄貧爲一書，康樂和親安平爲一書，每國辨異之，以反命于王。

蕙田案：此後世遣使代巡之始。

右晉

南北朝

宋書文帝本紀：元嘉四年二月，東巡狩，至于丹徒。三月，享會父老舊勳于行宫，加賜衣裳、幣帛，蠲租原刑。戰亡之家及單孤，並隨宜隱恤。二十六年二月，東巡，幸至京城，會舊京故老萬餘人，享勞賚發，赦蠲徭役。

孝武帝本紀：大明七年春二月甲寅，車駕巡南豫、南兖二州。丁巳，車駕校獵于

〔一〕「禮」，諸本脱，據通志卷四三補。

歷陽之烏江。己未，車駕登烏江縣六合山。壬戌〔一〕，詔曰：「朕受天慶命，十一年於茲矣。憑七廟之靈，獲上帝之力，禮横四海，威震八荒。方巡三湘而奠衡岳，次九河而檢云、岱。今恢覽功成，省風畿表，覿民六合，蒐校長洲。騰沙飛礫，平岳盪海，鼗晉合序，鐃鉦協節，獻罍如禮，饁獸傾郊。敬舉王公之觴，廣納士民之壽。八風循通，卿雲叢聚。盡天罄瑞，率宇竭歡。思散大極之泉，以福無方之外。可大赦天下，行幸所經〔二〕，無出今歲租布。其逋租餘債，勿復收。賜民爵一級，女子百户牛酒。刺守邑宰及民夫從蒐者，普加沾賚〔三〕。」又詔曰：「朕弱年操製，出牧司雍，承政宣風，荐歷年紀。國步中阻，治戎江甸，難夷情義，實繫于懷。今或練蒐訓旅，涉兹境閒，故邑耆舊，在日罕存。年世未遠，殲亡大半，撫迹惟事，傾慨兼著。太宗燕故，晉陽洽恩；世祖流仁，濟畿暢澤。永言往猷，思廣前賚。可蠲歷陽郡租輸三年。遣使巡慰，問民疾苦，鰥、寡、孤、老、六疾不能自存者，厚賜粟帛。高年加以羊酒。凡一介之善，隨才銓貫；

〔一〕「壬戌」，諸本作「壬寅」，據宋書孝武帝本紀改。
〔二〕「經」，諸本脱，據宋書孝武帝本紀補。
〔三〕「沾」，諸本作「洽」，據宋書孝武帝本紀改。

前國名臣及府州佐吏，量所沾錫。人身已往，施及子孫。」壬申，車駕還宮。秋九月戊子，詔曰：「昔周王驥迹，實窮四溟；漢帝鸞軫，夙徧五岳。是皆所以上對幽靈，下理民土。自天昌替馭，臨宮創圖，禮代夭鬱，世貿興毁。皇家造宋，日月重光，璇璣得序，五星順命，而戎車歲動，陳詩義闕。朕聿含五光，奄一天下，思盡寶戒之規，以塞謀危之路。當沿時省方，觀察風俗。外詳考舊典，以副側席之懷。」冬十月戊申，車駕巡南豫州。詔曰：「朕巡幸所經，先見百年者，及孤寡老疾，並賜粟帛。獄繫刑罪，並親聽訟。其士庶或怨鬱危滯，受抑吏司，或隱約潔立，負擯州里，皆聽進朕前，面自陳訴。若忠信孝義，力田殖穀，一介之能，一藝之美，悉加旌賞。雖秋澤頻降，而夏旱嬰弊。可即開行倉，並加賑賜。」癸丑，行幸江寧縣，訊獄囚。丙寅，詔曰：「賞慶刑威，奄國彝軌；黜幽升明，闢寓恒憲。故採言聆風，式觀侈質，貶爵加地，于是乎在。今類帝宜社，親巡江甸，因覲嶽守，躬求民瘼。思弘明試之典，以申考績之義。行幸所經，莅民之職，功宣于聽，即加甄賞。若廢務亂民，隨釁議罰。主者詳察以聞。」己巳，車駕校獵于姑熟。十一月丙子，曲赦南豫州殊死以下。巡幸所經，詳減今歲田租。乙酉，上于行所訊溧陽、永世、丹陽縣囚。癸巳，車駕習水軍於梁山，有白爵二集華蓋，有司奏改大明七年爲神爵元年，詔不許。乙未，原放行獄徒繫。東諸郡大旱〔一〕。壬寅，遣使開倉貸恤，聽受雜物當租。十二月丙午，行幸歷陽。甲寅，大赦天下。南豫州別署敕繫長徒，一切原散。其兵期考襲謫戍，悉停。歷陽郡女子百户牛酒；高年孤疾，賜帛十匹，蠲郡租十年。癸亥，車駕至自歷陽。

魏書昭成帝本紀：建國十二年，西巡，至河而還。十九年二月，帝西巡，因而臨河，使人招喻，闕頭從命。二十二年春，帝東巡，至于桑乾川。夏四月，還雲中。二十五年，帝南巡，至君子津。冬十月，行幸代。

道武帝本紀：登國二年冬十月癸卯，幸濡源。十一月，遂幸赤城。十二月，巡松漠，還幸牛川。三年春二月，帝東巡。夏四月，幸東赤城。六月，渡弱落水。班賞將士各有差。秋七月，帝還赤城。七年秋八月，行幸漠南，仍築巡臺。八年春正月，帝南巡。二月，幸羖羊原，赴白樓。夏六月，車駕北巡。秋七月，臨幸新壇。庚寅，宴群臣，仍講武。九月，還幸河南宮。九年春三月，帝北巡。夏五月，田于河

〔一〕「大旱」，諸本作「大獄」，據宋書孝武帝本紀改。

東。秋七月，還幸河南宮。

天興元年春正月庚子，車駕自中山行幸常山之真定，次趙郡之高邑，遂幸于鄴。民有老不能自存者，詔郡縣賑恤之。帝至鄴，巡登臺榭，遍覽宮城，將有定都之意。乃置行臺，以龍驤將軍、日南公和跋爲尚書，與左丞賈彝率郎吏及兵五千人鎮鄴。車駕自鄴還中山，所過存問百姓。詔大軍所經州郡，復貲租一年，除山東民租賦之半。辛酉，車駕發自中山，至于望都堯山，次于恒山之陽。二月，車駕自中山幸繁峙宮〔一〕。

三年夏五月己巳，車駕東巡，遂幸涿鹿，西幸馬邑，觀灅源。秋七月壬子，車駕還宮。

六年秋七月戊子，車駕北巡，築離宮于豺山，縱士校獵，東北踰罽嶺，出參合、代谷。九月，行幸南平城，規度灅南，面夏屋山，背黄爪堆，將建新邑。辛未，車駕還宮。

天賜三年春正月甲申，車駕北巡，幸豺山宮。二月乙亥，幸代園山，建五石亭。三月庚子，車駕還宮。夏四月庚申，幸馬城。甲午〔二〕，車駕還宮。秋八月甲辰，行幸

〔一〕「繁峙宮」，魏書道武帝本紀作「繁畤宮」。
〔二〕「甲午」，諸本作「甲戌」，據魏書道武帝本紀改。

豺山宫，遂至青牛山。丙辰〔一〕，西登武要北原，觀九十九泉，造石亭，遂之石漠。九月甲戌朔，幸漠南鹽池。壬午，至漠中，觀天鹽池；度漠，北之吐鹽池。癸巳，南還長川。丙申，臨觀長陂。冬十月庚申，車駕還宫。四年夏五月，北巡。自參合陂東過蟠羊山，大雨，暴水流輜重數百乘，殺百餘人〔二〕。遂東北踰石漠，至長川，幸濡源。西幸參合陂。築北宫垣，三旬而罷，乃還宫。

明元帝本紀：永興四年秋七月己巳朔〔三〕，東巡。己卯，大獮于石會山。戊子，臨去畿陂觀漁。庚寅，至于濡源。西巡，幸北部諸落，賜以繒帛。八月庚戌，車駕還宫。壬子，幸西宫，臨板殿，大享群臣將吏，以田獵所獲賜之。冬十有二月丁巳，車駕北巡，至長城而還。五年夏四月乙卯，車駕西巡。五月乙亥，行幸雲中舊宫之大室。六月，西幸五原，校獵于骨羅山，獲獸十萬。秋七月己巳，還幸薄山。帝登觀太祖遊幸刻石頌德之處，乃于其旁起石壇而薦享焉。賜從者大酺于山下。丙戌，車駕自大

〔一〕「丙辰」，原作「丙申」，據光緒本、魏書道武帝本紀改。
〔二〕「百餘人」，諸本作「數百人」，據魏書道武帝本紀改。
〔三〕「七月」，諸本作「九月」，據魏書明元帝本紀改。

室西南巡諸部落，賜其渠帥繒帛有差。遂南次定襄大落城，東踰七嶺山〔一〕，田于善無川。八月癸卯，車駕還宮。

神瑞二年夏四月己卯，車駕北巡。五月丁亥，次于參合，東幸大甯。丁未，田于四岬山。六月戊午，幸去畿陂，觀漁。辛酉，次于濡源，築立蟀臺。射白熊于頹牛山，獲之。丁卯，幸赤城，親見長老，問民疾苦，復租一年。南次石亭，幸上谷，問百年，訪賢俊，復田租之半。壬申，幸涿鹿，登橋山，觀温泉，至廣甯，登歷山。秋七月，還宮。復所過田租之半。

泰常元年夏六月丁巳，車駕北巡。秋七月甲申，帝自白鹿陂西行，大獮于牛川，登釜山，臨殷繁水而南，觀于九十九泉。戊戌，車駕還宮。二年夏五月，車駕西巡，至于雲中，遂濟河，田于大漠。冬十有二月庚申，田于西山。癸亥，車駕還宮。四年夏四月辛巳，南巡，幸雁門。賜所過無出今年租賦。五月庚寅朔，觀漁于灅水。己亥，車駕還宮。復所過一年租賦。秋八月辛未，東巡。遣使祭恒岳。甲申，車駕還

〔一〕「七嶺山」，魏書明元帝本紀作「十嶺山」。

宮。所過復一年田租。冬十有二月癸亥，西巡，至雲中，踰白道，北獵野馬于辱孤山。至于黄河，從君子津西渡，大狩于薛林山。七年春正月甲辰朔，自雲中西行，幸屋竇城，賜從者大酺三日，蕃渠帥繒帛各有差。二月丙戌，車駕還宮，賜從者布帛各有差。秋九月乙巳〔一〕，幸㶟南宫，遂如廣甯。辛酉，幸橋山，因東幸幽州，見耆年，問其所苦，賜爵號。分遣使者循行州郡，觀察風俗〔二〕。冬十月甲戌，車駕還宫，復所過田租之半。壬辰，車駕南巡，出自天門關，踰恒嶺。四方蕃附大人各率所部從者五萬餘人。八年春正月丙辰，行幸鄴，存恤民俗。三月乙巳，帝田于鄴南韓陵山，幸汲郡，至于枋頭。乙卯，濟自靈昌津，幸陳留、東郡。乙丑，濟河而北，西之河内，造浮橋于冶坂津。夏四月丁卯，幸成皐城，觀虎牢。遂至洛陽，觀石經。閏月己未，還幸河内，北登太行，幸高都。辛酉，還至晉陽，班賜從官，王公以下逮于廝賤，無不霑給。五月丙寅，還次雁門。皇太子率留臺王公迎于句注之北。庚寅，車駕至自南巡〔三〕。六月

〔一〕「九月」，諸本作「七月」，據魏書明元帝本紀改。
〔二〕「察」，諸本脱，據魏書明元帝本紀補。
〔三〕「南巡」，諸本作「北巡」，據魏書明元帝本紀改。

丙辰，北巡，至于參合陂，遊于蟠羊山。秋七月，幸三會屋侯泉，詔皇太子率百官以從。八月，幸馬邑，觀于灅源。九月乙亥，車駕還宮。

太武帝本紀：始光元年夏四月甲辰，東巡，幸大甯。

神䴥元年夏四月壬子，西巡。戊午，田于河西。六月甲寅，行幸長川。秋七月，車駕還宮。八月，東幸廣甯，臨觀温泉。九月，車駕還宮。冬十月甲辰，北巡。壬子，田于牛川。　二年冬十有一月，西巡狩，田于河西，至祚山而還。

文成帝本紀：太安三年冬十月，將東巡，詔太宰常英起行宮于遼西黄山。四年春正月乙卯，行幸廣寧温泉宮，遂東巡平州。庚午，至于遼西黄山宮，游宴數日，親對高年，勞問疾苦。二月丙子，登碣石山，觀滄海，大享群臣于山下，班賞進爵各有差。改碣石山爲樂游山，築壇記行于海濱。戊寅，南幸信都，畋遊于廣川。三月丁未，觀馬射于中山。所過郡國賜復一年。丙辰，車駕還宮。冬十月甲戌，北巡。至陰山，有故塚毁廢，詔曰：「昔姬文葬枯骨，天下歸仁。自今有穿毁墳壠者，斬之。」辛卯，車駕次于車輪山，累石記行。

禮志：和平元年正月，帝東巡。歷橋山，幸遼西，遂緣海西南，幸冀州，北至中山。

孝文帝本紀：延興二年閏六月戊午，行幸陰山。秋七月壬寅，詔州郡縣各遣二人才堪專對者，赴九月講武，當親問風俗。九月辛巳，車駕還宫。三年冬十有一月癸巳，太上皇帝南巡，至于懷州。所過問民疾苦，賜高年、孝悌、力田布帛。

太和五年春正月己卯，車駕南巡。丁亥，至中山。親見高年，問民疾苦。二月辛卯朔，大赦天下。賜孝悌、力田、孤貧不能自存者穀帛有差；免宫人年老者，還其所親。丁酉，車駕幸信都，存問如中山。癸卯，還中山。己酉，講武于唐水之陽〔一〕。庚戌，車駕還都。三月辛酉朔，車駕幸肆州。癸亥，講武于雲水之陽。所經考察守宰，加以黜陟。己巳，車駕還宫。十五年秋七月乙酉，車駕巡省京邑，聽訟而還。十六年春二月壬辰，巡省京邑，聽理冤訟。三月丁卯，巡省京邑。十七年八月壬寅，車駕至肆州，民年七十以上，賜爵一級。路見眇跛者，停駕親問，賜衣食終身。戊申，幸并州。親見高年，問所疾苦。九月庚午，幸洛陽。十有八年春正月癸亥，車駕南巡。詔相、兖、豫三州：百年以上假縣令，九十以上賜爵二級，七十以上賜爵一級；孤

〔一〕「武」，原脱，據光緒本、魏書高祖本紀上補。

老鰥寡不能自存者，賜粟五石、帛二匹；孝悌廉義、文武應求者，皆以名聞。乙亥，幸洛陽西宮。二月己丑，行幸河陰。壬寅，車駕北巡。閏月癸亥，次句注陘南，皇太子朝于蒲池。壬申，至平城宮。秋七月壬辰，車駕北巡。辛丑，幸朔州。八月癸卯，皇太子朝于行宮。甲辰，行幸陰山，觀雲川。丁未，幸閱武臺，臨觀講武。癸丑，幸懷朔鎮。己未，幸武川鎮。辛酉，幸撫冥鎮。甲子，幸柔玄鎮。乙丑，南還。所過皆親見高年，問民疾苦，貧窘孤老，賜以粟帛。丙寅，詔六鎮及禦夷城人，年八十以上而無子孫兄弟，終身給其廩粟；七十以上家貧者，各賜粟十斛。又詔諸北城人，年滿七十以上及廢疾之徒，校其元犯，以準新律，事當從坐者，聽一身還鄉，又令一子扶養，終命之後，乃遣歸邊；自餘之處，如此之犯，年八十以上，皆聽還。戊辰，車駕次旋鴻池。辛未，還平城宮。冬十月辛亥，車駕發平城宮。壬戌，次于中山之唐湖。乙丑，分遣侍臣巡問民所疾苦。己巳，幸信都。十有一月辛未朔，詔冀、定二州民：百年以上假以縣令，九十以上賜爵三級，八十以上賜爵二級，七十以上賜爵一級；鰥寡孤獨不能自存者，賜以穀帛；孝義廉貞、文武應求者，具以名聞。丁丑，車駕幸鄴。己丑，車駕至洛陽。二十有一年春正月乙巳，車駕北巡。二月壬戌，次于太原。親見高年，問所不便。乙丑，詔并州士人年六十以上，假以郡守。癸酉，車駕至平城。癸未，行幸雲中。乙未，車駕南巡。己酉，次離石。詔汾州民百年以上假縣令，九十以上賜爵三級，八十以上賜爵二級，七十以上賜爵一級。丙辰，車駕次平陽。夏四月庚申，幸龍門。癸亥，行幸蒲坂。辛未，行幸長安。乙亥，親見高年，問所疾苦。丙子，遣侍臣分省縣邑，賑賜穀帛。戊寅，幸未央殿、阿房宫，遂幸昆明池。己丑，車駕東旋，汎渭入河。庚寅，詔雍州士人百年以上假華郡太守，九十以上假荒郡，八十以上假華縣令，七十以上假荒縣；庶老以年各減一等，七十以上賜爵三級；其營船之夫，賜爵一級；孤寡鰥貧、窮痾廢疾，各賜帛二匹，穀五斛；其孝友德義、文學才幹，悉仰貢舉。六月庚申，車駕至自長安〔一〕。

孝莊帝本紀：永安二年夏五月甲戌，車駕北巡。乙亥，幸河内。戊寅，詔上黨百年以下、九十以上板三品郡，八十以上四品郡，七十以上五品郡。秋七月庚午，車駕入居華林園，昇大夏門，大赦天下。

〔一〕「自」，諸本脱，據魏書高祖本紀上補。

出帝本紀：永熙二年冬十有二月丁巳，車駕狩于嵩陽。己巳，遂幸温湯。丁丑，車駕還宫。

北齊書文宣帝本紀：天保三年夏六月乙卯，帝如晉陽。九月辛卯，帝自并州幸離石。冬十月乙未，至黄櫨嶺，仍起長城，北至社干戍四百餘里，立三十六戍。十二月壬子，帝還宫。戊午，帝如晉陽。四年九月壬午，帝北巡冀、定、幽、安。五年冬十二月庚申，帝北巡至達速嶺，覽山川險要，將起長城。九年夏六月乙丑，帝自晉陽北巡。己巳，至祁連池。戊寅，還晉陽。

北周書明帝本紀：二年九月丁未，幸同州。過故宅〔一〕，賦詩曰：「玉燭調秋氣，金輿歷舊宫。還如過白水，更似入新豐。霜潭漬晚菊，寒井落疏桐。舉杯延故老，令聞歌大風。」冬十月辛酉，還宫。

武帝本紀：保定三年秋七月戊辰〔二〕，行幸原州。丁丑，幸津門，問百年，賜以錢

〔一〕「故宅」，原作「故邑」，據光緒本、北周書明帝本紀改。
〔二〕「三年」，原作「二年」，據光緒本、北周書武帝本紀改。

帛，又賜高年板職各有差。九月甲子，自原州登隴山。丙戌，幸同州。冬十二月辛卯，至自同州。

天和元年冬十一月丙戌，行幸武功等新城。十二月庚申，還宫。

建德六年夏六月甲子，帝東巡。秋七月丙戌，行幸洛州。己丑，詔山東諸州舉有才者，上縣六人，中縣五人，下縣四人，赴行在所，共論治政得失。冬十月戊申，行幸鄴宫。十二月庚申，行幸并州宫。

宣政元年春正月壬午，行幸鄴宫。辛卯，行幸懷州。癸巳，幸洛州。二月丁巳，帝至自東巡。

宣帝本紀：大象元年春正月甲辰，東巡狩。戊午，行幸洛陽。二月乙亥，行幸鄴。三月庚申，至自東巡。

右南北朝

隋

隋書煬帝本紀：大業元年三月，詔曰：「聽採輿訟，謀及庶民，故能審刑政之得失。今將巡歷淮海，觀省風俗。」八月壬寅，上御龍舟，幸江都。二年三月庚午，車駕發江都。四月庚戌，自伊闕，陳法駕，備千乘萬騎，入東京。御端門，大赦。三年三月辛亥，車駕還京師。四月景申，車駕北巡狩。六月戊子，次榆林郡。丁酉，啓民可汗來朝。八月壬午，車駕發榆林。癸巳，入樓煩關。壬寅，次太原。九月己未，次濟源。己巳，至東都。四年三月，車駕幸五原，因出塞，巡長城。八月，親祭恒岳，河北道郡守畢集。五年三月，車駕西巡河右。四月癸亥，出臨津關，渡黄河。五月庚辰，入長寧谷。壬午，度星嶺。六月癸卯，經大斗拔谷。景午，次張掖。戊午，大赦天下。行經之所，給復二年。九月癸未，車駕入長安。十一月景子，車駕幸東都。六年三月癸亥，幸江都宫。七年二月，上自江都御龍舟入永濟渠，遂幸于涿郡。八年三月，車駕度遼。九月，上至東都。九年四月，車駕度遼。九月，車駕次上谷。十年三月，行幸涿郡。四月，車駕次北平。七月，車駕次懷遠鎮。冬十月丁卯〔一〕，上至東都。己丑，還京師。十二月壬申，上如東都。十一年五月，幸太原，避暑汾陽

〔一〕「冬十月」，原脱，據光緒本、隋書煬帝本紀補。

宮。八月，巡北塞。十月，上至東都。十二年七月，幸江都宮。

右隋

唐

唐書禮樂志：天子將巡狩，告于其方之州曰：「皇帝以某月于某巡狩，各修乃守，考乃職事，敢不敬戒，國有常刑。」將發，告于圜丘。前一日，皇帝齋，如郊祀。告昊天上帝，又告于太廟、社稷。具大駕鹵簿。所過州、縣，刺史、令候于境，通事舍人承制問高年，祭古帝王、名臣、烈士。既至，刺史、令皆先奉見。將作築告至圜壇于嶽下，四出陛，設昊天上帝、配帝位。天子至，執事皆齋一日。明日，望于嶽、鎮、海、瀆、山、川、林、澤、丘、陵、墳、衍、原、隰，所司爲壇。設祭官次于東壝門外道南，北向；設饌幔內壝東門外道北，南向；設宮懸、登歌；爲瘞埳。祭官、執事皆齋一日。嶽、鎮、海、瀆、山、川、林、澤、丘、陵、墳、衍、原、隰之尊，在壇上南陛之東，北向。設玉篚及洗，設神座壇上北方。獻官奠玉幣及爵于嶽神，祝史助奠鎮、海以下。明日，乃肆覲，將作于行宮爲壝。三分壝間之二在南，爲壇于北，廣九丈六尺，高九尺，四出陛。設宮懸壇南，御座壇上之北，解劍席南陛之西。文、武官次門外東、西，刺史、令次文官南，蕃客次武官南，列輦路壇南。文官九品位壇東南，武官西南，相向。刺史、令位壇南三分庭一，蕃客位于西。又設門外位，建牙旗于壝外，黄麾大仗屯門，鈒戟陳壝中。吏部主客户部贊群官、客使就門外位。刺史、令贄其土之實〔一〕，錦、綺、繒、布、葛、越皆五兩爲束，錦以黄帊，常貢之物皆篚，其屬執列令後。文武九品先入就位。皇帝乘輿入北壝門，由北陛升壇，即坐，南向。刺史、蕃客皆入壝門，至位，再拜，奠贄，興，執贄。侍中降于刺史東北，皆拜。宣已，又拜。蕃客以舍人稱制如之。户部導貢物入刺史前，龜首之，金次之，丹、漆、絲、纊，四海九州之美物，重行陳。執者退，就東西文武前，側立。通事舍人導刺史一人，解劍脱舄，執贄升前，北向跪奏：「官封臣姓名等敢獻壤奠。」遂奠贄。舍人跪舉以東授所司，刺史劍、舄復位。初，刺史升奠贄，在庭者以次奠于位前，皆再拜。户部尚書壇間北向跪，請以貢物付所司，侍中承制曰：「可。」所司受贄出東門。中書侍郎以州鎮表方一案俟于西門外，給事中以瑞案俟于

〔一〕「贄」，原作「贊」，據光緒本、新唐書禮樂志四改。

東門外，乃就侍臣位。初，刺史將入，乃各引案分進東、西陛下。刺史將升，中書令、黄門侍郎降立，既升，乃取表升。尚書既請受贄，中書令乃前跪讀，黄門侍郎、給事中進跪奏瑞，侍郎、給事中導案退，文武、刺史、國客皆再拜。北向位者出就門外位。皇帝降北陛以入，東、西位者出。設會如正、至，刺史、蕃客入門，皆奏樂如上公。會之明日，考制度。太常卿採詩陳之，以觀風俗。命市納賈，以觀民之好惡。典禮者考時定日，同律，禮、樂、制度、衣服正之。山川神祇有不舉爲不恭，宗廟有不慎爲不孝，皆黜爵。革制度、衣服者爲叛，有討。有功德于百姓者，爵賞之。

舊唐書高祖本紀：武德三年春正月辛巳，幸蒲州。

唐書太宗本紀：貞觀四年秋九月己卯，如隴州。壬午，禁芻牧于古明君、賢臣、烈士之墓者。十月壬辰，赦岐、隴二州，免今歲租賦，降咸陽、始平、武功死罪以下。乙卯，免武功今歲租賦。十一月甲子，至自隴州。十一年春二月甲子，如洛陽宫。乙丑，給民百歲以上侍五人。三月癸卯，降洛州囚見徒，免一歲租、調。九月丁亥，河溢。壞陜州河北縣，毁河陽中潬，幸白司馬坂觀之，賜瀕河遭水家粟帛。十一月辛卯，如懷州。丙午，如洛陽宫。十二年二月癸亥，如河北縣，觀底柱。乙丑，如陜州。丁卯，觀鹽池。庚午，如蒲州。甲戌，如長春宮。免朝邑今歲租賦，降囚罪。丙戌，至自長春宮。

册府元龜：貞觀十五年正月，如洛陽，次温泉。衛士崔卿、刁文懿憚于行役，冀鑾輿驚擾而停，遂夜射行宮，矢及寢院者五，皆以大逆論。己丑，詔從行士卒家貧親老，並放還。二月癸丑，宴從官及山東宗姓、洛陽年高于貞觀殿。三月戊辰，如襄城宮。庚午，罷襄城宮，分賜百姓。十月壬辰，幸嵩陽。辛丑，還宮。十一月壬申，還京。十二月戊子，至自洛陽。　十八年二月己酉，幸零口。村落偪側，問其受田，丁三十畝，遂夜分而寢，憂其不給，詔府、州録尤少田者，並給復，移之于寬鄉。乙卯，還宮。十一月壬申，至洛陽宮。壬午，宴父老百九十人于儀鑾殿，班賜有差。

唐書太宗本紀：貞觀二十年八月，如靈州。庚辰，次涇州，賜高年鰥寡粟帛。丙戌，踰隴山關，次瓦亭，觀牧馬。九月辛卯，遣使巡察嶺南。十月丙戌，至自靈州。

高宗本紀：永徽五年三月戊午，如萬年宮。乙丑，次鳳泉湯。辛未，赦岐州及所過徒罪以下。八月己未，詔免麟游、岐陽今歲課役，岐州及供頓縣半歲。九月丁酉，至自萬年宮。

顯慶二年閏正月壬寅，如洛陽宮。二月癸亥，降洛州囚罪，徒以下原之，免民一歲租、調，賜百歲以上氈衾粟帛。十一月戊戌，如許州。甲辰，遣使慮所過州縣囚。壬子〔一〕，赦鄭州，免一歲租賦，賜八十以上粟帛，其嘗事高祖任佐史者以名聞。十二月乙卯，如洛陽宮。丁卯，以洛陽宮爲東都。　四年閏十月戊寅，如東都。辛巳，詔所過供頓免今歲租賦之半，賜民八十以上氈衾粟帛。　五年正月甲子，如并州。己巳，次長平，賜父老布帛。二月丙戌，赦并州及所過州縣，義旗初嘗任五品以上葬并州者祭之〔二〕，加佐命功臣食別封者子孫二階，大將軍府僚佐存者一階，民年八十以上版授刺史、縣令，賜酺三日。三月丙午，皇后宴親族于朝堂，會命婦于內殿。賜從官五品以上、并州長史司馬勳一轉。婦人八十以上版授郡君，賜氈衾粟帛〔三〕。四月癸巳，如東都。

舊唐書高宗本紀：龍朔元年三月壬戌，幸合璧宮。七月癸卯，車駕還東都。八月

〔一〕「壬子」，原作「乙巳」，據光緒本、新唐書高宗本紀改。
〔二〕「并州」，諸本脱「州」字，據新唐書高宗本紀補。
〔三〕「粟帛」，原作「布粟」，據光緒本、新唐書高宗本紀改。

丙戌，令諸州舉孝行尤著及累葉義居可以勵風俗者。九月甲辰，以河南縣大女張年百三歲，親幸其第。天宫寺是高祖潛龍時舊宅，上周歷殿宇，感愴久之，度僧二十人。壬子，敕中書門下五品已上諸司長官、尚書省侍郎并親王三等以上，並詣沛王宅設宴禮，奏九部樂。禮畢，賜帛雜綵等各有差。十月丁卯，狩于陸渾。癸酉，還宫。

册府元龜：咸亨元年九月丁丑，京師久旱，詔：「來年正月幸東都，在路供頓所須，並令司稼自供，不得令州縣差科。所經道路，修理開拓，水可涉渡，不煩造橋。築宫又擬置御營之驛，並不敢擅加修補。在路不得妄有進獻。」

唐書高宗本紀：咸亨二年正月乙巳，如東都。二月辛未，遣使存問諸州。十一月庚戌，如許州，遣使存問所過老疾鰥寡，慮囚。十二月癸酉，獵于昆陽。丙戌，如東都。

儀鳳元年二月丁亥，如汝州温湯，遣使慮免汝州輕繫。三月甲辰，如東都，免汝州今歲半租，賜民八十以上帛。四月戊申，至自東都。

册府元龜：儀鳳三年五月壬戌，發京師，幸九成宫。丙戌，至九成宫。是日，山中霖雨，大寒，從行兵士有凍死者，各賜絹三匹，給棺櫝，官爲埋殯。又九月丁巳，車駕發九成宫。辛酉，至京師。十月，詔曰：「咸京天府，地隘人繁，百役所歸，五方胥萃。雖獲登秋之積，猶虧洊歲之資，眷言于此，思蠲徭賦。夫以交風奥壤，測景神州，職貢所均，水陸輻輳。今兹豐熟，特倍常時，事貴從宜，實惟權道。即以來年正月幸東都，關内百姓宜免一年庸調及租并地子税草。其當道諸縣，特免二年。劍南、隴右諸軍，每供進物一二年且停。」

永淳元年四月丙寅，如東都。

舊唐書高宗本紀：永淳元年四月丙寅，幸東都。上以穀貴，減扈從兵，士庶從者多殍踣于路〔一〕。戊寅，次澠池之紫桂宫〔二〕。乙酉，至東都。

唐書高宗本紀：弘道元年正月甲午，幸奉天宫。四月己未，如東都。

册府元龜：先天元年十一月，睿宗命帝巡邊，誥曰：「先王省方，所以觀風設教；聖人順動，所以刑清甿服。故協時同律，虞典之常道；喬嶽翕河，周詩之盛德。自王

〔一〕「殍」，原作「浮」，據光緒本、舊唐書高宗本紀改。
〔二〕「紫桂宫」，原脱「桂」字，據光緒本、舊唐書高宗本紀補。

風不競，茲禮遂亡。兩漢本朝，有時于邁。三國以降，日不暇給。我皇家開元首出，十代重光，寰宇大寧，車書無外。文祖神宗之德，洽于人心。考祥展義之規，昭于國典。皇帝天錫英武，神與聰明，自陟元后，實總朕師。時政益明，彝倫攸叙，而邊甿遐阻，藩服悠曠。式慰來蘇之懷，實允卜征之意。加以頃年邊將，授任或乖，師旅以虧，軍威不振。今盛德在水，玄冥御辰，天道成于積陰，王制崇于大閱。皇帝宜順時巡狩，親幸邊陲，掌圖修考事之儀，典樂具陳詩之禮。西泊河塞，東踰燕朔，望秩名山，肆覲群后，休農問老，誓師訓率。其有牧州典郡，功施于人，杖節擁旄，隱若敵國者，當崇進律之賞，加以分麾之命。若郡政不舉，軍令莫修，聚斂苛細，侵削戰士者，宜明茲憲典，肅以天誅。然後七萃騰裝，三軍按節。合符釜山之典，覽軒帝之餘風；勒騎單于之臺，踐漢王之故事。使陰山罷祲，大漠無塵，其供帳所資，儲擬之費，皆令有司支備，不得煩人。」甲午，帝以北巡之故，慎選良將，乃以幽州防禦使、幽州都督宋璟爲左軍大總管，和戎等軍大使、并州長史薛訥爲中軍大總管，兵部尚書郭元振爲右軍大總管。既而竟不行。

二年八月癸卯，制曰：「咸、雒京師，建都惟舊，乃眷時邁，卜御斯在。自中宗入關，于今八載，省方之典，久而莫修。遂使水漕陸輓，方春不息，勞人奪農，卒歲何望？關東嗟怨，朕實閔焉。思欲寧人而休轉運，館穀而就敖庾。加以暑雨作害，災拂秦川，歲星有福，祥歸豫野。朕情深救弊，身豈懷安？博考靈心，審聽輿語，上奉天以爲孝，下利人以爲忠，順時而動，從衆之願，宜以今年十一月行幸東都。凡厥有司，各恭乃事。至于從行兵馬，供頓貯積，務在撙節，勿使煩勞。考使選人，咸令都集。東都宮殿須理，量加補葺，不得煩人。朕本爲人而行，非擬勞人自奉，所過州縣，無費黎元，亦不得輒有差科，旁求進獻。宣布遐邇，知朕意焉。」十月己亥，幸新豐之温湯。乙巳，至自温湯。

開元二年九月戊申，幸新豐之温湯。十一月甲申，敕曰：「惟此新豐，是出古之順豫，義兼巡省。頃者觀風，數臨兹地，以冤滯詢于故老。閭里歡康，田疇墾闢。況冬降積雪，春期有年，且諺王遊，果符時邁。千乘萬騎，咸給于主司，而累月再來，頗勤于除掃。且下復蠲之令，慰其望幸之心。新豐縣百姓，免一年雜差科；縣官及温泉監官，經兩度祇承者，與一中上考。」三年十月癸亥，幸鄠縣之鳳泉湯。甲戌，制曰：「詩人賦田，以備蒐狩之義；王者順時，式展畋遊之禮。頃者築場神甸，清道子來，經上林之苑囿，指扶風之藪澤。雖獵將提鼓，虞人植旗，仍憫沍寒之節，不行肅殺之命。

豈惟虞舜之典，咸秩山川；所冀周文之風，及于鳥獸。繇是罷還士卒，非重盤遊，養彼吏人，致有煩擾，所謂行者幸也。后來其蘇，宜申恩惠，用符古昔。所經州縣供承頓官百姓，并告營幕橋道等事，宜令所司勘會奏聞，其緣御路及頓場麥苗有損者，亦令具實奏聞。」十一月己卯，至鳳泉湯。是月，詔曰：「陳詩展義，問俗觀風，乃王者之所務也。頃屬農事皆隙，歲功有成，近歷鄠鎬，左連岐雍。見江山秀麗，溝塍綺錯。思所以問長楊、鄠、杜之間，竹林園果之富，相望于道，家給人足，謂之時邁，頗慰予懷。耆老，恤淹滯，舉逸人，旌賢士，庶協巡遊之典，以符行在之恩。駕所過之縣，見禁囚徒以下，咸宜放免；流以上罪犯，具狀奏，聽進止。古者親問高年，養存孤老。年九十以上并篤各賜物四段，錦布各一匹。」五年正月辛亥，幸東都。庚申，敕曰：「行幸所經州，宜令紫微令、黄門平章事蘇頲訪察刺史上佐政術，定作三等奏聞。」二月甲戌，至東都。六年七月辛酉，詔曰：「觀俗省方，所以愛人治國；崇尊廟貌，所以事神享親；欽若昔典，此惟大義。朕祗膺鴻業，積稔咸泰，去歲欲幸洛京，已發成命；旋屬重營太廟，因將中止。未即，展軨效駕，信弗可違，終肆覲于東方，當載馳于西土，流晷不駐，通喪永畢，象居始成，如在增慕。朕之前志，日夜匪遑。故可以詩陳肅雍，禮極禋祀，況神明之隩，時惟雍州；稼穡有年，莫若關輔。王假用吉，后來其蘇，實獲我心，俾從人欲。可以今年十月，取北路幸長安，所司準式，務在節省，無得勞費。」甲寅，復詔曰：「兩京來去，乃是尋常。緣頓所須，皆用官物。至于百姓，縱暫祇承，處置有條，不合辛苦。其中侵擾，莫非横干，或漁獵畜養以將進獻，徒使役以狥聲名，實由綱紀未樹，教令不行。去年從京向都，嘗亦處分。蒲州刺史程行諶、同州刺史李朝隱、陝州姜師度，至其州界，咸有進奉，惜其能善政，故乃屈法收情。憶至于今，豈能無怪？冬中西幸，不可踵前。其有輒進送及餉遺從官并别有煩擾者，必科以法，御史明加糾察，隨時奏聞。」九月辛卯，以將作大匠韋湊爲東都留守。十月甲寅，還京。十一月辛未，至自東都。九年九月甲戌，詔曰：「王者觀俗以賦政，考祥以省方，必將協于人和，而奉若天命。朕祇承鴻業，用康黎庶，思振德以惠物，豈勞人以尊己？頃年關輔之地轉輸實煩，重以河塞之役，兵戎屢動，千金有費，九載未儲，懷此勞軫，以增旰昃。且夫苟利于物，可隨方而變通；將適于人，故因時以巡幸。卜洛萬方之隩，維嵩五岳之中，風雨之所交，舟車之所會，流通江汴之漕，控引河淇之運，利俗阜財，於是乎在。今欲省其費務，以實關中；即彼敖庾，少留河邑。乘歲陽之吉，展遊順之儀，豈惟龜筮不違？故亦詢謀是協。脩五禮，問百年，車輿動而不勞，玉帛會而胥悅，所謂先天以弘道，因人以爲利也。宜以明年正月十五日幸東都。」

唐書玄宗本紀：開元十年正月丁巳，如東都。二月丁丑，次望春頓，賜從官帛。

册府元龜：開元十年正月丁巳，幸東都。二月戊寅，至東都。八月壬子，制曰：「朕頃自鎬京，省方于雒。本以息轉輸之費，即河、瀍之殷。今屬宗廟改修，禮崇昭事，永言配享，必在躬親。又眷彼晉陽，是稱重鎮，將陳詩以問俗，式安邊而訓武。雖來往祗供頗有煩役，而國之大事，不可云勞。宜以明年正月三日發雒幸并州，取便路還京。應須支計，所留準式。緣頓祗承，一事以上，並用當處官物，不許科斂百姓。其遞運及從兵馬官寮等，務從減省。所在公私，並不得輒有進獻，違者所由州縣官及進獻人各量事貶罰。布告遐邇，咸使聞知。」

唐書玄宗本紀：開元十一年正月丁卯，降東都囚罪，杖以下原之。己巳，如并州，降囚罪，徒以下原之。賜侍老物。庚辰，次潞州，赦囚，給復五年，以故第爲飛龍宫。辛卯，次并州，改并州爲北都。癸巳，赦太原府，給復一年，下户三年，元從家五年。版授侍老八十以上上縣令，婦人縣君；九十以上上州長史，婦人郡君；百歲以上上州刺史，婦人郡夫人。二月壬子，如汾陰，賜文武官階、勳、爵、帛。三月辛未，至自汾陰，免所過今歲税，赦京城。

舊唐書玄宗本紀：開元十二年十一月庚申〔一〕，幸東都，至華陰，上製嶽廟文，勒之于石，立于祠南之道。戊寅，至自東都。

唐書玄宗本紀：開元十三年十月辛酉，如兖州。庚午，次濮州，賜河南、北五百里内父老帛。十一月庚寅，封于泰山。辛丑，禪于社首。壬辰，大赦。賜文武官階、勳、爵，致仕官一季禄，公主、嗣王、郡縣主一子官〔二〕，諸蕃酋長來會者一官。免所過一歲、兖州二歲租。賜天下酺七日。丁酉，賜徐、曹、亳、許、仙、豫六州父老帛。十二月己巳，如東都。

册府元龜：開元十五年六月乙巳，西京父老詣闕，上表請幸，帝手詔許之。甲寅，制曰：「朕粤自鎬、酆，省方瀍、雒。屬九服寧宴，四時順成，殊徵龐殷，景福紛委。遂

〔一〕「庚申」，原作「庚午」，據光緒本、舊唐書玄宗本紀改。
〔二〕「主」，原脱，據光緒本、新唐書玄宗本紀補。

荷靈睠，登于介丘。先天成功，允答休祐。蓋敬天知命，不敢以寧也。我來于東，歲亦數稔，而西土耆老，徯予多怨。況關輔之地，頃則有年，宜叶卜征之祥，式展時巡之義。可以今年閏九月十日取北路幸長安，所司準式，緣頓支供，一事以上，並用當處官物，不須科斂百姓。其遞運及行從官寮等，務從減省。所在公私，不得輒有進獻，宣布遐邇，知朕意焉。」八月己巳，制曰：「朕君臨區宇，子育黎元，每懷勤恤，不欲勞煩。而鎬京之地，陵寢所在，自展義河雒，已歷歲年。所以式尊卜征，有事時邁，抑惟嘗典，寧敢憚勞。將欲西巡，元取北路。今同州有暴水，浸于邑居，載懷憂惕，無忘鑒寐，且從南路幸長安，所司準式。」閏九月庚申，發東都，幸京師。十月己卯，至京師。十九年六月丁卯，制曰：「三秦九雒，咸曰帝京；五載一巡，時維邦典。上庾多饒衍之美，仍勞于轉輸；中壤均舟車之湊，頗聞于殷積。朕所以相時度宜，期于利物者也。況河汴頻稔，江淮屢登，二周馳望幸之誠，三川勤徯予之請，然猶未便順動，且念人勞，期以來年，方議時邁。而頃京輔近甸，膏澤未均，陝雒之交，稼穡亦盛，固不可俟于今日，庶用協乎光天。豈肆心于宴安？期順人而從幸。兩京供帳，宿有儲擬，十月滁場，是因暇隙。信可備法駕，整勾陳，清蹕崤潼，觀風河雒。宜以今年十月四日幸東都，所司準式。」十月丙申，幸東都，敕供頓州縣百姓所緣料及充木匠雜祗供人等，宜放今年地租，自餘户等，免今年地税半。應定供頓縣官各與一中上考。庚辰，至東都。

唐開元禮皇帝巡狩告圜丘：告社廟及歸格禮並附。

齋戒

將告，前一日，皇帝齋於太極殿，如郊祀之儀。凡應告之官，清齋于告所。告社，齋于太社。告廟，齋于廟所。近侍之官應從升者及群官、客使等，各於本司及公館，各清齋一宿。諸衛令其屬晡後一刻，各以其方器服守衛壝門，社則社門，廟則廟門。與太樂工人俱清齋一宿。

陳設

前告三日，尚舍直長施大次于外壝東門之内道北，南向，社則宫西門，廟則廟東門。尚舍奉御鋪御座。衛尉社則守宫，廟同社。設文武侍臣次於大次之後〔一〕，文官在左，武官

〔一〕「臣」，原脱，據光緒本、通典卷一一八補。

在右，俱南向。設告官、從駕群官次各於常所。設陳饌幔於内壝東門之外道南，北向。社無饌幔，廟同社。前二日，太樂令設宮懸之樂於壝南，社則于壇北，廟于庭。設登歌及舉麾位於壇上，廟于殿上。並如常儀。社自此則右校清掃内外，爲瘞埳二于樂懸北如常。前一日，右校掃除壇之内外。郊社令積柴於燎壇，方一丈，高一丈二尺〔一〕，開上，南出户，高四尺。社無燎壇，廟同社。奉禮設御位於壇之東南，西向。將告，奉禮郎一人守之，在版位西南五步所〔二〕，西向。社設御位於北門之内，當社壇南向。廟於東階東南，西向。設望燎位，當柴壇之北，南向。設告官及從駕群官板位於内外，如常儀。郊社令廟，太廟令。帥府史一人社二人。及齋郎以罇坫罍洗篚冪及玉幣之篚入設於位，並如常儀。廟，酒樽位於堂上前楹間，各於室外之左，北向。每室，春夏雞彝一，鳥彝一，犧樽二；秋冬斝彝一，黄彝一，著樽二。皆加勺冪，俱西上，各有坫以置瓚。執罇罍篚冪者，各位於罇罍篚冪之後。告日未明十五刻，太史令、郊社令設昊天上帝神座於壇上北方，南向，席以藁秸，設神位於座首〔三〕。廟，太廟令

〔一〕「高一丈」三字，諸本脱，據通典卷一一八補。
〔二〕「版位」，原作「位板」，據光緒本、通典卷一一八改。
〔三〕「位」，原作「座」，據光緒本、通典卷一一八改。

整拂神幄，又帥府史、齋郎以樽坫罍洗篚冪入設於位。告日未明十刻，太官令帥宰人以鑾刀烹牲於厨。社，告日未明十五刻，太官令帥人烹牲於厨，牲用黑牛二，齋郎以豆取牲血如常。未明四刻，太史令〔一〕、郊社令各服其服，升設神座席位如常。廟每室各一犢。

鑾駕出宮社廟同。

皇帝服衮冕之服，乘玉輅，備大駕及嚴鼓時刻〔二〕、奏請進發〔三〕、内外器服，皆如常儀。

親告告社則薦玉帛及進熟，告廟則晨祼及饋食。

其日未明三刻，諸告官各服其服。郊社令、良醖令各帥其屬入實樽罍玉幣。太樽實以汎齊〔四〕。凡樽皆二，其玄酒各實于上樽。禮神之玉以蒼璧，其幣以蒼。社，太樽實以醴齊〔五〕，配座以象樽，實亦如之。明水實于上樽。玉，兩珪有邸。太祝各以幣置于篚，幣隨牲色，各長丈八尺。晨祼，

〔一〕「令」，諸本作「命」，據通典卷一一八改。
〔二〕「刻」，諸本脱，據通典卷一一八、開元禮卷五六補。
〔三〕「進」，諸本脱，據通典卷一一八、開元禮卷六〇補。
〔四〕「樽」，諸本作「廟」，據通典卷一一八、開元禮卷五六改。
〔五〕「樽」，諸本作「罍」，據通典卷一一八、開元禮卷五八改。

雞彝、斝彝、犧樽、著樽之上實以明水；鳥彝、黄彝實以鬱鬯；犧樽、著樽實以醴齊。太官令帥進饌者實籩豆簠簋，入設于内壝東門外饌幔内。社於厨中。未明二刻，奉禮帥贊者先入就位。贊引引御史、太祝以下入行掃除如常儀，訖，各引就位。廟又未明一刻，贊引引太廟令、太祝、宫闈令入，當階間北面西上，立定，奉禮曰「再拜」。贊者承傳，太廟令以下皆再拜。升東階，入開埳室，奉出獻祖以下九室神主，各置於座，訖，各就位。駕將至，謁者、贊引各引告官以下及從告群官、客使先置者，俱就門外位。駕至大次門外，迴輅南向，領千牛將軍降立於輅右。侍中進，當鑾駕前，跪奏稱：「侍中臣某言，請降輅。」俛伏，興，還侍位。皇帝降輅，之大次。協律郎〔一〕、太樂令帥工人各入就位。凡升壇坐者，皆脱履于下，降納如常儀。降輅之大次，郊社以祝版進署如常儀，謁者、贊引各引從駕群官俱就門外位，奉禮帥贊者先入就位，贊引引御史及諸太祝與執樽罍篚冪者入就位，大樂令帥工人次入就位，通事舍人各引告官及從告群官、客使次入就位，升壇者脱履如常儀。太廟令以祝版進署〔二〕，通事舍人引從駕群官就入外位。皇帝停大次半刻頃，謁者、贊引引從駕群官入就位；太常博士引太常卿立於大次門外，當門北向，侍中板

〔一〕「郎」，原脱，據光緒本、通典卷一一八補。
〔二〕「署」，原作「置」，據光緒本、通典卷一一八改。

奏「外辦」，皇帝服大裘而冕出次，華蓋侍衛如常儀。侍中負寶陪從如常。社，停大次，太常博士引太常卿立於大次門外，當門北向，侍中板奏「外辦」，皇帝出次，華蓋侍衛如常。告廟同。博士引太常卿，太常卿引皇帝，凡太常卿前導，皆博士先引。至内壝門外，社，社宫北門外。廟，廟門外。殿中監進鎮圭，華蓋仗衛停於門外，近侍者從入如常。謁者引禮部尚書、太常少卿陪從如常。社無「謁者引」下至「如常」。廟同社。皇帝至板位，西向立。每立定，太常卿、博士退立於左。告社儀〔一〕，皇帝南面立〔二〕。通事舍人各引從告官及諸王、介公、酅公、諸方客使以次入就位。立定，社無「通事舍人各引」下至此。廟同社。太常卿前，奏稱：「請再拜。」退復位。皇帝再拜。奉禮曰「衆官再拜」，贊者承傳，凡奉禮下辭，贊者皆承傳。衆官在位者皆再拜。其先拜者不拜。太常卿前奏：「有司謹具，請行事。」退復位。協律郎跪，俛伏，興，舉麾，凡取物者，皆跪俛伏而取以興〔三〕，奠物則奠訖，俛伏後興。鼓柷，奏元和之樂，乃以圜鍾之均，作文舞之舞，六成，偃麾，戞敔，樂止。凡樂，皆協律郎舉麾、工鼓柷而後作，偃麾、戞敔而後止。社

〔一〕「社」，原作「南北」，據光緒本、通典卷一一八改。
〔二〕「南面」，原作「北面」，據光緒本、通典卷一一八改。
〔三〕「俛」，諸本脱，據通典卷一一八補。

奏順和之樂，以函鍾之均，樂八成。廟奏永和之樂，以黃鍾之均，樂九成，黃鍾三奏，大呂、太蔟、應鍾各再奏。**太常卿前奏稱「請再拜」，退復位。皇帝再拜。奉禮曰「衆官再拜」，衆官皆再拜。**廟則晨祼，太常卿引皇帝詣罍洗，太和之樂作，皇帝至罍洗〔一〕，樂止，侍中跪取匜，興，沃水；侍中跪取盤，興，承水；皇帝搢鎮珪，盥手。黃門侍郎跪取巾於篚，興，進，皇帝帨手訖，黃門侍郎受巾，跪奠於篚。黃門侍郎又取瓚於篚，興，進，皇帝受瓚，侍中酌罍水，又侍中奉盤，皇帝洗瓚，黃門侍郎又授巾如初。皇帝拭瓚訖，侍中奠盤匜，黃門侍郎受巾奠於篚，皆如常。太常卿引皇帝，樂作，升階，樂止。侍中以下量人從升。太常卿引皇帝詣獻祖樽罍所，執樽者舉冪，侍中贊酌鬱酒，訖，登歌，作肅和之樂，以圜鍾之均。自後登歌，皆歌圜鍾。太常卿引皇帝入詣獻祖神座前，北向跪，以鬯祼地，奠之，俛伏，興。太常卿引皇帝出户，北向再拜。訖，太常卿引皇帝詣懿祖樽彝所，執樽者舉冪，侍中取瓚于坫，進，皇帝受瓚，侍中贊酌鬱酒，訖，太常卿引皇帝入詣懿祖神座前，北向跪，以鬯祼地，奠之，俛伏，興。太常卿引皇帝出户，北向再拜。訖，太常卿引皇帝次祼太祖，次祼世祖、高祖、太宗、高宗、中宗、睿宗，並如上儀。訖，登歌止。太常卿引皇帝，樂作，皇帝降自阼階，至版位西向立，樂止。**諸太祝俱取玉幣於篚，各立於樽所。**廟無「太祝取玉帛」至「樽所」。**太常卿引皇帝，太和之樂作，**皇帝每行，皆作太和之樂。**皇帝詣壇，升**

〔一〕「皇帝至罍洗」五字，諸本脱，據通典卷一一八、開元禮卷六〇補。

自南陛，社升北陛，以下升降皆北階。近侍者從升如常儀。皇帝升壇，北向立，社南向立。樂止。太祝加玉於幣以授侍中，侍中奉玉幣東向進。社西向進。皇帝受玉帛，登歌，作肅和之樂，太常卿引皇帝進，北向。社南向。跪奠於天帝神座，社，太社座。俛伏，興。太常卿引皇帝少退，北向。社南向。再拜訖，登歌止。樂作，社又太常卿引皇帝立於東方，西向，太祝以幣授侍中，侍中奉幣南面進，皇帝受幣，太常卿引皇帝進〔一〕，西向跪奠于后土氏座，興，太常卿引少退，再拜訖，登歌止。皇帝降自北陛，樂作，太常卿引皇帝詣太稷壇，升，奠玉幣于太稷氏，升降如太社壇。皇帝降自南陛，還版位，西向立，樂止〔二〕。初，群官拜訖，謁者引司徒、太官令出，帥進饌者奉饌陳於内壝東門之外，司徒奉天帝之俎。皇帝既至位，樂止。太官令引饌入。俎初入門〔三〕，雍和之樂作，饌至階，樂止。饌升於南陛，太祝迎引於壇上，各設於神座前。籩豆蓋冪徹之如式。設訖，謁者引司徒以下降自東陛復位，諸太祝各還鐏所。社儀，皇帝奠玉帛訖，降還板位，下有進熟篇。皇帝既升奠玉幣，太官令出，帥進饌者奉饌陳于西門外，司徒奉

〔一〕「皇帝受幣太常卿引」八字，諸本脱，據通典卷一一八、開元禮卷五八補。
〔二〕「止」，諸本作「作」，據通典卷一一八改。
〔三〕「初」，原脱，據光緒本、通典卷一一八補。

太社之俎。初，皇帝既至位，樂止，太官令引太社、太稷之饌入自正門，后土、后稷之饌入自左門。俎初入門，雍和之樂作，饌至陛，樂止。太社、太稷之饌升自北陛，后土、后稷之饌升自西陛，諸祝迎引於壇上，各設於神座前。廟儀於此有饋食篇。皇帝既升祼，太官令出，帥進饌者奉饌陳于東門外。謁者引司徒出詣饌所，司徒奉獻祖之俎。初，皇帝既至位，樂止，太官令引饌入自正門。俎初入門，雍和之樂作，以無射之均。自後接神，皆奏無射。饌至太陛，諸太祝迎引於陛上，樂止，各設于神座前。設訖，謁者引司徒以下降復位，諸祝各還尊所。太常卿引皇帝詣罍洗，樂作，皇帝至罍洗，樂止。盥手洗爵，侍中、黄門侍郎贊洗如晨祼之儀。太常卿引皇帝，樂作，升阼階，樂止。詣獻祖鐏彝所，侍中贊酌醴齊，壽和之樂作，每酌獻皆作壽和之樂。太常卿引皇帝入詣獻祖神座前，北面跪奠爵，俛伏，興，出户北向立，樂止。太祝持板進於室户外之右，東面跪讀祝文，祝文臨時制，讀訖，興，皇帝再拜。初讀祝文訖，樂作，太祝入，奠祝板於神座，興，出還鐏所。皇帝拜訖，樂止〔二〕。太常卿引皇帝詣懿祖鐏彝所，酌獻如初儀，唯不盥洗。訖，太常卿引皇帝詣東序，西向立，樂止。太常卿引皇帝詣罍洗，樂作，皇帝至罍洗，樂止。侍中跪取匜，興，沃水；又侍中跪取盤，興，承水；皇帝盥手。黄門侍郎跪取巾於篚，興，進；皇帝帨手訖，受巾，跪奠於篚；遂取匏爵於篚，興，進。皇帝受爵，侍中酌罍水，又侍中

〔二〕「皇帝拜訖樂止」六字，諸本脱，據通典卷一一八、開元禮卷六〇補。

奉盤承水〔一〕，皇帝洗爵，黄門侍郎又受巾，皆如初。皇帝拭爵訖，侍中奠盤匜，黄門侍郎受巾奠於篚，皆如常。太常卿引皇帝，樂作，皇帝詣壇，升自南陛，社則升太社北陛。樂止，近侍者從升如常。謁者引司徒升自東陛，社則西陛。立於罇所。齋郎奉俎從升，立於司徒之後。太常卿引皇帝詣天帝社云太社，下倣此。酒罇所，執罇者舉冪，侍中贊酌汎齊，社醴齊。訖，壽和之樂作，皇帝每酌獻及飲福酒，皆作壽和之樂。太常卿引皇帝進天帝神座前，北向跪社南面。奠爵，俛伏，興，太常卿引皇帝少退，北面立，樂止。太祝持版進於神座之右，東面社西面。跪讀祝文，祝文臨時撰，社廟同。訖，興，皇帝再拜。初，讀文訖，樂作，太祝進奠版於神座。還罇所，社，皇帝拜訖，樂止，太常卿引皇帝詣后土氏酒尊所，酌獻、西向奠爵、讀祝文如上儀。訖，太常卿引皇帝詣太稷壇，升降、酌獻如太社儀。太常卿引皇帝進天帝神座前，北面立，樂作。太祝以爵酌福酒合置一爵，一太祝持爵以授侍中，侍中受爵西向進，皇帝再拜受爵，跪祭酒，啐酒，奠爵，俛伏，興。廟，皇帝獻將畢，謁者引司徒自升東階，立於前楹間，北面。諸祝各酌福酒合置一爵，侍中贊祭啐如常儀。諸太祝各帥齋郎進俎，

〔一〕「水」、「承水」三字，諸本脱，據通典卷一一八、開元禮卷五六補。

太祝減神前胙肉加於俎，興，以胙肉共置一俎上，授司徒，司徒奉俎西向進，皇帝受以授左右。廟，祝帥齋郎減胙肉，又以籩取黍稷飯肉共一籩，先以飯授司徒，司徒奉進，授皇帝以授左右，次受胙。皇帝再拜，跪取爵，遂飲卒爵。侍中進受爵以授太祝，太祝受爵復於坫。皇帝俛伏，興，再拜，樂止。太常卿引皇帝，樂作，皇帝降自南陛，社降北陛，太常卿引詣太稷行事如太社，訖，降陛。廟降阼階。還版位，西向立，樂止。謁者引司徒降復位。太祝各進徹豆，還罇所〔一〕。徹者，籩豆各一，少移於故處。廟，司徒復位，登歌作，諸祝入室徹豆，登歌止。奉禮曰：「賜胙。」贊者唱：「衆官再拜。」在位者皆再拜。樂作，太常卿前奏稱「請再拜」〔二〕，退復位。皇帝再拜。奉禮曰：「衆官再拜。」〔三〕衆官皆再拜。樂一成，止。太常卿前奏：「請就望燎位。」社則望瘞，下倣此。太常卿引皇帝，樂作，皇帝至望燎位，社則就望瘞位。南向立，樂止。於群官將拜，諸太祝各以篚進神座前，取玉帛、祝版，齋郎以俎載

〔一〕「所」，原脱，據光緒本、通典卷一一八補。
〔二〕「請」，諸本脱，據通典卷一一八、開元禮卷五六補。
〔三〕「奉禮曰衆官再拜」七字，諸本脱，據通典卷一一八、開元禮卷五六補。

牲體〔一〕、黍稷飯、爵酒，興，各自其陛降壇南行，當柴壇南，東行，自南陛登柴壇，以玉帛饌物置於柴上。訖，奉禮曰：「可燎。」東西面各四人炬燎火。半柴，社則降壇南，當瘞埳西行，諸祝以玉帛饌物置于埳，奉禮曰「可瘞」，埳東西面各四人實土。太常卿前奏：「禮畢。」廟無望燎儀。太常卿引皇帝出內壝門，社出宮門，廟出廟門。殿中監前受鎮珪，華蓋侍衛如常儀，皇帝入次，樂止。謁者、贊引各從告官及從駕群臣、諸方客使以次出。贊引引御史以下俱復執事位。立定，奉禮曰：「再拜。」御史以下皆再拜，贊引引出。工人以下以次出。社、廟祝版燎於齋所。

鑾駕還宮

皇帝既還大次，侍中版奏：「請解嚴。」將士不得輒離部伍。皇帝改服通天冠、絳紗袍，乘金輅，鼓吹振作，奏請還宮如常儀。

皇帝巡狩

鑾駕出宮

〔一〕「體」，原作「醴」，據光緒本、通典卷一一八改。

將巡狩，所司承制，先頒告於東方諸州曰：「皇帝二月東巡狩，各修平乃守，考乃職事，無敢不敬戒，國有大刑。」駕將發，告圜丘、宗廟、社稷，皆如別儀。皇帝出宮，大備鹵簿，皆如常儀。軷於國門，祭所過山川，如親征之禮。所經州縣，刺史、縣令先待於境。通事舍人承制問百年。古先帝王、名臣、烈士，皆州縣致祭。

燔柴告至

將告，將作先於太山下修圓壇，四出陛。若先有封禪祀天壇，即不須別築。前告三日，尚舍直長施大次於外壝東門之內。又設文武侍臣次〔一〕，陳饌位。設宮懸樂、燎壇之制。一如圜丘之儀。前一日，皇帝清齋於行宮。應告之官皆於告所清齋一日。近侍之官應從升者及從告群官、諸方客使〔二〕，皆於其所俱清齋一宿。諸衛令其屬，晡後一刻各以其方器服守衛壝門，與大樂工人俱清齋一宿。奉禮設御位於壇之東南，西向。設告官司徒、執事者、御史、奉禮、贊者、協律郎、太樂令、望燎位、東方諸州刺史縣令、介公、

〔一〕「又」，原作「其」，據光緒本、通典卷一一八改。
〔二〕「客使」，原誤倒，據光緒本、通典卷一一八乙正。

酅公、文武九品以上者、西方北方蕃客等位，並如上辛圜丘儀。其褒聖侯等亦如之。設告官以下門外位於東西壝門之外道南，皆如設次之式。郊社令帥府史一人及齋郎以罇坫罍洗篚冪入設於位，並如常儀。執罇罍篚冪者各位於罇罍篚冪之後。告日未明十五刻，太官令帥宰人烹牲於廚。蒼牲一，騂牲一。未明四刻，太史令、郊社令各服其服，設昊天上帝神座於壇上北方，南向，席以藁秸；設高祖神堯皇帝神座於東方，西向，席以莞。設神位各於座首。未明三刻，諸告官以下各服其服。郊社令、良醖令各帥其屬入實罇罍及玉幣〔一〕。天帝太罇二，配帝著罇二，俱實以汎齊。其明水各實于上罇。玉以蒼璧。幣一丈八尺。太祝以玉帛置於篚。太官令帥進饌者實諸籩豆簠簋等，皆設於饌幔內。未明二刻，奉禮帥贊者先入就位，贊引引御史、太祝以下入行掃除如常儀，訖，各就位。皇帝服衮冕，乘輅發行宮，奏請進發、內外器服如常儀。駕將至，謁者贊引各引告官，通事舍人引從告群官、東方刺史縣令、諸方客使，俱就門外位。駕至大次門外次，迴輅南向。其降輅之大次、謁者引告官及從告群官入就位、皇帝奠玉帛等儀，並如圜丘。初，皇帝既升

〔一〕「幣」，諸本脱，據通典卷一一八補。

奠玉幣，太官令帥進饌者，其奉饌奏樂之儀，並如圜丘。天帝之饌升自南陛，配帝之饌升自東陛。諸太祝迎引於壇上，各設於神座前。設訖，謁者引司徒以下降自東陛，復位，諸太祝各還罇所。太常卿引皇帝詣罍洗，樂作。其盥洗、酌獻、奏樂、讀祝之儀，並如圜丘。其祝文臨時撰。訖，興，皇帝再拜。初，讀祝文訖，樂作，太祝進，奠版於神座，還罇所，其酌獻配帝、奏樂、讀祝之儀，並如圜丘。皇帝拜訖，樂止。太常卿引皇帝進天帝神座前，北向立，樂作，太祝各以爵酌福酒。其飲福、受胙、奏樂、皇帝還版位之儀，並如圜丘。謁者引司徒降復位。太祝各進徹豆，還罇所。奉禮曰「賜胙」。其衆官受胙、皇帝望燎及太祝燎牲體玉幣、皇帝還大次、禮官二人次出等儀，並如圜丘。

鑾駕還行宮

皇帝既還大次，侍中版奏：「請解嚴。」將士不得輒離部伍。皇帝改服通天冠、絳紗袍，乘輅，奏請、還宮如常儀。

望秩于山川

柴之明日，望秩祀于岳、鎮、海、瀆、山、林、川、澤、丘、陵、墳、衍、原、隰。將祭，所司先爲壇於祭所，其神皆以尊卑爲敘，重行南向。前三日，守宮設祭官以下次於東壝之外道南，北向，以西爲上。設陳饌幔於内壝東門之外道北，南向。前二日，太樂令設宫縣之樂於壇南，設登歌於壇上，皆如常儀。右校掃除壇内外，又爲瘞埳於壇北之壬地外壝之内，方深取足容物。前一日，諸祭官各清齋於祭所。諸衛令其屬，晡後一刻各以其方器服守衛壝門，與太樂工人俱清齋一宿。奉禮設祭官位於内壝東門之内道北，執事位於道南，俱西向北上。設御史位於壇下，一位於東南，西向，一位於西南，東向，令史各陪其後。設奉禮位於樂懸東北，贊者二人在南差退，俱西向。協律郎位於壇上，在西陛之西，東向。設太樂令位於北懸之間。設望瘞位於瘞埳之東，西向。設祭官以下門外位於外壝東門之外道南，每等異位，北向西上。設酒罇之位：岳、鎮、海、瀆各山罍二，山、川、林、澤俱蜃罇二，丘、陵、墳、衍、原、隰俱散罇二，各於壇上南陛之東，北向西上。其岳壇上加山罍二，罍置于山罇東，北向。皆加勺冪。設玉篚於罇坫之所，設洗於壇南陛東南如常，執罇罍篚冪者各位於罇罍篚冪之後，郊社令帥齋郎以罇坫罍洗篚冪入設於位。祭日未明十五刻，太官令帥宰人以鑾刀割牲，齋郎以豆取牲血置於饌所，遂烹牲。未明二刻，太史令、郊社令各服其服，入設神位，各於壇上北方，南向，席皆以莞，設神位各於座首。未明一刻，祭官以下各服其服，郊社令、良醖令入實罇罍及玉，山罍實以醍齊，蜃罇實以沈齊，散罇及山罍皆實以清酒。齊加明水，酒加玄酒，各實于上罇。祭神之玉以兩珪有邸。太祝以幣置於篚，太官令帥進饌者實諸籩豆簠簋等。奉禮帥贊者先入就位。贊引引御史、太祝、執罇罍篚冪者入自東門〔一〕，當壇南重行，北向西上。立定，奉禮曰「再拜」，贊者承傳，御史以下皆再拜。訖，執罇罍篚冪者各就位。贊引引御史詣壇東陛升，行掃除於上，令史、祝史行掃除於下，訖，引就位。質明，謁者引獻官，贊引引執事者，俱就東門外位。太樂令帥工人次入就位。謁者、贊引各引獻官以下入就位。立定，奉禮曰「再拜」，在位者皆再拜。謁者進獻官之左，白：「有司謹具，請行事。」退復位，協律郎跪，俛伏，興，舉麾，鼓柷，奏順和之樂，以蕤賓之均〔二〕，自後壇下之樂皆奏姑洗。樂三成，偃麾，戛敔，樂止。奉禮曰「再拜」，獻官以下皆再拜。太祝取玉於篚，立於罇所。謁者引獻官詣岳壇，升自南陛，北向。太祝以玉幣東向授，獻官受。登歌作肅和之樂，以函鍾之均。謁者引獻官進，北面跪奠於岳神

〔一〕「太祝」，原作「太史」，據光緒本、通典卷一一八改。
〔二〕「以」，原脱，據光緒本、通典卷一一八補。

之座，俛伏，興。謁者引退，北面再拜訖，登歌止。謁者引獻官降自南陛，還本位。初，獻官升奠玉幣，太官令帥進饌者奉饌陳於東門外；登歌止，太官令引饌入。俎初入門，雍和之樂作，饌至陛，樂止。饌升南陛，太祝迎引於壇上，設於岳神座前。籩豆蓋冪，徹之如式。設訖，太官令以下降自東陛以出，太祝還罇所。其鎮海以下之饌，皆祝史迎於壇上，設於神座前，相次而畢。訖，謁者引獻官詣罍洗，盥手洗爵訖〔一〕，謁者引升自南陛，詣酒罇所，執罇者舉冪，獻官酌醍齊，訖，樂作。謁者引詣岳神座前〔二〕，北向跪奠爵，興，謁者引獻官少退，北向立，樂止。初，獻官進奠爵，祝史各以爵酌酒助奠鎮海以下〔三〕，還罇所。太祝持版於神座之右，東面跪讀祝文，祝文臨時撰。訖，興。獻官再拜。初讀祝文訖，樂作，太祝進奠版於神座，還罇所，獻官拜訖，樂止。太祝酌罍福酒進獻官之右，西向立。獻官再拜受爵，跪祭酒，啐酒，奠爵，興。太祝帥齋郎進

〔一〕「洗爵訖」，原作「訖洗爵」，據光緒本、通典卷一一八乙正。
〔二〕「前」，諸本脱，據通典卷一一八補。
〔三〕「酒助」，諸本脱，據通典卷一一八補。

俎，太祝減神前三牲胙肉皆取前脚第二骨。加於俎〔一〕，西向授，獻官受以授齋郎。獻官跪取爵，遂飲卒爵，太祝受爵復於坫。獻官興，再拜。謁者引獻官降，復位。諸祝各徹豆如常，訖，還鐏所。奉禮曰「賜胙」，贊者唱「再拜」，在位者皆再拜。獻官不拜。順和之樂作，奉禮又曰「再拜」，獻官以下皆再拜。樂一成止。謁者進獻官之左，白：「請就望瘞位。」贊者引獻官就望瘞位〔二〕，西向立。於衆官將拜，諸太祝各執篚進神座前，跪取玉幣，齋郎以俎載毛血等，各由其陛降壇詣瘞埳，以物置於埳。訖，奉禮曰：「可瘞。」埳東西各四人寘土。半埳，謁者進獻官之左，白：「禮畢。」遂引出。贊引引執事以次出。又贊引引御史、太祝以下俱復執事位。奉禮曰「再拜」，御史以下皆再拜。訖，出，贊引引工人以次出。其祝板燔於齋所。

肆覲東后

望秩之明日，肆覲東后。於告至之前，刺史、縣令皆先奉見如常。將作，先於行

〔一〕「三牲」，諸本作「二牲」，據通典卷一一八改。

〔二〕「贊者引獻官就望瘞位」九字，諸本脱，據通典卷一一八補。

宫之南爲壝宫〔一〕，方三百步，面一門，爲壇於壝内，三分壝，二在南，壇方九丈六尺，高四尺，四出陛。南面兩陛，餘三面各一陛。前二日，太樂令設宫懸之樂於壇南，如殿庭之儀。前一日，尚舍鋪御座於壇上近北〔二〕，南向。又設解劍席於南陛之西南。守宫於門外量設百官次，文東武西，以北爲上。東方刺史、縣令次於文官之南，蕃客次於武官之南。所司陳輦輅於壇南如常。典儀設群官板位：文官一品以下九品以上位於壇東南，每等異位，重行，西面，以北爲上；武官一品以下九品以上位於壇西南，當文官，每等異位，重行，東面，以北爲上；東方刺史、縣令於壇南三分庭，一在南，每等異位，重行，北面，以西爲上；若有蕃客，則位於刺史之西，每國異位，重行，北面，以東爲上。設典儀位於南陛之東，贊者二人在南差退，俱西向北上。奉禮設門外位：文官一品以下九品以上位於門東，每等異位，重行，西面；武官一品以下九品以上位於門西，每等異位，重行，東面，俱以北爲上。設東方刺史、縣令位於文官之南，每等異位，重行，西

〔一〕「壝宫」，諸本誤倒，據通典卷一一八乙正。
〔二〕「壇」，原脱，據光緒本、通典卷一一八補。

面，以北爲上。蕃客位於武官之南，每國異位，重行，東面，以北爲上。其日未明三刻，諸衛各以其方器服量設牙旗於壝外四面。未明一刻，諸衛各勒所部，列黄麾大仗屯門及鈒戟陳於壝内，如殿庭之儀。群官及刺史以下各集就次〔一〕，服其朝服。蕃客集次，各服其服。侍中板奏：「請中嚴。」近仗陳於行宫門外，諸侍衛之官各服其器服，符寶郎奉寶，俱詣行宫門外奉迎。典儀帥贊者先入就位。吏部、兵部、主客、户部贊群官客使俱出次，通事舍人各引就門外位。刺史、縣令俱執贄，通事舍人引就門外位。贄各以其土所有。錦綺、繒布、葛越之屬，俱五兩爲一束而執之，仍飾以黄帊。其餘當土常貢之物並盛以篚，其屬執之，列於縣令位後。通事舍人引文武官一品以下九品以上先入就位。侍中板奏：「外辦。」皇帝將出，仗動，太樂令令撞黄鍾之鐘，右五鐘皆應，協律郎舉麾，工鼓柷，奏太和之樂。皇帝服衮冕，乘輿以出，曲直華蓋警蹕侍衛如常儀。皇帝入自北壝門，由北陛升壇即御座，樂止。腰輿退，其羽儀華蓋仍侍於御側。通事舍人引東方刺史以下入就位，鴻臚引蕃客次入就位。初，刺史入壝門，懸下舉麾，舒

〔一〕「各集」，原誤倒，據光緒本、通典卷一一八乙正。

和之樂作，至位，立定，樂止。典儀曰：「再拜。」贊者承傳，執贄者俱跪奠贄，興，在位者皆再拜，訖，跪取贄，興。凡拜奠贄皆如之。侍中前承制，降詣刺史東北，西面立，稱有制。蕃客則舍人承旨宣敕。刺史以下皆再拜。宣制訖，又再拜。户部引諸州貢物兩行各人於刺史位前，東西陳之。龜爲前列，金次之，丹漆絲纊，四海九州美物，重行量陳於後訖，執物者各退立於東西廂文武前側立。通事舍人引刺史爲首者一人執贄詣解劍席，跪，解劍脱舄，執贄興。舍人接引升壇詣御座前，北面跪奏稱：「具官臣姓名等，敢獻壤奠。」遂奠贄，俛伏，興。又舍人跪舉以東授所司。舍人引刺史降詣解劍席，跪，佩劍納舄，興。通事舍人引復北面位。初，爲首者奠贄，通事舍人引在庭者以次奠贄於位前，訖，各俛伏，興。引退復位訖，刺史以下俱再拜。户部尚書進詣階間，北面跪奏稱：「户部尚書臣某言，諸州貢物，請付所司。」俛伏，興。侍中前承詔，退稱：「制曰可。」尚書退復位。所司受贄，其執貢物人各進執物〔一〕，所司引退，俱出東門。初，刺史將朝，中書侍郎以諸州鎮表方别爲一案，俟於西門外，給事中以祥瑞案俟於東門

〔一〕「人」，諸本脱，據通典卷一一八補。

外，俱令史絳公服對舉案，侍郎、給事中俱就侍臣班。初，刺史將入門，中書侍郎降，引表案入，詣西階下，東面立；給事中降，引祥瑞案詣東階下，西面立。刺史將升奠，中書令、黄門侍郎俱降立於階下。刺史執贄升階，中書令、黄門侍郎各執所奏之文以次升。初，户部尚書奏退復位，訖，中書令前跪奏諸方表，訖，黄門侍郎又進跪奏祥瑞，各還侍位。侍郎與給事中引案退。司儀曰：「再拜。」贊者承傳，文武群官、刺史以下及諸國客俱再拜。訖，通事舍人以次引北面位者出就門外位。侍中前奏稱：「侍中臣某言，禮畢。」俛伏，興，還侍位。皇帝興，太樂令令撞蕤賓之鍾，左五鍾皆應，太和之樂作，皇帝乘輿降自北陛，警蹕侍衛如來儀，入行宫，樂止。通事舍人引東西面位者以次出。設會如正會之儀。

考制度

朝覲之明日，左右丞相以考制度事奏聞。命太常卿採詩陳之，以觀百姓之風俗。命市納賈，以觀百姓之所好惡。命典禮者考時月，定日，同律，觀禮樂、制度、衣服，正之。山川神祇有不舉者爲不敬，宗廟有不順者爲不孝，不孝不敬者則長官黜以爵。革制度、衣服者爲叛，叛者長官有討。有功德于百姓者加爵賞。五月南巡狩，至于南嶽，如東巡狩之禮。八月西巡狩，至于西嶽，如南巡狩之禮。十有一月北巡狩，至于北嶽，如西巡狩之禮。歸格于宗禰，用特，如別禮。若告封禪，如別儀。

蕙田案：開元禮諸儀，皆仿虞書舜典、禮記王制，最爲雅正。

唐書玄宗本紀：開元二十年十月壬午〔一〕，如潞州。丙戌，中書門下慮巡幸所過囚。辛卯，赦潞州，給復三年〔二〕，賜高年粟帛。十一月辛丑，如北都。癸丑，赦北都，給復三年。庚申，如汾陰，大赦。免供頓州今歲税。賜文武官階、勳、爵，諸州侍老帛，武德以來功臣後及唐隆功臣三品以上一子官。民酺三日。十二月辛未，至自汾陰。

册府元龜：開元二十四年正月敕：「以前議西幸，屬歲不登，關輔之間，且欲無擾。今稼漸熟，漕運復多，而陵寢又違，蒸嘗永感。農隙順動，得非其時。前取今年十月幸西京者，以其月三日發東都，取南路。應緣頓所，務要崇節減。所司明爲條

〔一〕「二十年」，原作「二十一年」，據光緒本、新唐書玄宗本紀删「一」字。
〔二〕「復」，原脱，據光緒本、新唐書玄宗本紀補。

例，勿有煩勞。」十月戊申，發東都，幸京師。甲子，至陝州。丁亥，至京師。

右唐

五禮通考卷一百八十

嘉禮五十三

巡狩

宋

宋史禮志：巡幸之制，唐開元禮有告至、肆覲、考制度之儀，開寶通禮因之。太祖幸西京，所過賜夏、秋田租之半。真宗朝諸陵及舉大禮〔一〕，途中皆服折上巾、窄袍，出

〔一〕「及」，諸本作「乃」，據宋史禮志十七改。

京，過京城，服韡袍，具鑾駕。群臣公服繫鞵，供奉班及内朝官前導。凡從官並日赴行宫，合班起居，晚朝視事，群臣不赴。中頓侍食，百官就宿頓迎駕訖，先發，或道途隘遠，則免迎駕。將進發，近臣、諸軍賜裝錢。出京，留司馬、步諸軍夾道左右〔一〕，至新城門外奉辭，留守辭于門内，百官、父老辭于苑前，召留守等賜飲苑中。州縣長吏、留司官待于境。所過賜巡警兵、守津梁行郵治道卒時服錢屨〔二〕，父老綾袍、茶帛，途中賜衛士緡錢。所幸寺觀，賜道、釋茶帛，或加紫衣、師號。吏民有以饔餼、酒果、方物獻者，計值答之。命官籍所過繫囚、逋負者，日引對，多原釋。仍採訪民間疾苦，賑恤鰥、寡、孤、獨。車服、度量、權衡有不如法，則舉儀制禁之。有奇材、異德及政事尤異者，孝子、順孫、義夫、節婦爲鄉里所稱者，其不守廉隅、昧于正理者，並條析以聞。官吏知民間疾苦者，亦許録奏。所過州、府，結綵爲樓，陳音樂百戲。道、釋以威儀奉迎者，悉有賜。東京留守遣官表請還京，優詔答之。駕還京，大陳兵衛以入。凡行

〔一〕「右」，諸本脱，據宋史禮志十七補。
〔二〕「時服錢屨」，原作「賜服錢屬」，據味經窩本、乾隆本、光緒本、宋史禮志十七改。

幸，太祖、太宗不常其數。自咸平中，車駕每出，金吾將軍率士二百人，執撾周繞，謂之禁圍，春夏緋衣，秋冬紫衣。郊祀、省方並增二百，服錦襖，出京師則加執劍。親王、中書、樞密、宣徽行圍內，餘官圍外。大禮備儀衛，則有司先布土爲黃道，自宮至祀所，左右設香臺、晝瓮、青繩闌干。巡省在途則不設。凡巡省，翰林進號傳詩付樞密院，每夕摘字，令衛士相應爲識。東京舊城城門、西京皇城司並契勘，內外城、宮廟門並勘箭，出入皆然。入藩鎮外城、子城門亦勘箭。朝陵〔一〕，定扈從官人數，入柏城者，僕射以上三人，丞、郎以上二人〔二〕，餘各一人。東封，定仗內導駕官從人數，親王、中書、樞密、宣徽、三司使四人，學士、尚書丞郎、節度使三人，大兩省、大卿監、三司副使、樞密承旨、客省閤門使副、金吾大將軍押仗鳴珂、內殿崇班以上二人，餘各一人。命諸司巡察之。自後舉大禮，皆循此制。

太祖本紀：建隆元年夏六月，上如潞。辛卯，大赦，減死罪，免附潞三十里今年

〔一〕「陵」，原作「門」，據光緒本、宋史禮志十七改。
〔二〕「二人」，諸本作「六人」，據宋史禮志十七改。

租，録陣殁將校子孫，丁夫給復三年。

開寶九年春三月丙子，幸西京。己卯，次鞏縣。庚辰，賜河南府民今年田租之半。辛巳，至洛陽。辛卯，幸廣化寺，開無畏三藏塔。夏四月丙午，駕還。辛亥，上至自洛。

文獻通考：太宗太平興國二年，平太原。五年，次大名，皆如太祖勞軍之制。

真宗咸平二年，幸大名。景德元年，駐澶淵，勞軍之禮如祖宗。四年正月，幸西京，朝諸侯，命知雜御史王濟等籍所過父老及繫囚逋負官物人，仍察民間疾苦，每日引逋欠人及禁囚等對於行在，多蠲免原釋，父老賜茶帛綾袍，其貢香藥名馬者，召對撫慰，賜之金帛。

大中祥符元年三月，詔許群臣請封禪，令泰山路葺行宫，不得侵民户田苗及人馬損踐苗稼。有司言：「準禮，巡狩有燔柴告至，皇帝親行事，即不載有司攝事之文。車駕至泰山，合行告至，望令太尉以酒脯幣帛於泰山下壇告至。」奏可。又詔給事中張秉等管勾所經州縣，父老詣行在者，送門引對，賜以酒食；州縣見禁囚，具所犯以聞。又詔以御史中丞王嗣宗攝御史大夫，爲考制度使，左正言、知制誥周起攝中丞〔一〕，爲副使，所經州縣，採訪民間不便事，並市物之價，車服、權衡、度量不如法則者，舉儀制禁之；有奇才異行、隱淪不仕者，與所屬長吏詢求論薦；鰥寡惸獨不能自存者，重加賑恤；官吏政迹尤異、民受其惠，及不守廉隅、昧於政理者，孝子順孫義夫節婦爲鄉里所稱者，並條析以聞；官吏知民間利病者，亦爲録奏。有司言澶州城門卑下，不容大輦，請徹門而出。上慮煩勞，不許，詔由城外而過，他所皆然。又詔扈從人宿頓所，無得壞民舍、什物、樹木，違者重寘其罪。爲朝覲壇於奉高宮之南，方九丈六尺，高九尺，四出陛，其南兩陛。設衛仗宮懸於壇。中書門下文武百官、皇親、諸軍將校、四方朝貢使、舉人、蕃客、父老、僧道皆在列。設襲文宣公位於文官三品之下，鄰州長吏悉集。上服衮，御壽昌幄殿受朝賀，大赦天下。遂幸兗州，賜從官待制以上、宗室、將軍辟寒丸、紫花茸綿細窄袍，三畢祀汾陰，悉如東封之制。八月，有司言：「祠宇之旁，難行覲禮，望俟至河中府朝覲經度。」制置使陳堯叟等言：「寶鼎行宮之前，可以設壇。」詔如堯叟等語。

〔一〕「知」，諸本脱，據文獻通考卷一〇九補。

宋史真宗本紀：大中祥符四年春正月丁酉，發京師。甲辰，至慈澗頓，賜道傍耕民茶荈。二月戊申，賜扈駕諸軍緡錢。壬子，出潼關，渡渭河。癸丑，次河中府。丁巳，次寶鼎縣。辛酉，幸開元寺，作大寧宫。大赦天下，文武官並進秩。四品以上，追事太祖、太宗潛藩或嘗更邊任家無食禄者，録其子孫。建寶鼎縣爲慶成軍。給西京分司官實奉三分之一。令法官慎刑名，有情輕法重者以聞〔一〕。賜天下酺三日。大宴群臣於穆清殿，賜父老酒衣幣。乙丑，觀酺。乙巳，次華州，幸雲臺觀。庚午，宴宜澤亭，召見隱士鄭隱、李寧，賜茶果束帛。辛未，次閿鄉縣，召見道士柴又玄，問以無爲之要。壬申，宴虢州父老於湖城行宫。三月甲戌，次陝州，召草澤魏野，辭疾不至。乙亥，賜運船卒時服。己卯，次西京。庚辰，罷河北緣邊工役。壬午，幸上清宫。甲申，幸崇法院。丁亥，詔葺所經歷代帝王祠廟。己丑，御五鳳樓觀酺。壬辰，詔朝陵自西京至鞏縣，不舉樂。癸巳，禁扈從人踐田稼。甲午，發西京。夏四月甲辰朔，上至自汾陰。

〔一〕「輕」，諸本脱，據宋史真宗本紀補。

高宗本紀：建炎元年秋七月乙巳，手詔：「京師未可往，當巡幸東南。」丙午，詔定儀巡幸南陽。九月壬辰，以金人犯河陽、汜水軍，詔擇日巡幸淮甸。丁酉，詔荆襄、關陜、江淮皆備巡幸。冬十月丁巳朔，帝登舟幸淮甸。庚午，次泗州，幸普照寺。己卯，次楚州寶應縣。三年春正月庚辰朔，帝在揚州。二月壬子，内侍鄺詢報金兵至，帝被甲馳幸鎮江府。是日，金兵過揚子橋。癸丑，游騎至瓜州，王淵請幸杭州。是夕，發鎮江，次吕城鎮。甲寅，次常州。丙辰，次平江府。己未，次秀州。壬戌，駐蹕杭州。夏四月丁卯，帝發杭州。五月戊寅朔，帝次常州。辛巳，次鎮江府。乙酉，至江寧府。駐蹕神霄宫，改府名建康。六月甲戌，移御行宫。閏八月壬寅，帝發建康，復還浙西〔一〕，張俊、辛企宗以其軍從。甲辰，次鎮江府。賜陳東家金。冬十月癸未，帝至杭州，復如浙東。庚寅，渡浙江。壬辰，帝至越州。十一月丁卯，下詔回浙西。己巳，帝發越州。癸酉，帝如明州。十二月己丑，帝乘樓船次定海縣，給行在諸軍雪寒錢。癸巳，帝次昌國縣。庚子，移幸温州。

〔一〕「西」，原脱，據光緒本、宋史高宗本紀補。

老學庵筆記：建炎初，大駕駐蹕南京、揚州，而東京置留守。則百司庶府爲二，其一曰「在京某司」，其一曰「行在某司」。其後大駕幸建康、會稽，而六宫往江西，則亦分爲二，曰「行在某司」、「行宫某司」。已而大駕幸建康，六宫留臨安，則建康爲行在，臨安爲行宫。今東京阻隔，而臨安官司猶曰「行在某司」，示不忘恢復也。

建炎三年春，車駕倉卒南渡，駐蹕於杭。有侍臣召對者，既對，所陳劄子首曰：「恭維陛下歲二月東巡狩，至於錢塘。」吕相頤浩見之，笑曰：「秀才家，識甚好惡！」

文獻通考：紹興元年十一月，詔以紹興駐蹕日久，漕運艱梗，兵軍薪水不便，可移蹕臨安府。二年正月，車駕至臨安府駐蹕。七年二月，車駕自平江進發，次鎮江，三月至建康府駐蹕。八年二月，車駕自建康府進發，至臨安府還宫。三十一年，車駕自臨安府進發，視師，次臨平鎮。三十二年正月，車駕次建康府。二月，車駕自建康府回臨安。

蕙田案：宋自南渡以後，播遷海澨，但可謂之臨幸，不得謂之巡狩。但以一代典禮攸關，姑采附焉，亦春秋天王下狩河陽之意爾。

右宋

遼

遼史營衛志：遼國盡有大漠，浸包長城之境，因宜爲治。秋冬違寒，春夏避暑，隨水草就畋漁，歲以爲常。四時各有行在之所，謂之「巴納」。春巴納，曰鴨子河濼。皇帝正月上旬起牙帳，約六十日方至。天鵝未至，卓帳冰上，鑿水取魚。冰泮，乃縱鷹鶻捕鵝雁。晨出暮歸，從事弋獵。鴨子河濼東西二十里，南北三十里，在長春州東北三十五里，四面皆沙堝，多榆柳杏林。皇帝每至，侍御皆服墨綠色衣，各備連鎚一柄，鷹食一器，刺鵝錐一枚，於濼周圍相去各五七步排立。皇帝冠巾，衣時服，繫玉束帶，於上風望之。有鵝之處舉旗，探騎馳報，遠泊鳴鼓，鵝驚騰起，左右圍騎皆舉幟麾之。五方擎進海東青、鶻，拜授皇帝放之。鶻擒鵝墜，勢力不加，排立近者，舉錐刺鵝，取腦以飼鶻。救鶻人例賞銀絹。皇帝得頭鵝，薦廟，群臣各獻酒果，舉樂。更相酬酢，致賀語，皆插鵝毛於首以爲樂。賜從人酒，遍散其毛。弋獵結網釣，春盡乃還。夏巴納，無常所，多在托囉山。道宗每歲先幸黑山，拜聖宗、興宗陵，賞金蓮，乃幸子河避暑。托囉山在黑山東北三百里，近饅頭山。黑山在慶州北十三里，上有池，池中有金蓮。子河在托爾山東北三百里。懷州西山有清涼殿，亦爲行幸避暑之所。四月中旬起牙帳，卜吉地爲納涼所，五月末旬、六月上旬至。居五旬。與北、南臣僚議國事，暇日遊獵。七月中旬乃去。秋巴納，曰伏虎林。七月中旬自納涼處起牙帳，入山射鹿及虎。林在永州西北五十里。常有虎據林，傷害居民畜牧。景宗領數騎獵焉，虎伏草際，戰慄不敢仰視，上舍之，因號伏虎林。每歲車駕至，皇族而下，分布濼水側。伺夜將半，鹿飲鹽水，令獵人吹角效鹿鳴，既集而射之，謂之「舐鹻鹿」，又名「呼鹿」。冬巴納，曰廣平淀。在永州東南三十里，本名白馬淀。東西二十餘里，南北十餘里。地甚坦夷，四望皆沙磧，木多榆柳。其地饒沙，冬月稍暖，牙帳多於此坐冬，與南、北大臣會議國事，時出校獵，兼受南宋及諸國禮貢。皇帝牙帳以槍爲硬寨，用毛繩連繫。每槍下黑氈傘一，以芘衛士風雪。槍外小氈帳一層，每帳五人，各執兵仗爲禁圍。南有省方殿，殿北約二里曰壽寧殿，皆木柱竹榱，以氈爲蓋，彩繪韜柱，錦爲壁衣，加緋繡額。又以黄布繡龍爲地幛，窗、槅皆以氈爲之，傅以黄油絹。基高尺餘，兩厢廊廡亦以氈蓋，無門户。省方殿北有鹿皮帳，帳次北有八方公用殿。壽寧殿北有長春帳，衛以梗寨。宫用契丹兵四千人，每日輪番千人祗直。禁圍外卓槍爲寨，夜則拔槍移卓御寢帳。周圍拒馬，外設鋪，傳鈴宿衛。每歲四時，周而復始。

文昌雜録：北國謂住坐處曰巴納，四時皆然，如春巴納之類是也。不曉其義，近者彼國中書舍人王師儒來修祭奠，余充接伴使，因以問師儒，答云是契丹家語，猶言行在也。

太祖本紀：太祖三年春正月，幸遼東。

太宗本紀：天顯三年夏四月戊寅，東巡。　四年夏六月己酉，西巡。己未，選輕騎數千獵近山。癸亥，駐蹕涼陘。秋七月庚辰，觀市，曲赦繫囚。甲午，祀太祖而東。八月辛丑，至自涼陘。九月庚午，如南京。戊寅，祠木葉山。癸巳，至南京。冬十二月戊午，至自南京。　七年冬十二月丁巳，西狩，駐蹕平地松林。

會同元年春二月戊戌，幸遼河東。三月壬戌，將東幸，三剋言農務方興，請減輜重，促還朝，從之。　三年春三月己巳，如南京。壬申，次石嶺。庚寅，詔扈從擾民者從軍律。甲午，幸薊州。乙未，晉及南唐各遣使來覲。夏四月庚子，至燕，備法駕，入自拱辰門，御元和殿，行入閤禮。六月壬寅，駕發燕京。癸丑，次奉聖州。

聖宗本紀：統和元年秋八月戊子，上西巡。癸巳，遂幸懷州。九月辛酉，幸祖州。壬戌，還上京。　三年秋七月甲寅，東幸。丙寅，駐蹕土河。以暴漲，命造船橋，明日乘步輦出聽政。八月丁丑，次藁城。庚辰，至顯州。辛巳，幸乾州，觀新宫。辛丑，西幸。閏九月丙子，行次海上。戊戌，駐蹕通古山。四年冬十月乙卯，幸南京。戊午，以南院大王留寧言，復南院都民今年租賦。十三年春正月壬子，幸延芳淀。庚申，詔諸道觀農。十五年夏四月己酉，幸南京。己未，如炭山清暑。秋九月庚午，幸饒州。冬十一月丙戌，幸顯州。十二月己酉，駐蹕馳山。

開泰四年十二月，南巡海徼。還，幸顯州。

太平五年秋九月，駐蹕南京。是歲，燕民以年穀豐熟，車駕臨幸，爭以土物來獻。上禮高年，惠鰥寡，賜酺飲。至夕，六街燈火如畫，士庶嬉遊，上亦微行觀之。

右遼

金

金史太宗本紀：天會八年七月丁卯，上如東京。十月乙亥，上至自東京。十年十月，上如興中府。十二月，上至自興中府。

熙宗本紀：天眷元年二月壬戌，上如約羅春水。乙丑，幸天開殿。六月戊午，上至自天開殿。　三年四月丁卯，上如燕京。九月戊申，上至燕京。己酉。親享太祖廟。

皇統二年二月丁卯，上如天開殿。三月辛丑，還自天開殿。四年二月癸未，上如東京。丙申，次百泊河春水。五月辛亥朔，次薰風殿。九月乙酉，上如東京。壬子，畋於沙河，射虎，獲之。十月辛酉，詔薰風殿二十里内及巡幸所過五里内，並復一歲。十二月甲午，至東京。　五年二月乙未，次濟州春水。三月戊辰，次天開殿。八月戊戌，發天開殿。九月庚申，至自東京。

程寀傳：寀，熙宗時歷翰林待制，兼右諫議大夫，上疏，其略曰：「古者天子皆有巡狩，無非事者。或省察風俗，或審理冤獄，或問民疾苦，宣布德澤，皆巡狩之名也。國家肇興，誠恐郡國新民棄本逐末，習舊染之污，奢侈詐僞，或有不明之獄，僭濫之刑，或力役無時，四民失業。今鑾輿省方，將憲古行事，臣願天心洞照，委之長貳，釐整風俗，或置匭匣，以申冤枉，或遣使郡國，問民無告，皆古巡狩之事。昔漢昭帝問疾苦，光武求民瘼，如此則和氣通，天下丕平可坐而待也。」疏奏，上嘉納之。

八年二月乙卯，上如天開殿。四月庚戌，至自天開殿。

海陵本紀：天德四年四月壬辰，上自泰州如涼陘。五月乙卯，次臨潢府。六月甲子朔，駐綿山。八月丙子，次於都勒斡。九月甲午，次中京。貞元元年二月庚申，上自中京如燕京。三月辛亥，上至燕京，初備法駕。二年三月丙戌，幸大興府。正隆六年二月癸亥，發中都。丙寅，次安肅州。三月癸巳，次河南府，因出獵，幸汝州温湯，視行宫地。自中都至河南，所過麥皆爲空。復禁扈從毋輒離次及遊賞飲酒，犯者罪皆死，而莫有從者。四月丁卯，次温湯。誡扈從毋輒過汝水上。

世宗本紀：大定元年十一月辛巳，以如中都期日詔群臣。壬午，詔中都都轉運使左淵曰：「凡宫殿張設，毋得增置，毋役一夫，以擾百姓，但謹圍禁，嚴出入而已。」己丑，如中都，次小遼口〔一〕，使中都留守宗憲先往。壬辰，次梁魚務。丙申，次義州。十二月乙卯，次三河縣。丙辰，次通州。丁巳，至中都。壬戌，詔軍士自東京扈從至京師者，復三年。四年正月丁酉，如安州春水。壬寅，至安州，大雪。詔扈從人舍民

〔一〕「小遼口」，諸本脱「遼」字，據金史世宗本紀上補。

家者，人日支錢一百與其主。二月丁巳，免安州今年賦役，及保塞縣御城、邊吴二村凡扈從人常止其家者，亦復一年。辛酉，獵於高陽之北。庚午，還都。六年三月甲寅，上如西京。庚申，次歸化州，西京留守唐古德温上謁。戊辰，至西京。五月戊申，幸華嚴寺，觀故遼諸帝銅像，詔主僧謹視之。壬子，詔雲中大同縣及警巡院給復一年。壬戌，詔將幸銀山，諸扈從軍士賜錢五萬貫，有敢損苗稼者，並償之。六月丙戌，發自西京。庚子，獵於銀山。七月辛酉，次三叉口。八月辛未朔，次涼陘。庚辰，獵於望雲之南山。九月辛丑朔，至自西京。七年九月庚寅，次保州，詔修起居注王天祺察訪所經過州縣官〔一〕。十月乙未朔，上謂侍臣曰：「近聞朕所幸郡邑，會宴寢堂宇，後皆避之，此甚無謂，可宣諭，仍令舊居止。」戊申，還都。八年五月乙丑，上如涼陘。七月己卯，次三叉口，上諭點檢司曰：「沿路禾稼甚佳，其扈從人少有蹂踐，則當汝罪。」八月乙卯〔二〕，至自涼陘。十一年五月癸酉，上如百花川。甲戌，命賑山東東

〔一〕「王天祺」，原作「王大祈」，據光緒本、金史世宗本紀上改。
〔二〕「乙卯」，原作「乙酉」，據光緒本、金史世宗本紀上改。

路和掄明安民飢。丁丑，次阻居。久旱而雨。戊寅，觀稼。禁扈從蹂踐民田。禁百官及承應人不得服純黄油衣。癸未，諭宰臣曰：「朕每次舍，凡秣馬之具，皆假于民間，多亡失不還其主。此彈壓官不職，可擇人代之。所過即令詢問，但亡失民間什物，並償其直。」乙酉，詔給西北路人户牛。六月甲寅，如金蓮川。九月丙子，至自金蓮川。十四年五月甲午，如金蓮川。八月丁巳，次珠勒實。日中，白龍見御帳東小港中，須臾，乘雲雷而去。九月丁亥，還都。十八年正月壬戌，如春水。二月丙寅朔，次管壯。丙子，次華港。己丑，還宫。四月己巳，上謂宰臣曰：「朕巡幸所至，必令體訪官吏誠否。向玉田知主簿舒穆嚕乃能吏也，可授本縣令。」五月丙午，上如金蓮川。八月乙巳，至自金蓮川。二十年正月己巳，如春水。丙子，幸石城縣行宫。丁丑，以玉田縣行宫之地偏林爲御林，大淀濼爲長春淀。二月丁未，還都。二十二年三月甲申，諭户部，今歲行幸山後，所須並不得取之民間，雖所用人夫，並以官錢和雇，違者杖八十，罷職。四月甲子，上如金蓮川。九月戊寅，至自金蓮川。二十三年正月壬午，如春水，詔夾道三十里内，被役之民與免今年租稅，仍給傭直。二月乙巳，還都。二十四年三月壬寅，如上京。四月庚申，次廣寧府。丙寅，次東京。丁卯，給復東京百里内夏秋税租一年。在城隨闕，年七十者補一官。曲赦百里内犯徒二年以下罪。乙酉，觀漁于混同江。五月己丑，至上京，居于光興宫。戊戌，宴于皇武殿。上謂宗戚曰：「朕思故鄉，積有日矣，今既至此，可極歡飲，君臣同之。」賜諸王妃、主，宰執百官命婦各有差。宗戚皆霑醉起舞，竟日乃罷。六月辛酉，幸安春水臨漪亭。壬戌，閱馬于緑野淀。七月己未，上謂宰臣曰：「天子巡狩，當舉善罰惡，凡士民之孝弟婣睦者，舉而用之；其不顧廉恥無行之人，則教戒之；不悛者，則加懲罰。」丙午，獵于勃海淀。八月乙亥，詔免上京今年市税。

續文獻通考：時世宗將幸上京，大理司直路伯達上書諫曰：「人君以四海爲家，豈獨舊邦是思？空京師而事遠遊，非慎重之道也。」書奏，不報。後薛王府掾梁襄上疏極諫曰：「金蓮川在重山之北，地積陰冷，五穀不殖，郡縣難建，蓋自古極邊荒棄之壤也。氣殊候異，中夏降霜，一日之間，寒暑交至。特與上京、中都不同，尤非聖躬將攝之所。凡奉養之具，無不遠勞飛輓，越山踰險，其費數倍。至於頓舍之處，車騎闐塞，主客不分，牛馬風逸以難收，臧獲逋逃而莫得，奪攘蹂躪，未易禁止。公卿百官衛士，富者車帳僅容，貧者穴居露處，輿臺皁隸，不免困踣，饑不得食，寒不得衣，一夫致疾，染及衆人，夭傷無辜，何異刃殺。此特細故耳，有大于此者。臣聞高城浚池，深居邃禁，帝王之藩籬也。壯士健馬，堅甲利兵，帝王之爪牙也。今行宫之所，無有高殿廣宇城池之固，是廢其藩籬也。掛甲常坐之馬，日暴雨蝕，臣知其必羸瘠矣。禦侮待用之軍，穴居野處，冷啖寒眠，臣知其必疲瘵矣。衛宫周廬，纔容數人，一旦霖潦積旬，衣甲弓刀，霑濕柔脆，豈堪爲用？是失其爪牙也。神龍不可以失所，人主不可以輕行，雖陛下恱以使人，勞而不怨，豈若不勞爲愈？人君者，不可恃人無異謀，要在處己無憂患之地耳。燕都地處雄要，北倚山險，南壓區夏，若坐堂皇，俯視庭宇，本地所生，人馬勇勁，方遼雖小，止以得燕，故能控制南北，坐致宋幣。燕蓋京都之選首也。況今又有宫闕井邑之繁麗，倉廩府庫之充實，百官僚屬，皆處其内，非曩日之陪京也。居庸、古北、松亭、榆林等關，東西千里，山峻相連，近在都畿，易於據守，陛下舍此而他往，倘有内隙乘之，臣甚懼焉。議者謂往年遼國之君，春水秋山，冬夏巴納，舊人喜談之，以爲真得快樂之趣，陛下效之耳。臣謂三代之政，今有不可行者，況遼之過舉哉？且遼之基業根本，在山北之臨潢，其所遊，不過臨潢之旁，儀物殊簡，輜重不多，隔三五歲方一行，非歲歲如此也。

本朝皇業，根本在山南之燕，豈可舍燕而之山北乎？上京之人，棟宇是居，不便遷徙。方今幅員萬里，惟奉一君，承平日久，制度殊異，文物增廣，輜重浩穰，隨駕生聚，殆逾百萬。如何歲歲而行，以一身之樂，歲使百萬之人困于役、傷于財？陛下其忍之歟？」世宗納之，遂爲罷行。

章宗本紀：明昌五年四月乙卯，幸景明宮。五月庚午，次烏蘇薩巴。六月壬辰，如冰井。己亥，出獵。登呼圖哩巴山，酹酒再拜。曹王永升以下進酒。丙午，曲赦西北路。己未，如查沙秋山〔一〕。七月戊辰，獵于和齊寬，一發貫雙鹿。是日，獲鹿二百二十二，賜扈從官有差。辛巳，次羅衮呼實布。是日，上親射，獲黄羊四百七十一。乙酉，次冰井。丙戌，以天壽節，宴樞光殿，凡從官及承應人遇覃恩遷秩者，並受宣敕于殿前。八月辛亥，至自景明宮。六年正月壬辰，如春水。二月庚午，至自春水。九月辛卯，如秋山。十月丙辰，至自秋山。丁巳，以歲幸春水、秋山，五日一進起居表，自今可十日一進。

承安五年正月丙申，如春水。辛丑，諭檢點司，車駕所至，仍令百姓市易。二月

〔一〕「查沙」，諸本作「杳沙」，據金史章宗本紀改。

辛未，至自春水。

泰和二年五月壬戌，諭有司曰：「金井巴納不過二三日留，朕之所止，一涼廈足矣。若加修治，徒費人力。其藩籬不急之處，用圍幕可也。」己巳，敕御史臺，京師拜廟及巡幸所過州縣，止令灑掃，不許以黄土覆道，違者糾之。五年正月丁卯，如光春宫春水。乙亥，詔有司，自泰和三年，郡縣三經行幸、民嘗供億者，賜今年租稅之半。丁丑，次霸州。二月己亥，如建春宫。三月庚申，還宫。

宣宗本紀：貞祐二年四月乙卯，尚書省奏巡幸南京，詔從之。五月壬午〔一〕，車駕發中都。丙戌，次定興。禁有司扈從蹂踐民田。丁亥，次安肅州。癸巳，次中山府，敕扈從軍所踐禾稼，計直酬之。六月癸丑，次内丘縣。戊午，次彰德府〔二〕，曲赦其境内。庚申〔三〕，次鉅橋鎮。壬戌，次宜村。秋七月，車駕至南京。

右金

〔一〕「五月」，諸本脱，據金史宣宗本紀補。
〔二〕「府」，原脱，據光緒本、金史宣宗本紀補。
〔三〕「庚申」，原作「庚午」，據光緒本、金史宣宗本紀改。

元

元史世宗本紀：中統元年冬十月戊午，車駕駐錫衮之地，命給官錢，雇在京橐駞，運米萬石，輸行在所。十二月乙巳，帝至自和林，駐蹕燕京近郊。二年春二月丙午，車駕幸開平。詔減免民間差發。罷守隘諸軍。秦蜀行省借民錢給軍，以今年稅賦償之。免平陽、太原軍站户重科租稅。四年春二月甲子，車駕幸開平。秋八月壬申，車駕至自上都。

至元元年春二月癸酉，車駕幸上都。詔諸路總管史權等二十三人赴上都大朝會。弛邊城軍器之禁。九月辛巳，車駕至自上都。四年春二月，車駕幸上都。秋九月，車駕至自上都。

續文獻通考：至元三十一年九月聖誕節，帝駐蹕三部落，受百官朝賀。時監察御史崔敬疏言：「太祖以上都爲清暑之地，車駕行幸，歲以爲常。閣有大安，殿有鴻禧、睿思，所以保養聖躬，適起居之宜，存畏敬之心也。今實喇鄂爾多，乃先皇帝所以備宴遊，非常時臨御之所。陛下方以孝治天下，屢降德音，祗行宗廟親祀之禮，雖動植無知，罔不歡悦，而國家多故，天道變更，臣備員風紀，以言爲職，願大駕還大内，居深宫,嚴宿衛,與宰臣謀治道。萬幾之暇,則命經筵進講,究古今盛衰之由,緝熙聖學,乃宗廟之福也。」

元史成宗本紀:元貞元年春二月丁酉,車駕幸上都。秋九月甲戌,帝至自上都。大德三年春二月癸丑朔,車駕幸柳林。庚辰,幸上都。秋九月癸未,聖誕節,駐蹕古栅,受諸王百官賀。乙亥,車駕還大都。

續文獻通考:成宗時,每歲或二月三月,車駕幸上都,至九月或十月,還大都。

武宗本紀:至大元年春三月戊寅,車駕幸上都。秋九月乙亥,車駕至自上都。

仁宗本紀:至大四年閏七月甲辰,車駕將還大都,太后以秋稼方盛,勿令鷹坊、駞人、衛士先往,庶免害稼擾民,敕禁止之。

英宗本紀:至治元年春三月辛巳,車駕幸上都。秋八月,車駕駐蹕興和,左右以寒甚,請還京師。帝曰:「兵以牛馬爲重,民以稼穡爲本。朕遲留,蓋欲馬得芻牧,民得刈穫,一舉兩得,何計乎寒?」九月丙子,駐蹕昂固嶺。丁酉,車駕還大都。二年春三月丁酉,幸柳林。夏四月戊戌朔,車駕幸上都。五月甲申,車駕幸五臺山。六月丁卯朔，車駕至五臺山，禁扈從宿衛，毋踐民禾。秋七月，車駕次應州〔一〕。三年春三月壬辰朔，車駕幸上都。秋八月癸亥，車駕南還，駐蹕南坡。

續文獻通考：至治時，每歲幸上都，如仁宗。

泰定帝本紀：泰定元年夏四月甲子，車駕幸上都。秋八月，車駕至大都。三年春二月甲辰，車駕幸上都。秋七月甲辰，車駕發上都，禁車騎踐民禾。九月庚申，車駕至大都。四年春二月壬午，狩于漷州。三月壬戌，車駕幸上都。秋閏九月，車駕至大都。

續文獻通考：泰定時，每歲幸上都，如英宗。

文宗本紀：至順元年夏五月戊辰，車駕發大都，次大口。己巳，次龍虎臺。六月丙戌，大駕至上都。秋閏七月，大駕將還，敕上都兵馬司官二員，率兵士由偏嶺至明安巡邏，以防盜賊。丁酉，大駕發上都。八月己未，大駕至京師。

續文獻通考：至順元年，樞密院臣言：「每歲大駕幸上都，發各衛軍士千五百人

〔一〕「次」，原作「至」，據光緒本、元史英宗本紀改。

扈從，又發諸衛護軍萬五千人以駐山後，蒙古軍三千人駐官山以守關梁，乞如舊數調遣，以俟來年。」從之。　三年夏五月庚寅，大駕發大都，時巡于上都。

元史順帝本紀：元統二年夏四月，車駕時巡上都。秋九月辛卯，車駕還自上都。

至元元年夏五月戊子，車駕時巡上都。遣使者謁曲阜孔子廟致祭。秋九月庚辰朔，車駕駐鄂和嶺。　二年夏四月戊戌，車駕時巡上都。秋九月戊辰，車駕還自上都。　三年夏四月己卯，車駕時巡上都。秋七月丙午，車駕幸實喇鄂爾多。丁未，車駕幸龍岡，灑馬乳以祭。八月，車駕至自上都。

至正元年夏四月，車駕時巡上都。秋八月，車駕至自上都。

右元

明

明會典：永樂六年改定巡狩儀注。　一、詔諸司及鎮守官知會。　一、禮部預行各處，凡有重事，并四夷來朝，俱達行在所，仍具本啓聞。其餘事務奏啓，俱達京師，啓聞施行。事有疑礙者，在京合該衙門具奏，取自上裁。凡進拜表箋，表文達行在所，箋文達京師。　一、禮部預行經過所在軍民衙門，俟車駕至，官吏、生員、耆老朝見，及預行北京畿内文武衙門，令掌印官俟車駕至朝見。　一、祭祀：車駕將發，奏告天地、社稷、太廟、孝陵，祭大江、旗纛等神，軷祭於承天門，其經過處所，滁州遣官祭滁陽王，泗州遣官祭祖陵，鳳陽祭皇陵，祭淮，闕里遣官祭先師孔子，望祭泰山，沿途古先聖賢、忠臣烈士祠墳，禮部預期奏聞，遣官致祭。　將至北京，境上設壇，祭北京山川等神。　車駕至北京，奏告天地，祭告境内山川等神。　一、扈從：在京馬步軍五萬人，内馬軍一萬，步軍四萬，馬軍五千，步軍五千，充駕前軍；餘馬軍五千，步軍三萬五千，分五軍率領，每軍馬軍一千，步軍七千。　以都指揮、指揮、千百户管領，錦衣衛仍選將軍五百人、校尉二千五百人、力士二千人。　一、侍從：五府都督各一員，首領官一員，吏六人。　吏部堂上官一員，文選等四司官五員，辦事官二十員，歷事監生四十人，人材五十人，吏十人。　户部堂上官一員，北京等十二司官十三員，辦事官十員，吏二十四人。　禮部堂上官二員，儀制等四司官七員，辦事官十員，吏十二人，鑄印局官一員，吏一人，匠六人。　兵部堂上官一員，武選等四司官七員，辦事官五員，吏十五人。　刑部堂上官一員，浙江等十二司官十二員，辦事官五員，吏十三人。　工部堂上官二員，營繕等四司官十員，辦事官二十員，吏十五人。都察院堂上官一員，浙江等十二道監察御史一百十四員，辦事官五員，吏二十四人。通政司堂上官二員，首領官一員，吏六人。大理寺堂上官一員，左右寺官六員，吏十人。太常寺堂上官二員，首領官一員，吏二人，贊禮郎四員，協律郎一員，司樂一員，樂舞生二十人，厨子五十人。光禄寺堂上官三員，首領官一員，署官十七員，辦事官六員，吏三人，厨子一千人。鴻臚寺堂上官四員，首領官一員，序班四十員，鳴贊四員，及通曉夷語者斟酌帶去。翰林院内閣官三員，侍講、修撰、典籍等官六員。書制敕秀才八人，及譯寫四夷文字監生十三人。尚寶司官二員，吏科給事中三員，户科給事中三員，禮科給事中三員，兵科給事中三員，刑科給事中三員，工科給事中三員〔一〕，中書舍人四員，寫誥秀才五人。行人司行人十員。太醫院堂上官二員，生藥庫官一員，醫士摘選十分之二，吏三人。欽天監官三員，天文生十五人。教坊司奉鑾、韶舞、司樂各一員，俳長、色長、樂工，斟酌用之。一、扈從文武官軍人等，陸路文武官員人等，寫制誥秀才，譯字監生，緊用

〔一〕「兵科給事中三員刑科給事中三員工科給事中三員」二十一字，原脱，據光緒本、明會典卷五三補。

供應、醫士、天文生，及各厨役人等，俱給馬騾驢匹，官給外，脚力驢給鈔六十錠，自備。辦事官、監生、人才、吏典，及醫士、厨役等非緊用者，人給脚力鈔二十錠。隨伍官員將軍、校尉、力士、旗軍，每二人給驢一匹，如不敷，亦給鈔六十錠，自備。水路俱應付船隻，遇陸路應付車輛。一、緣途各站，每站增馬二十匹，令附近衛所馬軍内差撥。仍令附近有司備車一百輛，無車之處，起夫五百人聽候。一、經過處所支給糧草，扈從官員人等，人日給行糧二升，馬日給料四升，草一束，驢料一升，草一束。一、車駕將發，宴在京文武群臣。賜扈從文武官員軍校人等鈔，公五十錠〔二〕，侯四十錠，伯三十錠。一品、二品二十錠，三品、四品十五錠，五品十二錠，六品、七品十錠，八品、九品八錠，未入流及辦事官、將軍總小旗人鈔七錠。將軍及各衛總小旗人鈔六錠。監生、秀才、吏典、人材、醫士、樂舞生、軍校、力士、厨子、工匠人鈔五錠。軍伴、皂隸、樂工人等人鈔四錠。在外衛所扈從，及各處駐劄官軍，依京衛官軍例給賞。一、車駕至北京，宴文武群臣耆老，賜官員人等及命婦鈔，其嘗守城命婦，論次

〔二〕「公」，諸本脱，據明會典卷五三補。

行賞。　一、恭遇萬壽聖節，公侯駙馬伯，文武官四品以上，近侍官，及監察御史預宴，五品以下，并辦事官、監生、秀才、吏典、軍民工匠人等，依例賜鈔一錠。　一、五軍、六部、都察院、大理寺、錦衣衛各鑄印信，通政司、鴻臚寺鑄關防。　一、扈從官員有牙牌者，隨身懸帶，以憑關防出入。　一、經過郡縣，分遣廷臣考覈守令賢否，即加黜陟，分令給事中、監察御史存問高年，賜幣帛酒肉。　一、經過鳳陽，陵户及親戚，人賜鈔六錠，耆老迎見者，人鈔三錠。泗州陵户親戚，耆老迎見者，賞如之。

續文獻通考：永樂六年八月丙戌，詔明年二月巡北京。　七年正月，命學士胡廣、諭德楊榮、金幼孜、修撰王英等扈從。二月，上啓行，命皇太子監國。三月，車駕至北京，御奉天殿，受朝賀。　八年十月丁酉，車駕發北京。十一月癸亥朔冬至，車駕還京。　十一年二月，上巡幸北京，皇太孫從。　十五年三月壬子，上巡北京，皇太子監國，命胡廣、楊榮、金幼孜扈從。

宣德五年九月，車駕巡近郊。　冬十月丙子，車駕發京師，駐蹕玉河，諭成國公等曰：「今農收雖畢，而禾稼在場，民間公私之費，皆出于此。扈從官軍，不許入民家有所求索，違者處以重刑。其申令各營悉知之。」壬午，駐蹕雷家站，召學士楊士奇、楊榮、金幼孜、楊溥問曰：「唐太宗過此，非征遼時乎？」衆對曰：「然。」上曰：「太宗恃其英武而勤遠略，此行所喪不少，帝王之鑒戒也。」又問：「此山崩于順帝時，人率謂元亡之徵，卿等以爲如何？」衆對曰：「順帝自是亡國之主，雖山不崩，國亦亡。」上曰：「此言正合朕意。昔聖帝明王之世，未嘗無災異，大抵國之存亡，係其君德之仁與不仁而已。」戊子，回鑾，駐泥河。壬辰，車駕至京師。九年九月，上將率師巡邊，命蹇義、楊士奇、楊榮、胡濙、楊溥、吴中等扈從。癸未，車駕發京師。丁酉，駐蹕洗馬嶺。庚子，回鑾。

正德十二年八月，上出居庸關，至懷來、宣府等處游獵，邊將江彬輩導之也。先是，彬與邊將許泰、劉暉等皆有寵于上，賜姓朱氏，號曰「外四家」，上在豹房，同卧起，狎近，而彬寵尤盛，屢導上出宫游戲近郊，至居庸關，巡關御史張欽閉關上疏，不聽，遂遠出關外。楊廷和等累疏請回鑾。九月，上幸大同，獵陽和。

明史世宗本紀：嘉靖十八年二月乙卯，幸承天。辛酉，次真定，望于北嶽。丁卯，次衛輝。三月己巳，渡河，祭大河之神。辛未，次鈞州，望于中嶽。庚辰，至承天。戊子，御龍虎殿受賀，詔赦天下。給復承天三年〔一〕，免湖廣明年田賦五之二，畿内、河南三之一。夏四月壬子，至自承天。甲子，幸大峪山。丙寅，還宫。

明會典：嘉靖十八年南巡儀注。一、先期，上親奏告皇天于玄極寶殿，同日，告聞皇祖太廟、皇考睿宗廟，遣官分告北郊成祖列聖群廟、大社稷、帝社稷、朝日夕月、天神地祇，用祭服。太常寺備脯醢、酒果，翰林院撰告文。一、軷祭於起承天門，遣官祭旗纛之神，用牲醴制帛，三獻如常儀。一、駕發，出正陽中門，后妃輦轎後隨，錦衣衛設欽製武陳駕，備輦輿儀仗等項扈行。本衛選精壯旗校八千人，内以六千人專管擡奉上座輿輦，二千人專管擺執駕儀及一應正直巡綽傳宣等用。選委千百户一百二十員，分投管理，各分撥班接替。行太僕寺調取寄養馬三千匹，兑給各旗校，更迭騎坐，以錦衣衛指揮充前驅使，領千百户等官，先往肅清道路。簡命武職重臣二員，留守京城。兵部尚書一員，參贊機務，各請敕行事。以文職大臣一員，總督整飭宣大等處軍務。一員提督薊州、山海關等處地方邊備；文職重臣一員充行邊使，往遼

〔一〕「三年」，原作「二年」，據光緒本、明史世宗本紀改。

東、薊、宣大、雁門、固原等九邊，閱視兵備。户部賫銀隨去，勞賞官軍，各請敕行事。兵部奏請皇城四門、京城九門、大明門外兩邊守門文武大臣各一員，坐邊官侯伯二員，增設守門官軍，用科道官點閘，京城内外巡捕官軍行團營，再選有馬官軍三千員名，分爲兩班，酌派五城地方與同舊有官軍巡邊，仍選委坐營官，及各提督、把總等官，晝夜巡捕。安定、德勝門、各土城門外，及鄭村壩、大黄莊、居庸關、白羊口六處地方，該營揀選有馬官軍，每處一千員名，分爲兩班，輪流下營防守。安定、德勝門、土城各用東西官廳正總兵官一員，其餘各用參將一員統領下營。紫荆、倒馬二關，保定撫鎮官揀選精鋭有馬官軍，每關一千員名，分爲兩班，每月輪流，下營把守，各委坐營官一員統領。一、兵部於團營、東西官廳、御馬監勇士内，揀扈駕官軍六千員名，給兑馬匹。内執武陳駕儀一千人，總兵官一員領之。駕前後各二千人，參將二員領之。駕左右各五百人，翼駕行，左右副參將領之。及行文沿途撫鎮等官，調撥兵馬，屯駐扈駕。先期，户部請敕命侍郎一員率屬官六員，帶領太倉銀三十餘萬兩，前去沿途整理官軍糧料。工部請敕差郎中一員，同内官監督理沿途橋道及行宫廨殿。禮部行南北直隸、浙江等十三布政司，凡有要緊重事，俱達行在所奏聞。其餘事務，俱達在京通政使司照常封進。各該衙門，啓請皇太子令旨行。其事有疑礙者，各差人赴行在所奏取旨。各處拜進表箋，除歲例等項，赴在京禮部，照常類收啓，請司禮監官捧進。其特賀大禮，不係常典者，原差人恭詣行在投進。一、扈從官，五府堂上官各一員，首領官各一員，吏各一人。吏部堂上官一員，文選等四司官各一員，辦事官六員，吏六人。户部堂上官二員，浙江等十三司官各一員，辦事官二員，吏十三人。禮部堂上官二員，儀制等四司官共六員。鑄印局官一員，辦事官六員，儒士三人，吏十二人，鑄印匠四人。兵部堂上官一員，武選等四司官共六員，辦事官一員，吏六人。刑部堂上官一員，浙江等十三司官各一員，辦事官一員，吏十三人。工部堂上官二員，營繕等四司官共十員，辦事官二員，吏十人。都察院堂上官二員，浙江等十三道監察御史各二員，辦事官四員，吏十三人。通政司堂上官二員，首領官一員，辦事官二員，吏二人。大理寺堂上官一員，左右寺官二員，辦事官二員，吏二人。太常寺堂上官六員，首領官二員，屬官十員，吏一人，執事人役四十人，厨役三十人。光禄寺堂上官二員，四署官四員，吏四人，厨役二百人。太僕寺堂上官一員，首領官一員，吏一人。鴻臚寺堂上官俱從，司儀、司賓各一員，鳴贊四員，序班十六員，通事四員。翰林院堂上并講讀等官四員，制敕、誥敕二房官共二十員，譯字官生四人，吏十人。尚寶司官四員，吏一人。六科給事十二員，吏六人。中書舍人一員，吏一人。行人司行人十員，吏三人。太醫院堂上官五員，御醫吏目八員。聖濟殿醫士選帶三分之一，吏二人。欽天監堂上官一員，博士等官八員。天文生、陰陽人共十人，吏一人。教坊司奉鑾、韶舞、司樂八員，俳色長、樂工二百人。扈從文武内外官，及各項人役，合用夫馬驢騾車輛廩給口糧各項應付事宜，兵部定擬，奏請轉行在外，有司一體應付。内府印綬監收貯先年行在衙門印信關防，禮部領出，給付各扈從官使用。尚寶司給領文武字樣牙牌。

一、駕發，留守大臣率在京文武衙門官員，各俱吉服，先期赴宣武門外彰義關，候送駕過，退。扈從官分程先發。在途免朝參候駕。惟禮兵二部、鴻臚寺、太常寺、科道糾儀官從行。光禄寺隨路預辦御膳酒飯供具。凡遇行宫進膳處所，各該撫按守巡兵備等官，選委精壯官軍，披帶盔甲器械，拱衛乘輿，不許諠譁錯亂，違者聽錦衣衛即時具奏拏問。其扈駕官軍，户部給散行糧，工部辦鍋竈，不許分外索害有司及入民人舍混擾，違者許被害等人赴撫按衙門告治。仍行隨駕緝事官校，訪拏重治。各該軍衛有司，不許分外科斂，違者聽撫按官體訪指實，參究重治。各衙門跟隨吏書人等，各照兵部原行關文，於軍衛有司驛遞衙門應付，不許分外多索。其應付衙門，亦要即時應付，毋得遲誤，違者俱赴所在官司告治。經過駐劄地方，原有商賈店鋪開賣飯食等物，照常市貿，不許躲避，亦不許從駕人員用强輕價勒買，違者許被害人即時告治。兵部咨行各該巡撫官，預先出給榜文曉諭。一、經過處所，真定，望祭北嶽恒山之神，用牛犢羊豕，上具常服行禮，如常儀。五府九卿、巡撫大臣吉服陪拜。衛輝，遣官祭濟瀆之神，用太牢。鈞州，望祭中嶽嵩山之神；滎澤，祭河神，俱用太牢，行禮如北嶽。南陽，遣官祭武當山之神，用牲犢。沿途古帝王聖賢忠臣烈士祠墓，禮部查訪預期奏聞，遣官致祭，帝王用太牢，次用少牢，又次脯醢酒果。凡祭，翰林院撰祭文。一、各處撫按并三司官，俱於所屬境上候駕，先赴行在鴻臚報名，駕至行宫，各具吉服朝見。所過府衛州縣官吏、生員、耆老人等，俱於三十里外候迎道旁，跪，叩頭。駕過，退。駕至行宫，鴻臚寺引見，俱行五拜三叩頭禮。一、各處近路王府，許親王具常服，預先出城候駕，其餘宗室，俱不許擅離府出迎。一、親王迎接。先期，命文武大臣侍於途，王於道傍拱立，文武大臣下馬，侍上左右。禮部尚書跪奏某王某恭迎聖駕，見内侍官引王至駕前，跪，行叩頭禮。禮部尚書進立於上前候旨，承旨。

訖，起立，傳旨，示王隨至行宫，上入，少憩。王具冕服，欽定文武大臣於殿内，左右侍從官於丹墀東西侍班。候上陞座，鴻臚寺官引王由殿左門入，至拜位，贊行五拜三叩頭禮畢，上命賜宴。内侍官引王於别次少候，從官叩頭，如常儀。王宴畢，遣大臣伴送回府。駕還，先以書止諸王勿煩出送。一、上臨舊宫，恭詣皇考睿宗獻皇帝謁告。儀具祠祭司。越四日，行祭告皇天禮於龍飛殿丹陛，奉皇考睿宗獻皇帝配。是日，上更皮弁服，詣國社壇及山川壇，行告祭禮。次日，恭謁顯陵。儀見祠祭司。次日，從駕官上表賀，遂頒詔。前期一日，鴻臚寺陳設表案、詔案於龍飛殿中，錦衣衛設隨駕朝儀，及迎詔綵輿、香亭於丹墀，教坊司設中和韶樂，百官各具朝服，地方官吏、師生、耆老人等俱隨班行禮。是日早，鳴鐘鼓，上具冕服，御後殿。執事官行禮畢，上陞殿，鳴鞭。欽天監官唱時，鴻臚寺贊入班，贊四拜，興，平身，唱「宣表目」，宣表目官宣訖，唱「宣表」〔一〕，宣表官宣訖，贊俯伏，興，四拜，興，贊頒詔。翰林院官捧詔授，禮部尚書捧

〔一〕「目宣表目官宣訖唱宣表」十字，原脱，據光緒本、明會典卷五三補。

詔置雲盤內〔一〕，叩頭，興，由殿中門出，置綵輿內。錦衣衛官校舉輿，教坊鼓樂前導。百官趨出，候於龍飛門外。鴻臚寺贊入班，行四拜禮，贊跪，宣讀詔畢，贊俯伏，興，搢笏，贊舞蹈，山呼，出笏，贊四拜，興，平身。禮畢，禮部尚書捧詔出謄黄，奏差行人等官，頒行天下。一、聖駕回京，上親奏謝皇天上帝於玄極寶殿。同日，告謝皇祖太廟、皇考睿宗廟，如常儀。文武官吏該陪祀者，俱具祭服陪拜。遣官分告北郊、成祖、列聖群廟、大社稷、帝社稷、朝日夕月、天神地祇、太歲、旗纛、都城隍等神、承天門之神，俱行禮如初。一、百官上表稱賀，如常儀。

右明

〔一〕「禮部尚書」，原作「禮書禮書」，據光緒本、明會典卷五三改。

五禮通考卷一百八十一

嘉禮五十四

觀象授時

蕙田案：堯命羲、和，舜察璣衡，紀數之書，觀象之器，法斯大顯。周禮春官馮相氏：「掌十有二歲、十有二辰、十日、二十有八星之位，辨其序事，以會天位。」蓋敬天授時，固宗伯職也。月會於辰而成月，日紀於星而成歲。馮相所掌，即唐、虞「日月星辰」之事明矣。夫「寅賓」之類，以測象日。「宅嵎夷」、「宅南交」、「宅西」、「宅朔方」，即後世里差之法。「星鳥」之類，以測象星，即後世歲差之法。「朞三百有六旬有六日，以閏月定四時成歲」，以測象月，即後世歲實及置閏之法。聖王觀象授時，皆隨時測驗，以合大易取象于革之義。厥後，春秋時置閏無法，食或違朔，兩紀「日南至」，先天者二三日。梓慎、裨竈、史墨之徒長於機祥，短於推步。漢初，猶踵前弊。東漢末，迄隋、唐，漸有改更。減斗分，始於劉洪。覺歲差，始於虞喜。知日月之不平行，始於張子信。去平朔，用定朔，始於李淳風。僧一行大衍推往古合朔，上符仲康時「季秋月朔，辰弗集房」之文，較諸家得之爲多。元之授時，成於郭守敬、許衡、王恂，革去術元日分不用，惟恃制器測景，順天求合，考正者七事，創法者五事，超軼諸家。明之大統，襲用授時，迄其末季，推步漸差，交食無效。時西法適來，講求雖切，終未施行。惟我聖祖仁皇帝，生知天縱，達象緯之理，探河、洛之精，定法著書，正百代之舊章，貽萬世之成憲，唐、虞典謨，莫能尚也。兹推本六經，以著其原；遞考累代，以窮其變；會歸本朝，以集其成。凡日月之纏離、交食，五星之遲疾、伏見，恒星之行而漸差，及受六曜之淩犯，皆有精算密合。惟太陽之本輪均輪〔一〕，由大而漸小；黄赤二道距

〔一〕「陽」，原作「陰」，據味經窩本、乾隆本、光緒本改。

度，由闊而漸狹，斯則天行之革，當隨時測驗焉，觀象者可以審所從事矣。

天行

易乾卦象傳：天行健，君子以自强不息。疏：萬物壯健，皆有衰怠，唯天運動，日過一度。蓋運轉混没，未曾休息，故云天行健。

程子易傳：乾道覆育之象甚大，非聖人莫能體，欲人皆可取法也，故取其行健而已。至健，固足以見天道也。

朱子本義：天一而已，但言天行，則見其一日一周，而明日又一周，非至健不能也。

語類：天運不息，非特四時爲然。雖一日一時，頃刻之間，其運未嘗息也。

李氏光地曰：重乾之卦，象天道之流行而不已也。以形言之，則日日而周；以氣言之，則歲歲而運；以其命言之，則「於穆不已」者是已。傳取天行之顯爲言，則氣與命皆在其中矣。

蕙田案：自地而上，皆天也。地爲至靜之體，以居人物，由是上之，愈遠則旋轉愈速。日月星麗乎天，終古旋轉不已者，天行至健，使之然也。昔人皆指恒星爲天，今西域言推步者，以爲恒星之上别有宗動天。據中庸云「日月星辰繫焉」，是恒星亦繫于天之象，而不可專目之爲天。至健者，乃天也，日月星之行，皆天行至健，使之旋轉不息，似不必更别爲之名矣。

附論天體廣袤里數：

淮南子天文訓：天去地五億萬里。

張衡靈憲：八極之維，徑二億三萬二千三百里。南北則短，減千里；東西則廣，增千里。自地至天，半於八極，則地之深亦如之。通而度之，則是渾已。將覆其數，用重句股，懸天之景，薄地之義，皆移千里而差一寸得之。過此而往者，未之或知也。未之或知者，宇宙之謂也。宇之表無極，宙之端無窮。

王充論衡：天行三百六十五度，積凡七十三萬里也。其行甚疾，無以爲驗，當與陶鈞之運、弩矢之流相類似乎？天行已疾，去人高遠，視之若遲。蓋望遠物者，動若不動，行若不行。

後漢郡國志注：帝王世紀曰：周天三百六十五度四分度之一，一度二千九百三十二里，周天積百七萬九百一十三里，徑三十五萬六千九百七十一里。

廣雅：天圜，南北二億三萬三千五百里七十五步，東西短，減四步，周六億十萬七百里二十五步。從地至天，億一萬六千七百八十七里半。下度地之厚，與天高等。

晉書天文志：洛書甄曜度、春秋考異郵皆云：「周天一百七萬一千里，一度爲二千九百三十二里七十一步二尺七寸四分四百八十七分分之三百六十二。」陸績云：「天東西南北徑三十五萬七千里。」

此言周三徑一也。考之徑一不啻周三，率周百四十二而徑四十五，則天徑三十二萬九千四百一里一百二十二步二尺二寸一分七十一分分之十。周禮：「日至之景尺有五寸，謂之地中。」鄭衆説：「土圭之長尺有五寸，以夏至之日立八尺之表，其景與土圭等，謂之地中。今潁川陽城地也。」鄭玄云：「凡日景于地，千里而差一寸，景尺有五寸者，南戴日下萬五千里也。」以此推之，日當去其下地八萬里矣。日邪射陽城，則天徑之半也。天體圓如彈丸〔一〕，地處天之半，而陽城爲中，則日春秋冬夏，昏明晝夜，去陽城皆等，無盈縮矣。以句股求弦法，得八萬一千三百九十四里三十步五尺三寸六分，天徑之半而地上去天之數也。倍之，得十六萬二千七百八十八里六十一步四尺七寸二分，天徑之數也。以周率乘之，徑率約之，得五十一萬三千六百八十七里六十八步一尺八寸二分，周天之數也。一度凡千四百六里二十四步六寸四分十萬七千五百六十五分分之萬九千四十九。

王氏應麟困學紀聞：三五曆紀：「天去地九萬里。」春秋元命包：「陽極於九，周天八十一萬里。」孝經援神契：「周天七衡六間，相去萬九千八百三十三里三分里之一，合十一萬九千里。從内衡以至中衡，中衡以至外衡，各五萬九千五百里。」關令内傳：「天地南午北子，相去九千萬里；東卯西酉，亦九千萬里；四隅空相去九千萬里；天去地四十千萬里。天有五億五萬五千五百五十里，地亦如之。各以四海爲脈。」周禮疏：「案考靈耀從上臨下八萬里。天以圓覆，地以方載。河圖括地象：西北爲天

〔一〕「天」，原脱，據光緒本、晉書天文志補。

門，東南爲地户。天門無上，地户無下，極廣長，南北二億三萬一千五百里，東西二億三萬三千里。」月令正義：「考靈耀云：一度二千九百三十二里千四百六十一分里之三百四十八。周天百七萬一千里，是天圓周之里數也。以圍三徑一言之，直徑三十五萬七千里，此二十八宿周迴直徑之數也。然二十八宿之外，上下東西各有萬五千里，是爲四遊之極，謂之四表。據四表之内，并星宿内總三十八萬七千里。天之中央上下正半之處，一十九萬三千五百里。地在於中，是地去天之數也。」安定胡先生云：「南樞入地下三十六度，北樞出地上三十六度，狀如倚杵，此天形也。一晝一夜之間，凡行九十餘萬里。人一呼一吸謂之一息，一息之間天行八十餘里。人之一晝一夜，有一萬三千六百餘息，是故一晝一夜而天行九十餘萬里。」致堂胡氏謂：「天雖對地而名，未易以智識窺，非地有方所可議之比也。」

明史天文志：日月五星各有一重天，其天皆不與地同心，故其距地有高卑之不同。其最高最卑之數，皆以地半徑準之。太陽最高距地爲地半徑者一千一百八十二，最卑一千一百零二。太陰最高五十八，最卑五十二。填星最高一萬二千九百三十二，最卑九千一百七十五。歲星最高六千一百九十，最卑五千九百一十九。熒惑最高二千九百九十八，最卑二百二十二。太白最高一千九百八十五，最卑三百。辰星最高一千六百五十九，最卑六百二十五。若欲得七政去地之里數，則以地半徑一萬二千三百二十四里通之。

江氏永曰：三角八線割圓之術，因七政之行度，比次其高下，而各重之天去地之數可得。即恒星以上無法可算者，亦可想而知矣。姑以太陽與土星兩重天言之，西史第谷測太陽行度，得其高卑之中處距地一千一百五十地半徑。夫地半徑一萬四千一百三十餘里，以一一五乘之，則日去地有一千六百二十五萬七千五百餘里。又地周九萬里，亦以一一五乘之，則日天之周一萬零三百五十萬里，可謂大矣，而猶未也。火木土三星之天皆在日天之上，而各星所行之歲輪，皆與日天等大，因其行歲輪一象限九十度視黄道上得幾何度，因以測其本輪、均輪、次輪之半徑，而知此星之天去地，視日天得若干倍，火星不及約半倍，木星不及約五倍，土星行歲輪九十度，其視度五度半有奇，其切線一萬零四百有奇。夫輪之半徑十萬，而五度半有奇之切線一萬零四百有奇，則不止十之一，其視日天之高十倍有奇矣。又設土星行最高而當合伏，其距地心一十一萬六千一百一十七有奇，以太陽本天比例爲十一倍又一三七三二四，地半徑有一萬二千八百零八弱，則土星最高而合伏，距地蓋一萬八千零九十七萬餘里矣。此以星行度實算得之，非荒唐之比也。土星之高已如此矣，而恒星之天又在土星之上，雖無歲輪可測算，而以右旋之遲速約略計之，日一歲而一周，火星二年弱一周，高于日天半倍弱；木星十二年弱一周，高于日天不及五倍；土星二十九年半一周，高于日天不啻十倍；恒星右旋二萬五千餘年一周，則高于日天甚遠可知矣。

唐書天文志：吴中常侍王蕃考先儒所傳，以戴日下萬五千里爲句股，斜射陽城，考周徑之率以揆天度，當千四百六里二十四步有餘。今測日晷，距陽城五千里已在戴日之南，則一度之廣皆三分減二，南北極相去八萬里，其徑五萬里。宇宙之廣，豈若是乎？然則蓄之術，以蠡測海者也。古人所以恃句股術，謂其有證於近事，顧未知目視不能及遠，遠則微差，其差不已，遂與術錯。原古人所以步圭影之意，將以節宣和氣，輔相物宜，不在於辰次之周徑。其所以重曆數之意，將欲恭授人時，欽若乾象，不在於渾、蓋之是非。若乃述無稽之法，於視聽之所不及，則君子當闕疑而不議也。王仲任、葛稚川之徒，區區于異同之辨，何益人倫之化哉？

續文獻通考：天度不可以里數論，凡圜皆三百六十度，在地面一度爲二百里，在天則距地愈遠而其度愈闊。月天最卑，距地最近者爲地半徑五十倍有餘，則一度已爲一萬餘里。馬端臨考引帝王世紀「一度二千九百三十二里，周天一百七萬九百一十三里」，其亦不足據矣。

蕙田案：中庸之言天也，曰及其無窮。無窮之云，盡之矣。日月星辰，天之垂象也。有象可覩，則有數可推。列宿七曜之係乎天，高下不同，而昔人之言天者，或遠或近，專指日之天乎？抑合日月星辰共繫一重天乎？以今日實測校之，古人固甚懸殊。然昔之衆説紛然，各有里步尺寸之數，推至微芒，則亦各有測驗折算之法。法有疏密，是以不等。總之無關理要，存而勿論可也。孟子有曰：

「天之高也，星辰之遠也。」夫以至高至遠，而一日一周，則速甚於流矢飛礮。以今法計日之行，一息之間，七八千里，又不止如胡氏所云八十餘里也。此非所謂天行健乎？唐書天文志獨持正論，可以爲前後之折衷云。

觀承案：天大無外，原不可以道里計度數求。今所算者，就日月星辰有形象處推測之耳。日月星辰，皆天之文，恒星固非天之體矣。若恒星之上，無形無象，渾然一天而已，豈可復以重數分乎？新法過於求密，又於其中分爲宗動天與靜天爲二，亦太鑿矣。且聖人所以觀象授時者，無非節宣和氣，輔相物宜，以爲民生日用之常經耳。其於視聽所不及者，豈肯妄爲論說以誣民哉？唐志所論，最爲明確，蓋出歐公之筆。歐公持論，每多正當不刊，實超出五行、天官諸家之上也。

右天行

天九重

屈子天問：圜則九重，孰營度之？惟茲何功，孰初作之？

朱子曰：離騷有九天之説，注家妄解云有九天，據某觀之，只是九重。蓋天運行有許多重數，裏面重數較軟，在外面則漸硬，想到第九重，只成硬殼相似，那裏轉得又愈緊矣。

明史天文志：楚詞言「圜則九重，孰營度之」，渾天家言「天包地如卵裏黃」，則天有九重，地爲渾圓，古人已言之矣。西洋之説，既不背於古，而有驗於天，故表出之。其言九重天也，曰最上爲宗動天，無星辰，每日帶各重天，自東而西左旋一周，次曰列宿天，次曰填星天，次曰歲星天，次曰熒惑天，次曰太陽天，次曰金星天，次曰水星天，最下曰太陰天。自恒星天以下八重天，皆隨宗動天左旋。然各天皆有右旋之度，自西而東，與蟻行磨上之喻相符。

新法曆書：周天諸曜，位置有高庳，包函有内外，去人有遠近。第一最近爲太陰，太陰能食日，能掩他星，他星不能掩太陰。第二爲水星，第三爲金星，第四爲太陽，第五爲火星，第六爲木星，第七爲土星，第八爲恒星，第九爲宗動天，中世於恒星天上，又增東西歲差一天，南北歲差一天，共爲十一重天。此歌白泥所定也，近第谷以來不復用之。恒星本天在七曜天之上者，其一，緯星能掩恒星，恒星不能掩緯星。其一，緯星有地半徑之差，各去地有遠近，而差有多寡。恒星無地半徑差，以較緯星必爲極遠極高，其視地球正爲一點也。

梅氏文鼎疑問：問：傳言「日月星辰繫焉」，而今謂七政各有一天，何據？曰：屈子天問「圜則九重，孰營度之」，則古有其語矣。七政運行，各一其法，此其説不始西人也。西人之説，則謂日月五星各麗一天而有高下，其天動，故日月五星動，非七政之自動也。且既各麗一天，則皆天也，雖有高下，而總一渾灝之體，於中庸所謂「繫焉」者，初無牴牾也。然則何以知其有高下？此亦古所有，但言之未詳耳。古今曆家皆言，月在太陽之下，故月體能蔽日光，而日爲之食，是日高月下、日遠月近之證也。又步日食者，以交道表裏而論其食分，隨地所見，深淺各異。故此方見食既者〔一〕，越數千里而僅虧其半，古人立法謂之東西南北差，是則日之下月之上相距甚遠之證也。又月與五星，皆能掩食恒星，是恒星最在上，而於地最遠也。月又能掩食五星，是月最在下，而於地最近也。五星又能互相掩，是五星在恒星之下月

〔一〕「故」，原作「考」，據光緒本、曆學疑問卷二改。

之上，而其所居又各有高下，於地各有遠近也。嚮使七政同在一規，而無高下之距，則相遇之時必相觸擊，何以能相掩食而過乎？是故居七政之上，最近大圜，最遠於地者，爲恒星。恒星之下，次爲土星，又次爲木星，次爲火星，次爲太陽，爲金，爲水，最近於地者爲月。以視差言之，與人目遠者視差微，近則視差大，故恒星之視差最微，以次漸增至月，而差極大也。以行度言之，近大圜者爲動天所掣，故左旋速，而右移之度反遲，故左旋之勢，恒星最速，以次漸遲，至月而爲最遲也。右移之度，恒星最遲，以次漸速，至月而反最速也。是二者宛轉相求，其數巧合，高下之理，可無復疑。夢溪筆談以月盈虧，明日月之形如丸，可謂明悉。而又以問者之疑其如丸則相遇而相礙，故輒漫應之曰日月氣也，有形無質，故相值而無礙。此則未明視差之理，爲智者千慮之失。

蕙田案：七政各有一天，天動而七政隨之，各有所行之道。各有所行之道，則各有一極，故七曜左旋，非七曜自旋，其極順天左旋也。至於迴環右轉，極未嘗逆移，其本天斜動，則其道側溯而右也。其遲速不等，則因天有重數之故。古人定爲九重，天自爲天，太虛無窮，一也；恒星，二也；鎮星，三也；歲星，四也；熒惑，五也；太陽，六也；太白，七也；辰星，八也；太陰，九也。皆成大圜，而其行有法，故曰圜則九重。則，法也。朱子謂外第九重轉得愈緊，其理誠然。惟在外左旋勢緊，故在内各天左轉之機漸近而漸舒，右轉之勢反漸疾，皆重數使之然也。

又案：歐邏巴十二重天之説，恒星、七曜而外，曰東西歲差，曰南北歲差，曰宗動，曰常靜。歲差二重，步算家不用，梅勿菴亦嘗疑其不足據，而信宗動、常靜爲近理。北極赤道，繫之宗動天者也。雖去歲差二重，而顯然可指數猶十重，何以古人但言九天？蓋太虚無窮，十與十二，皆不足以盡之。天數極於九，恒星、七曜適有八重，併其遠而無所至極者爲九，乃至健之天也。至健運行，以北辰爲之樞紐，以赤道爲之中紘，既動而不息，亦静而有常，大易所謂天行健，魯論所謂居其所，其動静合一之理乎？

觀承案：天一而已，安得有許多重數？然以恒星、七政各行一重天而爲八，則并太虚天體一重而爲九。古語「圜則九重」，自然穩確。西法乃於太虚天中分静天與宗動爲二重，又於恒星天上分出東西差、南北差爲二，則有十二重天矣。歐邏巴之説，豈非鑿空已甚乎？今能一一爲之折其中，當爲曆家不刊之定論也。

右天九重

天地之體

易説卦傳：乾爲天，爲圜。疏：天動運轉，故爲圜也。坤爲地。

繫辭傳：天尊地卑，乾坤定矣。卑高以陳，貴賤位矣。注：天尊地卑之義既列，則涉乎萬物，貴賤之位明矣。動静有常，剛柔斷矣。注：剛動而柔止也。動止得其常體，則剛柔之分著矣。方以類聚，物以群分，吉凶生矣。注：方有類，物有群，則有同有異，有聚有分也。順其所同則吉，乖其所趣則凶，故吉凶生矣。在天成象，在地成形，變化見矣。注：象況日月星辰，形況山川草木也。懸象運轉以成昏明，山澤通氣而雲行雨施，故變化見矣。

法象莫大乎天地，變通莫大乎四時，懸象著明莫大乎日月。

天地之道，貞觀者也。日月之道，貞明者也。天下之動，貞夫一者也。

禮記中庸：今夫天，斯昭昭之多，及其無窮也，日月星辰繫焉，萬物覆焉。今夫地，一撮土之多，及其廣大，載華嶽而不重，振河海而不洩，萬物載焉。注：昭昭猶耿耿，小明也。振猶收也。

大戴禮記：單居離問於曾子曰：「天圓而地方者，誠有之乎？」曾子曰：「天之所生上首，地之所生下首。注：人，首圓足方，因繫之天地。上首之謂員，下首之謂方。參嘗聞之夫子曰：『天道曰圓，地道曰方。』」道曰方圓耳，非形也。

素問：黄帝曰：「地之爲下，否乎？」岐伯曰：「地爲人之下，太虛之中也。」曰：「憑乎？」曰：「大氣舉之也。」

邵子觀物篇：曰：天何依？曰：依地。地何附？曰：附天。曰：天地何所依附？曰：自相依附。

朱子曰：氣之清者，便爲天，爲日月爲星辰，只在外常周環運轉。地便只在中央不動，不是在下。天運不息，晝夜輥轉，故地榷在中間，使天有一息之停，則地須陷下。

周髀算經：春分之日夜分以至秋分之日夜分，極下常有日光。春秋分者，晝夜等。春分至秋分，日内近極，故日光照及也。秋分之日夜分以至春分之日夜分，極下常無日光。秋分至春分，日外遠極，故日光照不及也。冬至夏至者，日道發斂之所生也。發猶往也，斂猶還也。故日運行處極北，北方日中，南方夜半。日在極東，東方日中，西方夜半。日在極南，南方日中，北方夜半。日在極西，西方日中，東方夜半。凡此四方者，晝夜易處，加四時相及，然其陰陽所終，冬至所極，皆若一也。天象蓋笠，地法覆槃。見乃謂之象，形乃謂之法，在上故準蓋，在下故擬槃。象法義同，蓋槃形等，互文異器，以别尊卑。仰象俯法，名號殊矣。

梅氏文鼎曰：周髀算經雖未明言地圓，而其理其算，已具其中矣。試略舉之。周髀言北極之下，以春分至秋分爲晝，秋分至春分爲夜，蓋惟地體渾圓，故近赤道則晝夜之長短漸平，近北極則晝夜長短之差漸大，推而至北極之下，遂能以半年爲晝，半年爲夜矣。若地爲平面，則南北晝夜皆同，安得有長短之差隨北極高下而異乎？一也。周髀又言，日行極北，北方日中，南方夜半；日行極東，東方日中，西方夜半；日行極南，南方日中，北方夜半；日行極西，西方日中，東方夜半。蓋惟地體渾圓，與天體相似，太陽隨天左旋，繞地環行，各以其所到之方，正照而爲日中正午，其對衝之方在地影最深之處，而即爲夜半子時矣。假令地爲平面，東西一望皆平，則日一出地，而萬國皆曉，日一入地，而八表同昏，安得有時刻先後之差而且有此方日中彼爲夜半者乎？二也。周髀又言，北極之下，不生萬物，北極左右夏有不釋之冰，物有朝耕暮穫；中衡左右，冬有不死之草，五穀一歲再熟。蓋惟與天同爲渾圓，故易地殊觀，而寒暑迥别。北極下地，即以北極爲天頂，而太陽周轉，近於地平，陽光希微，不能解凍，萬物不生矣。其左右猶能生物。而以春分至秋分爲晝，故朝耕而暮穫也。若中衡左右，在赤道下，以赤道爲天頂，春分時日在赤道，其出正卯入正酉，並同赤道，正午時日在天頂，其熱如火，即其方之夏。春分以後，日軌漸離赤道而北，至夏至而極，其出入，並在正卯酉之北二十三度半有奇，正午時亦離天頂北二十三度半奇，其熱稍減，而涼氣以生，爲此方之秋冬矣。自此以後，又漸向赤道行，至秋分日，復在赤道出入正卯酉，而正過天頂，一如春分，熱之甚亦如之，則又爲其方之夏矣。秋分後，漸離赤道而南，直至冬至，又離赤道南二十三度半奇，而出入在正卯酉南，正午亦離天頂南並二十三度半奇，氣候復得稍涼，又爲秋冬，是故冬有不死之草，而五穀一歲再熟也。又其方日軌每日左旋之圈度，並與赤道平行，而終歲晝夜皆平。上條言地近赤道而晝夜之差漸平，以此故也。赤道既在天頂，則北極南極俱在地平可見。然但言北極，不言南極者，中土九州在赤道北，聖人觀象，祇據所見之北極出地，而精其測算，即南極可以類推。然又言北極下地高旁陀四隤而下，即地圓之大致可見，非不知地之圓也。即如日月交蝕常在朔望，則日食時日月同度，爲月所掩，亦易知之事，而春秋、小雅但云日有食之。古聖人祇舉其可見者爲言，皆如是也。

李氏光地曰：天圓地方之説，蓋以動静體性言之，實則形氣渾淪相周，古人卵中裹黄之喻是已。術家又以地平爲説，亦即目所察，天在地之上下隱顯各半，而名之爾。夫至順極厚，非方非平，高下相循，渾淪旁薄者，地之本體然也。其南北兩端，以去日遠近爲寒暑之差，東西以見日早晚爲晝夜之度。東之夜，乃西之晝；南之暑，乃北之寒也。如是則東西南北安有一定之中？南北或以極爲中，或以赤道爲中者，亦天之中，非地之中也。此理周髀言之至悉，而漢氏以下莫有知者。近新天文家侈爲獨得，痛詆前説，幾數萬言，惜乎無以髀蓋之曆告之者。

觀承案：西法之與古合，不獨一二端也。凡今西人所詫爲獨得者，昔之聖人固知之，而有宋大儒亦已明言之矣。如以地爲渾體，南北東西隨處改移者，即程子地形有高下，無適而不爲中之謂也。又云日月五星，各行一重天，即朱子天運行有許多重數之謂也。其云宗動天行有常度，故恒星東移而爲歲差之根，則朱子要當先論太虚天行之論已該之矣。其曰日月五星各有一輪，亦即朱子大輪小輪有急有慢之謂也。又曰月與五星，有本輪，又有次輪，本輪以從天，次輪以法日，即邵子星法月、月法日、日法天、星月法天又法日之謂也。又如九執、回回等書，以整數三百六十度紀周天之行而不用奇零，其實邵子元會運世之法已然。蓋本之大易，凡三百有六十當朞之日，而定爲整數，非預襲乎西法也。又曰金水與日同天，而其兩輪包日，是即張子金水附日、前後進退而行之謂也。是知儒者之學，原無所不包，蓋理明則象數自該，特膚學或未之思耳。

續文獻通考：地圓之説，以古八寸之尺而言。南行二百五十里，而北極低一度。北行二百五十里，而北極高一度。若以今十寸之尺而論，則二百里而差一度。地全周三百六十度爲七萬二千里，全徑爲二萬二千九百一十八里又十分里之三，半徑爲一萬一千四百五十九里又二十分里之三。以圓三徑一約略計之，則地之全徑爲二萬四千里，半徑爲一萬二千里也。又東西亦二百五十里而差一度，乃以赤道下地之大徑而言。若赤道南北，則其度漸狹，至南北極之下，則三百六十度止一轉丸而已。

李氏光地曰：里差之説，具于周髀，而其學不傳已數千載。郭太史分方測候二十七處，其於里差詳焉。新法以地爲圓體，南北東西隨處轉移，故南北則望極有高下，東西則見日有早莫。望極有高下，而節氣之寒暑因之矣。見日有早莫，而節氣之先後因之矣。推之四海而外，四方上下，可以按度而得其算，揆象而周其變。其説與周髀合。

梅氏文鼎曰：南行二百五十里，則南星多見一度，而北極低一度。北行二百五十里，則北極高一度，而南星少見一度。若地非正圓，何以能然？至於水之爲物，其性就下，四面皆天，則地居中央爲最下，水以海爲壑，而海以地爲根，水之附地，又何疑焉？所疑者，地既渾圓，則人居地上不能平立也。然吾以近事徵之，江南北極高三十二度，浙江高三十度，相去二度，則其所戴之天頂即差二度。江南天頂去北極五十八度，浙江天頂去北極六十度。各以所居之方爲正，則遥看異地，皆成斜立。又況京師極高四十度，瓊海極高二十度，京師以去北極五十度之星爲天頂，瓊海以去北極七十度之星爲天頂。若自京師而觀瓊海，其人立處，皆當傾跌。瓊海望京師亦復相同。而今不然，豈非首戴皆天，足履皆地，初無欹側，不憂環立歟？然則南行而過赤道之表，北遊而至戴極之下，亦若是已矣。

觀承案：西法實多創論，爲舊法所未及，然有言之太過處。夫謂地體渾圓，各以戴天爲天，履地爲地，但就地之南北東西論其高下殊觀之勢則可耳，至謂四方上下各有國土人居，而連上下言之，則荒誕之説也。據其法，亦有北極之下不生草木之云，可知不生草木即不能有國土人居矣。

江氏永曰：地爲圓形，周圍九萬里。南北則以二極之低昂而知之，南北行二百五十里，極高下差一度。東西則以月食之蚤晚而知之，地赤道經東西相距七千五百里，則月食先後差一時。此惟善測者能信。地之綿亘甚廣，其圓也以漸，人雖繞地行一周，恒以足履地，首戴天，必無倒立之時。水之附地而繞，亦猶是也。今試汎舟於江湖，登舟之高處望之，水之來不見其端，水之去不見其尾，但覺微有灣環之形，惟舟所到，即是高處，此何也？人目能望數十里，此數十里即以漸而圓故也。而地圓之最可見者，如月食於地景，月之虧必作灣形，由地景圓故也。使地不圓，何以有此圓景乎？易大傳曰：「坤至靜而德方。」中庸曰：「振河海而不洩。」皆地圓之證也。方言其德，則形體非方可知矣。水附於地而流，地振之而不洩，則地面四周有水，非是水載可知矣。

蕙田案：西域本法，每年三百六十五日，四年而閏一月，即漢時四分曆法，周髀之經歲是也。其言地圓，亦皆周髀之緒餘，則其法之本于中法明矣。

右天地之體

北極

論語：子曰：「爲政以德，譬如北辰，居其所而衆星共之。」注：包曰：「德者無爲，猶北辰之不移而衆星共之。」

朱子集注：北辰，北極，天之樞也。居其所，不動也。共，向也，言衆星四面旋繞而歸向之也。

語類：「北辰是那中間無星處，這些子不動，是天之樞紐。北辰無星，緣人要取此爲極，不可無箇記認，就其旁取一小星謂之極星。這是天之樞紐。」問：「極星動不動？」曰：「也動。只是近那辰，雖動不覺。」又曰：「未嘗不動，而動于其所，故注謂之不動。」

邵子曰：天之無星處皆辰。

爾雅釋天：北極謂之北辰。

蕙田案：北極，天之至中，謂之辰者，無星而有其位也。北極正相對爲南極。二極之中紘，古今皆謂之赤道，去南北極四周皆平等。日月星八重之天，循黄道而行，各有所行之道，南北不定，惟赤道爲一定之界。七曜各有一道，則各有一極，其極皆動移，而惟北極不動。赤道云者，赤猶空也，空設此道，以判南北，七政不附麗而行也。北辰，今謂之赤極，言其爲赤道之極云耳。俗言赤手赤貧，皆取空義。

隋書天文志：北極五星，鈎陳六星，皆在紫宫中。北極，辰也。其紐星，天之樞也。天運無窮，三光迭耀，而極星不移，故曰「居其所而衆星共之」。賈逵、張衡、蔡邕、王蕃、陸績皆以北極紐星爲樞，是不動處也。祖暅以儀準候不動處，在紐星之末猶一度有餘。

宋史天文志：沈括議曰：前世皆以極星爲天中，自祖暅以璣衡窺考天極不動處，乃在極星之末猶一度有餘。臣考驗極星更三月，而後知天中不動處遠極星乃三度有餘。

蕙田案：極星離北辰遠近，自祖暅始考之。祖氏測離一度有餘者，梅氏文鼎以爲真度恐未及一度；宋沈氏測離三度有餘者，梅氏以爲在二度左右，皆言其所用儀器，測有未確。元志郭守敬測極星離不動處三度。若夫極星所以動移，由於恒星差，言歲差者所當知也。

晉書天文志：劉洪曰：周天三百六十五度五百八十九分度之百四十五，半覆地上，半在地下。其二端謂之南極、北極。北極出地三十六度，南極入地三十六度，兩極相去一百八十二度半彊。繞北極徑七十二度，常見不隱，謂之上規。繞南極七十二度，常隱不見，謂之下規。

李氏光地曰：上規下規之中，相去一百餘度，其最中爲天之紘帶。紘之内外三十度許，爲日月五星之行，謂之中規。

戴氏震曰：上下規隨地不同，南行二百餘里，北極差低一度，其上下規周圍各減小一度。北行二百餘里，北極差高一度，其上下規周圍增大一度。凡增減一度，於徑爲二度。唐以後測北極始詳，地體渾圜與天相應，此其明徵也。

右北極

黄極

周髀算經：欲知北極樞璿，周四極，極中不動，璿璣也。言北極璿璣周旋四至。極，至也。常以夏至夜半時，北極南遊所極。游在樞南之所至。冬至夜半時，北游所極。游在樞北之所至。冬至日加酉之時，西游所極。游在樞西之所至。日加卯之時，東游所極。游在樞東之所至。此北極璿璣四游，正北極璿璣之中，正北天之中。

戴氏震曰：今人所謂赤極者，即魯論之北辰、周髀之北極樞也。今所謂黄極者，黄道之極，即周髀之北極璿璣也。虞書察璿璣玉衡，以齊七政，蓋設璿璣以擬黄極，故周髀即以璿璣爲黄極之名。或言古人不知有黄極，非也。黄極、赤極，古通曰北極而已。此云北極南游，則專指黄極爲北極，而赤極乃謂之正北極。黄極每晝夜環繞赤極一周，而又過一度，冬至夜半，黄極在赤極下正北之位，是爲北游所極；卯時在赤極左正東之位，是爲東游所極；午時在赤極上正南之位，是爲南游所極；酉時在赤極右正西之位，是爲西游所極：此一日之四游所極也。冬至夜半，起于正北一周，而過一度，雖每日之推移甚微，漸進而至四分周之一，則春分夜半實爲東游所極，故夏至夜半南游所極，秋分夜半乃西游所極，此一歲之四游所極也。古者冬夏致日，但舉二至，則二分可知，又錯舉冬至卯酉，則每日皆可知矣。日月星隨天左旋，實由於黄極環繞赤極，爲左旋之根。周髀數言，其虞書之義疏乎？璿璣玉衡之制，可因是而推求矣。

蕙田案：古人十二月建，當因黄極之一歲而周四游定名。試以赤極爲中，子午卯酉正嚮順布，均分十有二宫，冬至夜半黄極在正北子位，是爲建子。每晝夜一周，又過一度。古度法。小寒則過丑宫，大寒正當丑位，是爲建丑。立春過寅宫，雨水正當寅位，是爲建寅。驚蟄過卯宫，春分當正東卯位，是爲建卯。清明過辰宫，穀雨正當辰位，是爲建辰。立夏過巳宫，小滿正當巳位，是爲建巳。芒種過午宫，夏至當正南午位，是爲建午。小暑過未宫，大暑正當未位，是爲建未。立秋過申宫，處暑正當申位，是爲建申。白露過酉宫，秋分當正西酉位，是爲建酉。寒露過戌宫，霜降正當戌位，是爲建戌。立冬過亥宫，小雪正當亥位，是爲建亥。大雪過子宫，冬至復於建子。如此終古不變，非若斗杓所指隨歲差改移也。

正極之所游，冬至日加酉之時，立八尺表，以繩繫表顛，希望北極中大星引繩致地而識之。顛，首。希，仰。致，至也。識之者，所望大星、表首及繩至地參相直而識之也。又到旦明日加卯之時，復引繩希望之。首及繩致地而識其端，其兩端相去正東西，以繩至地，所謂兩端相直爲東西之正也。中折之，以指表正南北。所識兩端之中與表爲南北之正。加此時者，皆以漏揆度之。冬至日加卯酉者，北極之正東西，日不見矣。以漏度之者，一日一夜百刻，從半夜至日中，從日中至夜半，無冬夏，常各五十刻，中分之，得二十五刻，極加卯酉之時。揆亦度也。

戴氏震曰：正極之所游者，正猶定也，準也。近冬至前後，卯酉見星，故於是時希望以定東西南北。四嚮既準，即黄道之四游所極也。其距赤極之度，恒如黄道距赤道最遠之度，二至太陽行黄道距赤道二十三度奇，步算家所謂黄赤距緯者是。

宋書天文志：吴太常姚信造昕天論，曰：「嘗覽漢書云：冬至日在牽牛，去極遠；夏至日在東井，去極近。欲以推日之長短，信以太極處二十八宿之中央，雖有遠近，不能相倍。」今昕天之説，以爲冬至極低，而天運近南，故日去人遠而斗去人近。夏至極起，而天運近北，斗去人遠，日去人近。極之起時，日行地中淺，故夜短。極之低時，日行地中深，故夜長。

蕙田案：漢書所謂去極遠近者，其極，赤極也。姚信所謂太極處二十八宿之中央而有時低有時起者，其極，黄極也。冬至夜半，黄極正值子位，在赤極下，是爲極低。日去黄極四分天周之一，去赤極又加二十三度奇，是以日行近南。夏至夜半，黄極正值午位，在赤極上，是爲極起。日去黄極四分天周之一，去赤極則減二十三度奇，是以日行近北。赤極所謂北辰常不動者也。黄極每晝夜環繞赤極，而又過一度，則隨四時而遞改，故冬夏至之夜半，或低或起不同。日近北則行地中淺，近南則行地中深，此中土地勢然耳。若赤道之下，四時之晝夜皆平，蓋南北地勢，晝夜不同，寒暑亦異，繫乎赤道之南北二極者也。姚信昕天論偶然得解，未深究。赤極黄極之分，及赤道黄道運旋之所以然，當時概以好奇目之，是以黄道之南北兩極，周髀而外，鮮有能推明者矣。姑附其説論之。

江氏永曰：太陽若宗北極，則恒行赤道，無寒暑進退，何以能生萬物？有北極赤道，又有黄極黄道，所以能成變化也。蓋北極，體也；黄極，用也。北極爲心，黄極繞之而成圈，則又未嘗不宗北極也。

右黄極

月五星恒星之極

李氏光地曰：西法有赤極，又有黄極，愚嘗妄意不獨黄有極耳。自恒星以至月，天皆有極也。蓋樞紐長繫者，惟宗動爲然。觀極星之離樞漸遠，則恒星又有極可知矣，日月五星則其明著者也。

江氏永曰：七政各行一道，即各有所宗之極。北極爲心，黄極環繞而成一圈。月與五星之極，皆以黄極爲心，各環之而成小圈。水星圈最大，月次之，金次之，土次之，火次之，木次之，皆載於黄極圈之上，各有條理。小圈自内而外，由近而遠，木、火、土、金、水似順五行相生之序，月亦水類，在金水之間。

觀承案：九重天内，五星惟鎮星最在上，則從上數下，當爲土、木、火、金、水。今依江氏此説，又似鎮星在火下，故爲木、火、土、金、水而順五行相生之序，然則重數之次序，原無一定，可意爲之矣，其然乎？

右月五星恒星之極

左旋右旋

後漢書志：天之動也，一晝一夜而運過周，星從天而西，日違天而東。日所行與運周，在天成度，在曆成日。日月相推，日舒月速，當其同所〔一〕，謂之合朔。舒先速後，近一遠三，謂之弦。相與爲衡，分天之中，謂之望。以速及舒，光盡體伏，謂之晦。日月之行，則有冬有夏；冬夏之間，則有春有秋。故日行北陸謂之冬，西陸謂之春，南陸謂之夏，東陸謂之秋。日道發南，去極彌遠，其景彌長，遠長乃極，冬乃至焉。日道斂北，去極彌近，其景彌短，近短乃極，夏乃至焉。二至之中，道齊景正，春秋分焉。

〔一〕「所」，諸本脱，據後漢書律曆志下補。

極建其中，道營於外，璇衡追日，以察發斂，光道生焉。孔壺爲漏，浮箭爲刻，下漏數刻，以考中星，昏明生焉。日有九道，月有九行，九行出入而交生焉。朔會望衡，鄰於所交，虧薄生焉。

戴氏震曰：日違天而東者，寒暑發斂之所以然。恒星亦有東移之度，但所差甚微，幾於不覺，乃歲差之所以然。漢人未知歲差，故云星從天而西耳。若考其實理，則觀於晝夜，日月星皆從天而西，宗北極也；觀於發斂出入，日月星皆違天而東，宗黄極也。

蕙田案：日月五星右旋，漢以後算家並同。

又案：以上論日月星右旋。

宋書天文志：夏曆以爲列宿日月皆西移〔一〕，列宿疾而日次之，月最遲，故日與列星昏俱入西方。後九十一日，是宿在北方；又九十一日，是宿在東方；九十一日，在南方。此明日行遲於列宿也。月生三日，日入而月見西方；至十五日，日入而月見東

〔一〕「以爲」，諸本脱，據宋書天文志補。

方；將晦，日未出，乃見東方。以此明月行之遲於日，而皆西行也。

蕙田案：列宿日月西移者，晝夜之象也。以晝夜言，日行速於月。宋儒日月星並左旋之説，同此。

劉向五紀論：洪範傳曰：晦而月見西方謂之朓，朓，疾也。朔而月見東方謂之側匿，側匿，遲不敢進也。星辰西行，史官謂之逆行。此三説夏曆皆違之，迹其意，好異者之作也。

唐書：大衍曆議：日月合度謂之朔。無所取之，取之蝕也。昔人考天事，多不知定朔。假蝕在二日，而常朔之晨，月見東方；食在晦日，則常朔之夕，月見西方，理數然也。而或以爲朓朒變行，或以爲曆術疏闊，遇常朔朝見則增朔餘，夕見則減朔餘，此紀曆所以屢遷也。春秋日食不書朔者八，公羊曰：「二日也。」穀梁曰：「晦也。」左氏曰：「官失之也。」劉孝孫推俱得朔日，以丘明爲是，乃與劉焯皆議定朔，爲有司所抑，不得行。傅仁均始爲定朔，而曰「晦不東見，朔不西朓」。

梅氏文鼎曰：月之行有遲疾，日之行有盈縮，皆有一定之數，故可以小輪爲法也。而古惟平度，於是占家曰晦而月見西方謂之朓，朓則侯王其舒；朔而月見東方謂之仄慝，仄慝則侯王其肅。

戴氏震曰：案夏曆云「月生三日見西方」，即禮記所謂三日而成魄，揚雄所謂月未望則載魄于西是也，本不指晦爲言。夏曆云：「將晦，日未出乃見東方。」即揚雄所謂既望則終魄于東是也，亦非指晦。至若朓與側匿逆行之説，則由不知日月五星有高下迴環之行，以生遲疾留逆，而誤以爲平行，占家之妄也。劉向所舉三事皆失理，其致辨夏曆者又非夏曆本意。

張子正蒙：天左旋，處其中者順之，少遲則反右矣。

朱子語類：問：「天道左旋，自西而東，日月右行，則如何？」曰：「横渠説日月皆是左旋，説得好。蓋天行甚健，一日一夜周三百六十五度四分度之一，又進過一度，日行速健，次於天，一日一夜周三百六十五度四分度之一，正恰好比天進一度，則日爲退一度，二日天進二度，則日爲退二度，積至三百六十五日四分日之一，則天所進過之度又恰周得本數，而日所退之度亦恰退盡本數，遂與天會而成一年。月行遲，一日一夜三百六十五度四分度之一，行不盡，比天爲退十三度有奇。進數爲順天而左，退數爲逆天而右。」

蕙田案：步算家據列宿以考七政行度，故指列宿爲天。夏曆但言列宿，不曰天，最分明。蓋一晝夜一周天而常過一度者，列宿也。天至健，不可以周計。列宿七曜因天旋轉，猶舟浮於水，順流而下。舟行各有遲疾，皆可里計。水流之遲疾，則無從里計者也。月行不及十三度奇者，不及列宿也。若論太虚中，從起處起而復于其處，則一晝夜僅差十二度奇，爲不及天周，至列宿西移而過滿一歲之日所進過之度，幾及一周而微差，此云所進過之度恰周得本數者，約舉成數而言，未計歲差故也。

問：「經星左旋，緯星與日月右旋，是否？」曰：「今諸家皆如此說。横渠說天左旋，日月亦左旋，看來横渠之説極是，只恐人不曉。所以詩傳只載舊說。」或曰：「此亦易見，如以一大輪在外，一小輪載日月在内，大輪轉急，小輪轉慢，雖都是左轉，只有急有慢，便覺日月是右轉。」曰：「然。」

又曰：「天道左旋，日月星並左旋。星不是貼天，天是陰陽之氣在上面，下人看見星隨天去耳。」

蕙田案：朱子此條，别天與列宿五星，不使混同。然則謂天左旋一周而過一度者，特仍步算家之舊耳。

蔡氏沈曰：天體至圓，周圍三百六十五度四分度之一，繞地左旋，常一日一周而過一度。日麗天而少遲，故日行一日，亦繞地一周，而在天爲不及一度。月麗天而尤遲，一日常不及天十三度十九分度之七。

明史天文志：帝與群臣論天與七政之行，皆以蔡氏左旋之說對。帝曰：「朕自起兵以來，仰觀乾象，天左旋，七政右旋，曆家之論，確然不易，爾等猶守蔡氏之説，豈所謂格物致知之學乎？」

蕙田案：蔡氏説本之張子、朱子，明太祖以爲非。在今日，則左旋爲儒者之説，右旋爲曆家之説。夫日月五星，附麗於天，何至與天行相反？故以爲順天左旋，況晝夜見之，左旋不已也。此儒者所守之理。及執策推數、立表驗晷，日有發斂，月五星有内外，出入不同一道，不宗一極。逆溯者乃其實象，初非以進爲退，取便積算也，故斷然以爲右旋。此曆家所守之實。今以黄極環繞明左旋之理，以黄道側遡明右旋之實，二説並行而不悖矣。附此兩條以備參考。

梅氏文鼎疑問：問：天左旋，日月五星右旋，中西兩家所同也。自横渠張子有俱左旋之説，而朱子、蔡氏因之，近者臨川揭氏、建寧游氏又以槽丸盆水譬之，此孰是而孰非？曰：皆是也。七曜右旋，自是實測，而所以成此右旋之度，則因其左旋而有動移耳。何以言之？七曜在天，每日皆有相差之度，曆家累計其每日差度，積成周天。中西新舊之法，莫不皆然。夫此相差之度，實自西而東，故可以名之右旋。然七曜每日皆東升西降，故又可以名之左旋。西法謂七曜皆有東西兩動，而並出於一時，蓋以此也。夫既云動矣，動必有所向，而一時兩動，其勢不能，古人所以有蟻行磨上之喻，而近代諸家又有人行舟中之比也。七曜如人，天如舟，舟揚帆而西，人在舟中向舟尾而東行，岸上望之，則見人與舟並西行矣。又天之東升西没，自是赤道；七曜之東移於天，自是黄道。兩道相差南北四十七度。自短規至長規合之得此數。雖欲爲槽丸盆水之喻，而平面之行與斜轉之勢終成疑義，安可以遽廢右旋之實測而從左轉之虚理哉？然吾終謂朱子之言不易者，則以天有重數耳。曰：天有重數，何以能斷其爲左旋？曰：天雖有層次以居七曜，而合之總一渾體，故同爲西行也。同爲西行矣，而仍有層次以生微差，層次之高下各殊，則所差之多寡亦異，故七曜各有東移之率也。然使七曜所差，只在東西順逆遲速之間，則槽丸盆水之譬，亦已足矣。無如七曜東移皆循黄道，而不由赤道，則其與動天異行者，不徒有東西之相違，而且有南北之異向。以此推知，七曜在各重之天皆有定所，而其各天又皆順黄道之勢，以黄道爲其腰圍中廣，而與赤道爲斜交，非僅如丸之在槽、沙之在水，皆與其器平行而但生退逆也。丸在槽，與其盤爲平面。沙在水，與其器爲平面。故丸與盤同運而生退逆，水與沙並旋而生退逆。其順逆兩象俱在一平面。蓋惟其天有重數，故能動移，惟其天之動移皆順黄道，斯七曜東移皆在黄道矣，是故左旋之理，得重數之説而益明。曰：謂右旋之度因左旋而成，何也？曰：天既有重數矣，而惟恒星天最近動天，故西行最速，幾與動天相若。六七十年始東移一度。自土星以内，其動漸殺，以及於地球，是爲不動之處，則是制動之權全在動天，而恒星以内皆隨行也。使非動天西行，則且無動，無動即無差，又何以成此右旋之算哉？其勢如陶家之有鈞盤，運其邊則全盤皆轉；又如運重者之用飛輪，其運動也，亦以邊制中，假令有小盤、小輪附於大鈞盤、大飛輪之上，而别爲之樞，則雖同爲左旋，而因其制動者在大輪，其小者附而隨行，必相差而成動移，以生逆度；又因其樞之不同也，雖有動移，必與本樞相應而成斜轉之象焉。此之斜轉亦在平面，非正喻其平斜，但聊以明制動之勢。夫其退逆而右也，因其兩輪相疊；其退轉而斜行也，因於各有本樞；而其所以能退逆而斜轉者，則以其隨大輪之行而生此動移也。若使大者停而不行，則小者之逆行亦止，而斜轉之勢亦不可見矣。朱子既因舊説釋詩，又極取張子左旋之説，蓋右旋者，已然之故，而左旋者，則所以然之理也。西人知此，則不必言一時兩動矣。故揭氏以丸喻七曜，只可施於平面，而朱子以輪載日月之喻，兼可施諸黄、赤，與西説之言層次者實相通貫。理至者，數不能違。此心此理之同，洵不以東海西海而異也。

問：天有重數，則在外者周徑大，而其度亦大，故土木之行遲；在内者周徑小，而其度亦小，故金水月之行速。七政之行勢略同，特其度有大小，而分遲速耳。以是爲右旋之徵，不亦可乎？曰：此必七政另爲一物以行於本天之上，故可以度之大小爲遲速也。今七政既與天同體，而非另爲一物，則七政之東升西没，即其本天之東升西没也。且使各天之行各自爲政，則其性豈無緩急，而自外至内，舒亟之次，如是其有等乎？蓋惟七政之天雖有重數而總爲一天，制動之權全在動天，故近動天者不得不速，近地而遠動天者不得不遲，固自然之理勢也。曰：若是，則周徑大小可勿論矣。曰：在外者爲動天所掣而西行速，故其東移之差數遲，又以其周徑大而分度闊，則其差又遲，是故恒星六七十年而始差一度，近動天也。然以周徑之大小準之，此所差之一度以視月天，將以周計矣。在内者遠於動天而西行遲，故其東移之差速，又以其周徑小而分度狹，則其差又速，是故月天一日東移十三四度者，近地而遠動天也。然以周徑計之，此所差之十三四度以視日天，尚不能成一度矣。然則周徑之大小，但可兼論以考其差，而非所以遲速之原也。左旋之説可以無疑。

戴氏震曰：案天左旋，日月五星右旋，漢以來步算家之通説也。天左旋，處其中者順之少遲，則反右矣。宋儒張子、朱子之創論也。稽之於古，夏曆已有列宿日月皆西移之言；求之於今，又得梅氏反覆申明其義。然執是以告步算家，知其必不從。試就赤道黄道論之，赤道正而黄道斜絡之者也。赤極不動，而黄極每晝夜必環繞之以成一圈者也。黄極每晝夜環繞赤極一周，日在黄道上因之一周，此之謂順天左旋。其旋也，宗赤極而不宗黄極。黄極者，黄道之樞。樞既乘動機左旋于中，其道則成迴環之勢，右轉於外。假使黄道每晝夜斜行而左旋，黄極居其所不動，則日出没非東西正位，而列宿皆旋繞黄極矣。何以東升西没必正相對也？列宿皆環繞赤極，不繞黄極也。以是言之，左旋者乃黄極，而不可言日躔黄道爲左旋，明矣。又假使黄極既左旋，日在黄道上，又自爲左旋，兩者俱左，勢必愈速，則黄極不及繞一周，日所到已成晝夜。恒星既宗黄極，何以能過之？假使恒星亦自左旋彌速于日，則是黄極不及繞一周者，列宿皆不及一天周，又自爲轉而竟過之，不幾恒星距赤極一晝夜即覺其大差乎？以是言之，黄極晝夜左旋，日躔黄道未嘗自爲左旋，明矣。日躔黄道不自爲左旋，而假使日竟不動，則日終古止於其處，無有發斂，何以成寒暑往來？以是言之，日躔黄道必有動移，而其動移也，既不左旋，則必移而右轉，明矣。惟日躔黄道有迴環右轉之勢，則一左一右，其勢少遲。日一周而成晝夜，黄極環繞一周而又過一度，列宿皆左旋過日一度，恒星循黄道迴環右轉者甚微，故其距赤極每晝夜不覺差移也。或曰：列宿七曜既順天左旋矣，又迴環右轉，豈一時兩動之謂乎？曰：非也。左旋者，諸曜未嘗動也，隨黄極環繞而俱左耳。右轉者，黄極未移也，諸曜在其中紘側溯而右耳。其左旋也，赤極居中，赤道正而黄道斜，黄極與日月星皆環繞之。其右旋也，黄極居中，黄道正而月五星之天斜絡之，日每歲一周，而恒星每歲亦有分秒之推移。蓋左旋者，天道本然。而右旋者，動機迴環之勢也。朱子喻以兩輪，梅氏推及不同樞，學者猶疑於其言，似日月星在天徒隨天左旋而有遲速，無復右旋之實，與實測不合。愚則以樞左旋甚速，明東升西降之本；以輪在外，稍成迴環之勢，明右旋之因，然後左旋右旋皆實有測驗，不敢爲空談以斷乎此。

蕙田案：天體左旋，運行不息，乾象傳提揭最明。蓋易有太極，是生兩儀。太極動而生陽，合下便是乾體，故其性純陽而至健。自東而西，西而復東，旋轉如輪，晝夜不舍。其所以必自東而西者，易説卦曰：「帝出乎震，齊乎巽，相見乎離，致役乎坤，説言乎兑，戰乎乾，勞乎坎，成言乎艮。」東南陽方，西北陰方，自陽處動起，蓋其性然也，後之人因名曰左旋。左右者，本因人身之手而得名。南北東西，隨其所向，反復出入，更迭互用，原無定體。此所以名曰左者，萬物負陰而抱陽，聖人南面而聽天下，嚮明而治。天之運行，恰自左而右，故曰左旋。凡日月五星，悉隨而轉，故離象傳曰：「日月麗乎天。」中庸謂：「日月星辰繫焉。」繫也，麗也，明與天爲體，而無異理。禮記曰：「大明生於東，月生於西。」此陰陽之分，順逆之理也。至若日月五星别有右轉之度，恒星有東移之差，推原厥故，實由日月星不循赤道而循黄道，有高下遠近疾遲之異，不能不迴環逆溯各自爲勢者。西曆謂日月五星各有天，而行皆有輪，雖望之麗天，而實循輪而行，其理如珠逐盤旋，漩隨水去，雖急轉長逝，而復自作迴環之勢。此日月五星所以盈縮遲疾，雖左旋而有右轉之象也。

又案：以上論日月星隨天左旋。

右左旋右旋

五禮通考卷一百八十二

嘉禮五十五

觀象授時

黄赤道附黄赤距緯

易繫辭傳：日月運行，一寒一暑。

吴氏澄曰：離爲日。坎爲月。艮山在西北嚴凝之方，爲寒。兑澤在東南温熱之方，爲暑。左離次以兑者，日之運行而爲暑也。右坎次以艮者，月之運行而爲寒也。

邵子曰：日爲暑，月爲寒。書曰：「日月之行，則有冬有夏。」

日往則月來，月往則日來，日月相推而明生焉。寒往則暑來，暑往則寒來，寒暑相推而歲成焉。往者屈也，來者信也，屈信相感而利生焉。

書洪範：星有好風，星有好雨。傳：箕星好風，畢星好雨。日月之行，則有冬有夏。月之從星，則以風雨。注：月經於箕則多風，離於畢則多雨。疏：正義曰：張衡、蔡邕、王蕃等説渾天者皆云，周天三百六十五度四分度之一，天體圓如彈丸，北高南下，北極出地上三十六度，南極入地下三十六度。北極去南極直徑一百八十二度弱，其依天體隆曲。南極去北極一百八十二度彊，正當天之中央。南北二極中等之處謂之赤道，去南北極各九十一度。春分日行赤道，從此漸北。夏至赤道之北二十四度，去北極六十七度，去南極一百一十五度，日行黑道。從夏至以後日漸南，至秋分還行赤道，與春分同。冬至行赤道之南二十四度，去南極六十七度，去北極一百一十五度，其日之行處謂之黄道。又有月行之道與日道相近，交路而過，半在日道之裏，半在日道之表，其當交則兩道相合，交去極遠處，兩道相去六度。此其日月行道之大略也。詩云：「月離于畢，俾滂沱矣。」鄭玄引春秋緯云：「月離于箕，則風揚沙。」

李氏光地曰：日行月行，俱經列宿，而獨云月之從星，何哉？所謂月之從星云者，不獨謂風雨陰類，月實主之，蓋其行度一日而離一宿，故以二十八日徧閱周天二十八舍，此則月從星之義也。

蕙田案：洪範所云「日月之行，則有冬有夏。月之從星，則以風雨」者，有冬有夏，因乎日月之行；以風以雨，因乎月之從星，二語一貫。冬夏有常，故曰

「有」；風雨不常，故曰「以」。易繫辭傳曰：「日月運行，一寒一暑。」亦謂一寒一暑之迭爲循環，由日月運行則然，與洪範義正同。日月之行有常，故冬夏寒暑有常。自注疏以「有冬有夏」爲有冬行之道，有夏行之道，是冬夏二字僅當南北二字，況南北道已包在「日月之行」一句中。下句乃所以明天行之妙。寒暑進退，成變化而生萬物，悉由於日月之行也。若日行有盈縮，月行有遲疾，曆家或以「有冬有夏」當之，亦非洪範之義。月行每月一南北，借冬夏二字言南北，尤於辭義未瑩。

又案：日道有發斂，是以有冬有夏。何以兼言月？月實寒體故也。日往則寒，日來則暑，寒得月益甚，暑得月稍平，暑屬日，寒屬月也。月以寒體，又去地近，故寒氣至盛。然卒不勝日，日來則寒解矣，日去則寒至矣。「有冬有夏」，所以必兼日月言也。

周髀算經：凡爲日月運行之圓周，七衡周而六間，以當六月節，六月爲百八十二日八分日之五，故日夏至在東井極内衡，日冬至在牽牛極外衡也。注：東井、牽牛爲長短之限，内外之極也。衡復更終冬至，故曰一歲三百六十五日四分日之一，一歲一内極，一外極；三十日十六分日之七，月一外極，一内極。

漢趙君卿七衡圖注：内第一〔一〕，夏至日道也。出第四，春秋分日道也。外第七，冬至日道也。皆隨黄道，冬至從南而北，夏至從北而南，終而復始也。

戴氏震曰：古未有黄、赤道之名，但謂之衡。虞書之璿璣，既爲黄極，則玉衡以界黄道而定節氣，黄道必别爲側絡之衡，準黄極取正，赤道準赤極取正也。此七衡皆準赤極取正，以側剖黄道爲六間。虞書不必定有七衡，而衡之名出于古無疑。日在内一衡，夏至右旋發南交於次二衡，大暑交於次三衡，處暑交於次四衡，秋分交於次五衡，霜降交於次六衡，小雪終次七衡。冬至右旋斂北交於次六衡，大寒交於次五衡，雨水交於次四衡，春分交於次三衡，穀雨交於次二衡，小滿復至内一衡。夏至七衡者，十二中氣日所至，黄極晝夜左旋而成之規畫也。黄道者，日右旋發斂之本也。七衡日所至，是謂定氣，與土圭測景相應。然則定氣自古用之矣，至若月道南北之距，或極七衡之外，或僅當内外衡，或在内外衡之内，非七衡加之而九。日有七衡六間，月有九道八行，漢、唐志各自爲説，必有所受。據九道八行，乃就黄道上均分四正四維，故八，併黄道而九，蓋當交在黄道，去交則各循其道。以八行辨月道出入，明交終所差，驗食限有無，猶振衣之舉其領，治絲之尋其端，至簡易也。曆家未能盡九道之用，誠因其術

〔一〕「内」，諸本脱，據周髀算經卷上之三補。

久廢，後漢志言之矣。沈存中乃以九道爲月行遲速之段目，豈其然哉？冬至日在牽牛，夏至在東井，特周時爲然。第四衡曰中衡，即赤道。

漢書天文志：日有中道，月有九行。中道者，黄道，一曰光道。光道北至東井，去北極近；南至牽牛，去北極遠；東至角，西至婁，去極中。夏至至於東井，北近極，故晷短；立八尺之表，而晷景長尺五寸八分。冬至至於牽牛，遠極，故晷長；立八尺之表，而晷景長丈三尺一寸四分。春、秋分日至婁、角，去極中，而晷中；立八尺之表，而晷景長七尺三寸六分。此日去極遠近之差、晷景長短之制也。去極遠近難知，要以晷景。晷景者，所以知日之南北也。

蕙田案：列宿有歲差之移，晷景有南北之别，此所舉牽牛、東井、婁、角及景長短，據一時一方言之耳。

晉書天文志：王蕃曰：赤道帶天之紘，去兩極各九十一度少彊。黄道，日之所行也。半在赤道外，半在赤道内，與赤道東交於角五少弱，西交於奎十四少彊。其出赤道外極遠者，去赤道二十四度，斗二十一度是也。其入赤道内極遠者，亦二十四度，井二十五度是也。日南至在斗二十一度，去極百一十五度少彊是也〔一〕。日最南去極最遠，故景最長。黄道斗二十一度，出辰入申，故日亦出辰入申。日晝行地上百四十六度彊，故日短；夜行地下二百一十九度少弱，故夜長。自南至之後，日去極稍近，故景稍短。日晝行地上度稍多，故日稍長；夜行地下度稍少，故夜稍短。日所在度稍北，故日稍北，以至於夏至，日在井二十五度，去極六十七度稍彊。是日最北，去極最近，景最短。黄道井二十五度，出寅入戌，故日亦出寅入戌。日晝行地上二百一十九度少弱，故日長；夜行地下百四十六度彊，故夜短。自夏至之後，日去極稍遠，故景稍長。日晝行地上度稍少，故日稍短；夜行地下度稍多，故夜稍長。日所在度稍南，故日出入稍南〔二〕，以至於南至而復初焉。斗二十一，井二十五，南北相應四十八度。春分日在奎十四少彊，秋分日在角五少弱，此黄赤二道之交中也。去極俱九十一度少彊，南北處斗二十一、井二十五之中，故景居二至長短

〔一〕「百」，諸本作「北」，據晉書天文志上改。
〔二〕「入」，原脱，據光緒本、晉書天文志上補。

之中。奎十四角五，出卯入酉，故日亦出卯入酉。日晝行地上，夜行地下，俱百八十二度半彊，故日見之漏五十刻，不見之漏五十刻，謂之晝夜同。夫天之晝夜以日出没爲分，人之晝夜以昏明爲限。日未出二刻半而明，日入二刻半而昏，故損夜五刻以益晝，是以春秋分漏晝五十五刻。

蕙田案：春分交於奎十四度少彊，秋分交於角五度少弱，夏至日在井二十五度，冬至日在斗二十一度，特據漢時爲然。其黄道去赤道二十四度之距，今謂之黄、赤距緯，古闊而今漸狹。赤道即周髀之中衡，出赤道外二十四度即外衡，入赤道内二十四度即内衡。

元史志：黄道出入赤道，冬至去極一百一十五度二十一分七十三秒，夏至去極六十七度四十一分一十三秒。

蕙田案：冬至去極度分内減夏至去極度分，得内外衡相距四十七度八十分六十秒，半之即黄、赤距緯二十三度九十分三十秒。

新法曆書：黄、赤二道，位置不等，其各兩極不等。二經二緯，縱横不等，交互不等，故令星行不等，其差亦不等，有名爲有差而絶不可謂差者，黄道之經度是也。恒星依黄道東行，如載籍相傳，堯時冬至日躔約在虚七度，今躔箕四度，四千年間，而日退行若干度者，即星之進行若干度也。古法謂之歲差，各立年率，郭守敬以爲六十六年有奇而差一度，今者斟酌異同，辨析微眇，定爲每歲東行一分四十三秒七十三微二十六纖，六十九年一百九十一日七十三刻而行一度，凡二萬五千二百〇二年九十一日二十五刻而行天一周，終古恒然也。此立名爲差，而實有定法，不可謂差者也。有行度不爽，而兩道參差致生違異者，赤道之經度是也。星依黄道行，與赤道諸緯皆以斜角相遇。兩經相較，是生廣狹；因其廣狹，是生疾遲，又因其斜迤而從赤極分經。古今各測，復生參錯，其南北東西亟舒寬迮互有乘除，一再迴易，即還故處，此則星經不異，而以交道爲異者也。有星本平行而兩距變易致成升降者，赤道之緯度是也。黄、赤兩至之距爲二十三度八十六分有奇，星從南至行北距，如是既迄象限，與赤同行，迨於半周，則其距南亦復乃爾。計行半周，而南北距差四十七度七十二分有奇，盡一周而復，是其星行不異，而以距度爲異者也。至若黄、赤二道兩至之距，古來皆稱二十四度，今測定爲二十三度八十六分七十六秒。考之西史所載，周顯王時一測，西漢景帝時一測，東漢順帝時一測，三史折衷爲二十四度一十八分三十秒，以較今測，差三十一分五十四秒。此爲二道之兩至距度，二千年間，昔遠今近，漸次移易之數也。故有不係星行，不關經度，而躔道自爲近就者，黄道之緯度是也。惟黄緯一差，不知遠于何始，不知近于何終，遠極或當先近，不知改于何年，近極或當返遠，不知轉于何日，此則非理數所能窮，非思路所能及也。

蕙田案：黄、赤距度，古今不同。後漢張衡靈憲稱黄道出入赤道二十四度，元郭守敬測爲二十三度九十分三十秒。以今度法約之，爲二十三度三十三分三十二秒，西人第谷所測爲二十三度三十一分三十秒，刻白爾改爲二十三度三十分，後利酌理噶西尼又改爲二十三度二十九分，其漸次移易之故，非巧算所能及，惟在隨時密測，以合天行而已。

又案：黄、赤距緯度分，即黄、赤二極相去度分，倍之爲内外衡相距之數，即黄極環繞赤極而成規之徑。然則紐星漸遠赤極，亦由黄、赤極漸近也。

右黄赤道附黄赤距緯

月道

漢書天文志：黑道二，出黄道北；赤道二，出黄道南；白道二，出黄道西；青道二，出黄道東。立春、春分，東從青道；立秋、秋分，西從白道；立冬、冬至，北從黑道；立夏、夏至，南從赤道。

唐書曆志〔一〕：凡月合朔所交，冬在陰曆，夏在陽曆，月行青道。冬至、夏至後，青道半交在春分之宿，當黄道東。立冬、立夏後，青道半交在立春之宿，當黄道東南。至所衝之宿，亦如之。冬在陽曆，夏在陰曆，月行白道。冬至、夏至後，白道半交在秋分之宿，當黄道西。立冬、立夏後，白道半交在立秋之宿，當黄道西北。至所衝之宿，亦如之。春在陽曆，秋在陰曆，月行朱道。春分、秋分後，朱道半交在夏至之宿，當黄道南。立春、立秋後，朱道半交在立夏之宿，當黄道西南。至所衝之宿，亦如之。春在陰曆，秋在陽曆，月行黑道。春分、秋分後，黑道半交在冬至之宿，當黄道北。立春、立秋後，黑道半交在立冬之宿，當黄道東北。至所衝之宿，亦如之。四序離爲八節，至陰陽之所交行，與黄道會，故月有九行。各視月交所入七十二候，距交初中黄道日度，蕙田

〔一〕「曆志」，原作「天文志」，據兩唐書改。

案：初交中交黄道之日度也。每五度爲限，亦初數十二，每限減一，數終於四，乃一度彊，依平。更從四起，每限增一，終於十二，而至半交，其去黄道六度。又自十二，每限減一，數終於四，亦一度彊，依平。更從四起，每限增一，終於十二，復與日軌相會。凡日以赤道内爲陰，外爲陽；月以黄道内爲陰，外爲陽。故月行宿度，入春分交後行陰曆，秋分交後行陽曆，皆爲同名。若入春分交後行陽曆，秋分交後行陰曆，皆爲異名。

大衍曆議曰：推陰、陽曆交在冬至、夏至，則月行青道、白道所交則同，而出入之行異，故青道至春分之宿及其所衝，皆在黄道正東；白道至秋分之宿及其所衝，皆在黄道正西。若陰、陽曆交在立春、立秋，則月循朱道、黑道所交則同，而出入之行異，故朱道至立夏之宿及其所衝，皆在黄道西南；黑道至立冬之宿及其所衝，皆在黄道東北。若陰、陽曆交在春分、秋分之宿，則月行朱道、黑道所交則同，而出入之行異，故朱道至夏至之宿及其所衝，皆在黄道正南；黑道至冬至之宿及其所衝，皆在黄道正北。若陰、陽曆交在立夏、立冬，則月循青道、白道所交則同，而出入之行異，故青道至立春之宿及其所衝，皆在黄道東南；白道至立秋之宿及其所衝，皆在黄道西北。其大紀皆兼二道，而實分主八節，合於四正四維。案陰、陽曆中終之所交，則月行正當黄道，去交七日，其行九十一度，齊於一象之率，而得八行之中。八行與中道而九，是謂九道。凡八行正於春秋，其去黄道六度，則交在冬夏。正於冬夏，其去黄道六度，則交在春秋。日出入赤道二十四度，月出入黄道六度。凡月交一終退前所交一度，及餘八萬九千七百七十三分度之四萬二千五百三少半，積二百二十一月及分七千七百五十三，而交道周天矣。因而半之，將九年而九道終。以四象考之，各據合朔所交，入七十二候，則其八道之行也。以朔交爲交初，望交爲交中。若交初在冬至初候而入陰曆，則行青道。又十三日七十六分日之四十六，至交中得所衝之宿變入陽曆，亦行青道。若交初入陽曆，則白道也。故考交初所入，而周天之度可知。若望交在冬至初候，則減十三日四十六分，視大雪初候陰、陽曆而正其行也。

蕙田案：月道出入黄道，當其出入過度謂之初交、中交，乃兩道相交之處也。其初交自黄道外而入内，其中交在對衝之處，必自内而出外。其初交自黄道内而出外，其中交在對衝之處，必自外而入内。入曰行陰曆，出曰行陽曆。蓋月道斜絡黄道，猶黄道之斜絡赤道。月之交，猶日之有春秋分也。月道出入黄道内外，自初交而至中交，由中交而至初交，相距皆一百八十度，其行一象限九十度處爲兩交之半，皆名爲半交，距黄道六度。自初交至半交，距度則自近而遠。自半交而至中交，則自遠而近。自中交至半交、初交亦然，唐志所云每五度爲限而增減之也。大衍曆議交在冬至、夏至，則月行青道、白道所交則同，而出入之行異者，指當交而言也。青道至春分之宿及其所衝，皆在黄道正東；白道至秋分之宿及其所衝，皆在黄道正西者，指半交而言也，餘交並同。蓋月行二十七日有奇而一周天，每周則必有初交、中交之兩候，一周則退前所交一度半弱，是離原交處無定所，故各據合朔所交七十二候，準之以陽曆、陰曆，而八道可分。其青、朱、白、黑，特以其在黄道四正四維而別其名耳，若推算，則皆以冬至初候爲率也。宋志同。

元史志：當二極南北之中，横絡天體以紀宿度者，赤道也。出入赤道，爲日行之軌者，黄道也。所謂白道，與黄道交貫，月行之所由也。古人隨方立名，分爲八行，與黄道而九，究而言之，其實一也。惟其隨交遷徙，變動不居，故强以方色名之。月道出入日道，兩相交值，當朔則日爲月所掩，當望則月爲日所衝，故皆有食。然涉交有遠近，食分有深淺，皆可以數推之。所謂交周者，月道出入日道一周之日也。日道距赤道之遠，爲度二十有四。月道出入日道，不踰六度；其距赤道也，遠不過三十度，近不下十八度。出黃道外爲陽，入黃道内爲陰，陰陽一周，分爲四象；月當黃道爲正交，出黃道外六度爲半交，復當黃道爲中交，入黃道内六度爲半交，是爲四象。象别七日，各行九十一度，四象周徧，是謂一交之終，以日計之，得二十七日二十一刻二十二分二十四秒。每一交，退天一度二百分度之九十三，凡二百四十九交，退天一周有奇，終而復始。正交在春正，半交出黃道外六度，在赤道内十八度。正交在秋正，半交出黃道外六度，在赤道外三十度。中交在春正，半交入黃道内六度，在赤道内三十度。中交在秋正，半交入黃道内六度，在赤道外十八度。月道與赤道正交，距春秋二正黃、赤道正交宿度，東西不及十四度三分度之二。夏至在陰曆内，冬至在陽曆外，月道與赤道所差者多；夏至在陽曆外，冬至在陰曆内，月道與赤道所差者少。蓋白道二交有斜有直，陰陽二曆有内有外，直者密而狹，斜者疏而闊，其差亦從而異。今立象置法求之，差數多者不過三度五十分，少者不下一度三十分，是爲月道與赤道多少之差。

新法曆書：正、中交者，黃、白二道之兩交也。正交亦曰羅睺，亦曰天首，西法謂之龍頭。中交亦曰計都，亦曰天尾，西法謂之龍尾。月行及于黄道曰交月，本圈之自行度曰轉，而轉終分多於交終分，故轉滿一周，交終未及，恒居其後。交不及轉之度，即兩交退行之度，故謂兩交爲逆行也。月平行一日一十三度一十三分四十六秒，是爲月行距交之度，以交爲界。順行。月平行一日十三度一十分三十五秒奇，是爲月行距宫次之度，以宫次爲界。亦順行。兩數之較，得三分一十一秒，是則兩交一日逆行之數，所謂羅計行度也。交有平行，又有自行，與日月相似。自行有遲有疾，黄、白二道之相距，亦時多時少。古來未覺有此。第谷累年密測，得交行惟朔望時無加減，與日在最高、最高衝同理。恒得五度弱，過此漸加，至兩弦而極自行，恒半月滿一周。與太陰次輪行度同理。朔望時，兩交之大距爲四度五十八分三十秒。兩弦時，兩交之大距爲五度一十七分三十秒。

蕙田案：西法以白道入黄道北爲正交，出黄道南爲中交，與古法正相反，然名殊而理不殊也。古測黄、白大距六度，以今度法約之，則爲五度五十五分，强於西曆。

新法曆引：月道惟一。古謂月行九道者，乃白道正交行及四正陰陽二限各異，命之因有八名，加以公名，共有九耳，非真有九道也。白道兩交黄道，論最遠之距謂爲五度，此係二限未甚大差之數。新法測得凡朔望外相距皆過五度，上下二弦則爲五度一十七分三十秒。推知二道相交之角非定而不動者，要其廣狹之行，恒以十五日爲限也。

續文獻通考：案尚書洪範云：「日月之行，則有冬有夏。」蔡傳本於漢志，其言日行四時所至，亦據漢書而言，後此則宿度漸差，然其爲有冬有夏則一也。至於月行有冬夏，則周禮致月、周髀七衡之説義甚簡明，漢志轉與經義相遠。周禮馮相氏「冬夏致日，春秋致月」，鄭氏注曰：「冬至日在牽牛，景丈三尺〔一〕。夏至日在東井，景尺五寸。此長短之極。」賈公彦疏曰：「春分日在婁，月上弦於東井，望於角，下弦於牽牛。秋分日在角，月上弦於牽牛，望於婁，下弦於東井。」周髀曰：「凡爲日月運行之圜周，七衡周而六間，以當六月節。日夏至在東井極内衡，冬至在牽牛極外衡，故曰三百六十五日四分日之一，一歲一外極，一内極。三十日十六分日之七，

〔一〕「丈」，諸本作「長」，據續文獻通考卷二一一改。

月一外極，一內極。」蓋黃道與赤道斜交，出入赤道南北二十四度，今測爲二十三度半。日行黃道，一歲一周天。春秋分正當赤道，夏至入赤道北，冬至出赤道南。周禮言「冬夏致日」，周髀言曰「一歲一內極，一外極」，皆一義也。七衡六間云者，內一衡爲夏至之日道，次二衡爲小滿大暑之日道，次三衡爲穀雨處暑之日道，次四衡爲春分秋分之日道，次五衡爲雨水霜降之日道，次六衡爲大寒小雪之日道，次七衡爲冬至之日道，即隨天西轉之日軌也。月道與日道斜交，出入黃道南北六度，今測爲五度半。兩交正當黃道，出黃道南爲陽曆爲正交，入黃道北爲陰曆爲中交，距交一象限去黃道六度爲半交。月行二十七日有奇而交一終，每交退天一度半弱，十八年有奇而退天一周。朔當交則日食，望當交則月食。日行一歲，惟兩次值交，而月行一月，必與日一會。如朔在春分，交在二至，則月上弦行夏至道，下弦行冬至道。朔在秋分，交在二至，則月上弦行冬至道，下弦行夏至道。此月行冬極外衡、夏極內衡之正軌也。又如朔在春分入陽曆，望在秋分入陰曆，則月上弦行夏至南六度，下弦行冬至北六度。朔在秋分入陰曆，望在春分入陽曆，則月上弦行冬至北六度，下弦行夏至南六度。此月行冬不及外衡、夏不及內衡之極致也。又如朔在春分入陰曆，望在秋分入陽曆，則月上弦行夏至北六度，下弦行冬至南六度。朔在秋分入陽曆，望在春分入陰曆，則月上弦行冬至南六度，下弦行夏至北六度。此月行冬過外衡、夏過内衡之極致也。然月行雖有過不及之殊，而其爲有冬夏則一。每月亦皆有冬夏，但不能皆在午中，故月行一月之間有冬有夏，與日行一歲同，而惟春秋得以兩見。周禮言「春秋致月」，周髀言月，「一月一内極，一外極」，亦一義也。洪範傳云月有九行，若以過内衡外衡而言，則内衡之北、外衡之南各有一道，並七衡而爲九，即隨天西轉之月軌也。前漢天文志云：「黑道二出黄道北，赤道二出黄道南，此赤道非天之赤道，唐、宋志别名曰朱道。白道二出黄道西，青道二出黄道東。立春、春分，東從青道；立秋、秋分，西從白道；立冬、冬至，北從黑道；立夏、夏至，南從赤道。」一似一歲始行交一終，又似一歲已偏閲九道，讀者多不可曉。今以唐、宋志考之，月道以朔交爲交初，望交爲交中，入黄道内爲陰，出黄道外爲陽。内則北，外即南，因月道有方色，故以内外别之。交初在冬至入陰，則月行青道；入陽，則月行白道。蓋冬至之朔，日月同在北方之宿，自北而西入黄道内，則必在黄道東，故爲青道；出黄道外，則必在黄道西，故爲白道。凡月行一道，必匝天一周，交初在冬至之宿，交中必在夏至之宿，而交初後半交則在春分之宿，交中後半交則在秋分之宿。以其出黃道東而爲青道，故專舉春分之宿而言，其實一周皆青道也。以其出黃道西而爲白道，故專舉秋分之宿而言，其實一周皆白道也。八行皆倣此例。至於合宿，雖每年一周天，而月道之交每年僅退天二十度弱，月行二十七日有奇而交一終。每年行十三交有奇，每交退天一度半弱，每年約退天二十度弱。計四年半有奇，交行退天九十度，而月道始移一方。自立春之宿出黃道東南爲青道；行四十五度至春分之宿，出黃道正東，仍爲青道；行四十五度至立夏之宿始爲朱道，故至四年半交行退天九十度，而月道始移一方也。故率以四年半行二青道，四年半行二朱道，四年半行二白道，四年半行二黑道，計十八年有奇，而九道一周。然則青、朱、白、黑特以方色爲名；春、夏、秋、冬亦各隨方而舉，究之，九道實一道耳。是故唐、宋以來，以九道爲月道之總名，而推算之法則一，元授時則直以月道爲白道，明大統及西法皆與授時同，以推月行經緯，悉無違失。至於測月軌之高下，則必兼論黃道，與周禮、周髀相合。後漢志云，九道術久廢，永元中，復命史官以九道法候弦望，驗無有差，亦與周禮鄭注近似。馬端臨考載沈括云，月行有遲有速，難可以一術御，故分爲數段，每段以一色名之，以別算位而已。天官家不知其意，遂以爲實有九道，甚可嗤也。雖未能明言其故，而已心議其非，豈史志九道皆失洪範本義，而周禮、周髀獨存古遺法歟？

蕙田案：月行之出入黄道，猶日行之出入赤道也。赤道正而黄道斜絡之，一歲之中，冬至極南二十四度，夏至極北二十四度，春秋分則交赤道，合二至二分而日道周焉。黄道斜而月行環繞之，一月一周，朔交爲交初，望交爲交中，初交、中交之半爲半交，内外皆距黄道六度，交一終而左旋退一度半弱，至十八年有奇，而月道周焉。交無定處，而行度有常，古人統之以八節，而交候之大綱舉矣。交有出入，而行有定位，統之以四正四維，而交道之定軌彰矣。自漢迄宋，皆以九道求之，所以表其分也。元以後則以赤道距度求之，而概名曰白道，所以著其合也。一道原有九行，九道實則一道，分而合、合而分者也。通考又以七衡準之，意欲明月道之不離黄道，雖與古法異名，其實亦無二指，而洪範、周禮經義則尤見發明矣。至月道有交行，而交行又有遲疾，及距赤緯之不等，其故皆由於月道極環繞黄極也。别詳於後。

右月道

古今度法

後漢書志：在天成度，在曆成日。曆數之生也，乃立儀表，以校日景。景長則日遠，天度之端也。日發其端，周而爲歲，然其景不復，四周千四百六十一日而景復初，是則日行之終。以周除日，得三百六十五度四分度之一，爲歲之日數。日日行一度，亦爲天度。

戴氏震曰：古書度法，以日一晝夜之行爲一度。周髀算經及四分曆，皆周天三百六十五度四分度之一，即爲歲實，而漢太初曆歲餘一千五百三十九分日之三百八十五，以是爲周天，猶强於四分矣。太初冬至日起牽牛，其後漸覺在斗，故歸餘分於斗，謂之斗分。後漢劉洪作乾象曆，謂四分於天疏闊，由斗分太多，始減斗分，則整度之外餘分不及四之一。韓翊以乾象減斗分太過，復增其數，然亦不滿四之一也。東晉虞喜始立歲差，劉焯皇極曆因分天自爲天，歲自爲歲，自是天度復過四之一歲，餘不及四之一。由漢太初迄今，一曆輒更一天周度，下餘分奇零不齊，且屢更之後，無所適從，故舉天度者，但以四分爲言，要其無當於天已久矣；况歲周不及天周，其説非也。日行黄道一周，然後發斂，終而成歲，使有不及，則發斂未終未成歲矣。是歲周與天周不當分而爲二，日行無有不及故也。一歲之終，星回於天，不能復其原處，昔人謂之歲差者，星自移而東耳。當分星自爲星，不當併星移之度統謂之天周，而以爲日行不及。由是言之，自有歲差之説，而天與歲分，明乎歲差非日行不及，而天與歲復合。

天與歲合，則在天成度，在曆成日，其法固因乎天之本。然推日躔爲一度法，以恒歲實爲之可也；推月離爲一度法，以經朔爲之可也；二者相乘以通之，爲周天之小分可也。

邵子皇極經世：圜者六變，六六而進之，故六十變而三百六十矣。冬至之子，中陰之極；春分之卯，中陽之中；夏至之午，中陽之極；秋分之酉，中陰之中。凡三百六十中分之則一百八十，此二分二至相去之數也。

邵伯温曰：皇極經世其法皆以十二、三十相乘，十二、三十，日月之數也。

蔡氏元定曰：陽數以三十起者，一月有三十日，一世有三十年也。陰數以十二起者，一日有十二辰，一歲有十二月也。或曰氣盈於三百六十六，朔虚於三百五十四。今經世之數，概以三百六十爲率，何也？曰：所以藏諸用也，消息盈虚之法在其間矣。

蕙田案：象數之興，其起於甲子乎？十日十二子，數窮六十，因而六之，則三百六十矣。易乾、坤之策合之，亦三百六十日之數，十因而三之則三十，以十二、三十相乘亦三百六十。周天分十二次，以日月十二會而成歲也，故十二子謂之十二辰，合乎天位，每一次以三十均分之，則周天三百六十度矣。一歲之日，周乎三百六十之間，故易曰「凡三百有六十，當期之日」。此古人部分天位之定法，非截去奇數不言也。周禮十日十有二辰會合爲候，謂之天位。六其六十，以極天位之數，由來久矣。漢後諸家但以此考氣盈朔虛，每月過三十爲氣盈，不滿三十爲朔虛。至邵子書乃悉以十二、三十相乘爲用，蔡氏謂藏諸用者，得其故矣，消息盈虛在其間，是則以整御零之大用也。唐時有西域九執曆，元有濟嚕瑪丹萬年曆，明初有西域默德納國王瑪哈穆特回回曆，考回回日元用隋開皇己未，蓋在九執曆之先，九執即其曆。明崇禎中，議用西洋歐邏巴之曆，其曆亦本於回回。楊光先言歐邏巴以重資從回回得其曆，此客與宋人買不龜手之方者也。西域諸曆並用三百六十整度，合乎邵子藏諸用之道。數之自然，推而放諸四海而準，有日行之度爲體，有整度爲用，二者並行而不相悖也。

觀承案：數術大抵古疏而今密。獨三百六十度之法，今反以疏而勝古之密。蓋觀象授時，總以定日躔爲主，日躔定而置閏，歲差皆可坐而致矣。舊惟以恒星爲天體，於是天一日一周而又過一度者，日則一日一周恰好，而在天爲不及一度，則奇零參差之數愈析愈多，而難以齊同。不知太虛天體本無度可紀，恒星乃自行，而非天體也，故惟以日行爲定，而以周天三百整度準之，則上推而知恒星之東西差南北差，而歲差可見；下推而知月之爲氣盈爲朔虚，而置閏可得，是爲以整馭零、以簡治繁之妙法，似疏而反勝於密者也。宋邵子讀易有得，而定爲此數，今法乃循而用之，不得以西域九執、回回日元似之，而反客爲主焉可耳。朱子曰：推步法，蔡季通説當先論天行次及七政，此亦未善。要當先論太虚，以見三百六十五度四分度之一，一一定位，然後論天行以見天度，加損虚度之歲分。歲分既定，然後七政乃可齊耳。

戴氏震曰：朱子謂「先論太虚，以見三百六十五度四分度之一，一一定位」者，此欲以三百六十五度四分度之一爲太虚之度，使之定而有常也。所謂「然後論天行以見天度，加損虚度之歲分」者，此以日行一周天之歲餘，較之天度不等，加歲分若干，而與天度等，或損虚度若干，而與歲餘等，是亦分天自爲天，歲自爲歲矣。然與歲差之説分之以明其差者，所見不同，此欲定太虚之位，然後驗一歲日行周此太虚，其歲實分數必有天度，然後能考較之，歲實滿天度而一必不及一日，天度滿歲實而一必過乎一度，在天一度既與日一晝夜之行不齊，猶用此奇零之度，則因前人舊法言之耳。

明史天文志：回回曆：天周度三百六十。每度六十分，每分六十秒，微纖以下俱準此。

宫十二。每宫三十度。

蕙田案：唐志云：「九執曆者，出於西域。周天三百六十度，無餘分。」又言其名數詭異，不著其詳，要之回回曆在其前矣。又有歐邏巴曆出於回回，度分並同，無有更易。整度必用三百六十者，以其與一歲之日相近，每日不及一度，成加損之法，其實生於零度者也。

右古今度法

黄赤道經緯度附地平經緯度

梅氏文鼎曰：問：古法三百六十五度四分之一，而今定爲三百六十，何也？豈天度亦可增損與？曰：天度何可增減？蓋亦人所命耳。有布帛於此，以周尺度之，則於度有餘；以漢尺度之，則適足；尺有長短耳，於布帛豈有增損哉？曰：天無度，以日所行爲度。每歲之日，既三百六十五日又四之一矣。古法據此以紀天度，宜爲不易，奈何改之？曰：古法以太陽一日所行命之爲度，然所謂四之一者，訖無定率，故古今公論，以四分曆最爲疏闊，而累代斗分諸家互異。至授時而有減歲餘、增天周之法，則日行與天度較然分矣。又況有冬盈夏縮之異，終歲之間，固未有數日平行者哉？故與其爲畸零之度，而初不能合於日行，即不如以天爲整度，而用爲起數之宗，固推步善法矣。周天者，數從所起，而先有畸零，故析之而爲半。周天爲象限，爲十二宫，爲二十四氣七十二候，莫不先有畸零，而日行之盈縮不與焉，故推步稍難。今以周天爲整數，而但求盈縮，是以整御零，爲法倍易。且所謂度生於日者，經度耳。而曆家所難，尤在緯度。今以三百六十命度，則經緯通爲一法，故黄、赤雖有正斜，而度分可以互求。七曜之天雖有内外大小，而比例可以相較，以其爲三百六十者同也。半之，則一百八十。四分之，則九十。而八線之法，緣之以生，故以製測器，則度數易分；以測七曜，則度分易得；以算三角，則理法易明。吾取其適於用而已矣。三百六十立算，實本回回，至歐邏巴乃發明之耳。況七曜之順逆諸行，進退損益，全在小輪，爲推步之要眇。然而小輪之與大輪比例懸殊，若鎰與銖，而黍累不失者，以其度皆三百六十也。以至太陰之會望轉交，五星之歲輪，無一不以三百六十爲法，而地球亦然。故以日躔紀度，但可施於黄道之經，而整度之用，該括萬殊，斜側縱横，周通環應，可謂執簡御棼，法之最善者矣。

問：古者但言北辰，渾天家則因北極而推其有南極，今西法乃復立黄道之南北極，一天而有四極，何也？曰：求經緯之度，不得不然也。蓋古人言天以赤道爲主，而黄道從之，故周天三百六十五度皆從赤道分其度，一一與赤道十字相交，引而長之，以會於兩極。若黄道之度，雖亦匀分周天，三百六十五。而有經度無緯度，則所分者，只黄道之一線，初不據以分宫。故授時十二宫，惟赤道匀分，各得三十度奇，黄道則近二至者一宫或只二十八度，近二分者一宫多至三十二度。皆約整數。若是其闊狹懸殊者，何哉？過宫雖在黄道，而分宫仍依赤道，赤道之匀度，抵黄道而成斜交，勢有横斜，遂生闊狹，故曰以赤道爲主，而黄道從之也。向使曆家只步日躔，此法已足，無如月五星皆依黄道行，而又有出入，其行度之舒亟轉變爲法多端，皆以所當黄道及其距黄之遠近内外爲根，故必先求黄道之經緯。西法一切以黄道爲主，其法匀分黄道周天度爲十二宫，其分宫分度之經度線皆一一與黄道十字相交，自此引之，各成經度大圈以周于天體，則其各圈相交以爲各度輳心之處者，不在赤道南北極，而别有其心，是爲黄道之南北極。自黄道兩極出線至黄道，其緯各得九十度而均，極距黄道四面皆均，故分宫分度線上之緯度皆均。以此各線之緯聯爲圈，線皆與黄道平行，自黄道上相離一度起，逐度作圈，但其圈漸小，以至九十度則成一點，而會於黄極，是爲緯圈。一名距等圈。曰：黄道既有經緯，則必有所宗之極，測算所需固已，然則爲測算家所立歟？抑真有是以爲運轉之樞耶？曰：以恒星東移言之，則真有是矣。何則？古法歲差，亦只在黄道之一線，今以恒星東移，則普天星斗盡有古今之差，惟黄道極終古不動，豈非真有黄極以爲運轉之樞哉？曰：然則北辰非黄極也，今曰惟黄極不動，豈北辰亦動歟？曰：以每日之周轉言，則周天星度皆東升西没，惟北辰不動；以恒星東移之差言，則雖北辰亦有動移，而惟黄極不動。蓋動天西旋，以赤道之極爲樞；而恒星東移，以黄道之極爲樞，皆本實測，各有至理也。問：黄道有極，以分經緯，然則經緯之度，惟黄道有之乎？曰：天地之間，蓋無在無經緯耳。約略言之，則有有形之經緯，有無形之經緯，而又各分兩條。曷言乎無形之經緯？凡經緯之與地相應者，其位置雖在地，而實在無形之天。朱子所謂先論太虚一一定位者，此也。曷言乎有形之經緯？凡經緯之在天者，雖去人甚遠，而有象可徵，即黄、赤道也，是故黄道有經緯，赤道亦有經緯。兩道之經度皆與本道十字相交，引而成大圈。經度皆三百六十。兩度相對者，連而成大圈，故大圈皆一百八十。其圈相會相交，必皆會於其極；兩道之緯圈皆與本道平行，而逐度漸小，以至於本極而成一點，此經緯之度兩道同法也。然而兩道之相差二十三度半，故其極亦相差二十三度半，而兩道緯圈之差數如之矣。以黄緯爲主，則赤緯之斜二十三度半。以赤緯爲主而觀黄緯，則其差亦然。若其經度則兩道之相同者，惟有一圈，惟磨蝎、巨蟹之初度初分，聯而爲一圈，此圈能過黄、赤兩極。其餘則皆有相差之度，而其差又不等。惟一圈能過兩極，則黄、赤兩經圈合而爲一圈，以黄、赤兩極同居磨蝎、巨蟹之初也。此外則黄道經圈只能過黄極，而不過赤極；赤道經圈亦只過赤極，而不過黄極。離磨蝎、巨蟹初度益遠，其勢並斜，其差益多，故逐度不等。此其勢如以兩重罾網冒于圓球，則網目交加縱横錯午，而各循其頂以求之，條理井然，至賾而不可亂。故曰在天之經緯有形，而又分黄、赤兩條也。

問：經緯之與地相應者，一而已矣，何以亦分兩條？曰：黄、赤之分兩條者，有斜有正也。地度之分兩條者，有横有立也。今以地平分三百六十經度，三十度爲一宫，共十二宫。再剖之，則二十四向。四面八方皆與地平圈爲十字，而引長之成曲線，以輳于天頂，皆相遇成一點，故天頂者，地平經度之極也。其經度下達而輳于地心亦然。又將此曲線各匀分九十緯度，即地平上高度，又謂之漸升度。而逐度聯之作横圈，與地面平行而漸高則漸小，會于天頂，則成一點，即地平緯圈也。其地平下作緯圈至地心亦然。如太陽朦影十八度而盡、太陰十二度而見之類，皆用此度也。此地平經緯之度，爲測驗所首重，其實與太虚之定位相應者也。然此特直立之經緯耳。其經緯以天頂地心爲兩極，是直立也。其地平即腰圍廣處，而緯圈與地平平行漸小，而至天頂，亦成直上之形矣。又有横偃之經緯焉。其法以卯酉圈均分三百六十度，亦三十度爲一宫。此圈上過天頂，下過地心，而正交地平于卯酉之中，即地平經圈之一也。其三百六十度，亦即經圈上所分緯度，但今所用，只圈上分度之一點，而不更作與地平平行之緯圈。從此度分，作十字相交之線，引而成大圈。其圈一百八十，半在地平之上，半在其下。其地平上半圈皆具半周天度，勢皆自正北趨正南，穹隆之勢，與天相際，度間所容，中闊而兩末鋭，略如剖瓜。其兩鋭在南北，其中闊在卯酉。大圈相遇相交，皆會于正子午，而正切地平，即子午規與地平規相交之一點。在地平直立經緯，原用子午規、卯酉規爲經圈，地平規爲腰圍之緯圈，今則以卯酉規爲腰圍，而子午規與地平規則同爲經度圈。此一點即爲經度之極，而經度宗焉。立象學安十二宫，用此度也。又自卯酉規向南向北，逐度各作半圈，如虹橋狀，而皆與卯酉規平行。地平下半圈亦然。合之則各成全圈。但離卯酉規漸遠，亦即漸小，以會於其極，即地平規之正子午一點。是其緯圈也。測算家以立晷取倒影定時，用此度也。此一種經緯，則爲横偃之度。其經緯以地平之子午爲兩極，而以卯西規爲其腰圍，是横偃之勢。一直立，一横偃，其度皆與太虚之定位相應，故曰無形之經緯亦分兩條也。不但此也，凡此無形之經緯，皆以人所居之地平起算，所居相距不過二百五十里即差一度。此以南北之里數言也。若東西，則有不二百五十里而差一度者矣。何也？地圓故也。而所當之天頂、地平俱變矣。地平移則高度改，天頂易則方向殊，跬步違離，輾轉異視，殆千變而未有所窮，故曰天地之間無在無經緯也。

凡經緯度之法，其數皆相待而成，有全則有分，有正則有對，即顯見隱，舉一知三，故可以經度求緯，亦可以緯度求經。有地平之經緯，即可以求黄、赤。有黄、赤之經緯，亦可以知地平。而且以黄之經求赤之經，亦可以黄之緯求赤之經；以黄之緯求赤之緯，亦可以黄之經求赤之緯。用赤求黄，亦復皆然。宛轉相求，莫不脗合。施於用，從衡變化而不失其常；求其源，渾行無窮而莫得其隙。夫是以布之于算，而能窮差變；筆之于圖，而能肖星躔；制之于器，而不違懸象也。曰：經緯之度既然，以爲十二宫，則何如？曰：十二宫者，經緯中之一法耳。渾圓之體，析之則爲周天經緯之度，周天之度合之成一渾圓，而十二分之，則十二宫矣。然有直十二宫焉，有衡十二宫焉，有斜十二宫焉，又有百游之十二宫焉。以天頂爲極，依地平經度而分者，直十二宫也。其位自子至卯左旋，周十二辰，辨方正位，于是焉用之。以子午之在地平者爲極，而以地平、子午二規爲界，界各三宫者，衡十二宫也。其位自東地平爲第一宫起，右旋至地心，又至西地平而歷午規以復于東，立象安命，于是乎取之。赤道十二宫，從赤道極而分，極出地有高下，而成斜立，是斜十二宫也。加時之法，于是乎取之，則其定也；西行之度，于是乎紀之，則其游也。黄道十二宫從黄道極而分，黄道極繞赤道之極而左旋，而黄道之在地上者，從之轉側，不惟日異，而且時移，晷刻之間，周流遷轉，正邪升降之度，于是乎取之，故曰百游十二宫也。然亦有定有游，定者，分至之限；游者，恒星歲差之行也。知此數種十二宫，而俯仰之間縷如掌紋矣。然猶經度也，未及其緯，故曰經緯中之一法也。

戴氏震曰：天本無度，因日躔而有度，故曰「在天成度，在曆成日」。此古法也。自歲差之説謂日躔不及天度，而分天周、歲周，然則天度與日躔既非一致，猶設爲度之奇零者以合天。其於天果合乎？否也。今細考之，黄極在天環繞一歲，而周四游無有不及，黄道每晝夜隨極之左旋而俱左，因又生迴環逆溯之勢，太陽在其上，自春分黄道赤道交點漸斂嚮北，夏至在最北，由北漸發嚮南，至秋分黄道赤道交點適半周天，秋分後仍漸發嚮南，冬至在最南，由南又漸斂嚮北，而復于春分交點適一周天。此日躔一歲之發斂，亦無有不及也。二者相應，所以成寒暑往來。有不及則未成歲矣。以是言之，分天周、歲周者未密也。推其故，由不知差在恒星，不在太虛中之天周。朱子所云當先論太虛，誠步算家之要言。蓋天自爲天，恒星自爲恒星，不可不辨。至若太陽行天一周而成歲，則天周、歲周本一致。古人在天成度、在曆成日之意未始不善，而授時減歲餘、增天周之法究與天違也。今周天用三百六十度無餘分，唐時西域九執曆已然。昔廢而今始顯，更逐度剖之爲八線表，施於經緯縱横，以盡互相推測之能事，洵算家之至巧，然古度法亦不可廢。古奇零之度，準乎歲實之有奇零，本法也；今之以整御零，借法也，兼而用之可也。

右黄赤道經緯度附地平經緯度

黄赤道宿度

漢書志：武帝元封七年，漢興百二歲矣，太中大夫公孫卿、壺遂、太史令司馬遷等言「曆紀壞廢，宜改正朔」。遂詔卿、遂、遷與侍郎尊、大典星射姓等議造漢曆。迺定東西，立晷儀，下漏刻，以追二十八宿相距於四方，以定朔晦分至，躔離弦望。角十二，亢九，氐十五，房五，心五，尾十八，箕十一，東七十五度。斗二十六，牛八，女十二，虚十，危十七，營室十六，壁九，北九十八度。奎十六，婁十二，胃十四，昴十一，畢十六，觜二，參九，西八十度。井三十三，鬼四，柳十五，星七，張十八，翼十八，軫十七，南百一十二度。

蕙田案：周禮馮相氏掌二十八星之位，則以二十八宿分天位，其來久矣。此漢初所定赤道宿度，宿皆整度。後漢志四分曆，北方斗七宿，又有餘分四之一。想前漢志北方七宿亦當有餘分，或略而未載與？

舊唐書志：畢、觜、參及輿鬼四宿度數，與古不同，今並依天以儀測定，用爲常數。畢十七，觜一，參十，鬼三。

宋史志：漢赤道宿度，相承用之。唐初，李淳風造渾儀，亦無所改。開元中，一行作大衍曆，詔梁令瓚作黄道游儀，測知畢、觜、參及輿鬼四宿赤道宿度，與舊不同。自一行之後，因相沿襲，下更五代，無所增損。至仁宗皇祐初，始有詔造黄道渾儀，鑄銅爲之。自後測驗赤道宿度，又一十四宿與一行所測不同，氐十六度，心六度，尾十九度，箕十度，斗二十五度，牛七度，女十一度，危十六度，室十七度，胃十五度，畢十八度，井三十四度，鬼二度，柳十四度。蓋古今之人，以八尺圜器，欲以盡天體，決知其難矣。又況圖本所指距星，傳習有差，故今赤道宿度與古不同。

蕙田案：觜、參二宿與唐測同，餘並同漢測。

崇寧紀元曆：亢九少，房五太，心六少，尾十九少，箕十半，牛七少，女十一少，虚九少，秒七十二。危十五半，壁八太，奎十六半，昴十一少，畢十七少，觜半，參十半，井三十三少，鬼二半，柳十三太，星六太，張十七少，翼十八太。案諸法赤道宿次就立全度，頗失真數。今依宋朝渾儀校測距度分定太半少，用爲常數，校之天道最爲密近。

蕙田案：南斗、營室、胃、氐四宿與皇祐測同，惟角、婁、軫三宿仍漢測之舊。又有元豐所測，在紀元之前，房六度，虚九度少强，張十七，翼十九，箕同漢測，畢同唐測，餘並同皇祐。宋天文志又言，紹聖二年，清臺以赤道度數有差，復命考正，惟牛、尾、室、柳四宿與舊法合，蓋宋人於宿度屢更而未有定如是。

元史志：列宿著於天，爲舍二十有八，爲度三百六十五有奇。非日躔無以校其度，非列舍無以紀其度，周天之度，因二者以得之。天體渾圜，當二極南北之中，絡以赤道，日月五星之行，常出入於此。天左旋，日月五星遡而右轉。然列舍相距度數，累代所測不同，非微有動移，則前人所測或有未密。古用闚管，今新制渾儀，測用二綫。角十二度十分，亢九度二十分，氐十六度三十分，房五度六十分，心六度五十分，尾十九度十分，箕十度四十分，東方七十九度二十分。斗二十五度二十分，牛七度二十分，女十一度三十五分，虚八度九十五分太，危十五度四十分，室十七度十分，壁八度六十分，北方九十三度八十分太。奎十六度六十分，婁十一度八十分，胃十五度六十分，昴十一度三十分，畢十七度四十分，觜五分，參十一度十分，西方八十三度八十五分。井三十三度三十分，鬼二度二十分，柳十三度三十分，星六度三十分，張十七度二十五分，翼十八度七十五分，軫十七度三十分，南方百八度四十分。

明史天文志：崇禎元年所測赤道宿度：周天三百六十度，每度六十分。角十一度四十四分，亢九度十九分，氐十六度四十一分，房五度二十八分，心六度九分，尾二十一度六分，箕八度四十六分，斗二十四度二十四分，牛六度五十分，女十一度七分，虚八度四十一分，危十四度五十三分，室十七度，壁十度二十八分，奎十四度三十分，婁十二度四分，胃十五度四十五分，昴十度二十四分，畢十六度三十四分，參二十四分，觜十一度二十四分，井三十二度四十九分，鬼二度二十一分，柳十二度四分，星五度四十八分，張十七度十九分，翼二十度二十八分，軫十五度三十分。

戴氏震曰：列宿循黄道東移，其去赤極漸差，以赤極爲中而均分之。嚮之平者，今或轉移而側。

嚮之側者，今或轉移而平。平則所當度廣，側則所當度狹，非星距之有變易也，所當度隨體勢而殊觀耳。元史疑其微有動移，以此。夫既所差甚微，則一經測驗，定其度分，與中星同法，久而後不得不改，未久亦不必改也。

續文獻通考：明史云「觜宿距星，唐測在參前三度，唐書作「二度」，元史作「一度」。元測在參前五分，今測已侵入參宿」者，乃據赤道而言。蓋參宿距星，赤道之歲差少。觜宿距星，赤道之歲差多。故古測觜在參前，今測則觜在參後。然列宿在天，黃道皆有定次，若據赤道而論，非維觜能過參後，鬼亦能過柳後。推之中外各官星，凡二星經度相近者，皆將前後易位，則欲以星紀度者，反以度紊星，烏所謂「齊七政而協五紀」者乎？故列宿之次，當以黃道爲主，且各宿距星，惟人所指，古今亦有不同。唐書天文志曰：「奎誤距以西大星，故壁損二度，奎增二度。今復距西南大星，即奎、壁各得本度。張中央四星爲朱鳥嗉，外二星爲翼，比距以翼而不距以膺，故張增二度半，七星減二度半。今復距以膺，則七星、張各得本度。」由是觀之，則宿之距星，古已有更易者矣。至於觜、參二宿，其以何星作距，古無明文。唐書云「古以參右肩爲距」，失之太遠。通考載宋兩朝天文志云：「觜三星距西南星，參十星距中星西第一星。」西法，觜宿距中上星，參宿亦距中西一星。今案觜宿西南星在中上星前僅一分五十秒，可以不計。而西南星小，中上星大，則以中上星作距可也。若參宿以中西一星作距星，則觜宿黄道度已在參宿後，用歲差推其赤道度，亦與古測不符，惟以參宿中東一星作距星，則觜宿黄道恒在參宿前一度弱，與古法先觜後參之序合。今已依次改正。

蕙田案：以上赤道宿度。

後漢書志：賈逵論曰：「臣前上傅安等用黄道度日月弦望多近。史官一以赤道度之，不與日月同，於今曆弦望至差一日以上，輒奏以爲變，至以爲日却縮退行。於黄道，自得行度〔一〕，不爲變。願請太史官日月宿簿及星度課，與待詔星象考校。奏可。臣謹案：前對言冬至日去極一百十五度，夏至日去極六十七度，春秋分日去極九十一度。洪範『日月之行，則有冬夏』。五紀論『日月循黄道，南至牽牛，北至東井，率日日行一度，月行十三度十九分度七』也。今史官一以赤道爲度，不與日月行同，其

〔一〕「自」，諸本作「日」，據後漢書律曆志中改。

斗、牽牛、東井〔一〕、輿鬼，赤道得十五，而黄道得十三度半，行東壁、奎、婁、軫、角、亢，赤道七度〔二〕，黄道八度；或月行多而日月相去反少，謂之日却。案黄道值牽牛，出赤道南二十五度，其直東井、輿鬼，出赤道北二十五度〔三〕，赤道者爲中天，去極俱九十度，非日月道，而以遥準度日月，失其實行故也。以今太史官候注考元和二年九月已來月行牽牛、東井四十九事，無行十一度者，行婁、角三十七事，無行十五六度者，如安言。問典星待詔姚崇、井畢等十二人，皆曰『星圖有規法，日月實從黄道，官無其器，不知施行』。案甘露二年大司農中丞耿壽昌奏，以圖儀度日月行，考驗天運狀，日月行至牽牛、東井，日過一度〔四〕，月行十五度，至婁、角，日行一度，月行十三度，赤道使然，此前世所共知也。如言黄道有驗，合天，日無前却，弦望不差一日，比用赤道密近，宜施用。上中多臣校。」案逵論，永元四年也。至十五年七月甲辰，詔書造太史黄

〔一〕「東井」，諸本脱，據後漢書律曆志中補。
〔二〕「七度」，諸本作「十度」，據後漢書律曆志中改。
〔三〕「二十」，諸本脱，據後漢書律曆志中補。
〔四〕「一」，諸本脱，據後漢書律曆志中補。

道銅儀，以角爲十三度，亢十，氐十六，房五，心五，尾十八，箕十，斗二十四四分度之一，牽牛七，須女十一，虚十，危十六，營室十八，東壁十，奎十七，婁十二，胃十五，昴十二，畢十六，觜三，參八，東井三十，輿鬼四，柳十四，星七，張十七，翼十九，軫十八，凡三百六十五度四分度之一。冬至日在斗十九度四分度之一。

宋史天文志：黄道横絡天體，列宿躔度自隨歲差而增減。中興以來，用統元、紀元及乾道、淳熙、開禧、統天、會元，每一曆更一黄道，其多寡之異有不可勝載者，而步占家亦隨各曆之躔度焉。

梅氏文鼎曰：各宿黄道度皆生于赤道，赤道三百六十五度二五七五，黄道亦三百六十五度二五七五，而其各宿度數不同者，則以二至二分所躔不同也。赤道近二至，則其變黄道度也損而少；赤道近二分，則其變黄道度也益而多。蓋赤道平分天腹，適當二極之中，所紀之度，終古不易。黄道不然，其冬至則近南極，在赤道外二十三度九十分；其夏至則近北極，在赤道内亦二十三度九十分。其自南而北，自赤道外而入于其内也，則交于春分之宿。其自北而南，自赤道内而出于其外也，則交于秋分之宿。交則斜，以斜較平，視赤道之度必多。此處既多，則二至黄道視赤道之數必少，理勢然也。

蕙田案：漢以來皆用赤道變黄道，又隨歲差而移，故一法輒更一黄道宿度，皆非實測，無足載也。梅氏猶據舊説，存之以見古曆家黄道度之大略。

明史天文志：崇禎元年所測二十八宿黄赤度分，皆不合於古。夫星既依黄道行，而赤道與黄道斜交，其度不能無增減者，勢也。而黄道度亦有增減者，或推測有得失，抑恒星之行亦或各有遲速歟？黄道宿度：角十度三十五分，亢十度四十分，氐十七度五十四分，房四度四十六分，心七度三十三分，尾十五度三十六分，箕九度二十分，斗二十三度五十一分，牛七度四十一分，女十一度三十九分，虚九度五十九分，危二十度零七分，室十五度四十一分，壁十三度一十六分，奎十一度二十九分，婁十三度，胃十三度一分，昴八度二十九分，畢十三度五十八分，參一度二十一分，觜十一度三十三分，井三十度二十五分，鬼五度三十分，柳十六度六分，星八度二十三分，張十八度四分，翼十七度，軫十三度三分。

續文獻通考：案二十八宿距度，古測皆以赤道爲定。前漢未有黄道宿度，後漢雖有黄道宿度，而未知有歲差，無論矣。隋以後知有歲差，而宿距猶以赤道爲定。蓋以恒星爲不動，而節氣西移，則赤道宿度，應古今皆同，而黄道宿度，應歲有增減，故惟測定赤道度，而黄道度則以比例求之。隋志云「赤道常定，紘帶天中，儀極攸準」是也。至於赤道宿度，古今不同，則自唐迄元，皆未能知其故。由今考之，恒星循黄道東行，其東行之度，各宿皆相等，則各宿之相距亦宜恒相等。若赤道與黃道斜交，其歲差之度，各宿皆不同，則各宿之相距，自亦古今不同。宋史云：「赤道古今不移，星舍宜無盈縮。」元史云：「列宿相距度數，古今所測不同，非微有動移，則前人所測或有未密。」是皆未知赤道度數之本應古今不同也。蓋天體至大，其行至速，而其度有常，其中微渺之差，必積久而始著，故自唐、虞至晉，始覺歲之有差。覺有差矣，而歲之差而西，即天之差而東，日之節氣屬歲，星之次舍屬天。則差之在歲與在天已難辨。且天帶赤道左旋，日星雖循黃道右旋，而亦隨天西轉，則差之由黃道與由赤道，更難知矣。宋史云：「自漢太初後至唐開元初，八百年間，悉無更易，今雖測驗，與古不同，亦歲月未久，新曆兩備其數。」誠知其難矣。至以赤道度求黃道度，用比例率，其術甚疏，則其黃道宿度尤不足據。宋史云：「天度不齊，古人特持其大綱，後世漸極於精密。」理固然，亦勢使然也。西法合古今之測候，始知恒星循黃道東行，故宿距專以黃道爲定。黃道宿度既定，每年遞加歲差五十一秒，即得逐年黃道宿度。各宿之歲差皆同，則各宿之相距亦同。至以黃道度求赤道度，用弧線三角法推算，視古爲精，而各宿所差不等，則各宿之相距，亦自古今不等也。明史云：「崇禎元年所測各宿黃、赤度分，皆與古不合。」固其宜已。然自崇禎元年至今，黄道宿度亦微有不合，即新法内之各表與指亦有互異。蓋當時甫經創修，差有纖微，積久始著，惟在隨時精測，順天求合，斯古今不易之良法耳。

蕙田案：以上黄道宿度。

右黄赤道宿度

列宿十二次

漢書志：凡十二次，日至其初爲節，至其中爲中。星紀，初斗十二度，大雪。中牽牛初，冬至。於夏爲十一月，商爲十二月，周爲正月。終於婺女七度。玄枵，初婺女八度，小寒。中危初，大寒。於夏爲十二月，商爲正月，周爲二月。終於危十五度。娵訾，初危十六度，立春。中營室十四度，驚蟄。今曰雨水。於夏爲正月，商爲二月，周爲三月。終於奎四度。降婁，初奎五度，雨水。今曰驚蟄。中婁四度，春分。於夏爲二月，商爲三月，周爲四月。終於胃六度。大梁，初胃七度，穀雨。今曰清明。中昴八度，清明。今曰穀雨。於夏爲三月，商爲四月，周爲五月。終於畢十一度。實沈，初畢十二度，立夏。中井初，小滿。於夏爲四月，商爲五月，周爲六月。終於井十五度。鶉首，初井十六度，芒種。中井三十一度，夏至。於夏爲五月，商爲六月，周爲七月。終於柳八度。鶉火，初柳九度，小暑。中張三度，大暑。於夏爲六月，商爲七月，周爲八月。終於張十七度。鶉尾，初張十八度，立秋。中翼十五度，處暑。於夏爲七月，商爲八月，周爲九月。終於軫十一度。壽星，初軫十二度，白露。中角十度，秋分。於夏爲八月，商爲九月，周爲十月。終於氐四度。大火，初氐五度，寒露。中房五度，霜降。於夏爲九月，商爲十月，周爲十一月。終於尾九度。析木，初尾十度，立冬。中箕七度，小雪。於夏爲十月，商爲十一月，周爲十二月。終於斗十一度。

蕙田案：十二次之名，見於春秋傳、國語、爾雅。蓋周時部分天位之法，列宿相距，廣狹不等，十二次則均分之，而其名恒依星象。秦、漢間舊法，一歲二十四氣，因繫之十二次，由不知列宿有歲差。十二次漸移而東，則節氣漸退而西。次名從乎列宿，不從節氣也。漢初，冬至日已在斗，猶仍舊法，以爲起牽牛之初，此一誤也。以牽牛初當星紀正中，此又一誤也。春秋傳曰：「玄枵，虚中也。」茲則虚非玄枵正中，而危初乃當正中。春秋傳「婺女，星紀之維首」，茲則婺女之半，乃入星紀。十二次名界，蓋與古相差五六度，雖未甚懸殊，不可據以爲古。

蔡邕月令章句：周天三百六十五度四分度之一，分爲十二次，日月之所躔也。地有十二分，王侯之所國也。每次三十度三十二分之十四，日至其初爲節，至其中爲中氣。自危十度至壁八度，謂之豕韋之次，立春、雨水居之。衛之分野。自壁八度至胃一度，謂之降婁之次，驚蟄、春分居之。魯之分野。自胃一度至畢六度，謂之大梁之次，清明、穀雨居之。趙之分野。自畢六度至井十度，謂之實沈之次，立夏、小滿居之。晉之分野。自井十度至柳三度，謂之鶉首之次，芒種、夏至居之。秦之分野。自柳三度至張十二度，謂之鶉火之次，小暑、大暑居之。周之分野。自張十二度至軫六度，謂之鶉尾之次，立秋、處暑居之。楚之分野。自軫六度至亢八度，謂之壽星之次，白露、秋分居之。鄭之分野。自亢八度至尾四度，謂之大火之次，寒露、霜降居之。宋之分野。自尾四度至斗六度，謂之析木之次，立冬、小雪居之。燕之分野。自斗六度至須女二度，謂之星紀之次，大雪、冬至居之。越之分野。自須女二度至危十度，謂之玄枵之次，小寒、大寒居之。齊之分野。

皇甫謐帝王世紀：自天地設闢，未有經界之制，三皇尚矣。諸子稱，神農之王天下也，地東西九十萬里，南北八十五萬里。及黄帝受命，始作舟車，以濟不通，乃推分星次，自斗十一度至婺女七度，一名須女，曰星紀之次，於辰在丑，今吴、越分野。自婺女八度至危十六度，曰玄枵之次，一名天黿，於辰在子，今齊分野。自危十七度至奎四度，曰豕韋之次，一名娵訾，於辰在亥，今衛分野。自奎五度至胃六度，曰降婁之次，於辰在戌，今魯分野。自胃七度至畢十一度，曰大梁之次，於辰在酉，今趙分野。自畢十二度至東井十五度，曰實沈之次，於辰在申，今晉、魏分野。自井十六度至柳八度，曰鶉首之次，於辰在未，今秦分野。自柳九度至張十七度，曰鶉火之次，於辰在午，今周分野。自張十八度至軫十一度，曰鶉尾之次，於辰在巳，今楚分野。自軫十二度至氐四度，曰壽星之次，於辰在辰，今韓分野。自氐五度至尾九度，曰大火之次，於辰在卯，今宋分野。自尾十度至斗七度百三十五分而終，曰析木之次，於辰在寅，今燕分野。凡天有十二次，日月之所躔也。地有十二分，王侯之所國也。故四方，方七宿，四七二十八宿，合一百八十二星。東方蒼龍，三十二星，七十五度。北方玄武，三十五星，九十八度四分度之一。西方白虎，五十一星，八十度。南方朱雀，六十四星，百一十二度。周天三百六十五度四分度之一，分爲十二次，一次三十度三十二分度之十四，各以附其七宿。

蕙田案：後漢四分曆，冬至日在斗二十度奇，以星紀中爲冬至所居，故前志三統曆星紀初斗十二度者，月令章句用四分曆，退在斗六度，十二次並退六七度，其名界適與古相近，蓋偶合也。皇甫謐復用三統分十二次，特以其在前，疑爲出于古耳。自周禮保章氏以星土辨九州之地所封，封域皆有分星，以觀妖祥，梓慎、裨竈、史墨之徒，專以是爲知天道。分野之説，固有所從來，然謂之星土、分星，則星爲主，而不主節氣，明矣。若十二次與節氣推移，分野不據分星，乃隨節氣而異，古無是法。以是斷之，必不可以節氣定十二次之名界也。

宋書志：祖沖之曰：「臣以爲辰極居中，而列曜貞觀，群象殊體，而陰陽區别，故羽介咸陳，則水火有位，蒼素齊設，則東西可準，非以日之所在定其名號也。何以明之？夫陽爻初九，氣始正北，玄武七列，虚當子位。若圓儀辨方，以日爲主，冬至所舍，當在玄枵；而今之南極，乃處東維，違體失中，其義何附？若南北以冬夏禀稱，則卯酉以生殺定號，豈得春躔義方，秋麗仁域，名舛理乖，若此之反哉？因兹以言，固知天以列宿分方，而不在於四時，景緯環序，日不獨守故轍矣。次隨方名，義合宿體，分至雖遷，而厥位不改。」

蕙田案：此論極精覈。漢初未知歲差，故以節氣繫於十二次。後漢賈逵知冬至日在斗，不在牽牛，猶未顯然斷爲歲差也。十二次名界，轉隨冬至日所在而移。歲差之説，肇自晉虞喜，而祖沖之尤言之詳。厥後十二次，不隨節氣遷徙，但變赤道十二次於黄道，近二至度少，近二分度多，以勢有横有斜，而生廣狹。日躔某次，爲太陽過宫。其十二次之界，或據三統曆，或據月令章句，損益其間，均非定論，無足載也。

右列宿十二次

周天十二宫次

明史天文志：十二宫之名見於爾雅，大抵皆依星宿而定。如婁、奎爲降婁，心爲大火，朱鳥七宿爲鶉首、鶉尾之類。故宫有一定之宿，宿有常居之宫，由來尚矣。唐以後始用歲差，然亦天自爲天，歲自爲歲，宫與星仍舊不易。西洋之曆，以中氣過宫，如日躔冬至，即爲星紀宫之類。而恒星既有歲進之差，於是宫無定宿，而宿可以遞居各宫，此變古曆之大端也。兹以崇禎元年各宿交宫之黄赤度分列于左方，以志權輿云。赤道交宫宿度：箕，三度零七分，入星紀。斗，二十四度二十一分，入玄枵。危，三度一十九分，入娵訾。壁，一度二十六分，入降婁。婁，六度二十八分，入大梁。昴，八度三十九分，入實沈。觜，一十一度一十七分，入鶉首。井，二十九度五十三分，入鶉火。張，六度五十一分，入鶉尾。翼，一十九度三十二分，入壽星。亢，一度五十分，入大火。心，初度二十二分，入析木。黃道交宫宿度：箕，四度一十七分，入星紀。牛，一度零六分，入玄枵。危，一度四十七分，入娵訾。室，一十一度四十分，入降婁。婁，一度一十四分，入大梁。昴，五度一十三分，入實沈。觜，一十一度二十五分，入鶉首。井，二十九度五十二分，入鶉火。星，七度五十一分，入鶉尾。翼，一十一度二十四分，入壽星。亢，初度四十六分，入大火。房，二度一十二分，入析木。

戴氏震曰：歐邏巴之曆，本之回回，而回回曆則本之中土。漢時故中法有二十八宿，彼亦二十八。中法分十二次，彼亦十二。其中氣過宫者，本漢人至其初爲節，至其中爲中氣之法而互易之，猶之午正以後爲次日，及經緯正交中交之名，一一與古相反，究之同一實耳。中法後用歲差，節氣不復繫于星次，是中法革而不用者，彼猶仍之，遂令十二次之名隨歲差遷徙，名與實爽。中法知有歲差則顯革之，彼因而暗移其法于黃道；中法即以節氣中氣爲一歲之界，彼乃襲星次爲界，而不知其不可襲也。

梅氏疑問補〔一〕：問：舊法，太陽過宫與中氣不同，今何以復合爲一？曰：新法之測算精矣，然其中不無可商，當俟後來詳定者，則此其一端也。何則？天上有十二宫，宫各三十度，每歲太陽以一中氣一節氣共行三十度。如冬至、小寒共行三十度，大寒、立春又共行三十度，其餘並同。滿二十四氣，則十二宫行一周，故曆家恒言太陽一歲周天也。然而實考其度，則一歲日躔所行，必稍有不足，雖其所欠甚微，約其差不過百分度之一有半。積至年深，遂差多度，六七十年差一度，六七百年即差十度。是爲歲差。曆家所以有天周、歲周之名，天上星辰勻分十二宫，共三百六十度，是爲天周。每歲太陽十二中氣，共行三百六十度微弱，是爲歲周。漢人未知歲差，誤合爲一，故即以冬至日交星紀，而定之於牽牛。逮晉虞喜等始覺之，五代宋何承天、祖沖之、隋劉焯等言之益詳。顧治曆者，株守成説，不敢輒用歲差也。至唐初，傅仁均造戊寅元曆，始用歲差，而朝論多不以爲然，故李淳風麟德曆復去歲差不用。直至玄宗開元某年，僧一行作大衍曆，乃始博徵廣證，以大暢厥旨。於是分天自爲天，即周天十二次宫度，其度終古不變。

〔一〕「疑問補」，原作「疑文補」，據味經窩本、乾隆本、光緒本改。

歲自爲歲，即周歲十二中氣。日躔所行天度，其度歲歲微移。累代遵用。所定歲差年數，微有不同，而大致無異。元世祖時，用授時曆，郭守敬測定六十六年有八月而差一度，回回、泰西差法略同。今定爲七十年差一度，數亦非遠。故冬至日一歲日躔之度已週，尚不能復於星紀之元度，必再行若干日時而至星紀。十二中氣皆同一理。所以太陽過宮，與中氣必不同日。其法原無錯誤，其理亦甚易知，徐、李諸公深於曆術，豈反不明斯事，乃復合爲一，真不可解。推原厥故，蓋譯西書時誤仍回回曆太陽年之十二月名耳。

問：回回曆亦知歲差，何以誤用宮名爲月名？曰：回回曆既以十二個月爲太陰年，而用之歲紀，不用閏月，然如是，則四時之寒燠温涼錯亂無紀，因別立太陽年，以周歲日躔匀分三百六十度，又匀分爲十二月，以爲耕斂之節，而起算春分，是亦事勢之不得不然。堯典寅賓出日始於仲春，即此一事，亦足徵西法之本於羲、和。但彼以春分爲太陽年之第一月第一日，遂不得復用古人分至啓閉之法及春夏秋冬正名，古者以立春、立夏、立秋、立冬、春分、秋分、冬至、夏至爲八節，其四立並在四孟月之首，以爲四時之節，謂之啓閉。二分二至並在四仲月之中，居春夏秋冬各九十一日之半，皆自然之序，不可移易。今回回之太陽年既以春分爲歲首，則是以仲春之後半月爲正旦，而割其前半個月，以益孟春，共四十五日奇，遂一併移之於歲終；而孟春之前半改爲十一月之後半，孟春之後半合仲春之前半共三十日，改爲十二月，即春夏秋冬之四時及分至啓閉之八節，孟、仲、季之月名，無一與之相應。名不正則言不順，遂不復可得而用矣。故遂借白羊等十二宫以名其太陽年之月，彼非不知天度有歲差，白羊不能板定於春分，然以其時春分正在白羊，姑借名之以紀月數。即此而知回回初起時，其年代去今非遠。歐邏巴之法因回回而加精，大致並同回曆，故遂亦因之耳。徐文定公譯西書，謂鎔西洋之精算入大統之型模，則此處宜爲改定，使天自爲天，歲自爲歲，則歲差之理明，而天上星辰宫度各正其位矣。如晝夜平即爲二分，晝極長即爲夏至，不必問其日躔是何宫度，是之謂歲自爲歲也。必太陽行至降婁，始命爲日躔降婁之次；太陽行至鶉首，始命爲日躔鶉首之次，不必問其爲春分後幾日，夏至後幾日，是之謂天自爲天也。顧乃因仍回回之宫名，而以中氣日即爲交宫之日，則歲周與天周復混而爲一，於是歲差之理不明，知星紀之次常有定度，而冬至之日度漸移，是生歲差。若冬至日即躔星紀，歲歲相同，安得復有歲差？而天上十二次宫度名實俱亂。天上十二宫各有定星定度，若隨節氣移動，則名實俱左。後篇詳之。是故曆法至今日推步之法已極詳明，而不無有待商酌以求盡善者，此其一端也。

江氏永曰：天上十二宫，當分爲二。有黄道十二宫，有列宿天十二宫。黄道十二宫亦三百六十度，太陽一歲周徧，未嘗稍有不足；較之列宿天似微欠者，非太陽之不能周天也，恒星自移而東耳。新法之誤，在去列宿十二宫，專主黄道十二宫，遂合兩爲一。且併星次之名而冒之，勿菴謂誤仍回回太陽年之十二月名，固是一説，愚則謂别有其故。太陽者，衆曜之主也。黄道者，諸道之宗也。一歲寒暑進退，皆由太陽行黄道使然，則黄道上自有一定之宫，不惟日與五星遊泊其間，雖普天星宿亦循黄道而行，閱萬餘年，赤道外二十三度之星且移至赤道内二十三度，則安得不以黄道爲主、星宿爲客乎？

又曰：論恒星之宗黄極，循黄道，則太陽爲主，恒星爲客；論七政之躔列宿，則列宿又爲主，七政爲客。蓋黄道之宫虚，而列宿之次實也；七政之天在下，而恒星之天在上也，則亦互爲主客耳。觀一歲七政，書不能虚紀宫度，必以某宿某度記之，則列宿豈不猶州縣，而七政豈不猶人之行程乎？分列宿之宫，猶分天下之省直也。若列宿天之宫界，雖若難辨，而中法與西法皆以虚六度爲子半，當必有所傳，蓋虚宿十度，六度正當其半。以此爲正北，而各宫之界皆可定矣。

梅氏疑問補：問：天上十二宫亦人取名，今隨中氣而移，亦何不可之有？曰：十二宫名雖人所爲，然其來久矣。今考宫名，皆依天上星宿而定，非漫設者。如南方七宿，爲朱鳥之象。史記天官書柳爲鳥注，注即咮，咮者，朱鳥之喙也。七星頸爲員官，頸，朱鳥頸也；員官，嚨喉也。張爲素，素即嗉，鳥受食之處也。翼爲羽翮，朱鳥之翼。故名其宫曰鶉首、鶉火、鶉尾。鶉即朱鳥，乃鳳也。東方七宿爲蒼龍，天官書東宫蒼龍房、心，心爲明堂。今案：角二星，象角，故一名龍角。氐、房、心，象龍身心，即其當心之處，故心爲明堂。尾宿即龍之尾。故其宫曰壽星，封禪書：武帝詔天下尊祀靈星。正義：靈星，即龍星也。張晏曰：龍星左角曰天田，則農祥也。見而祀之。曰大火，心爲大火。曰析木；一名析木之津，以尾、箕近天河也。北方七宿爲玄武，天官書北宫玄武。其宫曰星紀，古以斗、牛爲列宿之首，故星自此紀也。曰玄枵，枵者，虚也，即虚、危也。又象龜、蛇爲玄武也。曰娵訾；一名娵訾之口，以室、壁二宿各二星，兩兩相對，而形正方，故象口也。西方七宿爲白虎，天官書奎曰封豕，參爲白虎，三星直者是爲衡，其外四星，左右肩股也。小三星隅置曰觜觿，爲虎首。其宫曰降婁，以婁宿得名也。曰大梁，曰實沈。由是以觀十二宫名，皆依星象而取，非漫設也。堯典日中星鳥，以其時春分昏刻，朱鳥七宿正在南方午地也。日永星火，以其時夏至初昏，大火宫在正午也。火即心宿。宵中星虚，以其時秋分昏中者，玄枵宫也，即虚、危也。日短星昴，以其時冬至昏中者，昴宿也，即大梁宫也。曆家以歲差考之，堯甲辰至今已四千餘歲，歲差之度已及二宫。以西率七十年差一度約之，凡差六十餘度。然而天上二十八舍之星宿未嘗變動，故其十二宫亦終古不變也。若夫二十四節氣，太陽躔度盡依歲差之度而移，則歲歲不同，七十年即差一度，亦據今西術推之。安得以十二中氣即過宫乎？試以近事徵之，元世祖至元十七年辛巳冬至，度在箕十度，至今康熙五十八年己亥冬至在箕三度，其差蓋已將七度，而即以箕三度交星紀宫，則是至元辛巳之冬至宿箕十度。已改爲星紀宫之七度，再一二百年，則今己亥之冬至宿箕三度。爲星紀宫之初度者，又即爲星紀宫之第三度，而尾宿且浸入星紀矣。積而久之，必將析木之宫尾、箕。盡變爲星紀，大火之宫氐、房、心。盡變爲析木，而十二宫之星宿皆差一宫。準上論之，角、亢必爲大火，翼、軫必爲壽星，柳、星、張必爲鶉尾，井、鬼必爲鶉火，而觜、參爲鶉首，胃、昴、畢爲實沈，奎、婁爲大梁，而娵訾爲降婁，虚、危爲娵訾，斗、牛爲玄枵。二十八宿皆差一宫。即十二宫之名，與其宿一一相左，又安用此名乎？再積而久之，至數千年後，東宫蒼龍七宿悉變玄武，歲差至九十度時，角、亢、氐、尾、心、房、箕必盡變爲星紀。玄枵、娵訾並倣此。南宫朱鳥七宿反爲蒼龍，西宫白虎七宿反爲朱鳥，北宫玄武七宿反爲白虎。國家頒朔授時，以欽若昊天，而使天上宿度宫名顛倒錯亂如此，其可以不亟爲釐定乎？又試以西術之十二宫言之，夫西洋分黄道上星爲十二象，雖與羲、和之舊不同，然亦皆依星象而名，非漫設者。如彼以積尸氣爲巨蟹第一星，蓋因鬼宿四星而中央白氣有似蟹筐也。所云天蝎者，則以尾宿九星卷而曲其末，二星相並，如蝎尾之有岐也。所云人馬者，謂其所圖星象類人騎馬上之形也。其餘如寶瓶，如雙魚，如白羊，如金牛，如陰陽，如師子，如雙女，如天秤，以彼之星圖觀之，皆依稀彷彿有相似之象，故因象立名。今若因節氣而每歲移其宫度，積而久之，宫名與星象相離，俱非其舊，而名實盡淆矣。

西法言歲差，謂是黄道東行，未嘗不是。如今日鬼宿已全入大暑日躔之東，在中法歲差，則是大暑日躔退回鬼宿之西也；在西法，則是鬼宿隨黄道東行而行過大暑日躔之東，其理原非有二。尾宿之行入小雪日躔東亦然。夫既鬼宿已行過大暑東，而猶以大暑日交鶉火之次，則不得復爲巨蟹之星，而變爲師子矣。尾宿已行過小雪後，而猶以小雪日交析木之次，則尾宿不得爲天蝎，而變爲人馬宫星矣。即詢之西來知曆之人，有不啞然失笑者乎？

又曰：周天列宿分十二宫，古今之法各各迴異。要其大端之改易有三：自隋以前，未用歲差，故天之十二宫皆隨氣而定，如冬至日躔度即爲丑初之類，一也。唐一行始定用歲差，分天自爲天，歲自爲歲，故冬至漸移，而宫度不變，以後曆家遵用之，所以明季言太陽過宫以雨水三朝過亥，二也。若今西法，則未嘗不用歲差，而十二宫又復隨節氣而移，三也。三者之法，未敢斷其孰優，然以平心論之，則一行似勝。何以言之？蓋既用歲差，則節氣之躔度年年不同，故帝堯冬至日在虚，而今在箕，已差五十餘度；若再積其差，冬至必且在尾，在心，在氐、房，在角、亢，顧猶以冬至之故而名之曰丑宫，則東方七宿不得爲蒼龍而皆變玄武，北方宿反爲白虎，西方宿反爲朱鳥，而南方朱鳥爲蒼龍，名實盡乖，即西法之金牛、白羊諸宫，皆將易位，非命名取象之初旨，即不如天自爲天、歲自爲歲之爲無弊矣。故新法之推步實精，而此等尚在可酌，不無俟於後來之論定耳。

蕙田案：十二宫之古今三變，推論其故，皆爲失之未用歲差，以爲日躔列宿，天一歲而周，十二次無有不足，失在混宿次與黄道爲一。蓋日躔黄道雖適一周，而宿次則有推移，每歲微差也。既用歲差，以爲歲周不及天周，太陽之行一歲猶有未滿，亦失在混宿次與黄道爲一。蓋差不在黄道，乃宿次漸離黄道元處也。西人知歲差由列宿推移矣，而又以中氣爲太陽過宫，襲列宿十二次之名以名黄道上十二宫，失在名實相淆。蓋有宿次之名，而不用其實，有黄道十二宫之實，而不能正其名也。

續文獻通考：案星紀至析木十二宫名，皆以二十八宿取義，是宫本因星而定者也。西法以太陽中氣過宫，而恒星歲差有東行之度，於是星行遞進，宫次遞遷，以致名義不符，論者以爲變古法之大端。由今考之，爾雅壽星、角、亢等名，與北極北辰並列，蓋皆所以釋星名，與太陽節氣過宫無涉也。前漢志云：「星紀，初斗十二度，大雪。中牽牛初，冬至。」蓋宫次固以星名，而初、中非有定度。當其時，大雪日躔斗十二度，冬至日躔牛初度，故即命斗十二度爲星紀初，牛初度爲星紀中耳。後漢志注月令章句云：「周天分爲十二次，日至其初爲節，至其中爲中氣，自斗六度至須女二度謂之星紀之次，大雪、冬至居之。」則是後漢之時，星已差東六度矣。唐志日度議云：「古曆，日有常度，天周爲歲終，故係星度於節氣。其説似是而非，故久而益差。虞喜覺之，使天爲天，歲爲歲。」宋志云：「自漢太初至今，已差一氣有餘，大約中氣前後，乃得本月宫次。」又云：「説者不知歲差之法，以堯典校之月令，逮於今日，已不啻差一次。求其説而不得，遂以節氣有初、中之殊，失之遠矣。」由是觀之，「自漢至宋，已差一氣有餘，而自堯時至漢，又不止差一氣，則是『星紀初大雪，中冬至』」云者，乃前漢時之適然，而前古與後今皆不得合者也。後漢差度無幾，故減星度以就宫。唐以後差度漸遠，節氣與星次既不得合，故以天自爲天，歲自爲歲。然日有盈縮，而節氣用平分，星行黃道，節氣與星次，而紀宮以赤道，則歲與天猶非其真。元授時黄道十二次，皆比前漢少數度，其度不均。明大統因之。而弘治間日躔過宫，乃在中氣後三日至十二日不等，蓋日行有盈縮，黄道有斜正，故交宫之日度多寡不同；若積之又久，則交宫將過次月節，而交宫之宿度又不可用，則其黄道十二次亦未可爲定率也。西法之興，始於多禄某，於中國爲漢順帝時，其以中氣過宫，亦與漢之節氣過宫正等，蓋當其時交宫已近中氣，故又移中氣之星度以就宫，而分至爲黄、赤起算之端，則以中氣過宫，尤爲整齊簡要，但當時中氣所差之度未及一宿，而至今則所差之宿已過一宫，故論者每致辯於名義之不符。然欲不以中氣過宫，而仍係宫於星，則又有不可者。蓋古法惟有宿度，故交節與過宫兩不相妨。今法有經度，又有宿度，宫可以不係於宿，而經度不可不係於宫，此其立法之不同，而不可以强合者也。今案：天有九重，宗動天以赤極爲樞，挈恒星以内八重天左旋，一日一周；恒星以内八重天又同以黄極爲樞，而各有右旋之度。節氣過宫，太陽天也。列宿歲差，恒星天也。日與恒星既各居一重天，則日天與恒星天宜各有十二次。合之則名義不符，分之則日星各正。然則太陽冬至宜直曰入丑宫，或曰初宫，不必曰星紀之次；大寒宜直曰入子宫，或曰一宫，不必曰玄枵之次，十二氣莫不皆然，則節氣在太陽天有常度而不紊於恒星，是乃歲自爲歲也。其歲差之度，不曰恒星東行，而曰恒星天右旋，蓋以恒星爲東行，故宫有定而星無定。且星惟當黄道者，其東行爲大圈；若在黄道南北者，其東行則皆距等圈。凡日月星在天之行皆係大圈，無有行距等圈之理。隋天文志葛洪云：「苟辰宿不麗於天，天爲無用，便可言無，何必復曰有之而不動？」今曰恒星天右旋，則天行爲大圈，星與宫在恒星天皆有常位而不紊於節氣，是乃天自爲天也。至於列宿之在天，前漢以斗十二度起星紀初，最爲近古，其宿分亦適均。惟以今之實測黄道宿度均布於十二宫，而以今之曆元冬至日躔不及斗十二度之差爲星紀初，距冬至之應與日躔宫度相減，再減曆元後之歲差，即日天當恒星天之度也。如此則日躔猶是，宿度亦猶是，而前古後今皆合論定者，當有所折衷矣。

蕙田案：列宿亦循黄道而宗黄極，然列宿之天遠，太陽之天近，遠近分而行度遂殊。蓋黄極每晝夜環繞赤極一周，而又過一度。古度法。太陽與列宿並隨極之左旋而俱左，是每晝夜皆一周而過一度也。然二者又有迴環右轉之機。列宿遠，左旋勢緊，而右轉甚緩，其差幾於不覺。太陽近，左旋勢舒，而右轉少疾，其差則及一度，因差一度而晝夜由是成，乃以太陽爲中數，故黄極爲過一度也。以是言之，列宿左旋，雖過於太陽，而不及黄極，故黄極每晝夜左旋過一度者，至一歲而適足一周天，列宿每晝夜左旋幾過一度，至一歲而未及一周天，以成歲差。太陽之每日右轉，則與黄極之左旋相應，而相差一度，故黄極左一周，太陽則右一周適足，此在天之實理。太虚之度，日躔適足，列宿有差，謂日躔稍有不足者，非也。唐一行分天自爲天，歲自爲歲，其云天者，指列宿之天耳。若太虚之天周，日躔一歲適足，歲與天本合爲一，當曰列宿自爲列宿，歲自爲歲；又曰天自爲天，列宿自爲列宿，如是則分合不致錯誤。又併歲差之名改之曰列宿差，或曰恒星差。然後考太陽過宫，所過者，太虛中之十二宫，非列宿之十二次。太陽過宫，主乎黄道，均分黄道爲十二宫，其宫逆布。起冬至，最南，是爲第一宫之初；大寒，過第二宫；雨水，過第三宫；春分，交於赤道，是爲第四宫之初；穀雨，過第五宫；小滿，過第六宫。夏至，最北，是爲第七宫之初；大暑，過第八宫；處暑，過第九宫；秋分，交於赤道，是爲第十宫之初；霜降，過第十一宫；小雪，過第十二宫；冬至，復於一宫。自冬至鄉夏至爲斂，自夏至鄉冬至爲發。二至發斂，所極二分，發斂之中，寒往暑來，悉準乎是，終古不變者也。故曰太虛之度，日躔適足。太虛中之十二宫既辨，乃可考列宿差。唐、虞時虛宿冬至值黄道第一宫之初，今則值第二宫之末。唐、虞時昴宿春分值黄道第四宫之初，今則值第五宫之末，而近胃、昴諸星，自赤道外漸移在赤道内矣。唐、虞時七星夏至值黄道第七宫之初，今則值第八宫之末。唐、虞時氐宿秋分值第十宫之初，今則值第十一宫之末，而近氐、房諸星，自赤道内漸移至赤道外矣。故曰太虛之度，列宿有差。

祖沖之有云：「次隨星名，義合宿體，分至雖遷，而厥位不改。」西人誤以星次之名用之於黄道十二宫，於是冬至日在箕而曰星紀，夏至日在參而曰鶉首，使列宿離次，名與實爽。梅氏欲爲改定，甚當。蓋西人雖襲十二次之名，而實暗移之於黄道，固不如各正其名，使黄道自爲黄道，列宿自爲列宿也。

又案：列宿十二次，古法用之。黄道十二宫，今法用之。宿次仰觀即覩，易以明民，而黄道之宫，究隱而難顯，又左旋右轉，時刻變動，欲言其宫度，徒空言之曰某宫某度而已。試問在天何所，則已不能定指，此古人所以不用而止用星次也。況歲差之法，每歲僅差七十分之一，每日躔一宫僅差八百四十分之一，是的指一宿度爲分至及各節氣日躔，其所差固不多也。若以入算更減所差之微，則益密矣。此今所以雖用黄道十二宫，而不能不用宿度記日月五星所在也。

觀承案：十二宫次，本以列宿之次得名。今測得列宿東移，則宫次漸離其所，而名實混矣。不知列宿之行有移，而太虚之天不改，太虚之度難分，而太陽之周適足，故當直以十二辰名其宫，則日天與太虚天自合，而列宿之差見矣。但太虚既已無形，則其度不可得而紀，故仍以宿度紀其日月五星之所在，則名實既不相混，而今昔之差數可分也。此論可謂剖析微茫之至。

蕙田案：以上論日躔交宫不當襲宿次之名。

右周天十二宫次

五禮通考卷一百八十三

嘉禮五十六

觀象授時

觀象名義

易革卦象傳：澤中有火，革。君子以治曆明時。注：曆數時會，存乎變也。

虞氏翻曰：天地革而四時成，故君子以治曆明時也。

程子曰：革，變也。君子觀變革之象，推日月星辰之遷易，明四時之序也。夫變易之道，事之至大，理之至明，迹之至著，莫如四時。觀四時而順變革，則與天地合其序矣。

朱子語類：林艾軒說，因革卦得曆法。云曆須年年改革，不改革便於天度有差。此說不然。天度之差，蓋緣不曾推得曆元定，不因不改而然。曆豈是年年改革也者？治曆明時，非謂曆當改革。蓋四時變革中，便具有治曆明時之理。

戴氏震曰：革與時義合，天地革而四時成。春革而夏，夏革而秋，秋革而冬，冬又革而春。治曆者明此者也。蓋錯分至啓閉于朔望弦晦之間，二者不同，或先或後，非治曆無以明大象本指，以變革屬時，非以變革屬曆。先儒或謂三辰有差，曆當改革。使三辰果有差，則巧曆莫之能推矣。惟其無差，千歲之日至可坐而致。然則術家所謂差者，皆非差也，自然之行如是也。但數有微而未顯，法有久而始精者，初推之而不合則謂之差，及驗之久而究其根，則知非差。方其初，未嘗積驗，雖聖人有所不知，久之而後有定算，又久之而後得其根，既得其根，則至常而不可革，此宜隨時修正，而非改革之謂也。

蕙田案：朱子謂四時改革，便具治曆明時道理，不取林氏之說。細思之，四時變革者，治曆之本也；隨時改革者，治曆之法也。聖人之言，義藴深遠，似當兼此兩義爲足。

附論曆當隨時修改：

後漢書志：賈逵論曰：「天道參差不齊，必有餘，餘又有長短，不可以等齊。治曆者方以七十六歲斷之，則餘分消長，稍得一日。故易金火相革之卦象曰：『君子以治曆明時。』又曰：『湯、武革命，順乎天應乎人。』言聖人必曆象日月星辰，明數不可貫數千萬歲，其間必改更，先距求度數，取合日月星辰所在而已。故求度數，取合日月星辰，有異世之術。太初曆不能下通於今，新曆不能上得漢元。一家曆法，必在三百年之間。故讖文曰，三百年斗曆改憲。」

晉書天文志：當陽侯杜預著春秋長曆，説云：天行不息，日月星辰各運其舍，皆動物也。物動則不一，雖行度有大量可得而限，累日爲月，累月爲歲，以新故相涉，不得不有毫末之差，此自然之理也。故春秋日有頻月蝕者，有曠年不蝕者，理不得一，而算守恒數，故曆無不有先後也。始失於毫毛，而尚未可覺，積而成多，以失弦望晦朔，則不得不改憲以從之。書所謂「欽若昊天」，言當順天以求合，非爲合以驗天者也。

蕙田案：順天求合，則改革中兼有欽若之義。

明鄭世子朱載堉進書疏：曆者，歲之積也。歲者，月之積也。月者，日之積也。日者，時之積也。時者，刻之積也。刻者，分之積也。分者，秒之積也。凡有形之物，銖銖稱之，至石必差；寸寸量之，至引必錯，況無形之數乎！夫乾樞斡運無停，七政轉動不齊，而拘之以一定之法，猶膠柱而調瑟。是以既久則不能不差，既差則不可不改。蓋變法以從天隨時而推數，故法有疏密，數有繁簡，雖調例稍殊，而綱目一也。

梅氏文鼎曰：聖人言治曆明時，蓋取於革，故觀象者當順天以求合，不當爲合以驗天，若預爲一定之法，而不隨時修改，以求無弊，是爲合以驗天矣，又何以取於革乎？且吾嘗徵之天道矣，日有朝有禺，有中有昃，有夜有晨，此閲一日而可知者也。月有朔有生明，有弦有望，有生魄有下弦有晦，此閲一月而可知者也。時有春夏秋冬，晝夜有永短，中星有推移，此閲一歲而可知者也。乃若熒惑之周天則閲二年，歲星則十二年，土星則二十九年。夫至於十二年二十九年而一周，已不若前數者之易見矣。又其每周之間，必有過不及之餘分，所差甚微，非多周豈能灼見？乃若歲差之行六七十年始差一度，至二萬五千餘年而始得一周，雖有期頤上壽，所見之差不過一二度，亦安從辨之？迨其積年既久，差數愈多，然後共見，而差法立焉。此非前人之智不若後人也，前人不能預見後來之差數，而後人則能盡考前代之度分，理愈久而愈明，法愈修而愈密，勢則然耳。

江氏永曰：易取象於革，久之不能不改，非久亦不能改，各平行率有積之數十年微覺其差而即改者，如最卑行。有通前後數百年或千餘年測準之度分，用以相距定爲平行，其尾數或有未真，必甚久而後可改者，如七政平行。有前人立法未精改之而加密者，如日食加時東西差，昔以午正爲限，後改用黄平象限，近又以白道算定交角。有前人用法稍煩改之而徑捷者。如六曜求初均昔用平三角，今以直角算。若夫黄、赤相距之緯，古闊而今漸狹。黄、赤相距，西史第谷測得二十三度三十一分半，今測得二十三度二十九分三十秒，康熙五十三年臺官密測立表，今又當稍減矣。太陽本輪均輪之半徑，古大而今漸小。太陽本輪均輪兩半徑，併昔用十萬分之三千五百八十四，或以一千萬爲本天半徑，則爲三十五萬八千四百一十六，日躔加減差表，三宫九宫初度，其均度二度三分一十秒。平春分與定春分相距二日一小時有奇，而今平春分與定春分相距一日二十二小時弱，則最大之均度一度五十五分，比舊例少八分。本輪均輪兩半徑，合得三十三萬五千四百有奇耳。此二差出於常理之外，前不知若何而始，後不知若何而極，非法之所能馭。黄道爲諸道之宗，太陽爲衆曜之君，有此二差，則六曜之出入於黄道、離合於太陽者，亦因之而小有改變，惟隨時密測以合天行耳。

戴氏震曰：朱子言天度之差，緣不曾推得曆元定，此理固然。至欲推定曆元，則亘古無其法。由漢而下，治曆者七十餘家，各立一元，皆謂自今推定，永爲法典，及用不數年輒差，何也？審之于寸積而至尺差矣，修之於尺積而至丈又差矣。推而極之至于無窮，吾未見其差於何止也？然天有參差之數，數有一定之理，不因數之參差而變法以從之，猶之不因計算之差而改吾度量權衡以從之也。今之治法，不在推曆元，而在于求一定之理，以爲不變之法，則庶幾矣。

觀承案：戴氏謂天有參差之數，而數有一定之理，不因數有參差而變法以從之，此論最圓。蓋聖人立常以待變，而不逐變以亂常。惟以有常之法核無常之變，故參差可得而見。若變法以從，則反無以測其變矣。凡事皆然，於曆術尤甚。大戴禮曾子所云，其該之矣。但有常之法雖定，而參差之故難齊，故隨時修改，乃體大易澤火之象，則又不可膠柱而鼓瑟焉耳。

大戴禮記：曾子曰：「聖人慎守日月之數，以察星辰之行，以序四時之順逆，謂之曆。」

右觀象名義

上古觀象

春秋昭公十七年左氏傳：郯子曰：「我高祖少皞摯之立也，鳳鳥適至，故紀於鳥，爲鳥師而鳥名。鳳鳥氏，曆正也。注：鳳鳥知天時，故以名官。玄鳥氏，司分者也。注：玄鳥，燕也。以春分來，秋分去。伯趙氏，司至者也。注：伯趙，伯勞也。以夏至鳴，冬至止。青鳥氏，司啓者也。注：青鳥，鶬鴳也。以立春鳴，立夏止。丹鳥氏，司閉者也。」注：丹鳥，鷩雉也。以立秋來，立冬去，入大水爲蜃。上四鳥皆曆正之屬官。

蕙田案：諸史傳記皆言黄帝迎日推策，考定日星，而少皞之時，有司分至啓閉之官，顓頊命重黎職司天地。今斷自堯典以下，而略於上世。古籍云亡，時時見於雜説，非所徵信也，故概置不録。

右上古觀象

虞夏觀象附論月建

書堯典：乃命羲、和，欽若昊天，曆象日月星辰，敬授人時。傳：重黎之後，羲氏、和氏世掌天地四時之官，故堯命之，使敬順昊天。星，四方中星。辰，日月所會。此舉其目，下别序之。

疏：「日月所會」與「四方中星」，俱是二十八宿。舉其人目所見，以星言之。論其日月所會，以辰言之。陸氏德明曰：日月所會，謂日月交會于十二次也。寅曰析木，卯曰大火，辰曰壽星，巳曰鶉尾，午曰鶉火，未曰鶉首，申曰實沈，酉曰大梁，戌曰降婁，亥曰娵訾，子曰玄枵，丑曰星紀。

李氏光地曰：王氏充耘以寅賓之類爲推步日、星鳥之類爲推步星者，極確，然未言測象月辰者在何處也。蓋「曆象日月星辰」一句，是總綱，分命四節，則測象日星之事也。「汝羲暨和」一節，則測象月辰之事也。日紀于星而成歲，故有分至啓閉之節；月會于辰而成月，故有朔晦望弦之分。分至啓閉者，民事之所關也，故以定其節候爲先務。朔晦望弦，雖非民事所關，然亦于天道相爲經緯，而于庶政相爲紀綱者，非有以參合而整齊之，則亦五紀亂而理數乖矣。是故測日晷，考中星，是所以測象日星，而使分至啓閉之無失節者也。推交會，置閏餘，是所以測象月辰，而使朔晦望弦之無失期者也。必至是而後曆事就。

蕙田案：觀象授時，以日躔爲準，發斂周則歲功成。以月逡爲節，朔望盡則月迭改。以中星爲變，位漸移則時節異。以十二辰爲紀，數不齊則正以閏。明而授之於民，然後民知趨候，不失其時。

舜典：在璿璣玉衡，以齊七政。傳：在，察也。璿，美玉。璣、衡，王者正天文之器，可運轉者。七政，日月五星各異政。　疏：璣、衡者，璣爲轉運，衡爲橫簫。漢世以來，謂之渾天儀者是也。馬融云：「渾天儀可旋轉，故曰璣。衡，其横簫，所以視星宿也。」蔡邕云：「玉衡長八尺，孔徑一寸，下端望之以視星辰。蓋懸璣以象天而衡望之，轉璣窺衡以知星宿。」是其説也。七政，謂日月與五星也。木曰歲星，火曰熒惑星，土曰鎮星，金曰太白星，水曰辰星。測天之事，見於經者惟有此「璿璣玉衡」一事而已。蔡邕天文志云：「言天體者有三家，一曰周髀，二曰宣夜，三曰渾天。宣夜絶，無師説。周髀術數具在，考驗天象，多所違失，故史官不用。惟渾天者，近得其情。今史所用候臺銅儀，則其法也。」王蕃渾天説曰：「天之形狀似鳥卵，天包地外，猶殼之裹黄，圓如彈丸，故曰渾天。」言其形體渾渾然也。其術以爲天半覆地上，半在地下。其天居地上，見有一百八十二度半强，地下亦然。其南北極持其兩端，其天與日月星宿斜而迴轉。揚子法言云：「或問渾天。曰：洛下閎營之，鮮于妄人度之，耿中丞象之，幾乎，幾乎，莫之能違也。」閎與妄人，武帝時人。宣帝時，司農中丞耿壽昌始鑄銅爲之象，史官施用焉。後漢張衡作靈憲以説其狀。蔡邕、鄭玄、陸績、吴時王蕃、晉世姜岌、葛洪皆論渾天之義，並以渾説爲長。江南宋元嘉年皮延宗又作是渾天論，太史丞錢樂之鑄銅作混天儀，傳之齊、梁，周平、江陵遷其器於長安，今在太史書矣。衡長八尺，璣徑八尺，圓周二丈五尺强，轉而望之，有其法也。

隋書天文志：案虞書舜「在璿璣玉衡，以齊七政」，則考靈曜所謂觀玉儀之遊，昏明主時，乃命中星者也。春秋文耀鉤云：「唐堯即位，羲、和立渾儀。」而先儒或因星官書，北斗第二星名璇，第三星名璣，第五星名玉衡，仍七政之言，即以爲北斗七星。載筆之官，莫之或辨，史遷、班固猶且致疑。馬季長創謂璣衡爲渾天儀。鄭玄亦云：「其轉運者爲璣，其持正者爲衡，皆以玉爲之。七政者，日月五星也。」故王蕃云：「渾天儀者，羲、和之舊器，積代相傳，謂之璣衡。其爲用也，以察三光，以分宿度者也。又有渾天象者，以著天體，以布星辰。而渾象之法，地當在天中，亓勢不便，故反觀亓形，地爲外匡，於已解者，無異在內。詭狀殊體，而合於理，可謂奇巧。然斯二者，以考於天，蓋密矣。」又云：「古舊渾象，以二分爲一度，周七尺三寸半，而莫知何代所造。」今案虞喜云：「洛下閎爲漢孝武帝於地中轉渾天，定時節，作泰初曆。」或其所製也。漢孝和帝時，太史揆候，皆以赤道儀，與天度頗有進退。以問典星待詔姚崇等，皆曰星圖有規法，日月實從黄道。官無其器。至永元十五年，詔左中郎將賈逵，乃始造太史黄道銅儀。至桓帝延熹七年，太史令張衡更以銅製，以四分爲一度，周天一丈四尺六寸一分。亦於密室中，以漏水轉之。令司之者閉户而唱之，以告靈臺之觀天者。璇璣所加，某星始見，某星已中，某星今没，皆如合符。然則渾天儀者，其制有璣有衡，既動靜兼狀，以效二儀之情，又周旋衡管，用考三光之分。所以揆正宿度，準步盈虚，求古之遺法也。則先儒所言圓規徑八尺，漢候臺銅儀，蔡邕所欲寢伏其下者是也。

蔡氏沈曰：歷代以來，其法漸密，本朝因之，爲儀三重。其在外者六合儀，平置黑單環，俞氏震曰：名地平環，此地面四方之象也。上刻十二辰八干四隅在地之位〔一〕，以準地面而定四方。側立黑雙環，俞氏震曰：名天經環，此天半在地上、半在地下之象也。背刻去極度數，陳氏師凱曰：皆是自北數向南去之度。以中分天脊，直跨地平，使其半入地下，而結於其子午以爲天經。斜倚赤單環，俞氏震曰：名天緯環，上下與天經相銜，東西與地平相銜，此天腹赤道之象也。背刻赤道度數，陳氏師凱曰：皆是自西數向東去之度。以平分天腹，横繞天經，亦使半出地上，半入地下，而結於其卯酉以爲天緯。三環表裏相結不動。其天經之環，則南北二極皆爲圓軸，虚中而内向，以挈三辰、四遊之環，以其上下四方於是可考，故曰六合。次其内曰三辰儀，則立黑雙環。俞氏震曰：制即如天經黑雙環，在内而差小，銜附黄、赤二環以轉動。亦刻去極度數，外貫天經之軸，内挈黄、赤二道。其赤道則爲赤單環，俞氏震曰：制亦如天緯赤單環，在内而差小，上下與三辰雙環相銜。

〔一〕「八干」，原作「入於」，據味經窩本、乾隆本、光緒本、書經集傳卷一虞書改。

外依天緯，亦刻宿度，而結於黑雙環之卯酉。其黃道則爲黃單環，俞氏震曰：上下亦與三辰雙環相銜。亦刻宿度，而又斜倚於赤道之腹，以交結於卯酉。而半入其内，以爲春分後之日軌。半出其外，以爲秋分後之日軌。又爲白單環，俞氏震曰：鎖定黃、赤二環。以承其交，使不傾。墊下設機輪，以水激之，使其日夜隨天東西運轉，以象天行。以其日月星辰於是可考，故曰三辰。其最在内者，曰四遊儀，亦爲黑雙環，如三辰儀之制，俞氏震曰：在内而又小。以貫天經之軸。其環之内，則兩面當中各施直距。俞氏震曰：直距者，銅板二縱置于四遊儀内，上屬北極，下屬南極，中施關軸以夾望筒。所謂望筒者，即玉衡也。外指兩軸，而當其要中之内面，又爲小窾，以受玉衡要中之小軸，使衡既得隨環東西運轉，又可隨處南北低昂，以待占候者之仰窺焉。以其東西南北無不周偏，故曰四遊。俞氏震曰：右渾儀三重六合不動，以象天地四方。三辰運動，以象天行。四遊則亦運動而窺測焉，雙環雙鑄一樣，二合爲一，故厚可貫管軸。單環單鑄，故薄。其天經環，南北二極之次，有孔銜軸以穿三辰四遊于内，使可運轉。軸如管，虛中，其外有臍兩層，以間隔三辰四遊之位次。此其法之大略也。沈括曰：「舊法，規環一面，刻周天度一面，加銀丁。」蓋以夜候天晦，不可目察，則以手切之也。古人以璿飾璣，疑亦爲此。今太史局秘書省銅儀，制極精緻，亦以銅丁爲之。曆家之説，又以北斗魁四星爲璣，杓三星爲衡。今詳經文簡質，不應「北斗」二字，乃用寓名，恐未必然。姑存其説，以廣異聞。

欽定書經傳説彙纂：璿璣玉衡，乃觀天之器也。理非數無以顯，數非象無以明。璿璣玉衡，實具天象。七政麗天，惟月之距地爲近，次日，次金、水，次火，次木，次土，而恒星爲最遠。七政之行，惟月之左旋爲速，次日，次金、水，次火，次木，次土，而恒星爲最遲。又就其行度細較之，日有盈縮，月有朓朒，五星復有遲留順逆之不同，必有以齊之而後可焉。然七政之行，必紀於天之度，而天度不離乎黄、赤二道之經緯。平分天腰者，赤道也。交于赤道以會于兩極者爲赤經，與赤道平行者爲赤緯。斜交赤道而出其内外者，黄道也。交于黄道以會于黄極者爲黄經，與黄道平行者爲黄緯。聖人觀天地之經緯，七政之運行，而爲璿璣以象之，復爲玉衡以窺之。以察日之南北，則節氣之早晚可辨；以察日之出入，則晝夜之永短可分；以察月之周天與會日，則晦朔弦望之期候可定。至于五星之會日沖日而有合伏退望，五星之近日遠日而有順逆遲留，與夫日月五星之互相掩映而爲交食凌犯，俱可推步而不爽，是即所謂齊也。蓋璿璣之設，象天體之經緯。玉衡之製，窺七政之運行。雖有周髀、宣夜、渾天之異名，要皆與璣衡相爲表裏者也。

李氏光地曰：七政之行不齊，而一政之行又自不齊，故日則有盈縮，月五星則有遲疾，而五星且有留退。虞、周步推之法，不可聞已。後代考測，至今日而始明其說，曰：七政皆終古平行也，因有高卑遠近而生遲疾，皆視行也。天以圓而運，七政逐天，亦以圓而運，如丸珠之隨盤，皆自作迴環之勢，非逕行也。故因行而生輪，因輪而生高下遠近，仰而視之，贏縮遲疾以至留退，皆由於此矣。然日者從天，其輪一而已。月五星從天又從日，故有隨天之輪，又有逐日之輪，兩者相加，然後高下之視逕，遲疾之視差，一一可以籌策運算而坐致之。蓋雖古所未講，而其理不誣也。

戴氏震書補傳：古者測天之器，其制不傳。後世渾天儀設璣、衡以擬其名，未必與古合也。考之周髀，有北極樞及北極璿璣之名。所謂北極樞者，今之赤極是也。所謂北極璿璣者，今之黄極是也。釋周髀者，不知北極璿璣何指，蓋其名出于古遠，世所莫聞，因思虞書之璿璣，注疏家徒以爲運轉之機，未得其本象。夫在天有赤極，爲赤道之樞，又有黄極，爲黄道之樞，自中土言之，皆在北方，故通曰北極。北極不動，黄極每晝夜左旋，環繞之而過一度，每一歲而周四遊，是赤極又爲黄極之樞也。惟其然，故周髀謂赤極爲北極樞，而黄極無其名，乃取測器之名以命之，用是知唐、虞時作璿璣運旋于中，所以擬夫黄極者也。衡，横也，横帶中圍。周髀所謂七衡以界黄道，其中衡則赤道，或古之遺制與？日、月、五星謂之七政，出鄭康成注，後儒悉從之。伏生尚書大傳則曰：「七政，謂春秋冬夏、天文、地理、人道所以爲政也，人道正而萬事順成。」太史公作天官書，馬融注尚書，又以爲北斗七星。三説參差，惟鄭近是。然稽之于古，實無明證。堯典日月星辰，星謂中星，初不及五緯。洪範五紀所謂星辰，同乎堯典。孔穎達云：「五星所行，下民不以爲候。」其説得之。五緯，至後代推測漸詳，唐、虞時恐未及此，即推之不失，亦非正。年歲攸關，何以與日月並稱七政乎？今思政者，實據人事立名。堯典定四時成歲，即繫之以「庶績咸熙」。皋陶謨曰：「撫于五辰，庶績其凝。」庶績之熙也凝也，由政之得宜。而政之宜，由于順天。歲月五辰而七，凡所以順天出政，不外乎是。禮運亦言播五行于四時。古人之以五行配時，其來遠矣。推日月之運，循五行之序，于是有歲之政焉，分、至、啓、閉是也；有月之政焉，正朔告月是也；有木火土金水五者之政焉，法制禁令各順其時之宜是也。分言之，其政有七；約言之，一敬授民時而已。必察璿璣玉衡者，非躬自推算測驗也。觀乎天文，以察時變。設器觀象，不違天運，然後爲歲爲月爲五辰，一合乎天道，以齊人事。舜攝位之初而言齊七政，斯以見政無弗舉，庶績悉在是矣。至若五星之行無關授時之大，在算家亦宜知之，豈所急哉！

觀承案：戴氏以歲月五辰爲七政，其説似新，然日主歲，月主月，五星即五辰之精，其與以二曜五緯爲七政者亦何異哉？惟不重在曆數，而歸於授時熙績之大，則於經義爲得之。

皋陶謨：撫于五辰，庶績其凝。傳：凝，成也。言百官皆撫順五行之時，衆功皆成。疏：

五行之時，即四時也。禮運曰「播五行於四時」，土寄王四季，故爲五行之時也。所撫順者，堯典「敬授民時」、「平秩東作」之類是也。

胡氏旦曰：五行，在地爲物，在天爲時。順其時而撫之，則五物皆成其材而爲人用矣。故仲春斬陽木，仲夏斬陰木，所以撫木辰也。季春出火，季秋納火，所以撫火辰也。司空以時相阪隰，所以撫土辰也。秋爲徒杠，春達溝渠，所以撫水辰也。又春盛德在木，布德施惠，所以順木辰。夏盛德在火，勞民勸農，所以順火辰。秋盛德在金，冬盛德在水，禁暴誅慢，謹蓋藏，斂積聚，所以順金、水之辰。土寄旺四時，四辰順，土在其中矣。

論語：顔淵問爲邦。子曰：「行夏之時。」注：據見萬物之生，以爲四時之始，取其易知。疏：夏之時，謂以建寅之月爲正也。

宋書志：祖沖之曰：月位稱建，諒以氣之所本，名隨實著，非爲斗杓所指，近校漢時，已差半次，審斗節時，其效安在？或義非經訓，依以成説，將緯候多詭，僞辭間設乎？

梅氏文鼎疑問補：問：行夏之時，謂以斗柄初昏建寅之月爲歲首，議者以冬至既有歲差，則斗柄亦從之改度，今時正月不當仍爲建寅，其説然乎？曰：不然也。孟春正月，自是建寅，非關斗柄。其以初昏斗柄建寅者，注釋家未深考也。何則？

自大撓作甲子，以十日爲天干，自甲至癸。十二子爲地支。自子至亥。天道圓，故以甲乙居東，丙丁居南，庚辛居西，壬癸居北，戊己居中，參同契所謂青赤白黑各居一方，皆禀中央戊己之功也。十干以配五行，圓轉周流，故曰天干也。地道方，故以寅卯辰列東，巳午未列南，申酉戌列西，亥子丑列北。易大傳所謂「帝出乎震，齊乎巽，相見乎離，致役乎坤，説言乎兑，戰乎乾，勞乎坎，成言乎艮」。自東而南而西而北，其道左旋，周而復始也。是十二支以配四時十二月，静而有常，故曰地支也。天干與地支相加成六十甲子，以紀歲紀日紀時，而皆準于月，以歲有十二月也。此乃自然而然之序，不可增減，不可動移。是故孟春自是寅月，何嘗以斗柄指寅而後謂之寅月哉？如必以斗柄指寅而謂之寅月，則亦有寅年寅月寅時，豈亦以斗柄指寅而後得以謂之寅乎？是故堯典命羲仲宅嵎夷，平秩東作，以殷仲春；次命羲叔宅南交，平秩南訛，以正仲夏；次命和仲宅西，平秩西成，以殷仲秋；次命和叔宅朔方，平在朔易，以正仲冬。此四時分配四方，而以春爲歲首之證。夫既有四仲月以居卯午酉子之四正，則自各有孟月季月以居四隅。仲春既正東爲卯月，其孟春必在東之北而爲寅月，何必待斗柄指寅乎？故日中星鳥，日永星火，宵中星虚，日短星昴，並祇以晝夜刻之永短爲憑，以昏中之星爲斷，未嘗一言及於斗柄也。又考孔子去堯時，已及千五百歲，歲差之度已二十餘度。若堯時斗柄指寅，孔子時必在寅前二十度而指丑矣，豈待今日而後知乎？然孔子但言行夏之時，蓋以孟春爲歲首于時爲正，非以斗柄指寅而謂之寅月也。又案斗杓之星，距北極只二十餘度，必以北極爲天頂，而後可以定其所指之方。今中土所處，在斗杓之南，仰而觀之，斗杓與辰極並在天頂之北，其斗杓所指之方位，原難清楚，故古人祇言中星，不言斗杓，蓋以此也。如淮南子等書言招摇東指而天下春，不過大概言之，原非以此定月。又案：傳言「營室之中，土功其始，火之初見，期于司里」；又言「水昏正而栽，日至而畢」。詩亦言「定之方中，作于楚宫」，又言「七月流火，九月授衣」，古之人以星象授人時，如此者不一而足也。若以歲差考之，則于今日並相差一二旬矣。然而當其時，各據其時之星象爲之著令，所以使民易知也。而終未有言斗杓指何方而作何事者，則以其方位之難定也。十二月建之非關斗柄明矣，是故斗柄雖因歲差，而所指不同，正月之建寅不可易也。又考歲差之法，古雖未言，然而月令昏中之星，已不同于堯典，則實測當時之星度也。然堯典祇舉昏中星，而月令兼言旦中，又舉其日躔所在，又于堯典四仲月之外，兼舉十二月而備言之，可謂詳矣，然未嘗一語言斗杓指寅爲孟春。又考史記律書以十律配十二月之所建地支而疏其義，兼八風二十八舍以爲之說，而並不言斗建，惟天官書略言之。其言曰「杓攜龍角，衡殷南斗，魁枕參首，用昏建者杓，夜半建者衡，平旦建者魁」，是則衡亦可言建，魁亦可言建，而非僅斗杓；夜半亦有建，平旦亦有建，而非止初昏。其言甚圓，以是而知正月之爲寅，二月之爲卯，皆一定不可移，而斗之星直之即謂建，固非以初昏斗柄所指而命之爲何月也。然則謂行夏之時，是以斗柄建寅之月爲歲首者，蓋注釋家所據一家之說，而未詳厥故也。今乃遂據其說，而欲改正月之建寅，可乎？不可乎？

問：說者又以各月斗柄皆指其辰，惟閏月則斗柄指兩辰之間，由今以觀，其說亦非歟？曰：非也。周天之度，以十二分之各得三十度奇，在西法爲三十度。凡各月中氣皆在其三十度之中半，各月節氣皆居其三十度之首尾。今依其說，斗柄所指，各在其月之辰，則交節氣日斗柄所指必在兩辰之間矣。假如立春爲正月節，則立春前一日，斗柄所指在丑。立春後一日，斗柄指寅。而立春本日，斗柄所指必在丑與寅之間。餘月皆然。十二節氣日，皆指兩辰之間，又何以別其爲閏月乎？若夫閏月，則只有節氣，無中氣。

其節氣之日，固指兩辰之間矣。然惟此一日而已，其前半月後半月並非兩辰之間也。假如閏正月，則雨水中氣在正月晦，春分中氣在二月朔，而閏月只有驚蟄節在月望，則其前半月必指寅，後半月必指卯，惟驚蟄日指寅與卯之交界縫中，可謂之兩辰間。閏在餘月亦然。地盤周圍分爲十二辰，首尾鱗次，如環無端，又何處設此三十度於兩辰間，以爲閏月三十日之所指乎？凡若此等習説，並由未經實測，而但知斗杓所指爲月建，遂岐中生岐，成此似是而非之解。天下事每壞於一知半解之人，往往然也。

蕙田案：斗建之説，始見於汲冢周書時訓篇。既以每月斗正指辰，則閏月不得正指，而在兩辰之間，猶之閏無中氣，前月中氣在晦，後月中氣在朔，謂閏月在兩中氣之間，未嘗不可。其失不在斗指兩辰之間一語，而在於泥以斗杓爲建時節。祖沖之已辨其非，後人未見耳。

禮記禮運：孔子曰：「我欲觀夏道，是故之杞，而不足徵也，吾得夏時焉。」注：得夏四時之書也，其書存者有小正。

蕙田案：堯典以四方配四時，皋陶謨以五辰言四時，考諸十二子之位，皆歲首寅也。獨謂建寅謂夏時者，對殷、周言之，亦其書至夏始詳耳。

觀承案：獨謂夏正建寅者，堯、舜、禹三聖相嬗而守一道，正朔未嘗有改。至商、周革命而始改正朔，故對商、周言之，而但舉夏時，則唐、虞之建寅不必言矣。至建寅之所以爲時之正、令之善者，不必遠推元會也。有即小而可以見大，即近而可以知遠者焉。一日十二辰，子丑二時自當爲今日之始。然東方未明，何能有作，則當以建寅爲正月可徵，故三正迭建，而夫子告顏淵必曰行夏之時。

右虞夏觀象附論月建

殷周觀象

書洪範：次四曰協用五紀。傳：協，和也。

四，五紀。一曰歲。傳：所以紀四時。二曰月。傳：所以紀一月。三曰日。傳：紀一日。四曰星辰。傳：二十八宿迭見以叙氣節，十二辰以紀日月所會。五曰曆數。疏：一曰歲，從冬至以及明年冬至爲一歲。二曰月，從朔至晦，大月三十日，小月二十九日。三曰日，從夜半以至明日夜半周十二辰爲一日。四曰星辰，星謂二十八宿，昏明迭見；辰謂日月別行，會于宿度，從子至于丑爲十二辰。五曰曆數，算日月行道，計氣朔早晚，所以爲一歲之曆。凡此五者，皆所以紀天時，故謂之「五紀」也。五紀不言「時」者，以歲月氣節正而四時亦自正也。鄭以爲「星，五星也」。然五星所行，下民不以爲候，天以積氣無形，二十八宿分之爲限，每宿各有度數，合成三百六十五度有餘。日月右行，循此宿度。日行一度，月行十三度有餘，二十九日過半，而月一周與日會，每于一會謂之一月，是一歲爲十二月，仍有餘十一日。爲日行天未周，故置閏以充足。若均分天度以爲十二次，則每次三十度有餘。一次之内有節氣、中氣，次之所管，其度多于每月之所統，其日入月朔，參差不及，節氣不得在月朔，中氣不得在月半。故聖人曆數此節氣之度，使知氣所在，既得氣在之日，以爲一歲之曆。

春秋昭公七年左氏傳：十一月，季武子卒。晉侯謂伯瑕注：伯瑕，士文伯。曰：「吾所問日食，從矣，可常乎？」注：衛侯、武子皆卒故。對曰：「不可。六物不同，注：各異時。民心不壹，注：政教殊。事序不類，注：有變易。官職不測，注：治官居職非一法。同始異終，胡可常也？詩曰：『或燕燕居息，或憔悴事國。』注：詩小雅言不同。其異終也如是。」公曰：「何謂六物？」對曰：「歲、時、日、月、星、辰是謂也。」公曰：「多語寡人辰，而莫同，何謂辰？」對曰：「日月之會是謂辰，注：一歲日月十二會。所會謂之辰。故以配日。」注：謂以子丑配甲乙。疏：時謂四時，春夏秋冬也。星，二十八宿也。日月會謂之辰者，辰，時也，言日月聚會有時也。

周禮春官馮相氏：掌十有二歲、十有二月、十有二辰、十日、二十有八星之位，辨其序事，以會天位。注：辨其序事，謂若仲春辨秩東作，仲夏辨秩南訛，仲秋辨秩西成，仲冬辨在朔易。會天位，合此歲日月辰星宿五者，以爲時事之候，若今太歲在某月某日某甲朔日直某也。疏：十有二辰者，謂子丑寅卯之等。十日者，謂甲乙丙丁之等。二十八星者，東方角、亢、氐、房、心、尾、箕，北方斗、牛之等。「以會天位」者，五者在天會合而爲候，故謂之天位。

蕙田案：周始以十二歲爲一終。其十二辰即十二子也。當先言十日，後言十二辰。屬辭之體，因歲月辰皆十二，故先及之。秋官哲蔟氏則先日後辰。此日辰合之以紀日，與洪範、左傳所言辰不同。

又案：十有二歲之位，用之紀年者也。十有二月之位，用之紀月者也。十有二辰十日之位，用之紀日者也。二十有八星之位，用之紀日躔月逡者也。秋官哲蔟氏以方書十日之號、十有二辰之號、十有二月之號、十有二歲之號、二十有八星之號，注云日謂從甲至癸，辰謂從子至亥，月謂從娵至荼，歲謂從攝提格至赤奮若，星謂從角至軫，即此歲、月、辰、日、星五者。屈原賦：「攝提貞於孟陬兮，惟庚寅吾以降。」攝提，歲也。孟陬，月也。庚寅，日辰也。歲日月辰名義，今不可考，要以方位節候定之。馮相氏掌其位以辨候，而哲蔟氏但書其號，以逐天鳥。又或舉十二次紀歲，如曰「歲在娵訾之口，其明年乃及降婁」，「歲五及鶉火」之屬，因歲星每歲行一次，故晉侯曰「十二年矣。是謂一終，一星終也」。十二次雖可紀歲，周禮之十二歲，當以爾雅歲名爲正。終十二歲者五，而歲陽歲名合而六十，是爲一周。

爾雅釋天：歲陽：太歲在甲曰閼逢，在乙曰旃蒙，在丙曰柔兆，在丁曰强圉，在戊曰著雍，在己曰屠維，在庚曰上章，在辛曰重光，在壬曰玄默，在癸曰昭陽。

歲名：太歲在寅曰攝提格，在卯曰單閼，在辰曰執徐，在巳曰大荒落，在午曰敦牂，在未曰協洽，在申曰涒灘，在酉曰作噩，在戌曰閹茂，在亥曰大淵獻，在子曰困敦，在丑曰赤奮若。

月陽：月在甲曰畢，在乙曰橘，在丙曰修，在丁曰圉，在戊曰厲，在己曰則，在庚曰窒，在辛曰塞，在壬曰終，在癸曰極。

月名：正月爲陬，注：離騷云：「攝提貞于孟陬。」二月爲如，三月爲寎，四月爲余，五月爲皋，六月爲且，七月爲相，八月爲壯，九月爲玄，注：國語云「至於玄月」是也。十月爲陽，注：純陰用事，嫌於無陽，故以名云。十一月爲辜，十二月爲涂。注：皆月之别名。

顧氏炎武曰：甲至癸爲十日，寅至丑爲十二辰。此二十二名，古人用以紀日，不以紀歲，歲則自有閼逢至昭陽十名爲歲陽，攝提格至赤奮若十二名爲歲名。後人謂甲子歲、癸亥歲，非古也，自漢以前初不假借。史記太初元年年名焉逢攝提格，月名畢聚，日得甲子夜半朔旦冬至，其辨晰如此。若呂氏春秋序意篇「維秦八年，歲在涒灘，秋甲子朔」；賈誼鵩賦「單閼之歲兮，四月孟夏。庚子日斜兮，服集予舍」；許氏説文後叙「粵在永元困頓之年，孟陬之月，朔日甲子」，亦皆用歲陽歲名不與日同之證。漢書郊祀歌「天馬徠，執徐時」，謂武帝太初四年歲在庚辰，兵誅大宛也。自經學日衰，人趨簡便，乃以甲子至癸亥代之。子曰「觚不觚」，此之謂矣。

又曰：春秋之世，各國皆自紀其年，發之於言，或參互而不易曉，則有舉其年之大事而爲言者，若曰「會于沙隨之歲」、「叔仲惠伯會郤成子于承匡之歲」、「鑄刑書之歲」、「晉韓宣子爲政聘于諸侯之歲」是也。又有舉歲星而言，若曰「歲五及鶉火」、「歲及大梁」、「歲在娵訾之口」者。從後人言之，則何不曰甲子也，癸亥也？是知古人不用以紀歲也。

蕙田案：十日、十二子，數窮六十，周則更始。古人創此法以紀日，由來遠矣。一歲之日，六易甲子，加大餘五，併小餘而數起焉。紀年紀月，經傳未有稱甲子者，歲別立閼逢及攝提格等名，月別立畢及陬等名。周禮歲月，但紀於十二；爾雅踵事加密，遂一合乎甲子之法，同實而殊名耳。名所以必殊者，恐其溷淆，慎别之也。

觀承案：古無年號，以閼逢、攝提格等相配紀年，方可辨識。後代既有年號矣，則但取甲子之單名，以著其實而省於文，亦何不可？若後人作書，而仍以古干支爲目，是欲復結繩之法於書契之代也，不亦迂乎！

春官大史：正歲年以序事，頒之於官府及都鄙。注：中數曰歲，朔數曰年。中朔大小不齊，正之以閏。定四時，以次序授民時之事。疏：云「正歲年」者，謂正歲年以閏，則四時有次序，依之授民以事，故云以序事也。一年之内有二十四氣，正月立春節，啓蟄中。二月雨水節，春分中。三月清明節，穀雨中。四月立夏節，小滿中。五月芒種節，夏至中。六月小暑節，大暑中。七月立秋節，處暑中。八月白露節，秋分中。九月寒露節，霜降中。十月立冬節，小雪中。十一月大雪節，冬至中。十二月小寒節，大寒中。皆節氣在前，中氣在後。節氣一名朔氣。朔氣在晦〔一〕，則後月閏。中氣在朔，則前月閏。節氣有入前月法，中氣無入前月法。中氣帀則爲歲，朔氣帀則爲年。假令十二月中氣在晦，則閏十二月，十六日得後正月立春節，此即朔數曰年。至後年正月一日，得啓蟄中，此中氣帀，此即是中數曰歲。周天三百六十五度四分度之一。日一日行一度，月一日行十三度十九分度之七。二十四氣通閏分之，一氣得十

〔一〕「朔」，原作「中」，據光緒本、周禮注疏卷二六改。

五日，二十四氣分得三百六十度，仍有五度四分度之一。一度更分爲三十二，五度爲百六十，四分度之一者，又分爲八分，通前爲百六十八分。二十四氣分之，氣得七分。若然，二十四氣，氣有十五日七分。五氣得三十五分，取三十二分爲一日，餘三分推入後氣，即有十六日氣，有十五日七分者，故云中朔大小不齊。月有大小，一年三百五十四日而已，日餘仍有十一日，是以三十三月已後〔一〕，中氣在晦，不置閏則中氣入後月，故須置閏以補之，故云正之以閏。

蕙田案：賈氏疏中數朔數之説，殊未分曉。蓋中數者，從今年冬至數至後年冬至，凡三百六十五日四分日之一，而十二中氣一帀也。朔數者，從今年正月朔數至後年正月朔，凡三百五十四日有奇，而十二月朔一周也。孔穎達月令正義解中數、朔數最是。以中數、朔數相較，則一歲有閏餘十一日弱，故云「中朔大小不齊，正之以閏」也。賈疏以閏十二月得後年朔氣爲朔數，以後年正月朔得中氣爲中數，其實中氣一帀與節氣一帀皆三百六十五日四分日之一，何有大小之不齊乎？

右殷周觀象

〔一〕「三十三月」，原作「三十二月」，據味經窩本、光緒本、周禮注疏卷二六改。

漢以來觀象

史記：幽、厲之後，周室微，陪臣執政，史不記時，君不告朔，故疇人子弟分散，如淳曰：家業世世相傳爲疇。律，年二十三傳之疇官，各從其父學。索隱曰：韋昭云：疇，類也。孟康云：同類之人明曆者也。樂彦云：疇昔知星人也。或在諸夏，或在夷狄。其後戰國並爭，在于彊國禽敵，救急解紛而已，豈遑念斯哉？秦滅六國，兵戎極煩，又升至尊之日淺〔一〕，未暇遑也。漢興，天下初定，方綱紀大基，高后女主，皆未遑，故襲秦正朔服色。至今上即位，招致方士唐都，分其天部，漢書音義曰：謂分部二十八宿爲距度〔二〕。而巴落下閎運算轉曆，徐廣曰：陳術云徵士巴郡落下閎也。索隱曰：姚氏案：益部耆舊傳云：閎字長公，明曉天文，隱于落下，武帝徵待詔太史，於地中轉渾天，改顓頊曆作太初曆，拜侍中不受也。然後日辰之度與夏正同。

觀承案：史記此條甚核。疇人子弟既分散，或在夷狄，則後世西域九執、回

〔一〕「淺」，諸本脱，據史記曆書補。
〔二〕「距」，諸本作「矩」，據史記曆書改。

回曆數及西洋算法，豈非原從中土流散在彼而衍其傳者乎？此可爲西法襲中法之一證也。

晉書志：徐岳議：「效曆之要，要在日蝕。熹平之際，時洪爲郎，欲改四分，先上驗日蝕：日蝕在晏，加時在辰，蝕從下上，三分侵二。事御之後如洪言，海内識真，莫不聞見，劉歆以來，未有洪比。」

隋書志：張賓所創之曆既行，劉孝孫與冀州秀才劉焯並稱其失，言學無師法，刻食不中。所駁凡有六條：其一云，何承天不知分閏之有失，而用十九年之七閏。其二云，賓等不解宿度之差改，而冬至之日守常度。其三云，連珠合璧，七曜須同，乃以五星別元。其四云，賓等惟知日氣餘分恰盡而爲立元法，不知日月不合，不成朔旦冬至。其五云，賓等但守立元定法，不須明有進退。其六云，賓等惟識轉加大餘二十九以爲朔，不解取日月合會準以爲定。此六事微妙，曆數大綱，聖賢之通術，而賓未曉此，實管窺之謂也。若驗影定氣，何氏所優，賓等推測，去之彌遠。合朔順天，何氏所劣，賓等依據，循彼迷蹤。蓋是失其菁華，得其糠粃者也。

唐書志：高祖受禪，將治新曆，傅仁均善推步之學，太史令庾儉、丞傅奕薦之。詔仁均與儉等參議。合受命歲名爲戊寅元曆。乃列其大要，所可考驗者有七，曰：「唐以戊寅歲甲子日登極，曆元戊寅，日起甲子，如漢太初，一也。冬至五十餘年輒差一度，日短星昴，合於堯典，二也。周幽王六年十月辛卯朔，入蝕限，合於詩，三也。魯僖公五年壬子冬至，合春秋命曆序，四也。月有三大三小，則日蝕常在朔，月蝕常在望，五也。命辰起子半，命度起虚六，符陰陽之始，六也。立遲疾定朔，則月行晦不東見，朔不西朓，七也。」

宋史志：周琮論曰：「古今之曆，必有術過於前人，而可以爲萬世之法者，乃爲勝也。若一行爲大衍曆議及略例，校正歷世，以求曆法强弱，爲曆家體要，得中平之數。劉焯悟日行有盈縮之差，舊曆推日行平行一度，至此方悟日行有盈縮，冬至前後定日八十八日八十九分，夏至前後定日九十三日七十四分，冬至前後日行一度有餘，夏至前後日行不及一度。李淳風悟定朔之法，并氣朔、閏餘，皆同一術。舊曆定朔平注一大一小，至此以日行盈縮、月行遲疾加減朔餘，餘爲定朔、望加時，以定大小，不過三數。自此後日食在朔，月食在望，更無晦、二之差〔一〕。舊曆皆須

〔一〕「之差」，諸本脱，據宋史律曆志八補。

用章歲、章月之數，使閏餘有差，淳風造麟德曆，以氣朔、閏餘同歸一母。張子信悟月行有交道表裏，五星有入氣加減。北齊學士張子信因葛榮亂，隱居海島三十餘年，專以圓儀揆測天道，始悟月行有交道表裏，在表爲外道陽曆，在裏爲内道陰曆。月行在内道，則日有食之。月行在外道，則無食。若月外之人北户向日之地，則反觀有食。又舊曆五星率無盈縮，至是始悟五星皆有盈縮、加減之數。宋何承天始悟測景以定氣序。景極長，冬至；景極短，夏至。始立八尺之表，連測十餘年，即知舊景初曆冬至常遲天三日，乃造元嘉曆，冬至加時比舊退減三日。晉姜岌始悟以月食所衝之宿爲日所在之度。日所在不知宿度，至此以月食之宿所衝爲日所在宿度。後漢劉洪作乾象曆，始悟月行有遲疾數。舊曆，月平行十三度十九分度之七，至是始悟月行有遲疾之差，極遲則日行十二度强，極疾則日行十四度太，其遲疾極差五度有餘。宋祖沖之始悟歲差。書堯典曰：「日短星昴，以正仲冬。宵中星虚，以殷仲秋。」至今三千餘年，中星所差三十餘度，則知每歲有漸差之數，造大明曆率四十五年九月而退差一度。唐徐昇作宣明曆，悟日食有氣、刻差數。舊曆推日食皆平求食分，多不允合〔一〕，至是推日食，以氣刻差數增損之，測日食分數，稍近天驗。

〔一〕「分多」，諸本誤倒，據宋史律曆志八乙正。

元史郭守敬列傳：至元十七年，新曆告成，守敬與諸臣同上奏曰：「臣等竊聞帝王之事，莫重於曆。自黄帝迎日推策，帝堯以閏月定四時成歲，舜在璇璣玉衡以齊七政，爰及三代，曆無定法，周、秦之間，閏餘乖次。西漢造三統曆，百二十年而後是非始定〔一〕。東漢造四分曆，七十餘年而儀式方備。又百二十一年，劉洪造乾象曆，始悟月行有遲速。又百八十年，姜岌造三統甲子曆，始悟以月食衝檢日宿度所在〔二〕。又五十七年，何承天造元嘉曆，始悟以朔望及弦皆定大小餘。又六十五年，祖沖之造大明曆，始悟太陽有歲差之數，極星去不動處一度餘。又五十二年，張子信始悟日月交道有表裏，五星有遲疾留逆。又三十三年，劉焯造皇極曆，始悟日行有盈縮。又三十五年，傅仁均造戊寅元曆，頗采舊儀，始用定朔。又四十六年，李淳風造麟德曆，以古曆章部元首分度不齊，始爲總法，進朔以避晦晨月見。又六十三年，一行造大衍曆，始以朔有四大三小，定九服交食之異。又九十四年，徐昂造宣明曆，始悟日食有氣、

〔一〕「百二十年」，元史郭守敬列傳作「百三十年」。
〔二〕「月食」，諸本作「日食」，據元史郭守敬傳改。

刻、時三差。又二百三十六年〔一〕，姚舜輔造紀元曆，始悟食甚泛餘差數。以上計千一百八十二年，曆經七十改，其創法者十有三家。自是又百七十四年，聖朝專命臣等改治新曆，臣等用創造簡儀、高表，憑真測實數，所考正者凡七事。一曰冬至。自丙子年立冬後，依每日測到晷景，逐日取對，冬至前後日差同者爲準。得丁丑年冬至在戊戌日夜半後八刻半，又定丁丑夏至在庚子日夜半後七十刻，又定戊寅冬至在癸卯日夜半後三十三刻〔二〕，己卯冬至在戊申日夜半後五十七刻半〔三〕，庚辰冬至在癸丑日夜半後八十一刻半〔四〕，各減大明曆十八刻，遠近相符，前後應準。二曰歲餘。自大明曆以來，凡測景、驗氣，得冬至時刻真數者有六，用以相距，各得其時合用歲餘。今考驗四年，相符不差，仍自宋大明壬寅年距至今日八百一十年，每歲合得三百六十五日二十四刻二十五分，其二十五分爲今曆歲餘合用之數。三曰日躔。用至元四年丁丑四

〔一〕「二」，諸本脱，據元史郭守敬傳補。
〔二〕「七十刻又定戊寅冬至在癸卯日夜半後」十六字，諸本脱，據元史郭守敬傳補。
〔三〕「五十七刻半」，諸本脱「半」字，據元史郭守敬傳補。
〔四〕「八十一刻半」，諸本脱「半」字，據元史郭守敬傳補。

月癸酉望月食既，推求日躔，得冬至日躔赤道箕宿十度，黄道箕九度有奇。仍憑每日測到太陽躔度，或憑星測月，或憑月測日，或徑憑星度測日，立術推算。起自丁丑正月至己卯十二月，凡三年，共得一百三十四事，皆躔於箕，與月食相符。四曰月離。自丁丑以來至今，憑每日測到逐時太陰行度推算，變從黄道求入轉極遲疾并平行處，前後凡十三轉，計五十一事。内除去不真的外，有三十事，得大明曆入轉後天。又因考驗交食，加大明曆三十刻，與天道合。五曰入交。自丁丑五月以來，憑每月測到太陰去極度數，比擬黄道去極度，得月道交於黄道，共得八事，仍依日食法度推求，皆有食分，得入交時刻，與大明曆所差不多。六曰二十八宿距度。自漢太初曆以來，距度不同，互有損益。大明曆則於度下餘分，附以太半少，皆私意牽就，未嘗實測其數。今新儀皆細刻周天度分，每度爲三十六分，以距線代管窺，宿度餘分並依實測，不以私意牽就。七曰日出入晝夜刻。大明曆日出入晝夜刻，皆據汴京爲準，其刻數與大都不同。今更以本方北極出地高下，黄道出入内外度，立術推求每日日出入晝夜刻〔一〕，得

〔一〕「日日」，諸本作「月日」，據元史郭守敬傳改。

夏至極長，日出寅正二刻，日入戌初二刻，晝六十二刻，夜三十八刻。冬至極短，日出辰初二刻，日入申正二刻，晝三十八刻，夜六十二刻。永爲定式。所創法凡五事：一曰太陽盈縮。用四正定氣立爲升降限，依立招差求得每日行分初末極差積度，比古爲密。二曰月行遲疾。古法皆用二十八限，今以萬分日之八百二十分爲一限，凡析爲三百三十六限，依垛疊招差求得轉分進退，其遲疾度數逐時不同，蓋前所未有。三曰黄、赤道差。舊法以一百一度相減相乘，今從算術句股弧矢方圜斜直所容，求到度率積差，差率與天道實脗合。四曰黄、赤道内外度。據累年實測，内外極度二十三度九十分，以圜容方直矢接句股爲法，求每日去極，與所測相符。五曰白道交周。舊法黄道變推白道以斜求斜，今用立渾比量，得月與赤道正交，距春秋二正黄、赤道正交一十四度六十六分，擬以爲法。推逐月每交二十八宿度分，於理爲盡。

明紀事本末：神宗四十一年，南京太僕寺少卿李之藻上西洋曆，一曰天包地外，地在天中，其體皆圓，皆以三百六十度算之，地經各有測法，從地窺天，其自地心測算，與自地面測算者，都有不同。二曰地面南北，其北極出地高低，度分不等，其赤道所離天頂，亦因而異，以辨地方風氣寒暑之節。三曰各處地方所見黄道，各有高低斜直之異，故其晝夜長短，亦各不同，所得日景有表北景、表南景，亦有周圍圓景。四曰七政行度不同，各爲一重天，層層包裹，推算周徑各有其法。五曰列宿在天，另有行度，二萬七千餘歲一周，此古今中星所以不同之故，不當指列宿之天爲晝夜一周之天。六曰五星之天，各有小輪，原俱平行，特爲小輪旋轉于大輪之上下，故人從地面測之，覺有順逆遲疾之異。七曰歲差分秒多寡，古今不同，蓋列宿天外，別有兩重之天，動運不同，其一東西差，出入二度二十四分，其一南北差，出入一十四分，各有定算，其差極微，從古不覺。八曰七政諸天之中心，各與地心不同處所，春分至秋分多九日，秋分至春分少九日，此由太陽天心與地心不同處所，人從地面望之，覺有盈縮之差，其本行初無盈縮。九曰太陰小輪，不但算得遲疾，又且測得高下遠近大小之異，交食多寡，非此不確。十曰日月交食，隨其出地高低之度，看法不同，而人從所居地面南北望之，又皆不同，兼此二者，食分乃審。十一曰日月交食，人從地面望之，東方先見，西方後見，凡地面差三十度，則時差八刻二十分，而以南北相距二百五十里作一度，東西則視所離赤道以爲減差。十二曰日食與合朔不同，日食在午前則先食後合，在午後則先合後食，凡出地入地之時，近于地平，其差多至八刻，漸近于午，則其差時漸少。十三曰日月食所在之宫，每次不同，皆有捷法定理，可以用器轉測。十四曰節氣當求太陽真度，如春秋分日乃太陽正當黄、赤二道相交之處，不當計日匀分。

右漢以來觀象